周易精解

陈望衡 著

人民出版社

目　　录

第一部分 《周易》引论

一、《周易》是部什么样的书

《周易》又称《易经》，它本是中国古代最早的一部占筮著作。占筮是预测，中国古代的预测术有两种。一种为卜，另一种为筮。"卜"重在象，"筮"重在数，统称"卜筮"。

最早的卜是龟卜。这种方法是将龟甲、兽骨钻孔、烧灼，使之产生裂纹，根据裂纹（即象）去判断吉凶祸福。殷墟出土的甲骨文不少即为卜的记载。《周礼·春官·大卜》记载："大卜掌三兆之法，一曰玉兆，二曰瓦兆，三曰原兆，其经兆之体，皆百有二十，其颂皆千有二百。"这里说的玉兆、瓦兆、原兆就是在玉石上、瓦片上、田地上出现的裂纹。"颂"即为卜辞。"筮"产生在"卜"法之后。《左传·僖公四年》有"筮短龟长"的记载，说明筮的历史比卜的历史要短。筮法是通过摆弄神秘灵验的蓍草找出某种"数"来，然后根据数去查卦的。这种方法又叫"占"，《周易》用的是这种方法。

（一）《周易》的基础

《周易》作为卜筮之书，自有它的一套特殊的符号系统。这套符号系统就是六十四卦，六十四卦是由八卦两两叠合而成的。而八卦又是由两种符号：阴爻"－－"与阳爻"—"构成的。

阴阳二爻可以说是周易符号系统中最基本的符号，仿佛建构一座房子最基本的建筑材料就是砖和瓦，阴阳二爻就是周易符号中的砖和瓦。

整个《周易》的秘密就蕴藏在这阴阳二爻之中。

整个《周易》文化就立根在这阴阳二爻之上。

中国人独特的哲学思辨、独特的智慧就在这阴阳二爻的奇妙关系的领会和运用之中。

阴阳爻的起源是个饶有趣味的问题。《周易·系辞下传》说：

> 古者包牺氏之王天下也，仰则观象于天，俯则观法于地，观鸟兽之文与地之宜，近取诸身，远取诸物，于是始作八卦，以通神明之德，以类万物之情。

这里讲的虽是伏羲作八卦，但八卦是由阴阳二爻构成的，因此，阴阳爻是如何产生的，也可从这里获得启迪：包牺氏（即伏羲）作八卦主要来自两个方面的启示：一是"近取诸身"；二是"远取诸物"。"近取诸身"，取的是什么呢？最重要的就是人分男女这一事实。有男女，才有后代子孙的繁衍，才有人类的发展、进步。原始人类都盛行过生殖崇拜，基于此，我认为，作为宇宙图式的基本符号——阴爻与阳爻，不是别的，正是男女关系的象征。阴爻是女子的象征，阳爻是男子的象征。阴阳二爻的关系即为夫妻关系，象征着生命。阴阳二爻即为生命的密码。

至于夫妻关系为何称为阴阳关系，这可能与伏羲造八卦的第二条启示——"远取诸物"有关系。这远取的"物"，可能首先是太阳。由太阳联系到昼与夜。白昼是明亮的，夜晚是阴暗的。日升大地为昼，故为天；日落大地则为夜，故为地。白昼月落日升，夜晚则日落月升。这样，由太阳联系到天地、昼夜、日月等一系列对立关系。这里，既有时间的运转，又有空间的变化。天地、昼夜即为人所处的时空环境。整个《周易》六十四卦，就是通过宇宙时空运行的规则来比拟人事的。"天人合一"是《周易》的核心思想。只有抓住这个核心才能解开《周易》之谜。天象学——占筮学，自然——社会，《周易》建立的就是这样一个宇宙图式。把握这个关键，就可理解为什么夫称阳、妻称阴了。夫妻关系犹如天地、日月、昼夜关系，相反而又相成，缺一不可。天地、日月、昼夜其关系永恒，与此一样，只要人类还存在，其夫妻关系也是永恒的。

阴阳关系在人类社会中，作为基础的关系是夫妻关系，但不止夫妻关系，推而广之，加以引申，则有一般的男女关系、君臣关系、父子关系、主仆关系等。

至于为什么用"—"这样的符号代表阳，用"- -"这样的符号代表阴，郭沫若先生的看法，我认为至今还是最有说服力的。郭沫若先生在《〈周易〉时代的社会生活》中说：

> 八卦的根柢（指阴爻阳爻——引者）我们很鲜明地可以看出是古代

生殖器崇拜的孑遗。画"—"以象男根,分而为以"– –"象女阴。

赞同或基本赞同郭沫若说法的学者颇有一些。也许今人感到用男根、女阴的形象来作为神圣的八卦、六十四卦的基本符号有些不雅。其实在远古,人们完全不是这么看的。男根、女阴在古人看来,不仅不是什么淫邪之物,而是神圣的、伟大的,甚至有些神秘的。《神异经》中有这样一则记载,颇耐人寻思:

> 东南隅大荒之中,有朴父焉,夫妇并高千里,腹围自辅。天初立时,使其夫妻导开百川,懒不用意,谪之并立东南,男露其势,女露其牝,不饮不食,不畏寒暑,唯饮天露。须黄河清,当复使其夫妇导护百川。

这男之"势"、女之"牝"即为男根、女阴。在神话故事之中说得如此赤裸裸,也许会使某些人目瞪口呆的。其实,就是在某些经典古籍中,也有直接说到男根、女阴的。《老子》一书不仅多处说到这二者,而且很歌颂女阴。如《老子》第六章,有这样的话:

> 谷神不死,是谓玄牝。玄牝之门,是谓天地根,绵绵若存,用之不勤。

"牝",女阴也;"玄牝",幽深、伟大之女阴也。在老子看来,玄牝之门,是天地万物之所出,连绵不断,用也用不完。

老子也歌颂男根,尤其是小男孩的男根,《老子》第五十五章写道:"含德之厚,比于赤子。毒虫不螫,猛兽不据,攫鸟不搏,骨弱筋柔而握固。未知牝牡之合而朘作,精之至也。"这"朘",就是小男孩的生殖器。老子对"牝"、"朘"不认为是羞物,相反,他以极严肃的态度,以一颗赤诚之心歌颂它。老子对"牝"、"朘"的赞颂与《周易》一样,基于这样一个出发点:生命是万物之源。

(二)《周易》的结构

《周易》分"经"、"传"两部分。"经"是占筮的记录,分"上经"、"下经"两个部分,"上经"三十卦,"下经"三十四卦。

卦,由阴爻和阳爻构成。可以说阴阳是《周易》之二维。由三爻组成的卦叫八卦,八卦是:

乾　　　　坤

震　　　　巽

坎　　　　离

艮　　　　兑

《周易》所表述的万物生成观为一分为二:"太极生两仪,两仪生四象,四象生八卦"。① 这里所体现的数量关系是:

太极生两仪　　2^1——2

两仪生四象　　2^2——4

四象生八卦　　2^3——8

"八"与"三"的关系就这样建立起来了。

"二"(阴阳)"三"(三爻)"八"(八卦)的神奇组合演化出大千世界。

八卦两两相重,可得六十四卦。六十四卦含义比八卦丰富,可以代表更多的自然事物、社会事物。因为六十四卦是从八卦衍发来的,故八卦称为经卦,六十四卦称为别卦。六十四卦中的每一卦都有上下两个经卦,上卦可称做外卦、贞卦、上体,下卦可称作内卦、悔卦、下体。六十四卦每卦有卦辞,阐说全卦总义;爻有爻辞,阐说每爻含义。

"传"称《易传》或《易大传》,是对"经"的解释、阐发、评论。"传"共有十篇,称做"十翼"。《易传》十篇是:《文言传》分别阐释"乾"、"坤"两卦,《彖传》两篇,《象传》两篇,《系辞传》两篇,《说卦传》,《序卦传》,《杂卦传》。

《易传》七种十篇原皆单行,后来被合入经文并行,其中《文言》、《彖传》、《象传》分散开来,插入经文之中,《系辞传》、《说卦传》、《序卦传》、《杂卦传》附在"六十四卦"之后。

(三)《周易》的书名

《周易》的"周"有两说。一说是"周代",《周易》即为周代之易。宋朝大学者朱熹持此说。另一说,"周"取义"周普"。此为汉代大学者郑玄的看法。其根据是:《周易》之前已有两种筮书《连山》、《归藏》。"《连山》者,象山之出云,连连不绝;《归藏》者,万物莫不归藏于其中。"那么,《周易》呢?"《易》道周普,无所不备。"②"周"字两说,均有道理,不管弃何说,都有憾惜,既然我们难以确认何为本义,不妨两者皆取。

"易"字含义更多,比较权威的是"三义"说。《易纬乾凿度》云:"易一名

① 《周易·系辞上传》。
② 郑玄:《周易正义·卷首》,见《十三经注疏》上册,中华书局1979年版,第9页。

而含三义,所谓易也,变易也,不易也。"郑玄依此义作《易赞》及《易论》云:"易一名而含三义:易简一也,变易二也,不易三也。"三"易"之中,变易是核心。《周易》的全部思想均立足于此。《周易》译成英文,便是:*The Book of Changes*(变化之书)。

变易与不易是一对矛盾,变易与简易亦是一对矛盾。前一对矛盾侧重于变与不变,后一对矛盾侧重于繁与简。"不易"与"简易"的关系是平行的,它们以同样的地位与变易构成矛盾。试用图概括:

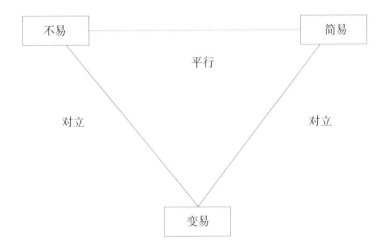

天地万物之奥秘,概而言之,就是一个"易"字。以"变易"为基础,以"不易"、"简易"为两翼,构成一种复杂的或对立或平行的立体关系。把握住这个关系,许多模糊、混沌的问题就变得清晰起来了。

(四)《周易》的作者

《周易》何人所作,最早也是最权威的说法来自《易传》中的《系辞下传》:

> 古者包牺氏之王天下也,仰则观象于天,俯则观法于地,观鸟兽之文与地之宜,近取诸身,远取诸物,于是始作八卦,以通神明之德,以类万物之情。

这种说法,后世有怀疑,但又找不出有力的根据来否定它,姑且认定八卦是伏羲(即包牺氏)所作。

将八卦两两相重,制出六十四卦,又是何人的功劳? 唐代以前有四种说法:一是伏羲所作;二是神农所作;三是大禹所作;四是周文王所作。

卦爻辞何人所作?唐以前主要两种说法:一是卦辞、爻辞皆周文王所作;二是卦辞周文王所作,爻辞为周公所作。

至于《易传》,唐代的孔颖达认为均为孔子所作。

以上诸说又以司马迁的伏羲作八卦、周文王作六十四卦并作卦爻辞、孔子作《易传》的说法最有权威。伏羲、周文王、孔子都是中国古代的圣人,故有"易更三圣"之说。"三圣"作《周易》,自汉至宋几成定论,直到北宋,欧阳修在认真考辨了《易传》的内容之后,对《易传》是否均出于孔子之手提出怀疑。自此之后,关于孔子是否作《易传》争论不休,没有结论,大概也不会有结论。

(五)《周易》的地位

《周易》原本是占筮之书,正是因为它是占筮之书,秦始皇焚书时,它逃过了一劫,得以完整地保存下来。然而后世并没有将它当做占筮之作来看待,自西汉起,它就被尊为重要的儒家经典,列为"六经"之首。这"六经"是:《易经》(即《周易》)、《书经》、《诗经》、《礼经》、《乐经》、《春秋经》。《乐经》已佚,故一般又称"五经"。"五经"后来扩充为"十三经"。依次为《周易》、《尚书》、《诗》、《礼记》、《春秋》、《周礼》、《仪礼》、《公羊传》、《穀梁传》、《孝经》、《论语》、《尔雅》、《孟子》。"十三经"中,《周易》还是居于首位。

魏晋时代,被称为新道家的玄学将《周易》与《老子》、《庄子》合为一个系统,称为"三玄"。"三玄"之中,《周易》又居首位。

《周易》不仅是群经之首,而且是中国文化之源。从学派来讲,儒、道、墨、法、阴阳、农等诸子百家皆从《周易》这里发源,遂成一家。从学科来讲,更是囊括一切,正如《四库全书总目》所说:"易道广大,无所不包,旁及天文、地理、乐律、兵法、韵学、算术:以逮方外之炉火,皆可援《易》以为说。"当今,有学者将《周易》的思想概括成"科学易"和"人文易"。由此可见易道之广大。

今日更多的学人将它看成是一部哲学书,这也是对的。《周易》的确包含有深刻的哲学思想。中国古代哲学的基本思想诸如天人合一、阴阳辩证、循环往复、中庸和谐、诚信为本,均可以从《周易》中找到源头。哲学,按其原初之义为爱智慧,《周易》拥有极为丰富的人生智慧。从某种意义上说,它是中国智慧之宝库。

二、《周易》的游戏法则

《周易》的智慧离不开占筮,周易的占筮是有一套游戏法则的。周易的占筮分成两个步骤:第一步是用蓍草按一定的操作方法占出一个卦来,然后根据需要,找出它的变卦、互卦以及重要的爻来;第二步是读卦,也可以说是析卦,这才是最为重要的。《周易》的卦,写在文本中的有卦形、卦爻辞以及解释它们的《易传》,还有没有写进文本中的卦象、卦数。只有对于这一套全都懂了,才能大体上读懂这个卦。

(一)八卦系统

通行的八卦系统有两种。一种叫伏羲八卦;另一种叫文王八卦。伏羲八卦又叫先天八卦,文王八卦又叫后天八卦。两种不同的八卦系统反映出两种不同的宇宙观。

伏羲八卦是宋代才出现的,据说出自陈抟老祖。陈抟生活在五代至北宋这段时期,出生年月不可考,死于 989 年。他是隐士。《水浒》开篇有他预知赵匡胤要做皇帝在汴梁城高兴地大笑坠驴的故事。他有一首归隐诗:

> 十年踪迹走红尘,回首青山入梦频。
>
> 紫绶纵荣争及睡,朱门虽富不如贫。
>
> 愁闻剑戟扶危主,闷听笙歌聒醉人。
>
> 携取旧书归旧隐,野花啼鸟一般春。

据说,陈抟老祖从民间搜寻得久已失传的伏羲八卦,绘制出了四张图:伏羲八卦次序图、伏羲八卦方位图、伏羲六十四卦次序图和伏羲六十四卦方位图。这些图后传之穆修,穆修又传之李挺之,李挺之再传之邵雍。朱熹作《周易本义》将这些图载于卷首,遂影响很大,流传极广。

文王八卦相传为周文王所作,在宋以前已广为流传。《周易本义》亦载有文王八卦次序图和文王八卦方位图。

两种八卦系统的不同主要表现为诸卦的排列次序和所代表的方位之不同。

伏羲八卦的次序是:

乾　兑　离　震　巽　坎　艮　坤
天　泽　火　雷　风　水　山　地
一　二　三　四　五　六　七　八

乾	兑	离	震	巽	坎	艮	坤
太　阳		少　阴		少　阳		太　阴	
阳				阴			
太　极							

这个次序的理论根据可以从《说卦传》得到。《说卦传》云:"天地定位,山泽通气,雷风相薄,水火不相射,八卦相错。"邵雍据此对伏羲八卦的次序做了解释:

> 天地定位,乾与坤对也。山泽通气,艮与兑对也。雷风相薄,震与巽对也。水火不相射,离与坎对也。此伏羲氏之易也。

很显然,这种排列次序是从自然界的对立统一规律出发的,立足点是自然界。乾与坤对立统一即天与地对立统一是大框架,在天地之间再安排山泽对立、雷风对立、水火对立。

文王八卦的排列次序,《说卦传》也有个说明:

> 乾,天也,故称乎父;坤,地也,故称乎母;震一索而得男,故谓之长男;巽一索而得女,故谓之长女;坎再索而得男,故谓之中男;离再索而得女,故谓之中女;艮三索而得男,故谓之少男;兑三索而得女,故谓之少女。

邵雍在这个说明的基础上,从乾坤交合即阴阳交合的角度,这一步阐释了文王八卦排列次序的道理:

> 乾卦初交于坤卦,初得震,震为长男;坤卦初交于乾卦,初得巽,巽为长女;乾卦二交于坤卦,二得坎,坎为中男;坤卦二交于乾卦,二得离,离为中女。乾卦三交于坤卦,三得艮,艮为少男;坤卦三交于乾卦,三得兑,兑为少女。能生八卦。

这样,文王八卦的次序就是:

乾　坤　震　巽　坎　离　艮　兑
父　母　长　长　中　中　少　少
　　　　男　女　男　女　男　女

　　很显然,文王八卦的排列次序的根据是社会的细胞——家庭的生长规律,先有父母,继有长男、长女,再就是中男、中女,最后是少男、少女。

　　两个八卦系统,一个更多地反映自然界的规律,另一个更多地反映人类社会的规律,各有千秋,相映生辉。

　　两个八卦系统所代表的方位关系也不同。先天八卦的方位图是:

　　朱熹的《周易本义》引邵雍的话说:"乾南,坤北,离东,坎西,兑居东南,震居东北,巽居西南,艮居西北。于是八卦相交而成六十四卦,所谓先天之学也。"

　　《周易尚氏学》对伏羲八卦方位做了这样的评说:"先天方位,乾南坤北,离东坎西,一阴一阳,相偶相对,乃天地自然之法象。"这个评说是很正确的。先天八卦的方位与它的次序一样,所据的也是自然规律。

　　文王八卦的方位图是:

图中,震、兑、离、坎分别表示正东、正西、正南、正北,称为"四正卦",余四卦称为"四隅卦"。

文王八卦方位,在《说卦传》中也可找到根据:

> 帝出乎震,齐乎巽,相见乎离,致役乎坤,说言乎兑,战乎乾,劳乎坎,成言乎艮。万物出乎震,震,东方也。齐乎巽,巽,东南也。齐也者,言万物之洁齐也。离也者,明也;万物皆相见,南方之卦也。圣人南面而听天下,向明而治。盖取诸此也。坤也者,地也。万物皆致养焉,故曰致役乎坤。兑,正秋也,万物之所说也。故曰说言乎兑。战乎乾,乾西北之卦也,言阴阳相薄也。坎者,水也,正北方之卦也。艮,东北之卦也,万物之所成终而所成始也。故曰成言乎艮。

显然,文王八卦是从气象历法角度设置八卦方位的。震在东方,东方为日出之处,乃阳气之所存;离在南方,南方为日中之处,乃阳气之所极;兑在西方,西方为日落之处,乃阴气之所存;坎在北方,北方为日不到之处,乃阴气之所极。艮在东北方向,处阴极、阳存之间,为阳气始生之处。坤在西南方向,处阳极与阴存之间,故为阴气始出之处。

从时令来看,东方为震,震为雷,雷动而雨,草木萌生,故为春;南方为离,离为火,炎日如火,故为夏;西方为兑,兑为泽,为秋;北方为坎,坎为水,为冬。东南方向为巽,巽处春夏之间,万物生长整齐,故曰"齐乎巽";西南方向为坤,坤为大地,万物靠地养育,故曰"致役乎坤";西北方向为乾,乾处秋冬之间、阴阳相交之际,故曰"战乎乾";东北方向为艮,艮处冬春之间,万物于此已有收获了,故曰"成言乎艮"。

文王八卦方位从气象历法角度考虑设置,出发点还是农业生产,社会的因素在其中占了重要地位。

两个八卦系统又带出两个六十四卦系统。这两个系统一个侧重于自然规律,一个侧重于社会规律,各有其用,我们不应厚此薄彼,而应把两者结合起来,探索其中所包含的自然、社会、人生的奥秘。

《周易》占筮,有些参数需要从伏羲八卦中获得,有些参数需要从文王八卦中获得。汉代以后,两种八卦系统与河图洛书五行均有不同的配合,在占筮中各自发挥不同的作用,虽然不免有些繁琐,但也透显出精致与灵动。

（二）爻位系统

《周易》六十四卦，总起来是宇宙模式，而就一卦来说，又是一个相当完整的天地，俨然是宇宙的缩影，它既是时间的，自下至上的一个发展过程；又是空间的，表现为方方面面。现在我们将其中重要的术语及其意义介绍一下。

九、六、初、上：

阳爻"**一**"称做"九"，阴爻"**－－**"称做"六"。

六爻组成一卦，最下方的位置称做"初"，自下至上，顺次称做"二"、"三"、"四"、"五"、"上"。根据爻的性质（阳爻、阴爻），可称做初九、初六、九二、六二、九三、六三……例如：豫卦

自下而上，其六爻称之为初六、六二、六三、九四、六五、上六。

大成、小成：

《周易》一卦由两个经卦重叠而成，下三爻是个经卦，称为下卦；上三爻又是一个经卦，称为上卦，二者又称为二体。二体象征事物发展的两个阶段：下卦为"小成"阶段，上卦为"大成"阶段，象征事业成就的大小、事物所处地位的高低，或所居地域的远近、内外。

位：

《周易》中一卦各爻位，按贵贱定位。其中最重要的是五位、四位、二位。五为君位，四为近臣之位，二虽不如三四之尊，但二与五为正应，作用经常比三、四位重要。上位通常看成是太上皇位，虽已无权，但亦是尊位，特殊情况下，其作用不可小看。

《周易》中，三爻位地位比较特别，按贵贱它也算是尊位。三爻是下卦的上爻，是下体向上体转化的关键。一般来说，动而多险，因而也称之为险位。

正与失正：

《周易》一卦六爻位次有奇偶之分，初、三、五为奇数，属阳位；二、四、上为偶数，属阴位。阳爻居阳位、阴爻居阴位为当位，亦称得正、得位。如果不是这样，阳爻居阴位、阴爻居阳位，那就是不当位，亦称失正、失位。当位，象征事物发展遵循正道，符合规律；不当位，象征事物违背正道，违反规律。《周易》重视爻位，强调阴阳爻各居其位，这是一个很值得重视的思想。由此引申发挥，则天地万物莫不应该各居其位。自然界如此，社会界也是如此。如果某物、某

人脱离了自己应该所处的位置,则整个系统就会发生骚动,这个系统原已有的秩序、稳定也就被破坏了。对于脱离应居位置的某人、某物来说,也必然遇到困难、麻烦,甚至危险。

中:

六爻位次,第二爻居于下卦中位,第五爻居于上卦中位,这两爻的位置十分重要。阳爻居中位,象征刚中之德,阴爻居中位,象征柔中之德。如果阴爻居第二位,阳爻居第五位,则又中又正,称之为中正。中正是美善的象征,处此位,万事吉祥如意。

《周易》极为重视中位,处中位,哪怕不得位,通常也是没有危险的。李光地的《周易折中》云:"唯中与正,则无有不善者,然正尤不如中之善,故程子曰:正未必中,中则无不正也。"

应:

指的是下卦三爻与上卦三爻的阴阳对应关系,具体是指初爻与第四爻(上卦初爻)、二爻与五爻(上卦二爻)、三爻与上爻(上卦三爻)的阴阳对应关系。上述对应关系中,一爻为阳,一爻为阴,那就叫做"应"。如果两爻均为阳或均为阴,那就叫做"不应"。根据易理,阳遇阴则通,阳遇阳或阴遇阴则阻。运用《周易》占筮,这一点特别重要,吉凶祸福常常决定于此。

《周易》的应,以二与五应最为重要,它决定全局的命运。如果二为阴,五为阳,那就最好不过的了。

强调自然、社会上诸事物的关系应是对立统一的关系,这是《周易》另一重要思想。如果说,提出"当位"的观点只是强调宇宙和谐,那么,强调对立统一则是进一步阐明应该怎样去看待和谐,去实现和谐。按《周易》的观点,和谐不是没有差异,没有矛盾的。如果要说没有差异、没有矛盾的境界也是和谐的话,那么,这种和谐是死的和谐,没有希望、没有活力的和谐。在《周易》看来,有活力的和谐,有发展前途的和谐应该是阴阳相应且进一步相交的和谐。

阴阳相应,只要是在相对的位置上一阴一阳就行了。阴阳相交涉及阴阳运动的方向,它须得是阴在上,阳在下,阴气下降,阳气上升,在阴阳相互运动中实现了相交。《周易》中泰卦与否卦,阴阳关系都是相应的,但是泰卦,三阴爻在上,三阳爻在下,于是,阴阳全部实现了交感,而否卦,三阳爻在上,三阴爻在下,虽相应,但没能实现交感。

比：

比是指相连两爻的关系。如两爻系同一性质，阴爻比阴爻，阳爻比阳爻，这种比为亲比。亲比关系的吉凶须根据实际情况而定。

承：

相邻两爻一为阴，一为阳，阴爻在下，阳爻在上，表现为阴对阳的承接，支撑。这种关系为"承"。在自然界，阴为地，阳为天，大地承天；在人类社会，阴为妻，为臣，为子，为奴；阳为夫，为君，为父，为主，妻承夫、臣承君、子承父、奴承主。按《周易》的观点，这种关系是合乎正道的。

乘：

相邻二爻阴爻在上，阳爻在下。这种情况称为"乘"。乘即乘凌，意思是阴乘凌了阳。因阳为刚，故又称为"乘刚"。"乘刚"一般是不吉利的。

易理的这种看法如果仅从哲学角度去理解，有它的合理性。因为它无非是强调阴阳刚柔各归其位，各职其责，弱只能扶强，柔只能扶刚，而不能抑强、损刚。只要不把这个观点理解得过于褊狭，有可取之处。不过，也应看到，这个观点在社会生活中运用，明显地见出它的局限性。等级观念、男权主义是一目了然的。

承、乘也是比，只不过不是亲比。在比关系中，四与五的关系非常突出，因为五是君位，四是大臣位。它们之间的关系不管是亲比，还是承、乘均具有影响全局的作用。

据：

在《周易》中，阳爻位于阴爻之上，称之为"据"。"据"既可以指相邻两爻的关系，就这来说，它属于比；也可以指非相邻爻的关系，就这来说，它不属于比。

六爻之间的应、比、承、乘、据诸关系在相当程度上反映了宇宙间各种力量之间的关系，它有很强的哲学概括意味，富有启迪性。概而言之，主要为：第一是呼应关系，表现为对立力量的统一、互补与和谐。第二是亲比关系，表现为同类性质力量的互相依托、支持和帮助。第三是仰承关系，表现为一种力量对另一种力量的仰承、支持和另一力量对此力量的主宰、依靠。第四是反对关系，这是唯一不和谐的因素，是祸乱之源。

以上说的应、比、承、乘、据虽然大致说来，应、承、据是吉的，乘是凶的，但是,也不完全是这种情况。拿应来说,九二应六五,凡十六卦,皆吉;然六二应九五,凡十六卦,则不能皆吉,凶咎皆有之。

卦主:

《周易》中六爻也不是平分秋色的,尽管每爻都有自己的作用,但相对来说,在一卦之中起决定性作用的是第五爻,其次是第二爻,初、三、四爻的作用视具体情况而定。一般来说,第五爻是一卦之主,称为"卦主",或"主卦之主"。第五爻性质如何,对此卦性质关系极大。不过,第五爻的作用也不是绝对的。在某些情况下,卦主也可能有两个,另一个卦主不决定于爻位,而决定于卦义,通常将能决定一卦基本性质的爻称之为"成卦之主"。两个卦主的作用或一致,或互补,或牵制,或对立,关系比较复杂。它们的合力决定事物的发展方向。

互卦:

值得指出的是,《周易》中的每一个卦还可变出另外一个卦来。变法是将六爻中的二、三、四爻合成一个卦,作为下卦,又叫"下互";将三、四、五爻合成一个卦,作为上卦,又叫"上互"。"下互"与"上互"合拢来,即为一卦,这卦称"互卦"。比如萃卦上兑下坤。用萃卦的二、三、四爻组成一个卦,为艮卦,用三、四、五爻又组成一个卦为巽卦。以艮卦为下卦,巽卦为上卦,构成新的卦——渐卦。有了这样一种变法,《周易》每卦中藏一卦,内涵就丰富了一倍,六十四卦,实为一百二十八卦。在运用《周易》占筮时,有时需要参考互卦。这卦中有卦,对我们认识世界大有好处。就自然界来说,这类现象比比皆是,稍加留心即可发现,比如,石中蕴玉,树上长树,动物身上有别的动物。在社会界,国中有国,派中有派,一个思想中包含有另一个思想,等等。

错卦:

本卦六爻,爻位不动,各爻的阴阳性质均向其反面转化,形成一个新的卦,此卦相对于本卦为"错卦"。

综卦:

本卦六爻,各爻的阴阳性质不变,但是,整个卦颠倒过来,初爻成了上爻,二爻成了五爻,三爻成了四爻,这样形成的一个卦,相对于本卦来说,为"综卦"。

之卦:

之卦是在占筮中用到的一个概念。按《易传》中的筮法,得出一个卦的六爻,不仅其阴阳性质判然有别,而且,阴爻之中,有六、八两种数目之别,阳爻中有七、九两种数目之别。按筮法,标八、七两种数目的爻为不变之爻,而标六、九两种数目的爻为宜变之爻。按此筮法,得出一个本卦后,又可产生一个新卦,这新卦,叫"之卦",表述为"由某某卦之某某卦"。

在《周易》占筮中,不仅需要找出互卦(往往不只是找一个)作为判别吉凶的参数,还需要考虑其错卦、综卦、之卦,尤其是之卦的意义,只有综合诸多的参数,才能得出比较符合实际的看法。

(三)易象系统

象是《周易》的基础,《周易》的占筮、哲理均建立在它之上。《系辞上传》云:"圣人设卦,观象系辞焉,而明吉凶;刚柔相推,而生变化。"一切道理均在象中。《周易》中的象是一个巨大的系统工程,首先,八卦的每一卦拥有诸多的象;其次,八卦相重后,又拥有更多的象;最后,各卦的关系中,还可派生出诸多的象。大体上,世界万事万物无不可以归结到卦的关系之中去。我们先分别看八卦的象①。

乾 金

天时:天 水 冰 霰 雹 寒冷

地理:西北 都市 大郡 胜地 高丘 古迹

人物:君父 老人 官宦 大人 长者 名人 师

人事:圆满 刚健 武勇 果决 有名 喜动

身体:首 骨 肺

时序:秋 九十月交 戌亥年月日时

动物:马 天鹅 狮 象 龙

静物:金玉 珠宝 圆物 贵物 衣物 水果 刚物 冠 镜 刀 金 银 神佛饰物

屋舍:公厅 楼台 堂 大厦 驿舍 西北向

---

① 以下所列八卦的象采自贾丰臻的《易之哲学》(商务印书馆1941年版),略有删削。

家宅:秋占宅兴旺 冬夏占不吉

食物:马肉 鱼肉 干燥物 辛辣物 珍味

生产:易产 秋占生贵子 宜西北向

交易:易成 宝玉 金币 夏占不利

名利:有 公舍有利 宜近贵人 秋吉 冬夏不利

谋望:有 初吉 多谋少遂

出行:西北 京师 远行 荣归 夏占不利

讼事:健讼

坟墓:宜西北高丘

数目:一 四 九

方向 西北

色:赤 玄

味: 辛

坤 土

天时:天阴 雾 晦

地理:西南 田野 平地 静地

人物:母后 老妇 农人 乐人 大腹人

人事:吝啬 顺 静 柔懦 众多

身体:腹 脾胃 肉

时序:辰戌丑未月 未申年月日时

静物:方物 土中物 柔物 布帛 丝麻 五谷 舆釜 瓦器

动物:牛 百兽 牝马

屋舍:西南方 村舍 田舍 卑室 仓库

家宅:安稳 多阴气 春占不安

食物:野味 牛肉 土生物 甘味 五谷 腹脏物 芋类

求名:西南 守成 司农 春占不利

求利:有 土生物 贱货 重物 布帛类

交易:有利 宜田土 宜谷物布帛 春占不利

谋望:可成 宜在乡里 宜静谋 宜谋及妇人

坟墓:西南方向

数目:八 五 十

方向:西南

色:黄

味:甘

震 木

天时:雷

地理:东方 树木 城市 大涂 繁盛地

人物:长男 长身人、官员

人事:震动 振起 愤怒 虚惊 鼓噪 众多

身体:足 肝 发 筋 声音

时序:春三月 卯年月日时

静物:竹木草 木品 舟楫 耒耜 长物

动物:龙 蛇 马 飞鱼

屋舍:东向 山林 楼阁

家宅:时有惊恐 春占吉 秋占不吉

食物:蹄肉 野味 鲜肉 果

求名:有 在东方 掌刑官 发号施令职 司财货职

求利:山林 竹木之利 宜东方 动有财

交易:有利 动则成 宜木类 秋占不吉

谋望:有 动则成 秋占不吉

数目:四 八 三

方向:东方

色:青 黄 绿

味:酸

巽 木

天时:风

地理:东南地 草木茂盛地 菜果花园

人物:长女 秀才

人事:无定 宜经商 进退

身体:股 肱

时序:春夏之交 辰巳午未年月日时

静物:木 臭物 绳 直长物 竹木 工巧物

动物:鸡 禽类 虫

屋舍:东南向 寺观 园圃 楼台 山居

家宅:安 春占吉 秋占不安

食物:鸡肉 禽肉 蔬果 酸味

求名:有

求利:有 利市三倍

交易:有利 无定 进退不一

谋望:有 成败不定

出行:可 有利 宜东南 秋占不吉

坟墓:宜东南向 宜在山林中

数目:五 三 八

方向:东南

色:青 绿 白

味:酸

坎 水

天时:雨 雪 月 霜 露

地理:北方 江湖 溪涧 泉井 卑湿之地 沟渎池沼

人物:中男 江湖之人 舟人 寇盗

人事:险陷 卑下 随波逐流

身体:耳 血

时序:冬 十一月

静物:水晶 水中物 铁器 弓轮

动物:豕 鱼

家宅:向北 近水 江楼 水阁 住屋下湿

屋舍:不安 阴暗 盗患

食物:豕肉 酒 生冷物 海味 羹汤 酸味 带血物 水中物
有蹄物 有核物

生产:难产 有险 宜次胎 中男 辰戌丑未月 胎坐向北

求名:艰难 宜北方 江湖河泊之职

求利:失财 宜水边财 宜鱼盐酒水利

交易:不利成交 恐有奸诈 宜水边交易 宜鱼类交易

谋望:失望 心劳日拙 秋冬可达望

数目:一 六

方向:北方

色:黑

味:酸

离 火

天时:日 电 虹 霞 半晴半雨

地理:南方 干亢地 炉冶所 文明地 学校地

人物:中女 文人 大腹人 孕妇 目疾人 学士

人事:文书 有才学 明决

时节:五月 午年月日时

静物:火 文书 甲胄 兵戈 槁木 赤色物

动物:雉 鳖 蟹 蚌 龟

屋舍:南向 明窗 虚室 文舍 公舍

食物:雉肉 熏炙物 烧肉

生产:易生 中女 冬占不利 南向

名利:有 南方 宜文书事

交易:可成 股票交易

数目:三 二 七

方向:南

色:赤 紫

味:苦

艮 土

天时:云 雾 山岚

地理:山径 山岩 丘陵 阇寺

人物:少男 闲人 山中人 隐者

人事:阻滞 静守 进退不决 反背 止步

身体:手指　骨　鼻　背　腰

时节:冬春交　十二月　丑土年月日时

静物:土石　瓜果　块　黄物　土中物　刚物　高物

动物:虎　狗　鼠　百禽　山居兽

家宅:安全　诸事有阻　家人不睦

屋舍:东北向　山居　近岩石　高屋　近路

食物:土中物　诸兽肉

婚姻:阻隔　难成　少男成　春占不利

交易:难成　有山林田土交易　春占有失

谋望:阻隔　难成

坟墓:东北　土山　山中穴　高石丘　近路

数目:五　七　十

方向:东北

色:黄

味:甘

兑　金

天时:雨泽　新月　星

地理:泽　池　水边　缺地　废井　断涧

人物:少女　妾　妓伶　巫

人事:喜悦　口舌　谤毁　饮食

身体:口　舌　肺　有疾　痰涎

时节:秋　八月　酉年月日时

静物:银　饰物　乐器　缺器　废物　流通物

动物:羊　小兽　角兽　近泽

屋舍:西向　近泽　颓垣　破宅

家宅:不安　妨女人　口舌　秋占吉

食物:羊类肉　泽水物　河鱼

婚姻:可成　秋占吉　少女婚成

生产:不利　损胎　成则生女　宜西向

名利:无　财利上起口舌　秋占喜

交易:不利　宜西向

谋望:难成　秋占喜

出行:不宜远行　有损失

谒见:宜西方　妨女人

讼事:讼未已　有损失

坟墓:西方

数目:二　四　九

方向:西方

色:白

味:辛

以上均是例举,不是全部。八卦的象,在《说卦传》中有较为详细的介绍,历代的易学家又补充进好些说法。可以说,无比丰富,难以备述。

六十四卦是八卦两两相重而成,六十四卦的卦象亦即八卦卦象的组合。比如涣卦上巽下坎,巽为风,坎为水,那么涣卦的卦象则为风行水上,象征"涣散"。又如明夷卦上坤下离,坤为地,离为火,为光明,为太阳。那么,明夷的卦象则为太阳落入地中,象征"光明殒伤"。再比如蒙卦上艮下坎,艮为山,坎为水,那么蒙卦的卦象则为山下出泉,象征蒙稚渐启。

八卦除了有卦象外,还有卦德,又称卦情,它是卦的基本性质的概括。八卦的卦德是:

乾,健也。乾象天,天运转不息,故性质为健。

坤,顺也。坤象地,地承天而行,故性质为顺。

震,动也。震为雷,雷震天动地,故性质为动。

巽,入也。巽为风,风无孔不入,故性质为入。

坎,陷也。坎为水,水向低流,故性质为陷。

离,丽也。离为火,火附着可燃之物,故性质为附丽。

艮,止也。艮为山,山岿然不动,故性质为止。

兑,悦也。兑为泽,泽水荡漾,故性质为悦。

六十四卦也有卦德,如蒙卦的卦德为萌;比卦的卦德为亲;屯卦的卦德为难;泰卦的卦德为通;咸卦的卦德为感……卦德是从卦象中提炼概括出来的,是卦象基本内容的概括。

卦象与《周易》卦爻辞有一个对应关系,读易时,可以根据卦、爻辞,选取相应的象来理解之。不过,千万不可过于拘泥于象,朱熹明确地说:"其间多不可晓者,求之于经,亦不尽合也。"①

《周易》的构成,通常归结为象数与义理,象如上所言;数,我们将在"易理综说"中介绍,数主要用于占筮。义理主要表现为卦、爻辞。虽然历来认为,象是易之基础,但是,表达易理主要还是靠卦、爻辞。象与卦、爻辞大体上能相配,但正如朱熹所说,也有不尽合的地方,遇到这种情况,还是应该以卦爻辞为主,朱熹持的立场就是这样。

《周易》的卦、爻辞,有判断之词、概括之词、分析之词、叙述之词。判断之词有"吉"、"凶"、吝(遗憾)、悔(后悔)、无咎(无灾难)等。概括之词,主要是对某类事做一个总的概括,如"利艰贞","勿用有攸往"。分析之词,则是对事情做一个简洁的分析,如"屯其膏,小,贞吉;大,贞凶。""包蒙,吉;纳妇,吉。子克家。"叙述之词,则讲一个具体的事实,这事实很可能是真实存在的,如"睽孤,见豕负涂,载鬼一车,先张之弧,后说之弧,匪寇婚媾,往遇雨则吉"。《周易》爻词中,叙述之词多。这些叙述之词有些系历史事实,有些系筮例,由于年代久远,许多是不明其真实情况的了。朱熹释《周易》,也坦然地承认有些句子存疑,不可解。历代易学家由于不同的修养,不同的阐释维度,对卦爻词的理解是不尽相同的。其实,我们也不必要求阐释都一致,因为任何阐释都是一种新的创造,只要持之有故、言之成理就行了。

---

① 朱熹:《周易本义》。

第二部分 易卦简析(上经)

一、乾卦:大哉乾元

乾卦是《周易》第一卦,它实是《周易》的总纲。乾是纯阳之卦,它象征天、象征父。它以龙为象,描述龙由"潜"到"见"到"跃"到"飞"到"悔"的全过程。这个过程恰好是事物发展辩证的概括,它既可以理解成单一个体特别是某个人发展的全过程,也可以理解成宇宙发展的全过程。从某种意义看,乾是《周易》时间观念的集中体现。乾卦的《卦辞》云:

乾,元亨利贞。

乾由两个经卦的乾重叠而成。乾德为健。在《周易》中,天、帝、鬼、神这几个概念是相通的,它们其实是一个东西。程颐说:"以形体谓之天,以主宰谓之帝,以功用谓之鬼神,以妙用谓之神,以性情谓之乾。"①"元亨利贞",这四个字可以分成两句讲,也可以分成四句讲。分成两句讲,就是"元亨,利贞。""元"者,大也;"亨"者,通也。"元亨",就是大通的意思。"利",宜也;"贞",按朱熹的讲法为"正而固"。"利贞",就是宜于守正固。朱熹说:"言其占当得大通,而必利在正固。"②程颐将它分成四句讲:"元者,万物之始;亨者,万物之长;利者,万物之遂;贞者,万物之成。"下面我们来看乾卦六爻是如何讲变化的:

初九,潜龙勿用。

---

① 程颐:《周易程传》。
② 朱熹:《周易本义》。

初爻处最低位,象征事物的发端萌芽。事物处在这个时候,势单力薄。怎么办?潜!潜下心来努力学习,潜下心来提高能力,潜下心来积累经验,潜下心来积累资本。过早暴露,过早行动,势必受损。此爻意重在潜。

九二,见龙在田,利见大人。

二爻位象征事物崭露头角。龙在水里潜修已久,已具备保护自己并发展自己的能力,现在需要出水寻找机会了。人才也是如此,总是先要有一段时间潜修苦练,然后才能出山,而到了该出山的时候,就不要再潜了,要"见"(现)——将自己的才华、学识向可能赏识你的人适当地展现出来,以引起重视。不只是伯乐要去寻千里马,千里马也要去寻伯乐。"大人",这里指可能赏识你、重用你的人,也就是"伯乐"。

九三,君子终日乾乾,夕惕若,厉无咎。

三爻位很重要,它处于下卦的顶端,可说事业小成;但就一卦来说,它尚处于中间,离大功告成还远着呢!这个位置在《易经》中通常视为"险位"。说它险,主要在于:其一,小有成就,易沾沾自喜,不再求上进;其二,秀木出于林,风必摧之。古往今来,多少本可成大事业者,就毁于这小成阶段上。《周易》给我们提供的启示是:"终日乾乾,夕惕若。""终日乾乾",就是整天努力,发愤图强,不敢稍有懈怠。"夕惕若"是说,即使到了晚上也要小心翼翼。"惕",就是警惕。一是整天努力,二是整天小心。前者可理解成吹冲锋号,后者可理解成敲警钟。两种声音都在耳边响起。你想想,真能做到这两点,还有什么问题呢?当然没有。故爻辞说:"厉,无咎。"

九四,或跃在渊,无咎。

四爻位可谓最佳爻位。一方面,它属上卦,可谓已进高层,下层对它的中伤、打击一般难以奏效;另一方面,在高层中它处于最下位,一般来说,上层对它不太防备。这样,它就处于一个相对比较安全也比较自由的境地。《周易》奉献给我们的建议是:大展宏图,自由发展,好比那条龙,升天入地,自由驰骋。

九五,飞龙在天,利见大人。

上爻位处上卦的中位,因是阳爻居阳位,又中又正。这个位置通常看成是皇帝的位置。皇帝不是称"九五之尊"吗?处这个位置,事业发展到了顶峰。此爻的象是"飞龙在天"。飞龙在天,何等风光,何等自由!这里,为何也说"利见大人"?须知,五爻与二爻是相对应的,五爻为君,二爻为臣。对于二爻位来说，见大人，就是见五爻；而对于五爻位来说，见大人就是见二爻。君虽然位置最高，但需要臣来辅佐。这种情况用在公司里也恰当。公司里，总经理是君，职员是臣。他们的关系就好比乾卦中五爻与二爻的关系。只有相互之间都称得上"见大人"，才彼此真正得"利"。

上九，亢龙有悔。

上爻位是最高位，通常说是太上皇的位置。太上皇虽然尊贵，但权力没有了。有哪位皇帝高兴做太上皇的？爻辞说的是"亢龙有悔"，意思是这龙过于亢奋，飞得太高了，眼看没地方可飞，要摔下来，故而感到后悔。这里说的与太上皇的比喻有所不同。太上皇是因为年龄大了，或某种特殊的原因，不得不让出皇帝位置来，他是被动的。而这龙目前面临的灾难却是因为自己过于亢奋造成的，完全是主观因素造成的。

乾卦这爻给人的启示非常深刻。过犹不及啊！度很重要。凡事都要有个度。不及度与过度都不好，这里主要讲过度不好。这爻还包含有在顺利时节要保持清醒头脑的意思。大凡不顺利时，人们头脑比较清醒；而顺利时，特别是非常顺利诸如"飞龙在天"时，就掉以轻心了。殊不知物极必反。古往今来，这方面的教训真不少，不管是从政、用兵，还是经商。

用九，见群龙无首吉。①

事情发展到上九的地步，似乎是到了无可挽回必定失败的地步了。但是不是就糟糕透顶，永无出头之日了呢？也不是。从爻象来看，从初九到上九，都是群龙有首的。也就是说，事物的发展是有序的发展。到了上九，阳达极盛，就要从根本上发生变化了。按《周易》的筮法，六爻皆为九数，是全变之卦。著名易学家尚秉和先生说："九何以必变，阳之数九为极多。故曰群。阳极反阴，乃天地自然之理。乾为首，以阳刚居物首，易招物忌。变坤则无首。无首则以柔济刚，故吉。"②这一变，就好比群龙无首了。群龙无首是好事还是坏事？似乎是坏事，是凶。但《周易》认为，不是坏事，不是凶，而是好事，是吉。这就很耐人寻思……其实，事物无所谓绝对的好与坏，也无绝对的吉与凶。吉中有凶，凶中有吉。

----

① 按筮法，阳爻数九者为宜变之爻，乾卦六爻均为九，均要变。乾本纯刚变而为至柔。"用"，变动的意思。

② 尚秉和：《周易尚氏学》，中华书局 1980 年版，第 17—18 页。

乾卦的《彖传》云：

　　彖曰：大哉乾元，万物资始，乃统天。云行雨施，品物流形，大明终始，六位时成，时乘六龙以御天。乾道变化，各正性命，保合太和，乃利贞，首出庶物，万国咸宁。

《彖传》是一首天的赞歌，它赞颂的主要是三个方面：一统天下、品物流形的宏壮之美，万物资始、欣欣向荣的生命之美，各正性命、保合太和的和合之美。

《象传》云：

　　天行健，君子以自强不息。

这是就乾卦的卦德——"健"予以发挥。乾卦强调阳刚在事物发展中的主导作用，侧重于进取、发展。乾卦的《象传》云："天行健，君子以自强不息。"这正是乾卦精神的准确概括。强有两种：物质上的强与精神上的强，这两者都重要，但在某种情况下，精神上的强也许更值得尊敬，只有在精神上做强者，才能在物质上成为强者。中华民族几千年奋斗不息，虽然屡遭遇失败，受尽屈辱，但精神上从来没有屈服过，从来都是强者。这正是中华民族文化几千年来没有中断，没有毁灭的根本原因所在。强，重在自强。我们不拒绝他人的帮助，但自强是最可靠的，自强是取得成功的最为根本的条件。要自强，而且须不息地自强。一时的自强固然能有所成就，但如不能不息地自强，则不仅已取得的成功不能保全，而且还有可能招致更为严重的失败，乃至彻底毁灭。古往今来，这方面的教训太多了，远的不说，三百多年前打进北京夺取明朝江山的李自成，仅仅是不到一个月的松懈、腐化、堕落，与士气高昂的清兵相遇，就落得兵败如山倒，且再也无法振作了。"自强不息"重在"不息"，也难在不息。

乾卦讲君子要自强不息的道理，是以"天行健"为喻的，因此，它经常为后世视为中国哲学讲天人合一的经典例子。事实上，乾卦也将它的要义归结到天人合一。乾卦《文言传》云：

　　夫大人者，与天地合其德，与日月合其明，与四时合其序，与鬼神合其吉凶。先天而天弗违；后天而奉天时。天且弗违，而况于人乎？况于鬼神乎？

天人合一，《周易》的最高主题。"天地"、"日月"、"四时"——这是物理意义上的天,即自然规律,强调与之合,也就是要遵守自然规律;"鬼神"——这是精神意义上的天,虽然说神灵一直被人们认为是迷信,但是,它仍然一直被人们信仰着,即使在今天。也许,神灵在某种意义上就是人们所认为的理想的人,如儒家说的圣人,道家说的至人。向理想看齐,追求理想的人生,虽不能达之,但心向往之,不是也可以肯定吗?"先天""后天"之语,朱熹说:"先天不违,谓意之所为,默与道契;后天,奉天,谓知理如是,奉而行之。"①先天不违,其境界高于后天奉时,然必后天奉时,才能达先天不违之境界。这当然只能是一件件事做起,就在这一件件事情中,人不断地出入于"后天""先天"之间,不断地发展着、前进着。这就是我们人类的宿命。

二、坤卦:至哉坤元

《周易》以纯阳的乾卦打头,讲了人生哲学的第一课,主题是自强不息。自强不息主要是侧重于生命的概念。生命最基本的性质,就是自强不息,作为个体,它顽强地生存着,且发展着,直至生命结束,作为种族,亦顽强地生存着,且发展着,生命没有穷尽。个体生命与种族生命的关系:前者是有限的,后者是无限的。正是前者的有限,才维持着保证着后者的无限。

《周易》第二卦坤卦,作为人生哲学的第二课,主题是厚德载物。如果说乾卦的关键词是生,坤卦的关键词则是德。生,是生命第一义,德则是社会的第一义。如果说自强不息,是生命所共有的话,那么,厚德载物则只是人这种生命所独有的。虽然自强不息和厚德载物,都属人生哲学的内涵,但自强不息,侧重于自然生命的意义,厚德载物,则侧重社会生命的意义。

坤是纯阴之卦,它的基本形象是大地。《象传》云:

> 至哉坤元,万物资生,乃顺承天,坤厚载物,德合无疆,含弘光大,品物咸亨。牝马地类,行地无疆,柔顺利贞,君子攸行。先迷失道,后顺得常,西南得朋,乃与类行。东北丧朋,乃终有庆。

---

① 朱熹:《周易本义》。

这里,主要从坤的功能与品德两个角度来说的。

坤的功能主要有二:其一,"万物资生",这说的是地与万物的关系:地孕育万物,是万物之母;地"含弘光大",故而"品物咸亨"。其二,"顺承天",这说的是地与天的关系:一是顺,谦逊地顺从天;二是承,无私地托承天。"万物资生"和"顺承天"这两大功能,确定了坤的基本地位:万物之母,上天之臣。

坤的品德就是从它的地位来的。作为万物之母,坤的品德——宽厚,仁慈,乃生命之本。作为上天之臣,坤的品德——柔顺,忠贞,为谦让之典范。

牝马是坤的意象之一。牝马作为母马,有阴之性;作为地类,有地之德。西南方为阴,故可以得朋;东北方向为阳,故丧朋。坤行重"类",意味着坤重社会。

《象传》云:

> 地势坤,君子以厚德载物。

这是坤卦基本精神的概括:一是厚德。德为人之本,德之厚,不只在量上厚实,还在质上敦诚,就像大地,既无限的深厚,又无比的朴诚。《周易》主要关键词之一——"孚"主要来自坤。二是载物。载物,本义是指承载地面上的万物,引申则为对社会、对国家、对人民、对天下,对大地生灵所背负的责任。《周易》认为,厚德载物是君子的基本品德,也是一种理想人格,天下人皆要以之为人生的修养目标。

坤卦的六爻,从不同的角度,深入地阐发坤的美好品德。

> 初六,履霜,坚冰至。

这是说阴之始。阴之始,霜为阴气所结,霜虽至微,但意味着坚冰快要到来了。

按《周易》阴阳哲学,阳极生阴,阴极生阳,阴阳相生。这阴始生,乃是阳极之故。盛夏一般设喻为阳盛,盛夏过后为秋,秋开始凉了,于是轻霜出现,这就是阳极生阴。

阴阳设喻,仅从字面上看,阳偏暖,阴偏冷;阳活泼,阴凝重。将大地赋予阴的性质,让人产生的第一感觉就是艰辛。它让人想到母亲,想到忠臣。

霜为秋物,坤一般也用来喻秋。秋固然是收获的季节,人们通常赞美秋为"金秋",然须知秋又是肃杀的季节。秋风,还有严霜,摧枯拉朽,无情地将衰老的生命送入坟墓。这后一点，常为人所诟病，其实，这正是新生命孕育的开始，没有肃秋，哪有喜春？"履霜，坚冰至"，岂止是严寒的预告？它还是春天的报告。《周易本义》说这爻"所以赞化育而参天地者，其旨深矣"，可谓探到了此爻的精义。

"履霜坚冰至"，坤卦这仅五字的初爻，给我们展现了坤的殉道者的感性印象以及它在艰辛中孕育生命的伟大功能。

六二，直方大，不习无不利。①

这是借大地的感性形象比喻坤内在的伟大品格。大地，从视线的角度，它是可以一直走下去的，因而可以说是直的；而按"天圆地方"说，它是方的。虽然地球是有限的，但在古人看来，这地完全超出了人的感官把握的能力，它是无穷大的。

朱熹将大地的感性品格——"直方大"联系到人的品德上去了，他说："柔顺正固，坤之直也。赋形有定，坤之方也。德合无疆，坤之大也。"②《文言传》也是这样认为的，《文言传》说："直其正也，方其义也。君子敬以直内，义以方外，敬义立而德不孤。"概括起来，说了坤两个最为重要的品质：正和义。正主内，义主外。修心主正，行事尚义。

"不习无不利"这句爻辞向来难解，其实，难解是因为不相信这句话其实用的就是它的本义。《象传》说："不习无不利，地道光也。"意思是，"不习无不利"是地道本身所具备的品德。"不习"——不修习，大地是不需要修习的，它以它本身所拥有的巨大智慧和巨大能力创造了这一切。它的智慧具有无穷的原创性，它难道还需要向人学习吗？当然不需要，它天然地是智者、第一设计师；它的能量超出地球上所有的生灵，它难道还需要修习吗？当然不要，它天然地是强者，是无与伦比的超能者。"不习无不利"，其潜台词就是：人要向大地学习，要借助大地之力来成就自身。

六三，含章可贞，或从王事，无成有终。

如果说，前面两爻侧重于将大地作为母亲的形象来歌颂，这一爻则主要侧

① 李光地《周易折中》释"直方大"，云："盖凡方之物，其始必以直为根，其终乃以大为根，故数学有所谓线而体者，非线之直，不能成面之方。因面之方而积之，则能成体之大矣。"这是用现代数学来释"直方大"，备一格。

② 朱熹：《周易本义》。

重于将大地作为忠臣的形象来赞美。"章"为美,"含章",将美包含在内,这是说大地有内美。美为内美,意味着不张扬,这就是谦虚。谦虚是大地的重要品德。《周易》是很重视谦德的,这源自坤。

"或从王事,无成有终",就是说,为君王效劳,劳苦功高,却不图有赏,只是尽臣子本分。《象传》说这是"知光大也","知"通智,是说智慧光大。坤深知为臣当知尽本分,不可贪功邀赏。只有这样,才能得以保全自身。不过,其实,这"知"更多的是讲德,为臣之德,因此,"知光大"实质是德光大。

六四,括囊,无咎,无誉。

这仍然在说为臣之道。少说话,像袋子将口扎紧,这样,虽然没有了荣誉,然而也没有了灾祸。此爻从消极方面来理解,它道出了为臣的险恶。一切须谨慎从事,宜低调。而从积极方面来理解,它仍然是在赞美谦逊的品德。一个人,全然没有个人咎害、荣誉的考虑,全心全意地在做于社会、于他人有益的事,那他就不只是圣人,还是至人了。圣人为公,然有我;至人则无公私之别,其行既出自本心,又自然地合于天德。这种品德,如果仍然名之为谦,那么,这谦道,就不只是人道,而是天道了。

六五,黄裳,元吉。

此句是说,大地,就像一袭华丽的黄衣裳。元吉,大吉。

这一爻已不是在做道德上的评价,而是在做审美性的歌颂了。也许正是因为坤卦以黄色来赞美大地,黄色才成为中华民族最为尊贵的颜色,此颜色后为成为君王的专用色,臣下只有超出红尘的佛教徒才有资格着黄裳。

《象传》云:"黄裳,元吉。文在中也。""文",通纹,通饰,引申为文明、文化。在《周易》看来,文明最早就诞生在大地上。大地,当然首先是指原始自然,它是文明之母;其次是指人在大地上的劳作,人的劳作创造出第二自然,这第二自然就是文明。中华民族最早的关于文的观念来自大地。文通美,因而,最早的关于美的观念也来自大地。

尽管此爻字面上的意思,是歌颂大地的美,但《文言传》还是揭示出了其中所包含的道德意识,《文言传》说:"君子黄中通理,正位居体。美在其中,而畅于四支,发于事业,美之至也。"《周易本义》释"君子黄中通理"云:"黄中,言中德在内。"释"正位居体"云:"虽在尊位,而居下体。"一言以蔽之,此爻是歌颂"中德"之美。一是黄色之美,这是感性的美;二是中德之美,这是理性的美,两者在此实现了统一。

　　　　上六,龙战于野,其血玄黄。

　　上六,阴已极。阴极生阳。衰老之阴与新生之阳交汇,必产生斗争,就像龙在田野上争战,黑红色的血涂满大地。这是凶象,还是吉象? 既是凶象,也是吉象。凶象,是表面上的,当下的;而从深层次来看,从前景来看,它预示着一个生意盎然的新世界即将到来。

　　这一爻似乎在某种意义上呼应了初六爻。坤,起之于霜凝大地,终之于血染田野。坤,就是这样的悲壮,这样的艰辛,然而,它伟大,它崇高。

　　坤卦的《文言传》对于"龙战于野,其血玄黄"有一段精彩的论述:

　　　　阴疑于阳,必战。为其嫌于无阳也,故称龙焉;犹未离其类也,故称血焉。夫玄黄者,天地之杂也,天玄而地黄。

　　阴阳关系就是这样,在斗争中创造生命,在斗争中创造世界。斗争是残酷的,充满血污,但其产物却是美好的,无比的绚丽而又庄严,好像宁馨儿。

　　　　用六,利永贞。

　　坤卦的"用六",如同乾卦的"用九"。"贞",正固意。为什么坤要强调正固而且是永久的正固呢? 程颐说:"阴道柔而难常,故用六之道,利在常永贞固。"①孔颖达认为:"坤是柔顺,不可纯柔,故利在永贞。"②尽管坤有许多优秀的东西,也尽管柔顺是值得赞美的,但纯柔纯顺还是不可取的,《周易》的基本观点是刚柔相济,因而,对于坤卦来说,它的"用六"就在"永贞"方面,即不断地为它增加刚性的东西。

　　坤卦是一个伟大的卦。

　　坤卦,雄伟而又璀璨,是一曲天地之歌;

　　坤卦,庄严而又美丽,是一曲母亲之歌;

　　坤卦,健壮而又活泼,是一曲生命之歌。

　　坤卦的调质与乾卦是合拍的,它们都是天地的壮歌,也是生命的赞歌。

　　乾卦和坤卦都歌颂了生命的价值和意义,但是它们所取的角度不同:乾卦主要歌颂的是生命进取的意义,赞美的是生命刚健的一面;坤卦主要歌颂的则

---

　　① 程颐:《周易程传》。
　　② 转引自李光地:《周易折中》。

是生命负重的意义,赞美的是生命柔顺的一面。乾卦歌颂生命,立足点是生命的个体性、自然性、原始性;坤卦歌颂生命,立足点则是生命的种族性、社会性、文明性。乾卦歌颂生命,重在生,没有涉及育,因而没有涉及德和美;而坤卦歌颂生命,不仅重生,而且重育,因而涉及德,也涉及美,重德,重美,必然重社会,重文明。从这个意义上看,乾卦是生命第一卦,坤则是文明第一卦。两卦为《周易》六十四卦之总纲。

三、屯卦:屯难之际

人们所遇到的困难有两种,一种是前进中的困难,一种是停止中的困难。前进中的困难是有希望的困难,因为事物还在发展;停止中的困难,则是绝望中的困难,因为事物没有了活力。屯卦是讲困难的卦,它的困难属于前一种。

屯卦,下卦为震,上卦为坎。震为雷,坎为云。它的象是雷动云飞,雨在囤积。在《周易》中,雨象征吉利,因为它是阴气与阳气相交的产物。不过,在屯卦,雨还没有下下来。这是一个极为困难的时刻,也是一个极有希望的时刻。极为困难又极有希望,构成屯难之基本特点。

《彖传》和《象传》生动而又深刻地描绘了这样一个时刻:

彖曰:屯,刚柔始交而难生,动乎险中。大亨贞,雷雨之动满盈。天造草昧,宜建侯而不宁。

象曰:云雷,屯,君子以经纶。

云雷之兴,阴阳始交,"天造草昧",必有冲突,君不见电闪雷鸣,风云奔驰吗?春天的到来,并不那么轻松。微弱的春暖,要击垮严冬的淫威,需要一个过程,也必然有一场惊心动魄的斗争。按卦德,震是动,坎是险,这就是"动乎险中"。"动乎险中"是困难的,雷鸣电闪,也让人惊骇,但紧接着而来的大雨倾盆,却大快人心。

就人事来说,天下不宁,灾祸频发,当然不是一个好的时代,但是,对于渴望建功立业的英雄来说,却是一个展现才华的大好时机。俗话说,乱世英雄起四方,君子啊,正是你们"经纶"天下大事的时候了。

虽然说,天下不宁是英雄建功立业的大好时机,并不是说可以胡作非为,更不是说不需要清醒的头脑。相反,严重的时刻更需要坚守正道,更需要清醒的头脑。屯卦的《卦辞》云"元亨利贞,勿用有攸往,利建侯"。打头一句"元亨利贞",实是落在"贞"上。"贞"者正也。《周易程传》说:"屯有大亨之道,而处之利在固,非贞固何以济?""贞固",首先是贞,坚守正道,其次是头脑冷静。只有坚守正道且头脑冷静,才能审时度势,而只有审时度势,才能采取正确的战略战术。

屯卦六爻,每爻有每爻的情势,君子需审时度势,采取不同的策略。

初九,盘桓,利居贞,利建侯。

《周易》中的初爻总是谨慎的,何况是屯卦的初爻? 盘桓,不只是在犹豫,还在观察,在思考,在选择,在图谋。两个"利",一利"居贞",守正;二利"建侯",进取。守正是静,建侯是动。守正为了建侯,静为了动。

六二,屯如邅如,乘马班如,匪寇,婚媾,女子贞不字,十年乃字。

一幅美丽的场景:马队来了,缓缓地,生怕惊扰了宁静的村庄。然而村子还是被惊醒了,村民以为来了强盗。正惊慌失措之间,得知不是强盗,而是来求婚的。村中的姑娘坚定地说,不嫁。难道就永远不嫁? 姑娘说,十年后再来吧!

这是在说明,有困难,但可以克服,需要时间,也需要努力。

六三,即鹿无虞,唯入于林中,君子几,不如舍,往吝。

同样是一幅美丽的场景:猎鹿者正在猛追一只鹿,那鹿逃入了密林。马队骤停,没有看山人啊! 如果盲目地追入林中,很可能迷路。猎鹿的头人,权衡了一番,最后决定,舍去这快要到手的猎物,退!

六三,显然比六二要进一步了。然而,还不是高兴的时候,仍然有许多困难,弄不好,不仅前功尽弃,还可能全军覆灭,因而必要时,仍然需要退。

六四,乘马班如,求婚媾,往吉,无不利。

大好的形势终于到来了。同样去求婚,村上人不再以为是来了强盗,而且那位美丽的姑娘也不再找借口推脱了。到这个时候,屯难已经过去了。

九五,屯其膏,小贞吉,大贞凶。

又回到雷雨。天上的云积得很厚的了,雨却还没有下下来。还差一步,也许还是重要的一步。《象传》解释:"屯其膏,施未光也。"何谓"施未光"?《周易程传》说:"人君之尊,虽屯难之世,于其名位非有损也。唯其施为有所不行,德泽有所不下,是屯其膏。"这是说,作为君主,虽然威权在手,财富在手,但要向广大人民施德啊,如果德未能施,则不能光大。

从初九到六四,创业的艰辛表达得很充分。到九五应该说已经创下了一份事业,然而,还不够。这是因为作为君主,他的业不只是属于他个人,还属于全社会。君是臣之君,是民之君。名分上为君,还不够,而要实质上为君,这就不能只是"屯其膏",还要向人民泽春雨。

　　　　上六,乘马班如,泣血涟如。

"乘马班如"的意象一直用下来,因为它说明问题。"乘马班如"去求婚,在六二爻位,不成功;"乘马班如"去求婚,在六四爻位,却成功了。到上六,再"乘马班如",不仅没有收获,还弄得头破血流,哭哭啼啼。这又原因何在呢?原因是"六以阴柔居屯之终,在险之极,而无应援,居则不安,动无所之,乘马欲往,复班如不进,穷厄之甚,至于泣血涟如,屯之极也"[1]。

屯卦在周易中是一个文学色彩浓郁的卦,马队形象及故事生动而有趣,简直就是优秀的微型小说。然而品读中,有不少深刻的东西浮上心头,让人鼓舞,让人惊悚,也让人宁静。屯卦的主题是鲜明的,它说的是创业之初的艰难。虽然卦辞说的是建侯之难,其实并不局限于此。社会上各色人等均有属于自己的那份屯难。正如李光地在《周易折中》所说的:"如屯则士有士之屯,穷居未达者是也,君臣有君臣之屯,志未就,功未成者是也。甚而庶民商贾之贱,其不逢年而钝于市者,皆屯也。圣人系辞,可以包天下万世之无穷,岂为一时一事设哉?"

四、蒙卦:蒙教之道

蒙卦是一个讲教育的卦。

---

① 程颐:《周易程传》。

朱熹说"蒙,昧也,物生之初,蒙昧未明也"①,然结合卦辞"蒙,亨,匪我求童蒙,童蒙求我",看来此卦不是一般地讲"物生之初"应如何处置的,而是讲如何教育蒙童的。童蒙时期大约为三四岁至六七岁,是人最初接受教育的时期。

"匪我求童蒙,童蒙求我",不是我有什么要求蒙童的,而是童蒙有求于我。这话向来不受易学家重视,其实极为重要。

儿童教育中,到底谁是主动者呢? 是教育者家长或老师吗? 不是! 是儿童。

儿童才来到世上,自然对世上的一切都极有兴趣,儿童不是总缠着大人问这问那吗? 爱学习是人的天性,好奇也是人的天性,各个年龄段的人都如此。

学习是人的快乐之源。《论语》打头一句云:"子曰:学而时习之,不亦悦乎?"然而,人也有厌恶学习的时候,那通常是有原因的。教育者一旦发现孩子厌学,就需要找到这个原因,重新激发孩子学习的积极性。千万不要让孩子总是感到是家长和老师"要我学",而要让孩子感到这是"我要学"。

蒙卦《卦辞》云:

> 初筮告,再三渎,渎则不告。

"筮"本义是求神问事,这里是讲童蒙向老师求教,为什么第一遍问老师,老师要告诉学生,重复地问同一个问题,老师就不告呢? 这里,涉及一个极为重要的问题——学习态度。学习态度关键是专心。那种"一心以鸿鹄将至,思援弓缴而射之"的学习态度怎么能学好呢? 学习不好,第一原因通常是学生不专心。当然,也可能有别的原因,所以,老师要耐心,学生多问一两次,也应该回答,但是再三地问,那肯定是不用心了。不用心,告诉他也没有用,因而暂不必告,先端正学习态度。蒙卦卦辞云"渎则不告",将不用心提到"亵渎"神灵的高度。

蒙卦真是伟大,它明确地确立学习的主体是学习者,而不是教育者。将学习态度摆在首要位置上,这是蒙卦思想最为闪光之处。

学习态度位于第一,这问题解决以后,就是教学的内容和教学的方法了。

关于教学的内容,蒙卦的《象传》有句话值得注意:"蒙以养正,圣功也。"

---

① 朱熹:《周易本义》。

这句话，《周易程传》是这样解释的："以纯一未发之蒙而养其正，乃作圣之功也。"童蒙是"纯一"的，好像一张白纸，在白纸上首先涂上什么样的色彩，对于最终画成什么样的画，关系极大。《彖传》说蒙童教育，首要在"养正"。正，含义丰富，基本的乃是正确的是非观、好坏观。明是非，辨好坏，可以说是儿童教育的第一要义，要想长大做圣人，首先自小要明是非，辨好坏，因而这是"作圣之功"。

蒙卦将培养是非观念、好坏观念这一工作称之为"养"，也是耐人寻味的。养字下为"食"，"养正"也是进食，进的是精神食物——正。通常的进食，成就的是人的肉体生命；童蒙的养正，成就的是人的精神生命。

《象传》说："山下出泉，蒙，君子以果行育德。""育德"同于"养正"。《象传》强调这一工作，要"果行"。"果行"，果决其行。在育德这个关系成人的根本问题上，没有什么可犹豫的地方，要的是坚决果敢，毅然决然。

不管是《彖传》，还是《象传》，都将童蒙时期看成是育德的关键时期。可惜啊，许多家长懵懂无知，对于蒙童，或是根本不管，任孩子去，哪怕做了坏事，也不批评，一味宠着，以为长大了自然会好，于是孩子给宠成小霸王。或是将智育看得高于一切，忙着让孩子背唐诗，背英语，殊不知，智育开发的关键期不在童蒙，而是在上学之后。童蒙时期忙着启智，可以说，基本上白费力气，还影响孩子的智力发育。两种态度，可以称为两派，一为放任派，一为重智派。两派差异很大，但有一个共同点，那就是都忽视了对孩子的"养正"、"育德"，将成人教育的这个关键时刻给耽误了。

蒙卦的《彖传》和《象传》均强调童蒙教育重在"育德"。蒙卦的六爻则主要讲童蒙教育的方法。

初六，发蒙，利用刑人。

朱熹说，蒙为昧。据此解释，发蒙即为去昧。这个理解诚然不错，不过，蒙不只是有昧的意义，也有盖的意义。盖是什么？结合卦象就好理解。蒙卦上卦为艮，下卦为坎，艮为山，坎为水，卦象为"山下有水"，山下虽有水，但水流不出来，它被石头、泥土蒙盖住了。"发蒙"——将盖子打开。这里潜伏着一个十分重要的观点。在《周易》看来，人的本性其实是很好的，但它会被各种先天的后天的因素给盖住。教育者的工作就是将盖子统统掀开，让人原本有的善性的清泉流出来。这就是发蒙。

蒙卦的这一观点也许影响了孟子。孟子说人的本性中有四个善端:"恻隐之心,仁之端也;羞恶之心,义之端也;辞让之心,礼之端也;是非之心,智之端也。"①人性中是不是真有这四个善端,我们且不做结论,重要的是"发蒙"这种教育的方法,它是启发式。启发式的重要特点是,通过开启学习者自身的潜能,让学习者主动地去接受知识。启发式的突出优点是有创造性——学习者的创造性。蒙卦的"发蒙"说是启发式教育的源头。

"利用刑人,以说桎梏"。"刑人"有两种解释:一是惩戒。朱熹说:"发之之道,当痛惩而暂舍之,以观其后。"二是将"刑"训为"型","利用刑人",就是树立典型。《周易尚氏学》云:"利用刑人者,言宜树之模型,使童蒙有所法式,得为成人,永免罪辟也。"②两种解释都讲得通。

九二,包蒙,吉。纳妇,吉;子克家。

朱熹说九二爻"以阳刚为内卦之主,统治群阴,当发蒙之任者"③。显然,九二爻代表教育者——家长或老师,"群阴"就是蒙童了。九二爻上下均为阴爻,意味着教育者为蒙童所包围。处于童蒙包围中的教育者,一是需要刚强的气魄,九二爻为阳爻,阳爻为刚,以阳畜阴,刚柔相济,恰到好处;二是需要宏大的胸怀,朱熹说:"所治既广,物性不齐,不可一概取必。而爻之德刚而不过,为能有所包容之象。"④童蒙其德其智自然是不一样的,作为教育者,需要有包容之心。包容之心就是爱心。九二,上与六五相应,有纳妇之象,居下位而能任上事,有担当家事之能力,所以说"子克家"。这后两句似是离开蒙童教育说别的了。

六三,勿用取女,见金夫,不有躬,无攸利。

六三一句,也脱离教育说别的去了。《周易》的卦都是这样,有一个主题,但未必句句说到这个主题。六三,阴爻居阳位,不正,也不中。"金夫"这里是指上九爻,上九为阳爻,它与六三相应。六三取应于上九,将自身的价值完全忽视了,这叫做"不有躬","躬",自身。整个六三爻,否定的地方多,说这个女子不能娶,又说这个女子如此忽视自身的地位,"无攸利"。

──────────

① 《孟子·公孙丑上》。
② 尚秉和:《周易尚氏学》,中华书局 1980 年版,第 47 页。
③ 朱熹:《周易本义》。
④ 朱熹:《周易本义》。

六三爻虽然脱离教育说事,但对教育仍然有启发。它实际上暗含一个自主性的问题,教育者有主体性,受教育者也应该有主体性。没有主体性,一味顺听于教育者,这样的学生未必是好学生,这样的学习态度未必可取。

六四,困蒙,吝。

六四阴爻居阴位,本来不坏,但六四与初六均为阴,不相应,情况就有些不妙了。六四与九二一样,周围均是阴爻,但九二是以阳刚统领群阴,是吉利的,叫做"包蒙";六四以阴统领群阴,处境就不是"包",而是"困"了。困蒙,当然不好,受到羞辱。

六三、六四均谈到了教育者的主体性问题。六三,教育者是有主体性的,其主体性体现在以刚统阴。六四,教育者是没有主体性的,是以阴统阴。前者吉,后者吝。这两爻对于我们启示多多。

六五,童蒙,吉。

六五,阴居阳位,虽不正,但中,更重要的是,六五作为主卦之主,在蒙卦的情势下,是童蒙的象征,童蒙的重要特点就是具有可塑性,六五作为阴爻,正具有顺巽的品德。

六五与九二相应,《周易》中六五与九二相应凡十六卦,全是吉利的。在这个卦中,九二是成卦之主,它代表教育者。九二与六五的关系,在某种意义上体现出教育者与受教育者的关系。在教育中,到底何者是主体呢?应该说,两者均是主体,只是从不同的角度言之。从教育的目的来说,受教育者是主体,教育的目的是为了培养人,因而一切均要从成人这一角度来考虑,教育者的工作是围绕这一根本目的来设置的。而从教育的行动或者说手段来说,教育者是主体,教育就是教育者按照自身的道德模式和知识模式去影响改造受教育者。两个主体性,相互作用,共同完成育人这一伟业。

上九,击蒙,不利为寇,利御寇。

朱熹解释此爻,说:"以刚居上,治蒙过刚,故为击蒙之象。"上九爻为阳爻,阳为刚,又处上的位置,意味着管理教育蒙童过严,过刚,孩子受不了了。教育出现了危机。

那么,什么才是正确的态度呢?"不利为寇,利御寇。"关于这句话的解释,注家均差不多。王弼注释云:"为之捍御,则物咸附之;若欲取之,则物感叛矣。故'不利为寇,利御寇'也。"《周易程传》云:"治人之蒙,乃御寇也,肆为刚暴,乃为寇也。"寇是强盗,"为寇",做强盗;"御寇",抵御强盗。以做强盗的态度来管孩子,自然过于刚暴了;然如果以抵御强盗的态度来管理孩子,刚柔则为得当。

人们一般只是说"严是爱,松是害",均知道对孩子一味纵容溺爱是害了孩子,殊不知,一味刚暴,过严,过苛,也是害了孩子。这种可怕的爱酿成的却是学生对教育者无比的仇恨。无数血的悲剧足以充分证明这一点。"取必太过,攻治太深,则必反为之害。"①朱熹这话当是黄钟大吕!蒙卦《象传》说得好:"利用御寇,上下顺也。"

五、需卦:善于等待

人的一生平平安安者或有之,但即使这样的人,也可能某一时刻会处于不顺之境。处不顺之时,人应如何自持? 对于这不顺,又应如何对待?《周易》中的需卦给予我们以启示。

需卦下卦为乾,上卦为坎。乾为大人,为君子,卦德为健。按《周易》之理,下卦上进,上卦下行,阳气上升,阴气下降。君子(乾)前进之中,遇到了坎。坎是水,卦德为险。卦象分明是在说,君子进入险境。

这个时候,怎么办? 唯一的正确的态度是"需"——待。

现代汉语,将待等同于等待。待有等义,但待不只是等。等是消极的、被动的、静态的、无智的,而待是积极的、主动的、动态的、有智的。待中有察,察时,察变;待中有思,思策,思动;待中有趁,趁机,趁时;待中有动,或避难,或进击。待之道大矣!

需卦《卦辞》云:

> 需,有孚,光亨,贞吉,利涉大川。

人在险中,有多少事需考虑,可谓千头万绪,然需卦卦辞只强调一个东西:"孚"。孚为诚信。诚信可以从对己对人两个方面展开。在险难的情况下,对

_____

① 朱熹:《周易本义》。

己立诚,真诚地相信自己能够脱险;对人立诚,真诚地相信会得到他人的援助包括神灵的佑助,必然能脱离险境。

卦辞强调"有孚",这是非常正确的,因为,孚是克服险难的根本力量。

需卦的《彖传》云:

> 彖曰:需,须也,险在前也。刚健而不陷,其义不困穷矣。"需,有孚,光亨,贞吉。"位乎天位,以正中也;利涉大川,往有功也。

亦如卦辞,《彖传》也在强调"有孚",只是它还强调了九五的作用。九五又中又正,是"天位"。王弼说:天位"谓五也,位乎天位,用其中正,以此待物,需道毕矣。故光亨贞吉"。《周易》中,九五为一卦之主,它决定全局。险难之中,要全体脱难,自然必须充分发挥卦主的作用。卦辞讲有孚,首先是卦主有孚。

《象传》云:

> 云上于天,需;君子以饮食宴乐。

需卦上卦为坎,坎为云;下卦为乾,乾为天,故有"云上于天"之象。朱熹说:"云上于天,无所复为,待其阴阳之和而自雨尔,事之当需者,亦不容更有所为,但饮食宴乐,俟其自至而已。一有所为,则非需也。"[1]朱熹的这个解释很重要。他的意思是:云在天上,是自然而然的,须待某种条件,阴阳相和,云才能化为雨。朱熹强调是条件"自至",因缘和合,水到渠成,反对"有所为",主观随意。一切须合乎天道。

清代学者李光地释此卦,说:"需之义不止处险,凡事皆当顺其理而待其成,不可妄有而作,故需有养义。又为饮食之道焉,饮食养人也以渐,如物稚而至长,待之而已。"[2]

说得真好,凡事皆当顺其理而行。

需卦设计了君子前行遇到水泽、泥淖、敌人等情境,我们看君子是如何避险、履险、脱险的:

> 初九,需于郊。利用恒,无咎。

来到郊外,旷远无人,虽有孤寂之感,但尚未遇险。只要"利用恒",即安

---

① 朱熹:《周易本义》。
② 李光地:《榕村全书·周易观象》。

于守常,就没事了。然而,君子仍然是要前进的,不可能停下来。

九二,需于沙,小有言,终吉。

沙近水,意味着险近了。虽有言语之伤,小事也,最终是吉的。

九三,需于泥,致寇至。

陷入泥淖,敌人来了,危险万分。

六四,需于血,出自穴。

"血",按《周易尚氏学》为沟洫,需于血,在沟洫里待着,最后,从洞穴中跑了。

九五,需于酒食,贞吉。

有酒食招待,看来,脱离险境,得胜回朝了。

上六,入于穴,有不速之客三人来,敬之,终吉。

上六为阴爻,是坎卦最上一爻。坎为陷,即穴。"不速之客三人"指下卦乾之三阳爻。对这三人,要敬之,以礼相待,这是强而力的外援。正是因为有强大的外援,最后脱离了险境,终吉。

细细品味这个卦,我们能获得哪些启示呢?

首先,须正确看待"险"。险是人生难以避免的,要积极地对待,不能消极等待。

其次,靠什么去克险?需卦提出四种精神最重要。第一,刚健。需卦中,遇险者为乾。乾,纯阳纯刚,卦德为健。《乾·象传》云:"天行健,君子以自强不息。"克险要的就是这自强不息的精神。第二,有孚。"孚"的含义很丰富:它有信义,更有诚义。我们通常知道诚是待人之道,殊不知它也是自尊之道。人的本体是诚。诚作为人之本体,表现在对自己存在合理性的充分肯定。这种自我肯定十分重要,克险的信心就建立在这种自我肯定的基础上。孔子周游列国时,遭遇桓魋的围攻,他面不改色,巍然而坐,自信天命在兹,桓魋拿他没有办法。果然,桓魋怯畏,不敢伤害,自动退兵。第三,中正。需卦克险靠的是九五的力量,九五是需卦的卦主,它应该发挥这个作用。九五又是靠什么克险的呢?中正。九五既中又正。《象传》说:"位乎天位,以正中也;利涉大川,往有功也。"讲的就是九五。第四,恒常。恒常指自然规律,克险,需要遵循规律,表现为克险的条件具备。条件具备,因缘和合,险自解;条件不具备,因缘不和合,再怎么努力,也是枉然。这正如"云上于天",全是自然的。要清楚克

险的条件,充分利用克险的条件,这就是"利用恒"。"初九,需于郊,利用恒,
无咎。"

四种精神是克险的力量所在。它不是抽象的,更不是空洞的,在处理具体
险难之时,四种精神化为勇敢和谋略。需卦六爻,爻爻有勇,爻爻有谋。如九
三爻,它说,君子陷于泥淖,强盗也来了,形势十分危急。怎么办? 先是在沟洫
躲起来,最后从洞穴逃出。这靠的是什么精神? 是上面所说的四种精神,但表
现的却是有勇有谋。

需卦的含义是丰富的,它的基本点是恰到好处地处理各种情境,不急不
躁,以待客观条件具备,因缘和合,功到自成。因而,我们也可以脱开遇险这一
具体情境从一般的处事态度上去理会它。如果要寻一个关键词来点题,那就
是善于等待;如果要寻一个意象来比喻这一主题,那就是:云上于天,好雨
自至。

六、讼卦:不打官司

《周易》中有个讼卦,是专讲打官司的。这个卦通常看做是中国诉讼制度
的起源。仔细品味这个卦,对于处理好诉讼有诸多有益的启示。

讼卦上卦为乾卦,下卦为坎卦。《周易本义》释此卦象:"讼,争辩也。上
乾下坎,乾刚坎险,上刚以制其下,下险以伺其上,又为内险而外健,又为己险
而彼健,皆讼之道也。"这话的意思是:上卦为乾,乾为刚;下为坎,坎为险。上
认为自己刚,欲凭其刚制服其下,而下并不害怕,心中说,你来吧,我这险陷正
恭候着你呢! 两强相争,各不相让,这就是争讼之道理。

看《卦辞》:

讼,有孚窒,惕,中吉,终凶,利见大人,不利涉大川。

"孚",在《周易》,是诚信的意思,这句话的意思是:诚信被窒塞住了,要警
惕啊。得于中道,才能得吉,一意孤行,固执其事,最终为凶,这种状况,朝见大
人(官员)是有利的。不过,在官司缠身的情况下,"涉大川"就不利,比喻事业
难以发展,进取无望。

这些意思,均可以从卦象上得到解释。一卦之中,二与五的关系最重要,析卦多从这开始。此卦中,二为中位,然阳居阴位,不得位。与它相应是九五,九五是阳爻,九二不能与它相应。九二与九五不相应,决定着这个卦所揭示的情境存在凶险。具体到讼卦,它意味着诚信之道被堵塞住了。好在九二与九五均居中位,如能警惧,还能得吉。"终"指上九,它为阳爻,过于刚强。在讼卦的情境中,它意味着调解的余地不大。看来,这官司要打到底,然打到底,就危险了。讼卦中,卦主是九五,又中又正,是这场官司唯一的评判人,要想官司得到合理的解决,只有去找它了。为何"不利涉大川"?上乾为刚,下坎为险,当然不便于前进了。

讼卦的《彖传》云:

> 彖曰:讼,上刚下险。险而健,讼。"讼,有孚窒,惕中吉"。刚来而得中也。"终凶",讼不可成也。"利见大人",尚中正也。不利涉大川,入于渊也。

《彖传》深入地分析了讼产生的原因,从爻位关系来说,是阳刚遇上坎险了,从人事来说,是彼此致诚的通道堵塞了。官司以不打为好,要打,也只能靠秉公办事的法官了。在打官司的情况下,还是小心,谨慎为宜,不宜涉大川。

《象传》云:

> 象曰:天与水违行,讼。君子以作事谋始。

《象传》强调"作事谋始",令人深思。讼不也有始吗?如果在事情初始阶段,处理好关系,哪有讼?万事在始,讼事也在始。

讼卦的六爻,具体说明在讼事中应取的态度。

> 初六,不永所事,小有言,终吉。

这是说讼事之前。讼事虽未生,但"山雨欲来风满楼",有征兆,值得警惕:第一,知微见著,坚决断灭讼事之端。具体做法,就是"不永所事",即不纠缠于那件事。第二,权衡利弊,冷静对待可能引发讼事的恶言。"小有言",有些闲言碎语了,或者就是恶意中伤,此时,千万别情绪激动,千万别意气用事,要善于权衡利弊,比起日后可能引起的官司,这"有言"之伤,只是小伤,岂能因小而失大?《周易程传》说得好:"有言,灾之小者也。不永其事而不至于凶,乃讼之吉也。"古往今来,诸多官司兴起于"有言",如果能明白"小有言,终吉",何至于日后付出惨痛的代价!

九二,不克讼,归而逋,其邑人三百户,无眚。

这是说讼事之始。九二是下卦——坎卦之中爻,坎为险,九二是险之主,这里代表欲讼之一方。俗话说,一个巴掌拍不响。这九二既然是欲讼一方,它的态度如何就直接关系官司的命运。讼卦提供的意见是:"不克讼,归而逋。"就是说,明智地退出官司。"邑人三百户",是说九二这个邑,有三百户人。朱熹说:"邑人三百户,邑之小者。言自处卑约以免灾患。占者如是,则无眚也。"①从此卦的规定情景来看,打官司的一方是一个只有三百户的小邑,小邑,还是谦逊些好。由于九二阳居阴位,以柔对待讼事,故讼事熄灭于中途。

六三,食旧德,贞,厉终吉,或从王事,无成。

六三也是讼事之主。这里说到两种情况:第一,安守本分。六三出身贵族,有祖宗遗留的旧德可食,但不仗势欺人,只是安守本分,而且能做到坚固自守。这样,即算"厉",有危险,也能化险为夷,最终得吉。第二,有功不居。爻辞说"或从王事,无成"。为君王效力,有功劳,但不求君王赏赐。胡瑗说:"无成者,不敢居其成,但从王事,守其本位本禄而已,故获其吉也。"②

九二爻讲退让,六三爻讲不争。均是熄灭官司的办法。

九四,不克讼,复即命,渝安贞③,吉。

九四与初六相应,本来是可以有一番作为的,但九四阳居阴位,相当地柔化了,故而在处理诉讼这件事上,也相当地低调,不愿将官司继续下去。程颐说:"四虽刚健欲讼,无与对敌,其讼无由而兴,故不克讼也。"④"复即命",即复回到正理上去;"渝安贞",即改变欲讼之心,安然地处于正确的立场。九四爻的主题同样是谦让,只是情境与上述三爻不同。初六断事不讼;九二是退让不讼;六三是守成不讼,九四则是无由不讼。

很有意思,这打官司的卦,竟然从初爻到四爻均是逃避官司。尽管逃避的策略不同,统一的看法则是,官司尽量不要打。

九五,讼元吉。

---

① 朱熹:《周易本义》。
② 李光地:《周易折中》。
③ "渝",改变;"安贞",安然地处于正。
④ 程颐:《周易程传》。

讼卦中,居于"大人"之位的是九五,九五的基本性质是四个字:刚健中正。这四个字体现出办案的四个原则:第一,公平的原则,这就是中。第二,正义的原则,这就是正。第三,无私的原则,这就是刚。第四,果决原则,这就是健。如此办案,这案自然办得好。王弼说九五:"处得尊位,为讼之主,用其中正,以断枉直,中则不过,正则不邪,刚无所溺,公无所偏,故讼元吉。"所以,在官司不得不打的情况下,为官司的公正解决,找到公正廉明的法官至关重要。

上九,或锡之鞶带①,终朝三褫之②。

上九是阳爻,处上位,过刚过健,争强好胜,官司打到底,虽然赢了,但下场很惨。《周易程传》说:"九以阳居上,刚健之极,又处讼之终,极其讼者也。人之肆其刚强,穷极于讼,取祸丧身,固其理也。设或使之善讼能胜,穷极不已,至于受服命之赏,是亦与人仇争所获,其能安保之乎?故终一朝而三见褫夺也。"

讼卦给予我们的启示是很多的,其中最为重要的是两点,一、尽量避免讼,避免讼的最重要办法是"有孚",即诚信沟通。二、低调诉讼。所谓低调诉讼,就要懂得让人。具体来说有五:能谦让,守本分,不贪功,尚柔和,轻输赢。讼卦认为,官司有输有赢。要正确对待输赢,即使赢了官司,也要有宽厚之心,见好就收,万不可骄纵狂妄,目空一切。须知世事苍黄,祸福无常,"或锡之鞶带,终朝三褫之"。

七、师卦:第一兵书

师卦坎下,坤上,取象为地中有水。这"水漫金山"的状况,联系到打仗。师卦就是一个讲打仗的卦。师卦讲打仗,主要讲将帅的地位与作用。

师卦《卦辞》云:"贞,丈人吉,无咎。"朱熹解释此卦辞非常精辟,试全录之

---

① "鞶带",官员朝服。
② "褫",剥夺。

如下：

> 师，兵众也。下坎上坤，坎险坤顺，坎水坤地。古者寓兵于农，伏至险
> 于大顺，藏不测于至静之中。又卦唯九二一阳居下卦之中，为将之象；上
> 下五阴顺而从之，为众之象。九二以刚居下而用事，六五以柔居上而任
> 之，为人君命将出师之象，故其卦之名曰师。丈人，长老之称。用师之道，
> 利于得正，而任老成之人，乃得吉而无咎。戒占者必如是也。①

这段话意思有二：

第一，为什么说师卦是讲用兵的？这是从卦象上来看的。坎为水，为险，
为动；坤为地，为顺，为静。坎水漫过大地，意味着伏至险于大顺，藏不测于至
静，喻战争风云陡起。朱熹还说，古者藏兵于农，这坤，代表着众多的农民。农
民都发动起来，拿起了武器，不是要打仗了吗？

第二，军队的统帅是谁？按卦象，九二是该卦唯一的阳爻，它处于下卦的
中位，上下五阴全顺而从之，可说是一阳蓄五阴，它当然是军队的统帅了。然
而，一卦之中，处于决定意义的爻位是五爻位。五爻位是阳位，如果是阳爻居
之，就好了。可惜啊，居此爻位的是阴爻。虽是阴爻，但居于通常说的君位，仍
然代表君，只不过是比较柔弱的君。九二与六五均不得位，但它们是相应的。
这样说来，九二就是六五任命的将帅。九二，作为军队的最高统帅，自然应是
懂得用兵的人、有道德的人、老成持重的人，故称之为"丈人"。

师卦卦辞很明确：选准了将帅，这仗就能打赢。

《彖传》和《象传》从不同的角度阐述师卦的意义：

> 彖曰："师"，众也。"贞"，正也。能以众正，可以王矣。刚中而应，行
> 险而顺，以此毒天下而民从之②，吉又何咎矣！

> 象曰：地中有水，师。君子以容民畜众。

《彖传》强调"正"，用兵之道，唯在正。"能以众正"，则为王者之师。这
话可谓一语中的。《象传》将师卦的用兵之道，引申到治民上去，说的主要是
"容民"，"畜众"，实际上，也是在谈正。只是它突出了似与战争不相容的宽
厚、仁慈的一面。

---

① 朱熹：《周易本义》。
② "毒"，《说文》："厚也，害人之草"，此处"毒"言攻伐、残害。

虽然师卦的含义不只是在讲用兵,但它主要是在讲用兵,结合六爻,我们将师卦的军事思想归纳为三个方面:

第一,战争的性质。

用兵,第一要义是要明白为何要用兵,这关系到战争的性质。战争的性质关系到战争能不能得到人民拥护的问题,严重影响到战争的胜负,也影响到战争的后果。

关于此,师卦的六五爻做了说明,且看爻辞:

> 六五,田有禽,利执言,无咎。长子帅师,弟子舆尸,贞凶。

六五爻的第一句说清了为何要打这仗:"田有禽,利执言,无咎。"所谓"田有禽",字面上,是说田野上有禽兽可猎。至于为何想到田,想到禽?按《周易》象数理论,坤为田,坎为禽。师卦坎下坤上,故田有禽。此句的意义,按朱熹《周易本义》的说法:"六五用师之主,柔顺而中,不为兵端者也。敌加于己,不得已而应之,故为田有禽之象。"六五处国君的地位,是用兵之主。六为阴,阴本柔顺,说明国君并不是好战之人。那么,这仗为何打起来了呢? 是敌人强加的,是不得已而应之,意思清楚:这是一场反侵略的战争,是仗义用兵。既然是仗义用兵,就师出有名。"利执言"即奉辞伐罪。

九二爻的《象传》也谈到战争的性质:"在师中,吉,承天宠也。王三锡命,怀万邦也。"此句的"怀万邦",《周易程传》说是"王三锡以恩命,褒其成功,所以怀万邦也。""怀万邦"揭示这场战争关系到国家的统一。既然如此,就深得民心,具有极大的鼓舞力。

从这一句爻辞,我们惊喜地发现,即使在远古,中华民族也很看重战争的性质,这说明中华民族从来就不是一个好战的民族,其后几千年的历史也足以证明了这一点。

第二,战争的最高决策者——国君。

国家发动的战争,最高决策者是国君。国君不一定亲临前线,但可以遥控军队,国君对军队的控制,是通过将帅进行的。将帅某种意义上是国君在军队的代表。国君与将帅的关系是否处理好,直接影响到战争的成败。国君与将帅这一对矛盾中,一般情况下,国君是矛盾的决定方面。那么,他主要决定哪些东西呢?

一是选好统帅。众所周知,军队的统帅很重要,没有庸兵,只有庸帅。上引的六五爻,第二句爻辞就讲选帅的事。爻辞说:"长子帅师,弟子舆尸。""长子",在这里,不是指大儿子,而是指有军事指挥才能且品德高尚的人。"长",杰出之意。如果不是选"长子"帅师,而是选了"弟子"——平庸之辈,那就完了,用兵车拉尸体去吧。

二是用好统帅。用好统帅,首先体现在与统帅的沟通上。九二爻辞云:

　　　九二,在师中,吉,无咎。王三锡命。

九二是统帅,统帅的权威在军中。"在师中,吉",是讲帅与军的亲密关系。

"王三锡命","锡"通"赐",是说王上下令。"锡命",虽然只是讲了王这一方面,实际上,它潜含了帅对王的请示、禀报。"三锡命",说明两者之间的联系渠道很畅通,而联系渠道畅通,双方就易于相互理解,取得高度一致。"王三锡命"这句是讲王与帅的关系。

两个上下关系——帅与兵、王与帅均畅通,这仗就好打了。九二爻虽然讲了两个上下关系,但落脚点还是王与帅这层关系,因为这层关系最为重要。

这层关系中,由于王处于矛盾的主导方面,因而王对帅的信任度如何,遥控是否恰当,至关重要。统观中外战争史,王与帅的关系总是严重影响到战争胜败,最为突出的例子莫过于南宋高宗皇帝与岳飞的关系了。由于高宗对岳飞的不信任,遥控不恰当,致使直捣黄龙府的北伐之役功败垂成。

三是奖赏分明。这集中体现在上六爻辞中:

　　　上六,大君有命,开国承家,小人勿用。

"大君"即君王。"大君有命"指君王颁布告令,奖赏将士。"开国"封赏诸侯,"承家"封赏大夫,这都是该赏的。至于没有功劳甚至还有罪过的小人,则绝对不能封赏。《象传》解释曰:"大君有命,以正功也;小人勿用,必乱邦也。"说得很对。

以上三个方面,可以说将战争中国君的作用说透了。

第三,战争中的最高指挥者——统帅。

国君在战争的决定作用固然重要,但仗是靠将帅去率兵打的,因而,统帅在战争中的作用更不能忽视。那么,身负君王重托的统帅又该如何管理好他的军队,制定好作战方案,处理战争中各种事宜呢?师卦主要讲了三点:

一是以律治军。

初六爻辞云：

初六,师出以律,否臧凶。

将"师出以律"放在第一爻的位置,足以证明军律被重视的程度。战争不是个人对个人的格斗,而是师对师的较量,个人的本领再高,也必须服从整体的安排,否则必然会坏大事。军人以服从为天职。师卦强调军律第一,只此,已足以证明它是第一兵书。

二是据正用兵。

六三爻辞云：

六三:师或舆尸,凶。

这是说,处六三的位置,用兵是凶险的。六三位为何凶险?原因有二:其一,三爻位在易卦中通常视为险位;其二,三本是阳位,阴据之,不得位。《周易本义》说:"以阴居阳,才弱志刚,不中不正,而犯非其分,故其象占如此。"这话是说,六三处的位置不当,又敌强我弱,六三错误地估计形势,存非分之想,故而大败。这种错误概括起来,就是失正——战略上犯了错误。

这爻从反面说明,帅兵要正确地估计敌我形势,要据正用兵,正者,正确分析敌我力量,正确地制定战略决策,不然,就只能用战车拖着尸体跑了。

三是审势用兵。

六四爻辞云：

六四,师左次,无咎。

"左次",是说退兵驻扎。六四,阴据阴位,是得位的,但是,它与初六不应,也不在中位,这种情况用兵,打胜仗的可能性很小,但能全师以退。六三、六四均为退兵,二者是大不一样的。六三是败退,六四是撤退。六三失败的原因是失正,战略地位不利;六四撤退的原因是未能寻到合适战机,战略地位是仍然有利的。六三的退兵,是被动的,六四的退兵是主动的,是明智的选择。一时的局部上的示弱,其实不是真弱,反而是真强。

六三、六四两爻都在讲用智用兵,谨慎用兵,六三爻讲战略,涉及战争的全局,强调的是局部的正与失正;六四爻讲战役,不涉及全局,强调的是势的利与不利。

远古人类,战争是频繁的,《周易》六十四卦中专设一卦来谈打仗,是完全可以理解的。让我们惊叹的是这一个谈打仗的卦所包含的政治学、哲学、军事学理论却是如此地深刻。它当之无愧地是世界上的第一兵书。

师卦说的虽是用兵打仗的事,所透显出来的道理却也适合于其他工作。从某种意义上说,人类所做的每一项工作,均可以将它看成战争,战争的艺术,即是工作的艺术。

八、比卦:协和万邦

比卦下为坤卦,上为坎卦。坤是地,坎是水,水在地上,关系亲密,这种关系叫做"比"。

比卦是讲天下共主与方国、诸侯国关系的。《象传》说:"地上有水,比;先王以建万国,亲诸侯。"远古,中国大地,存在着诸多的部落,或者说诸多的方国,但是,在那个时候,就已经有共主了,炎帝、黄帝就是最早的共主,只是当时还没有国家的概念。夏、商、周分封诸侯,诸侯是国中的小国,它与统一的国家政权同样存在着既独立又服从的关系。这种情况一直延续到秦帝国建立之前。在高度统一的国家建立之前,如何处理好共主与方国、诸侯国的关系,至关重要。比卦就是专讲此种关系的卦。

我们先看《卦辞》:

比:吉,原筮,元永贞,无咎。不宁方来,后夫凶。

"比",《周易本义》解释为"亲辅"。在比卦中,九五是唯一的阳爻,既中又正,处君位,代表统一国家的君主,上下五阴,代表方国或诸侯国。

共主与方国或诸侯国的关系,主导面在共主。处理好这种关系,一般情况下,共主需要承担更多的责任。比卦《卦辞》从共主"原筮"这一面展开,是深刻的。"原"有研究义、反思义,"原筮",指共主的自我审察和请示神灵。"元永贞",是共主应具备的品德。"元"指君主之道,"永",长久,"贞",正固。合起来,就是长久地坚守为君之道。比卦认为,只有具备这样的品德,才能团结众多方国或诸侯国。

"不宁方来,后夫凶",程颐说:"人之不能自保其安宁,方且来求亲比,得所比则能保其安。当其不宁之时固宜汲汲以求比,若独立自恃,求比之志,不速而后,则虽夫亦凶矣。夫犹凶,况柔弱者乎? 夫,刚立之称。"①这是强调"比"的重要性,比可以保平安。

《彖传》云:

象曰,"比",吉也。"比",辅也,下顺从也。"原筮,元永贞,无咎",以刚中也。"不宁方来",上下应也。"后夫凶",其道穷也。

《彖传》主要解释卦辞,但它突出了一些观点,其一是"顺",强调下顺从上,这正是"比"的要义之一;其二是"应",强调上下相应。

《象传》云:

地上有水,比。先王以建万国亲诸侯。

这"建万国亲诸侯"是比卦的主题。比卦的卦辞、《彖传》、《象传》均是从宏观上论述"比"的价值、意义,以解决指导思想的问题。

解决了指导思想问题,就谈做法——如何"比"。有正面的,也有反面的。正面的有四种比:

第一,孚比。

初六爻辞云:

初六,有孚比之,无咎。有孚盈缶②,终来有他,吉。

"孚",诚信。初爻强调"比"须有诚信,而且诚信要很多,好像一罐水,要装得满满的。比卦认为,共主如果能这样,远方的诸侯也来投奔了。

第二,内比。

六二爻辞云:

六二,比之自内,贞吉。

何谓"比之自内"?《周易本义》云:"柔顺中正,上应九五,自内比外,而得其贞,吉之道也。"这里说的"内"和"外",是指卦体。六二在下,为内;它上应的九五在上,为外。这就是"自内比外"。六二,又中又正,它上应的九五也又中又正,这样一种比,真是再好不过的了。

第三,外比。

六四爻辞云:

————————

① 程颐:《周易程传》。
② "孚",诚信。比卦下卦为坤,坤为土,为缶;上卦为坎,坎为水,故有"有孚盈缶"之象,"有孚盈缶"言孚很多。

六四,外比之,贞吉。

六四,阴爻居阴位,以柔居柔,得位,它贴近九五,以阴承阳,是吉利的。这种情况与上一种情况有些不同,上种情况,六二比九五,系内与外相比;这一种情况是六四比九五,系外与外比。

前一种情况,阴与阳应,后一种情况,阴上承阳,二者都是吉的,但有区别。阴与阳应,可以理解成双方互补,这是最亲的比辅。阴上承阳,是阴顺从阳,这虽然不是最亲的比辅,却也是有利的比辅。

第四,显比。

九五爻辞云:

九五,显比,王用三驱,失前禽,邑人不诫,吉。

比卦中,九五是唯一的阳爻,又中又正,群阴都来比附它。它像太阳,光明普照,公正无私。《周易本义》说:"一阳居尊,刚健中正,卦之群阴皆来比已,显其比而无私。"故称之为"显比"。这里,再次强调,君主公正无私的品德是实现"比"的决定性条件。

下面说一个故事:君王打猎,不合围,网开一面,让禽兽有可能逃脱。当地的村民也不在禽兽逃走处设埋伏。这故事说明君王是仁慈的。关于这个故事,《史记》有一个相应的记载:

汤出,见野张网四面,祝曰:"自天下四方皆入吾网。"汤曰:"嘻,尽之矣。"乃去其三面,祝曰:"欲左,左;欲右,右。不用命,乃入吾网。"诸侯闻之,曰:"汤德至矣,及禽兽。"

比卦中说的"王用三驱,失前禽",很可能就是汤的故事。

"显比",实质是仁比。从初六爻的"孚比"到九五爻的"显比",比卦高扬的就是中华民族极为看重的仁爱精神。

仁是团结的纽带,也是团结的基础,更是团结的灵魂。中华民族的大团结就建立在这个仁爱的基础之上。

以上四种比,均是正面的,值得肯定的,比卦也从反面谈了两种比:

第一,比之匪人。

六三爻辞有句:

六三,比之匪人。

"比之匪人",意思是比非其人,这人不值得比,不值得团结。那么,什么人不值得比,不值得团结呢?从卦象来看,六三爻阴爻居阳位,不得位,不中也不正。它下无承,上无应。前后左右皆是阴,可谓群阴包围。显然,六三属于"比之匪人"。

联系正面的比,可以知道有三人是不值得比的:一是不诚之人,不讲信用之人;二是不尊重上级的人,不懂得下级要服从上级的人;三是存在利益冲突又不能谦让的人。这些人当然是无法团结的了。

第二,比之无首。

上六爻辞有句云:

上六,比之无首,凶。

《周易本义》云:"阴柔居上,无以比下,凶之道也。故为无首之象,而其占凶也。"上六,阴柔居上,没有人拥护它,成了孤家寡人,当然凶了。《象传》将"无首"理解为"无终",说是"比之无首,无所终也"。"无终",没有结果,当然是指没有好的结果。

比卦给我们的启发是很多的。中华民族是一个多民族的国家,中国是一个幅员辽阔的大国,中华民族之形成,中国之形成,离不开比。比是中华民族优秀的传统。这一传统,至少在黄帝时代就开始了。《汉书·地理志》云:"昔在黄帝,作舟车以济不通,旁行天下,方制万里,画野分州,得百里之国万区,是故易称'先王以建万国,亲诸侯'。书云'协和万邦'此之谓也。"自黄帝以来,中华民族一直在接纳、融合更多的民族,从来没有过从中华民族大家庭分裂出去的情况。天安门城楼上的一条大标语曰:"中华民族大团结万岁!"此为至理真言,亘古千秋,大放光明。

九、小畜卦:笃志力行

《周易》这本书实际上是君子手册,它的内容主要是讲:君子如何立身,如何行事,如何做人,如何创业。其中小畜、大畜两卦,相对集中地讲君子创业。小畜卦是讲创业之初,大畜卦是讲创业之成。

创业,有一个"畜"的问题。畜有二义:积,止。积的意义为加,或力量增加,或财富增加,或地盘增加,等等。止义在减,或控制对方的力量,或约束对方的发展,或停止对方的前进。

小畜、大畜讲的畜包括畜的二义。

我们先看小畜。小畜卦下卦为乾,上卦为巽,乾为天,巽为风,天下有风。这种卦象,在《卦辞》中有所表现。小畜卦《卦辞》云:

　　小畜,亨。密云不雨,自我西郊。

天空,风在吹,云在集,雨尚未下。密云从哪来? 西方。《卦辞》中的"我",朱熹说是周文王。周文王曾为商纣王囚禁在羑里,他在监狱里,整理《易经》六十四卦。在整理小畜卦时,他设计了"密云不雨"的形象。"密云"指他自己,他从岐周来,岐周在西,故云"自我西郊"。实际上小畜卦总结了周文王自己的人生经验。作为一个诸侯国的首领,面对着共主商王的提防,他不得不小心翼翼,殚精竭虑地经营着他的那个小国。

小畜卦《彖传》《象传》云:

　　彖曰:小畜,柔得位而上下应之,曰小畜。健而巽,刚中而志行,乃亨。"密云不雨",尚往也。"自我西郊",施未行也。

　　象曰:风行天上,小畜。君子以懿文德。

《彖传》认为,"健而巽"是小畜卦的精义所在。"健"指乾,"巽"是顺,健而巽,也就是健而顺。在这种情况下,当然"志行"无阻。前景虽然看好,不等于一帆风顺。事实上,征途上阻力还很大,需要志行者付出艰辛的努力,这种努力从自身的修养着手——"懿文德"。

小畜卦六爻,从不同的角度,阐说君子如何笃志力行,"以懿文德"。

　　初九,复自道,何其咎,吉。

开局唯慎。虽然初九阳在阳位,得正,又与六四相应,还是需要谨慎。初九的"志行"的方式是"复自道",前进一大步,退回一小步,再前进一大步……就这样,摸着石头过河,尝试着前进。

这一爻是讲谨慎志行。

　　九二,牵复,吉。

九二,仍然是谨慎地前进。"牵复",牵连而复。与谁牵着手前进? 与初九。九二为什么不能大胆地前进? 因为九二虽然处中位,但阳在阴位,不得位,不正。先天不足,后天就需格外小心了。

这一爻,仍然在讲志行宜慎,不过,加进团结的意义,为牵手志行。

九三,舆说辐,夫妻反目。

果然,大灾来临。车子上的辐条脱落,不能前进了。家中也闹起了矛盾,夫妻反目成仇。九三为何如此不吉利?九三想上进,然刚而不中,与上九不应,最要命的是它迫近六四。阴阳相乘,好比夫妻反目。"舆"的形象从何而来?按《周易》象数理论,小畜卦下卦为乾,乾的错卦为坤,坤为舆,为辐。二、三、四爻互为兑卦,兑有毁折意。又,兑卦的卦德为"说","说"训为"脱",如此这般,就有了"舆说辐"的形象。

此爻讲志行遇阻。

六四,有孚,血去惕出①,无咎。

六四,是这卦中唯一的阴爻,为卦主。然而它就没事了吗?也不是。以一阴畜五阳,谈何容易!因此,仍然需要谨慎。不过,阴在阴位,柔顺得正,虚中巽体,下与初九相应,九五在其上,阴阳相承。这样,六四获得了两阳(初九、九五)的助力。总的形势是好的。这里,关键的是"有孚",是诚信。

这一爻是讲有孚志行。

九五,有孚挛如,富以其邻。

此爻承上爻,继续讲有孚志行。九五,君位,居中处尊。九五虽然与九二无应,但六四是承它的。有六四的支持,九五可以更充分地发挥作用,带动整体。《象传》说:"有孚挛如,不独富也。"

九五为何有"有孚挛如"的意象?按《周象》象数理论,三、四、五爻互卦为离,离中虚,中虚则有诚信之象。四、五爻艮象半见,艮为手,有牵连象。又,小畜卦上卦为巽,巽为绳,有挛之象。

九五爻,志行大成,可谓志行天下。

上九,既雨既处,尚德载。妇贞厉,月几望,君子征凶。②

在《周易》,雨多是阴阳和合的象征,雨终于下下来了,说明"志行"最终的

---

① 血,伤也,也可以训为恤,《释文》引马融:"当作恤,忧也。"

② 上九阳居阴位,失正。变则巽为坎,坎为雨,故曰"既雨"。巽为风,风吹雨止,故曰"既处"。坎为车,乾为健,为德,故曰"尚德载"。巽为长女,以阴制阳,故厉。巽变为坎,坎为月。三、四、五爻互为离,离为日。日月相望,故曰"月几望"。小畜之积畜,犹月之渐盈,畜之至终,犹月之几望。几望,既望,月已经圆过了,为十六日。巽有进退义,变为坎,君子征进,就凶了。

结果不错。"志行"实质是什么？是"尚德载"。《象传》解释"尚德载",说是"德积载也",换成现代汉语,就是道德修养取得成功。

然而,千万不可太得意,因为小畜卦毕竟是一阴畜五阳,按朱熹的说法"阴加于阳,故虽正亦厉。然阴既盛而抗阳,则君子亦不可以有行矣。其占如此,为戒深矣"①。"妇贞厉,月几望,君子征凶",用一连串的形象暗示:存在危险。

这一爻总结小畜,既肯定成功,又指出不可忘乎所以,仍宜谨慎。

小畜卦讲笃志力行,寄慨遥深。从头到尾,都是警钟长鸣。行进的脚步艰辛,然而坚定。

读小畜卦,我们脑海里总是闪现周文王的形象,在商王的淫威下,周文王艰难而又坚定地进行着兴周灭商的大业。这一路,有着多少风雨,多少泥泞,多少血泪。他付出了很多,很多,然而他终于成功了。

《象传》总结小畜:"有孚惕出,上合志也!"这就是周文王成功的根本原因。

小畜,能成大业,小畜不小!

十、履卦:履于虎尾

履卦,上卦为乾,乾为天,下卦为兑,兑为泽。卦中,唯六三爻是阴爻,是卦主。这个卦主处于重阳包围之中,并不顺利。此卦取象为"履虎尾"。"履",行也,行走在老虎尾巴之后,怎么能不危险?

履卦共有三处出现"履虎尾"一词。三处的吉凶祸福不同,值得仔细分析:

第一,《卦辞》:

　　履虎尾,不咥人,亨。

《卦辞》讲了两个方面:一是危险——"履虎尾";二是平安——虎不咬人。

---

① 朱熹:《周易本义》。

而总的结果是"亨",大吉大利。为什么会是这样呢?

从卦象上看,上卦为乾,乾刚健;下卦为兑,兑柔弱,柔弱行于刚健之后,好比人走在老虎之后。这种情况后果有两种可能:一是以柔敌刚,力弱难敌,被老虎吃掉;二是巧妙地借刚护柔,平安无恙,虎不吃人。从卦辞来看,出现的是第二种后果。

值得我们深入琢磨的是,行走在老虎之后,怎么会不被老虎发现? 被老虎发现之后,老虎为什么又不吃人? 这借刚护柔的奥妙在哪里呢? 我们可以从两个维度来看:

从卦象来看,履卦上卦为乾,下卦为兑,乾刚兑柔,为"柔履刚"之象。"柔履刚"笃定没事吗? 不能这样武断地说。履卦的奥妙,全在兑卦。

兑的卦德为悦,以和悦的态度去对待刚健的乾,在履卦中,乾指的是虎,这虎还会去伤害人吗? 应该不会。《象传》云:"履,柔履刚也。说而应乎乾,是以'履虎尾,不咥人,亨'。"朱熹在《周易本义》也说:"以兑遇乾,和说(通悦——引者)以蹑刚强之后,有履虎尾而不见伤之象。"和悦地跟在老虎之后,老虎自然放心,不会伤人了。

就字义来看,"履"字通"礼"。《序卦传》说:"物畜然后礼,故受之以履。"《尔雅·释言》:"履,礼也。"含有践履不可违背礼之意。"履虎尾"之所以不见受害,跟践履不违礼有很大关系。礼,法度也,引申为规律。履虎尾,是很危险的。很危险,却又不受到虎的伤害,关键在"不违礼",即不违反践履虎尾的规律。当然,践履在虎尾之后的规律是很难掌握的。不过,还是有人掌握了。比如驯虎员,他跟在虎后可保无虞,不仅如此,他还能逗弄老虎。杂技演员踩钢丝,不能说不危险,但杂技演员掌握踩钢丝的"礼",不仅能在钢丝上健步如飞,而且还能翻跟斗。

第二,六三爻辞:

眇能视,跛能履,履虎尾,咥人,凶;武人为于大君。

这个地方履虎尾为何是凶险的呢? 从卦象上看,六三爻是阴爻居阳位,不当位,失正。按照易理,失正是不吉的。六三爻在这里被比喻成"武人"。武人乃一介武夫,本只能听命于"大君"(即君主),可是他不这样,企图凭借武力取代"大君",夺取江山。"大君"指九五,九五是卦主——"主卦之主"。六三爻是这个卦中唯一的阴爻,以一柔履众刚之间,多危多惧。此卦之所以名为履,就来源于此。按卦义,六三爻也是卦主,为成卦之主。两个卦主在这个卦中发生矛盾了,六三不敌九五,为凶。

爻辞中说"眇能视,跛能履",这是违背客观规律的。"眇"是眼盲,眼盲应不能视,然而却能视,说明它不正常;"跛"是坏腿,坏腿是不能走路的,然而它能走路,这也不正常。在《周易》看来,超出常规是不吉利的,所以,"眇能视,跛能履"不是好事,是怪事,怪事是含有危险的。

六三爻强调的还是遵道循礼。

第三,九四爻辞:

> 履虎尾,愬愬,终吉。

在此卦中,九四有两个优越之处:第一,九四为阳,阳居阴位,虽不得位,但得柔顺,在履卦的情境下,可得安全。第二,九四以阳下据六三,六三以阴上承九四,这个关系,是合乎易道的。九四也有不利的地方,这主要是它上临九五。九五是君位,俗话说,伴君如伴虎,何况九四也是阳爻,两阳相迫,难免碰撞,故有"履虎尾"的危险。那么,怎样才能获救?——"愬愬"。"愬愬",谨慎恐惧的样子。这就是说,如果真的处于这种危险的境地。别无他法,只能靠自己小心行事了。

概括履虎尾不咥人的经验,大抵有三:

第一,和悦履虎尾,让虎不要伤你。

第二,据礼履虎尾,让虎难以伤你。

第三,谨慎履虎尾,让虎伤不着你。

履虎尾当然只是一个比喻,但它告诉你,如何应对危险,如何与可怕的人物在一起。

履卦不只是谈如何应对风险,还谈了如何走路,即如何行事。这里,它提出了这样一些建议:

第一,"素履"——本色地过日子。

初九爻辞云:

> 初九,素履,往无咎。

"素",颜色为白。二、三、四爻互为巽,巽的颜色也为白。"素",引申为本色。"素履",安守本分地生活。履卦认为,"素履"是"往无咎"的。

儒家、道家均重素。儒家经典《中庸》说:"君子素其位,而行不愿乎其外。

素富贵,行乎富贵;素贫贱,行乎贫贱……"至于《老子》的"抱朴守素"说更是影响深远!由《易经》履卦开创的"素履"说成为中国传统文化的重要组成部分。

"素履",基本思想,是要人们安守本分,诚实地生活着,本色地生活着。

本色地生活着,不是最低的生活世界,而是最高的人生境界。

第二,"幽人贞吉"——恬淡地过日子。

九二爻辞云:

> 九二,履道坦坦,幽人贞吉。

《周易程传》解释此爻说:"九二居柔,宽裕得中,其所履坦坦然,平易之道也。虽所履得坦易之道,亦必幽静安恬之人处之,则能贞固而吉也。"这就是说,尽管形势尚可,但千万不可忽视困难的一面。要头脑清醒,要以静制动。

"幽人贞吉",这里的幽人,不一定指哪一类人,而是指一种生活方式,这种生活方式,就是程颐说的"幽静安恬"——恬淡地过日子。恬淡地过日子亦如本色地过日子,同样是人生的最高境界。

第三,"夬履,贞厉"——和气地过日子。

九五爻辞云:

> 九五,夬履,贞厉。

九五,又中又正,正是春风得意之时,故而夬履,即办事果决。不过,也要提防刚愎自用。《周易》警告:"贞厉",意思是:当心危险。"夬履,贞厉"的主旨是反对骄纵,反对霸道,主张和气地过日子。

第四,"视履考祥"——善于总结生活经验。

上九爻辞云:

> 上九,视履考祥,其旋元吉。①

"视履考祥",对走过的路做一番认真的回顾,总结经验教训,这样做,很快就会大吉。《周易本义》说:"视履之终,以考其祥。周旋无亏,则得元吉。占者祸福,视其所履而未定也。"善于总结经验的人,会少犯错误。履卦强调

---

① "视履考祥,其旋元吉",《周易程传》云:"上处履之终,于其终视其所履行,以考其善恶祸福,若其旋则善且吉也。"

视履的重要性,非常可贵。

从总的来看,履卦强调行事要谨慎。《吕氏春秋》说:"居之以礼,行之以恭,恐惧戒慎,如履虎尾,终必吉也。"一个履卦教训良多。大抵人之涉世,忧患多于安逸,《周易》以"履虎尾"设喻,谆谆告诫人们守正防危。如黄钟大吕,振聋发聩。

十一、泰卦:阴阳交泰

泰卦由乾卦与坤卦组成,乾卦为下卦,坤卦为上卦。乾为天,坤为地,按说是天在上地在下,而泰卦恰倒过来,乾在下,坤在上。否卦则是乾卦在上,坤卦在下,符合天在上地在下的视觉印象。然而大家都知道,泰卦是吉利的卦,否卦是不吉利的卦。这又为何呢?

我们且看卦辞。《卦辞》曰:

　　泰,小往大来,吉亨。

"小"这里指阴,即由三阴爻组成的坤卦,"大"这里指阳,即由三阳爻组成的乾卦。"小往"是说坤往居外,"大来"是说乾来居内。《彖传》解释说:"泰,小往大来,吉,亨。则是天地交而万物通也,上下交而其志同也。内阳而外阴,内健而外顺,内君子而外小人:君子道长,小人道消也。"《象传》的分析是:"天地交,泰;后以财成天地之道,辅相天地之宜,以左右民。"

结合二传,我们可以理解:泰之所以吉,是因为天地相交。天地缘何相交呢? 原来,天为阳,阳气上升;地为阴,阴气下降。天在下,地在上,阳气上升与阴气下降,不就相交了么? 否卦之所以表示不吉,就在于天地不交。

下面,我们看各爻:

　　初九,拔茅茹,以其汇,征吉①。

泰卦下面为三阳爻,朱熹说:"三阳在下,相连而进,拔茅连茹之象。征行

---

　　① 《周易程传》云:"君子之进,必与其朋类相牵援,如茅之根然,拔其一则牵连而起矣。茹,根之相牵连者,故以为象。汇,类也。贤者以其类进,同志以行其道,是以吉也。"

之吉也。"①给我们的启示是:凡事不是孤立的,牵一发而动全身,拔茅必然连茹。既然事物不是孤立的,考虑问题,必须有联系的观点、全面的观点。而在实际事务中,必须注意事物与事物之间的关系,只有这样,才能将事情做好。君子,作为人类社会中的优秀分子,其行为本就具有表率作用,在其行进中,更要注意团结朋类,带动更多的人一道前进。

《象传》谈此爻,说:"拔茅征吉,志在外也。"所谓"志在外"就是进取。泰卦充满的就是万难不屈的进取精神。泰卦不是享福的卦,而是奋斗的卦。

九二,包荒,用冯河,不遐遗。朋亡。得尚于中行。

九二处中位,上有六五相应。在这个卦中处的地位仅次于作为帝位的六五。在这个集体出征的事业中,他是元帅。那么他应具备什么样的品德与才能呢? 那就是:"包荒,用冯河,不遐遗,朋亡,得尚于中行。"朱熹解释是:"包容荒秽,而果断刚决,不遗遐远,而不昵朋比。"②用今天的话来说,就是:胸怀宽广,办事公正,不搞小圈子,善于团结最大多数的人,而且行为果决,敢于冒险。这话说得很全面,是对领导者素质、才能的一个很好的概括。

《象传》说:"包荒,得尚于中行,以光大也。"它将"中行"即中道看得十分重要。事实也正是如此,这支队伍的领导者能率领团队走出困境,走向胜利,靠的就是中道。

九三,无平不陂,无往不复。艰贞无咎,勿恤其孚,于食有福。

三爻位我们前面说过,是险位。处这个爻位,要多加小心。"陂",坡。"无平不陂",没有平而不陂的。"往",去;"复",回。"无往不复",没有去而不回的。这两句话,很富有辩证法。它是说,如果你处顺境,不要太得意,顺境也能变成逆境;如果处逆境,不要太悲观,逆境也可能变成顺境。这好比"无平不陂,无往不复"。"艰贞",包含艰苦奋斗与守住正道两重意义。能这样,当然"无咎"了。"孚"是诚信。"恤"是担心。"勿恤其孚",是说,不要担心不能取信于人,关键是你有没有诚心。能做到以诚待人,"于食有福"——吃饭不成问题。吃饭,在这里代表成功。九三爻兼顾哲理启迪与道德教化,十分

① 朱熹:《周易本义》。
② 朱熹:《周易本义》。

深刻。

《象传》说:"无平不复,天地际也。"这是对大地的直观,这直观经过理性的提升所包含的哲理却又是多么的深邃! 奋斗者的信心、决心不都来自这条哲理吗?"前途是光明的,道路是曲折的。"泰卦的《象传》使我又一次想到了这句朴素的格言。

六四,翩翩,不富,以其邻不戒以孚。

六四,是阴爻,整个上卦全是阴爻。朱熹说:"阴虚阳实,故凡言不富者,皆阴爻也。"①这爻的解释有多种。朱熹的解释是:"已过乎中,泰已极矣,故三阴翩然而下复,不待富而其类从之,不待戒令而信也。"②这是说,三阴爻都来与阳爻相应、相交,这种来,是轻快的,自觉自愿的,其吉自不待言。六四爻突出阴阳相应、相交,还强调这种相应、相交出自诚信,它给我们的启示同样是深刻的。

不管具体解释有多少种,有一点是非常清楚的,"孚"是人生之宝。有孚在心,有邻不戒,亲如一家;有孚在心,天下响应,团结一体。有了孚,何险不克? 何功不成?

六五,帝乙归妹,以祉元吉。

"帝乙",商代的帝王,有说是商汤的,也有说是商纣王父亲的。"归妹",嫁女。五爻位是很重要的位置,它是中位。朱熹说:"以阴居尊,为泰之主。柔中虚己,下应九二,吉之道也。"说的仍是阴阳相应、相交。为何用帝乙归妹为喻? 朱熹说,很可能是"帝乙归妹之时,亦尝占得此爻。"③在《周易》中,六五与九二的相应是最佳的关系,六五是君位,九二是臣位,君柔臣刚,这臣正好发挥作用。《周易》六十四卦中,具有这种关系的凡十六卦,均为大吉。就此卦来说,六五为帝乙嫁女,这可是公主下嫁啊,哪能不吉的?

到了大功告成,举国庆贺的时候了!

上六,城复于隍。勿用师,自邑告命,贞吝。④

① 朱熹:《周易本义》。
② 朱熹:《周易本义》。
③ 朱熹:《周易本义》。
④ 《周易程传》释此处的"贞吝"云:"凡贞吝、贞凶有二义,有贞固守此则凶吝者,有虽得正亦凶吝者,此不云贞凶而云贞吝者,将否而方告命,为可羞吝,不由于告命也。"

自初爻到五爻都是吉,到上爻就变了,可见泰极否来。"城复于隍"——城墙倾倒在护城河中了,说明国家没有了防守之力。《象传》说:"城复于隍,其命乱也。"社会秩序乱了,城门大开,国家危矣! 这个时候,还能出兵打仗吗? 当然不能! 这种严重的情况下,唯一要做的,就是颁布法令政令,实施戒严,维持良好的社会秩序。

"贞吝",这是断语。用语很讲究,"吝",羞辱义,比"凶"轻得多。"贞",这里可以理解成"常"。李光地在《周易折中》说:"爻义言当此之时,只可告邑,未可用师。若守常而用师则吝"。

泰卦的重大意义是揭示了阴阳相交这条宇宙的基本规律。阴阳相交内涵十分丰富,其基本点是:善于处理对立面的关系,实现对立面的和谐统一。

阴阳相交,作为宇宙的根本规律,既是善,又是美。让我们高唱一曲天地交泰之歌:

> 拔茅连茹,同志向外。
>
> 阴阳相合,天地交泰。
>
> 无平不陂,无往不复。
>
> 勿恤其孚,于食有福。

十二、否卦:否极泰来

否卦与泰卦相对。泰是讲阴阳如何相通的,否是讲阴阳如何不通的。阴阳相通,吉,阴阳不通,则凶。否卦与泰卦虽然具体情境恰相反,但主题是一致的,都是教人们如何去实现幸福的,只是一个正面说,一个反面说。

否卦《卦辞》云:

> 否之匪人,不利君子贞,大往小来。

何谓"否"?"否"在这里主要是闭塞的意思。闭,有不交、不通的意思。此处主要讲阴阳不交。否为何阴阳不交呢? 这是因为否卦上卦为乾,下卦为坤,乾纯阳之卦,阳气上升;坤纯阴之卦,阴气下降。阴阳向反方向运行,故而不交。

"否之匪人"。"之匪人"三字,朱熹疑为衍文,比卦中六三爻中有这三个字,朱熹怀疑抄书的人将比卦中的这三个字抄到这里来了。此当然是一种猜测。如果没有抄错,那"否之匪人",可以理解为否对人不利。否卦卦辞也说了,否卦对于君子守正是不利的。为何不利守正?因为正道被否闭了。

"大往小来"。"大",指否卦的上卦乾,乾为阳气,阳气上升,"往",去了;"小",指否卦的下卦坤,坤为阴气,阴气下降,来了。阴阳反方向运行,阴阳不相交,故否卦的总体格局不妙。

《彖传》明确地揭示否卦于君子不利的情势:

> 彖曰:否之匪人,不利君子贞,大往小来。则是天地不交,而万物不通也;上下不交,而天下无邦也。内阴而外阳,内柔而外刚,内小人而外君子,小人道长,君子道消也。

《彖传》将否卦的阴阳不相交从两个方面展开:一是天地不交。因天地不交,万物不能孕育,生长。二是上下不交。这上下关系包括君臣关系、父子关系等。因为不相交,君臣、父子不能很好交流,国不成国,家不成家。《彖传》指出,社会有一个基本的秩序:阳应在内,阴应在外,刚应在内,柔应在外,君子在内,小人在外。如果不是这样,内阴外阳,内柔而外刚,内小人而外君子,那天下大乱。

《象传》说:

> 象曰:天地不交,否。君子以俭德辟难,不可荣以禄。

《象传》将天地不交看成乱世。处于乱世,君子须收敛其德,不形于外,不可以趁此机会去捞取荣华富贵。

否卦的六爻,从不同的角度反复说明以上的主题。

> 初六,拔茅茹以其汇,贞吉亨。

"拔茅茹以其汇"这一意象在泰卦也用过,那是说三阳爻在下相连而进,喻阳气排山倒海的威势。此处的"拔茅茹以其汇",是说三阴爻在下相连而进。两种进,意义是不一样的,泰卦的三阳爻相连而进,是君子之进,"征吉"。否卦的三阴爻相连而进,是小人之进,没有征吉,只有"贞吉亨"。"贞",守正,它是"吉亨"的前提,意思是,只有守正,才能吉亨。

此爻的《象传》云:"拔茅贞吉,志在君也。"朱熹释这句话:"小人而变为君子,则能以爱君为念,而不计其私矣。"①为何说到爱君上去了? 原来,否卦上卦为乾,乾象征君,三阴爻联翩上升,去亲近君,就有忠君的意味。

六二,包承,小人吉;大人否,亨。

此爻的"包承",为包容承顺的意思。"包",胸襟开阔,能容万物。"承",谦逊柔顺,承托阳刚。这两点,正是阴的品德,我们在坤卦的《象传》中看到过这样类似的赞颂,如"万物资生,乃顺承天","柔顺利贞,君子攸行"。六二位是阴爻在阴位,为正,又系中位。"小人"本性属阴,居此位可谓得其所哉,所以可以获吉。

"大人"处此位则不行。大人属阳,阳应在阳位。大人如果处此位,只有安守其否,才可以亨通。这告诉我们,君子处于不利时势时,要善于"否"——将自己封闭起来,万不可轻举妄动。中国古人精于此道,名之曰"韬晦之计"。这里有两个恰恰相反的典型:一为韩信,一为杨志。韩信不得志时,流氓欺负他,让他从胯下爬过。韩信为免是非,忍气吞声,乖乖地从命。杨志落拓时,却容不得泼皮挑衅,一怒之气,杀了泼皮。两位均是豪杰,一位懂得韬晦,事后成就了一番惊天动地的大事业,另一位不懂得韬晦,只落得坐牢做囚徒,封妻荫子的美梦从此熄灭。"大人否",三字中含有几多经验,几多教训! 足以让君子受用一辈子。

六三,包羞。

"羞",有人训为"馐",于文字学,是讲得通的,但不符合此爻规定的情景。朱熹说:"以阴居阳而不中正,小人志于伤善而未能也,故为包羞之象。然以其未发,故无凶咎之戒。"②王弼亦说:"俱用小道,以承其上,而但(疑"位"——引者)不当,所以包羞也。"他们都将"羞"理解成羞愧或羞辱。这种理解比较妥当。《象传》也说:"包羞,位不当也。"

六三爻是对小人言的。小人要能懂得羞辱,且能包容羞辱。除了局势不妙不能不包羞以外,谦逊也是重要的。初六爻、六二爻、六三爻,都是阴爻在行动,都宜以柔顺为本。实际上,这三爻都是在讲"否"。

---

① 朱熹:《周易本义》。
② 朱熹:《周易本义》。

下卦主旨是讲否,上卦则不同。上卦为乾,乾德为健,它是要发展的,要前进的,因而它的基本策略是"休否"、"倾否"。如果说否卦前三爻局势不妙的话,那么,改变这种不妙的局势,就看这后三爻了。所谓否极泰来,来的就是上卦的乾。

　　九四,有命,无咎,畴离祉①。

九四是转变命运的关键。朱熹说:"否过中矣,将济之时也,九四以阳居阳,不极有刚,故其占为有命无咎,而畴类三阳,皆获其福也。命,谓天命。"②

否卦强调九四的重要性就在于它是转变命运的开始。九四是阳,此阳一动,带动后面的二阳,所以说是"畴类三阳"。这种连类而动,是向幸福而动,类似于泰卦的"拔茅茹以其汇"。"离"者,丽也,附丽或者说附着的意思,"祉",福也。三阳均附丽于幸福,这当然是极美妙的事。

所以,从九四开始,"否"要停止了,君子要前进了。《象传》说得很明白:"有命,无咎,志行也。"

　　九五,休否。大人吉。其亡其亡,系于苞桑。③

九五是君位,又中又正,到这时,形势根本转变过来了,否到此时完全停止了,称之为"休否"。尽管如此,还得心存危亡之念。王弼说:"故心存将危,乃得固也。"朱熹在《本义》中指出"当戒惧如《系辞传》所云也。"《系辞传》又是如何说的呢?查《系辞下传》,这段话是这样的:

　　子曰:"危者,安其位者也;亡者,保其存者也;乱者,有其治者也。是故君子安而不忘危,存而不忘亡,治而不忘乱。是以身安而国家可保也。《易》曰:"其亡,其亡,系于苞桑。"

这段话是说得再明白不过的了。"安不忘危,存不忘亡,治不忘乱",后来有人将它简化为"居安思危",几千年来它一直是中国人的座右铭。每当形势较为好一点的时候,总有人出来疾呼:居安思危。它像一面警钟,不失时机地敲响,让人们保持艰苦奋斗的品德,永远进击,绝不停息,犹如乾卦《象传》说的"天行健,君子以自强不息"。也如大畜卦《象传》所说的:"刚健笃实辉光,日新其德。"

---

　　①　"畴离祉","畴",同类;"离",依附;"祉",幸福。
　　②　朱熹:《周易本义》。
　　③　"苞桑",丛生之桑。

朱熹后来在他的《诸子语类》中,还在强调此爻的重要意义:"有戒惧危亡之心,则便有苞桑系固之象,盖能有戒惧危亡,则如系于苞桑,坚固不拔矣。"

上九,倾否。先否后喜。

上九,阳刚居否极,这否不仅休,而且倾倒了。也就是说,否全没有了。《象传》说:"否终则倾,何可长也。"意思是否到头了。

否卦从"匪人",忧开始,到上九最后一个字"喜",充分说明一个道理:否极泰来。

泰卦与否卦是一对姐妹卦,两卦连在一起读,体会当会更多。一方面,泰极否来,另一方面,否极泰来。前进的君子,要明睿,要警惧啊!

附录:

《周易》中,乾、坤、泰、否四个卦是全部易卦的纲。《伏羲六十四卦方位图》中有一个方形的卦序图。乾、坤、泰、否各据一个角。如下图:

坤	剥	比	观	豫	晋	萃	否
谦	艮	蹇	渐	小过	旅	咸	遯
师	蒙	坎	涣	解	未济	困	讼
升	蛊	井	巽	恒	鼎	大过	姤
复	颐	屯	益	震	噬嗑	随	无妄
明夷	贲	既济	家人	丰	离	革	同人
临	损	节	中孚	归妹	睽	兑	履
泰	大畜	需	小畜	大壮	大有	夬	乾

这个图横向、纵向以及对角线均反映出阴阳的消长关系。

十三、同人卦:同人于野

同人卦是一个讲人与人之间团结的卦。其中道出团结的真谛,也道出团结的艰难,给我们很多启示。

首先,值得我们高度重视的是《卦辞》:

> 同人于野,亨。利涉大川,利君子贞。

"野",本义是旷野,引申义则为无私。朱熹云:"于野,谓旷远而无私也,有亨道也。"①程颐也这样理解。《周易程传》云:"夫同人者,以天下大同之道,则圣贤大公之心也。常人之同者,以其私意所合,乃暱比之情耳。故必于野,谓不以暱所近情之所私,而于郊野旷远之地;既不系所私,乃至公大同之道,无远不同也。"《周易程传》强调有两种"同人":一种是常人的同人,以私意同;另一种是圣贤的同人,以公心同。朱熹、程颐显然是极力推崇公心之同的。

同人卦的《彖传》和《象传》对同人的意义做了深刻的阐发:

> 彖曰:同人,柔得位得中而应乎乾,曰同人。"同人于野,亨,利涉大川",乾行也。文明以健,中正而应,君子正也。唯君子为能通天下之志。

> 象曰:天与火,同人。君子以类族辨物。

《彖传》在申发卦辞意义时,强调三点:其一,"文明以健","文明"讲的是离卦,离为太阳,为火,它是文明象征。"健"是乾卦,卦德为健。乾与离的组合,本是天与太阳的组合,现成为"文明"与"健"的组合,含义悄然发生变化。因为"健"在这里不只是说天健,还说君子健。君子健,就是在创造文明。《彖传》突出文明与健的关系,内涵深化了。其二,"中正而应,君子正也"。同人卦中,六二与九五相应,这种相应,又中又正。它意味着君子坚持正道,奋力开拓。其三,"通天下之志"。君子创造文明,君子守正,均是在通天下之志。何谓"天下之志"? 一是为天下之志,二是通天下之志。"为",是说君子所作均是为了天下百姓;"通",是说君子所作顺从的是天下之达道。《彖传》将"文明"、"中正"、"天下之志"三个关键词统一在"君子"这一概念中,它们均是君子之所为。

《象传》主要阐释同人的卦象,"天"与"火"的组合,是一幅丽日中天的壮丽图景。同人就是这样的光辉灿烂,这样的气势磅礴。《象传》指出,同人是"类族辨物",是志同道合,只有君子才能同于君子。

同人的意义,在《彖传》和《象传》中实已是阐发得非常透辟的了,同人卦的六爻则主要阐发同人的过程,同人的原则,如何同人等。

> 初九,同人于门,无咎。

---

① 朱熹:《周易本义》。

出门就同人,事前并没有私情、私意,遇上什么人,就与什么人去和同,这是一种无功利关系的和同。《周易》用"无咎"来评价这种同人,是有所保留的,这主要是因为这种和同有些盲目。

《象传》倒是比较地宽厚,说:"出门同人,又谁咎也?"是啊,才出门同人,有什么咎错呢? 难道出门之前先去了解会遇到什么人? 怎么可能?

　　六二,同人于宗,吝。

"宗,党也。"①结党同人,必有所偏私,这是《周易》坚决反对的。这爻为何有"同人于宗"的意象呢? 这是指六二上应于九五。六二应九五,如果在别的卦中,肯定是吉的,这个卦中,就六二一个阴爻,其他五阳均欲与之和同,而六二只和同于九五,这就显得褊狭了。所以,爻辞用了偏于否定的"吝"。《周易程传》在指出六二"在同人之道为私狭"以后,说:"二若阳爻,则为刚中之德,乃以中道相同,不为私也。"

六二爻与初九爻不一样:初九爻是无私利之同,六二爻是有私利之同。尽管"同人于门"可能有些盲目,但"无咎";而"同人于宗",虽然很理性,很自觉,却"吝"。因为"同人于门"是无私利的,而"同人于宗"是有私利的。同人卦的立场非常鲜明。

　　九三,伏戎于莽,升其高陵,三岁不兴。

九三阳居阳位,是得位的,但不得中。按《周易程传》的理解,九三是"刚暴之人",它与上九不应,不能同;与六二,虽然有据、承的关系,但六二要去与九五相应,不能全心倾承九三。"三以刚强居于二五之间,欲夺而同之,然理不直,义不胜,故不敢显发,伏藏兵戎于林莽之中,怀恶而内负不直,故又畏惧,时升高陵以顾望,如此至于三岁之久,终不敢兴,此爻深见小人之情状。"《周易程传》这种解释很精彩,当然,也有硬向同人主题上拉的嫌疑。

按此爻所描写的战争情况,当有所出处,很可能是古代的一场战争,由于未能得到援兵,不得不长达三年伏兵于草莽之中。盼望援兵的急切心情,从多次登上高山眺望可以见出。

九三爻也讲同人,意在说明同人需要时机。之所以"三岁不兴",时机未到。

　　九四,乘其墉,弗克攻,吉。

---

① 朱熹:《周易本义》。

这也是在写一场战争,由于孤军奋战,攻城未能成功。城没有攻下来,为什么吉呢？因为保全了人。这同样是说同人的重要性。至于九四同人为什么也不成功,从卦体来看,九四是阳在阴位,以刚居柔,不得位。它最后得吉,是因为它居柔位,知道进退,在关键时刻,退兵了。《象传》说九四爻"困而反则也",这是它得吉的缘由。

九五,同人,先号咷而后笑,大师克相遇。

这也是在讲一场战争。援兵未到,几陷绝境,故号咷,后来援兵到了,两支大军相合,打败了敌人,故大笑。这同样是说明同人的重要性。

九三、九四、九五写了三场战争,也可能是一场战争的三个阶段。它们都与同人(援兵)相关。九三,同人不到,故只能长期潜伏；九四,同人不到,只能退兵；九五,同人先不到后到了,大胜。三爻都谈到同人的重要性与同人的时机性。等待是必要的。

"先号咷而后笑",给我们多少感慨！

上九,同人于郊,无悔。

"郊",荒远之地,在这里同人有些难。上九与九三也不应。《象传》说:"同人于郊,志未得也。"朱熹的《周易正义》说:"居外无应,物莫与同,然亦可以无悔,故其象占如此。"

整个同人卦,谈尽了同人艰辛,其中用三场战争做实例,说明同人的重要性。这里,我们还要回到这个卦的卦辞上。卦辞三句话,句句重要。第一句话:"同人于野,亨",强调同人的根本品格。无私大公,第二句话:"利涉大川",强调同人的重要性,它可以克服重大困难,是事业成功的根本保证。第三句话:"利君子贞",强调同人的关键是君子能不能贞——守正。

同人卦最后落到君子立志上去了。《彖传》说:"同人于野,亨,利涉大川,乾行也。文明以健,中正而应,君子正也。唯君子为能通天下之志。"什么是君子的"天下之志"？简而言之:"同人。"加以引申,则是《礼记》中所说:"大道之行也,天下为公。"最为鲜明地亮出天下为公之志的是北宋的大儒家张载的一句名言:

为天地立心,为生民立命,为往圣继绝学,为万世开太平！①

_____

① 《张子全集·近思录》。

十四、大有卦:火天大有

大有卦是同人卦的错卦,为乾下离上。天在下,太阳在上。其象是:阳光普照,大地山河一片光明。是为大有。

大有《卦辞》云:

> 大有,元亨。

极简单的赞语,因为这是不需要说明的,大有当然好,当然大吉大利。但是,仔细读大有的《彖传》、《象传》还有六爻爻辞,发现大有并不那么简单。大有之中有许多文章可做,绝不是简单的"元亨"可以了事的。

首先看《彖传》:

> 彖曰:大有,柔得尊位,大中而上下应之,曰大有。其德刚健而文明,应乎天而时行,是以元亨。

大有从何而来?按《彖传》来自三:其一,"柔得尊位",具体指六五爻,它是大有卦的卦主。五为君位,六五居君位即尊位。阴居阳位,按说是不正,但是在这里,它却别有一种好处。因为五为君位,若阳爻居之,虽然正,然过于刚健,易成为暴君。君宜以仁慈为怀。现阴爻居阳位,倒起了一种以柔济刚的作用。其二,作为君位的六五与九二相应。这是一种理想的相应,柔君得刚臣,上下和谐。其三,大有卦,唯六五一阴爻,余皆为阳爻。一阴控五阳。六五既是主卦之主,又是成卦之主,"大中而上下应之",这是一种最为难得的最佳的领袖地位,所以,称之为"大有"。

大有者为六五,六五阴居阳位,并不刚健,大有之来,靠的不是武力,不是权势,而是仁慈的胸怀,广大百姓的拥护。许多人想大有,却没有想到大有有它的必然性、规定性。不能实现它的必然性,达不到它的规定性,无法实现大有。

大有为什么大亨?《彖传》的解释也让人深思。

"其德刚健而文明",表面上,这是说大有卦的下卦为乾,乾德为刚健,上卦为离,离德为文明。然而,如果不局限于卦德,而能多角度去思考,则能发现,这乾与离的组合,的确是一种最佳的组合,它能说明很多问题。

乾为天,是万物之本;离为太阳,是万物能量之源。大自然因为有了天,有了太阳,才成就了如此丰饶的世界;乾又为父,是人伦之本,离又为中女,具有坤德。人类社会,因为有了乾德,有了坤德,才子孙绵延。这样,实际上就有两个大有,一是由天和太阳共同创造的自然界的大有,二是由乾德与坤德共同创造的大有。实际上,大有卦不只是在歌颂自然界的大有,还在歌颂人类的大有;不只是在歌颂在自然的创造,还在歌颂人类的创造;不只是在歌颂太阳的文明,还在歌颂人类的文明。

大有卦《象传》云:

火在天上,大有。君子以遏恶扬善,顺天休命。

这是将创造大有的使命落实在君子身上了。"遏恶扬善"是在人类社会创造大有的总纲。"恶"指私欲,将大有视为个人所有;"善",指公心,将大有视为天下人的公产。"顺天休命",将创造大有的行为归结到天道和天命上去,即乾卦《文言》中所说:"夫大人者,与天地合其德,与日月合其明,与四时合其序,与鬼神合其吉凶。"

《彖传》和《象传》主要阐述什么是大有? 如何创造大有? 大有卦的六爻则主要说明如何对待大有,处理大有。

第一,克念艰难,无骄盈之心。

初九爻辞云:"初九,无交害,匪咎。艰则无咎。"初九,上无系应,因在事初,未涉及各种交往,害是没有的,咎也是没有的,但一定要克念艰难,无骄盈之心。

第二,敢承大业,任重道远。

大有是创造的,大有需要创造者。九二就是这样的创造者。九二爻辞云:"大车以载,有攸往,无咎。""大车以载",比喻九二刚健强壮,任重道远。九二居中位,上与六五相应,足以担当重任。九二爻在大有卦中的地位很突出。它不仅是大有重要的创造者,还是大有重要的守护者。

第三,不专其有,天下公有。

在阶级社会中,天子为天下之尊,普天之下,莫非王土;率土之滨,莫非王臣。在这样一种社会制度之下,大有,首先是天子的大有。九三爻辞云:"公用亨于天子,小人弗克。"公指王公,"用亨于天子",即与天子共同享用。小人不知礼仪,贪图私利,其后果肯定很惨。

这里,等级制的糟粕是明显的。但是,如果将天子解释成国家,它说明大有不是私有,而是国有、公有。

第四,防止过盛,谦损有益。

即使大有,也要防盈,防盛。九四爻辞云:"匪其彭,无咎。"这"彭",就是膨胀,"匪其彭",防止财富膨胀。不管在何种情况下,谦损的精神是不能忘记的。能这样,则无咎。

在歌颂大有的情态之下,提出"匪其彭",其意义是深刻的。财富的积累不能竭泽而渔,不能贪得无厌。竭泽而渔,破坏了资源;贪得无厌,则毒害了心灵。

第五,大有之时,诚信为上。

众所周知,树大招风,而且物极必反。人就是这样:位不高盼高,家不富盼富,而真个位高权重,富可敌国,则就事多了,危险大了。

大有卦,给我们的警示是:以孚待人。大有之时,特别又是处于高位之时,很容易骄狂,目空一切,出言轻率,简慢他人。而他人,也会因为你与他在地位上、财富上的巨大差距而生敌意。所以,"孚"——真诚之心,在大有之时,就显得十分重要。

六五爻辞云:"厥孚交如,威如,吉。"六五为君位,大有之时,不仅不骄不狂,反而更为谦虚。这里说的"厥孚交如",是讲君王与臣下以诚信相交。一方面,君王执柔守中,以孚信对待臣下,不盛气凌人;另一方面,臣下竭诚事上,兢兢业业,不玩忽职守。如此,君王更见威望,而臣下则更得赐福,天下太平,大吉大利。

第六,顺乎天道,获天佑之。

大有,当然离不开自身的努力,但是,千万不要将人自身的努力看得过高。人能大有,很大程度上是天给了你机会,就算人做得不错,也是遵循了天道之故。

按大有卦的观点,要将大有的功劳归之于天。上九爻说"自天佑之,吉,无不利。"

天的佑助,并不神秘,它就是顺天。

《系辞上传》解释"自天佑之,吉,无不利。"说:

佑者,助也。天之所助者,顺也;人之所助者,信也。履信思乎顺,又以尚贤也。是以"自天佑之,吉,无不利"也。

顺天,孚信,这两者,恰好是上九爻与六五爻的主旨。顺天,处理好人与天的关系,按规律办事;孚信,处理好人与人的关系,以诚信待人。有这两条颠扑不破的真理在手,不是大有,可以大有;有了大有,也不会失去大有。

君不见,丽日在天,普照大地。什么时候不是大有?

万岁,火天大有!

十五、谦卦:谦尊而光

谦卦下卦为艮,上卦为坤,为地中有山之象。整个卦,体现出一种谦卑的意味,故名为谦。《卦辞》曰:

谦,亨,君子有终。

简单的一句话,体现出对谦的高度赞美。

《彖传》和《象传》用诗一般的语句,对谦尽情地歌颂:

彖曰:谦,亨。天道下济而光明,地道卑而上行。天道亏盈而益谦,地道变盈而流谦,鬼神害盈而福谦,人道恶盈而好谦。谦尊而光,卑而不可逾,君子之终也。

象曰:地中有山,谦;君子以衰多而益寡,称物平施。

这些话都是对谦道重要意义与价值的论述。概而言之,谦卦有四个重要思想:

第一,屈尊思想。

朱熹说:"山至高而地至卑,乃屈而止于其下,谦之象也。"①尊者常态是趾高气扬,自觉高人一等,鄙视下属。然而,按谦卦的观点,这是没有修养的表现,尊而能谦,才算是品德高尚,才能获得人们真正的尊重。

第二,平均思想。

---

① 朱熹:《周易本义》。

《象传》认为谦卦有"哀多而益寡,称物平施"的思想,也许这是中国最早的平均主义思想,它明显地留存有原始共产主义社会的分配方式和道德观念。众所周知,平均主义思想是中国农民的反对封建等级制度的有力武器,在这一思想的鼓舞下,在中国的历史舞台上曾演出过诸多农民起义的壮剧。

第三,卑而上行的思想。

《象传》说的"天道下济而光明,地道卑而上行"是耐人寻味的。天道,即尊者,倒是要下济,以普照大地;而地道,即卑者,倒是要上行,以求得发展。这一思想让我们联想到诸多出身贫寒家庭的人士,他们没有社会地位,没有家庭背景,没有财产支撑,还要不要争取好一点的前途呢? 按谦卦的观点,是需要的,而且是值得肯定的。

第四,屈而求伸的思想。

朱熹在解释卦辞中"有终"时说:"有终,谓先屈而后伸也"。先屈后伸,既有品德义,也有策略义。这一思想后来成为道家思想、兵家思想的重要来源之一。

第五,为而不有的思想。

朱熹释"谦",说:"谦者,有而不居之义。"①众所周知,有而不居,与道家的"为而不有"、"有而不恃"的思想很相似。也许它就是道家"为而不有"思想的来源之一。

谦卦的思想直接来自坤卦的柔顺为本的思想,或者说,它就是柔顺为本思想的具体体现。《周易》中谦卦的思想后来为儒家与道家共同继承。儒家继承的主要是它的道德层面,发展为君子人格,儒家的君子人格有谦虚义。道家继承的主要是它的本体层面,就是说,道家将谦背后的柔、顺、卑、下、屈发展为以无为本的思想体系,这一思想体系,不是用来解释君子人格的,而是用来说明人之根本的。

《象传》从"天道""地道""鬼神""人道"诸多方面说明谦的本质是抑盈。天道谦,则有日月星辰;地道谦则有山河湖海;人道谦,则有德智才艺。就是鬼神,它也不喜欢盈,而总是赐福于谦损者。

辩证地来看,盈者有,有者实,实者有限,没有发展的空间,等于死了。而谦则虚,虚者空,空者无,无可以生有,而且没有穷尽,通向无限。所以,谦具有

---

① 朱熹:《周易本义》。

"道"的品格。它让我们想到了《老子》第一章说的"道"："故常有,欲以观其徼;常无,欲以观其妙。"

谦道如此重要,那么,君子是如何修谦道的呢? 谦卦说了六种谦法:

初六,谦谦君子,用涉大川,吉。

"谦谦",谦而又谦,首先,是强调谦是没有尽头的,不能说我已做得差不多了。其次,是说明谦是具有巨大能量的,它能涉越大川。

六二,鸣谦,贞吉。

六二,阴居阴位,又中又正。《象传》说它"中心得也",就是说,它的谦是真心的。谦名传扬,美誉天下。

九三,劳谦君子,有终吉。

三位是阳位,也是险位,阴爻居此位,是要辛苦些了,不过结局好,说明谦有好报。这里,特别注意的是"劳",谦不是一种姿态,而是一种真诚的生活态度。这种生活态度是需要付出的。谦不是享受,而是奉献。谦者是奉献者,而且是奉献与报酬不相等的奉献者,准确地说,谦者是牺牲者。正是因为这样,谦者最能受到人民的拥护,《象传》说是"劳谦君子,万民服也"。

九三是谦卦中唯一的阳爻,是成卦之主。它是谦的主角。这爻的意义应是最为重要。

六四,无不利,㧑谦。

"㧑谦",将谦道进一步地发挥。《象传》说:"㧑谦,不违则也。"这里似是提出谦也还有一个守则的问题。按爻位来说,六四阴居阴位,为正,但是,它居于九三之上,为乘,这就不太好,宜戒。朱熹解释"不违则",说是"言不为过"。看来,谦虚也有个度,不能太过分,特别是不要矫情。谦如过分,就虚伪;谦如矫情,则做作。虚伪、做作均让人生厌。

六四《象传》强调谦"不违则"十分重要。

六五,不富以其邻,利用侵伐,无不利。

六五是君位。朱熹说:"以柔居尊,在上而能谦者也,故为不富而能以其邻之意。盖从之者众矣。犹有未服者,则利以征之,而于他事亦无不利。人有是德,则如其占也。"①朱熹的意思是,六五是谦者,它虽处君位,但并不富,原

_____

① 朱熹:《周易本义》。

因是它照顾邻居去了。虽然财富少了点,但获得大家的拥戴。《周易》多次讲到"不富以其邻",非常看重这种品德。"不富以其邻"的思想,就是"天下为公"的思想。《礼记》《孟子》对这种思想均有深刻的阐述,它是中国古代文化中最为宝贵的民主性精华,一直是维系中国社会和谐发展的进步力量,在今天亦具有重要的意义。我们提出让一部分人先富起来,但最终的目的,是让天下人都富起来。

上六,鸣谦,利用行师,征邑国。

"鸣谦",仍然是说谦虚美名在外。不过,谦逊不是懦弱,也不等于退让,谦逊不是拒绝原则,也不是一概拒绝武力。对于违反根本原则的行为,谦者需要明确地表示反对,并施之强有力的实际行动。这里说的"利有行师,征邑国",是军事行动,虽然没有明确说是什么样的军事行为,但从"鸣谦"这一主题来看,谦者的出师是师出有名,此师乃正义之师。谦者的征伐,是奉辞伐罪,此伐乃正义的讨伐。

谦不是乡愿,谦不是弱者。谦是强者。谦者无敌。

谦道应该发扬,谦尊而光!

十六、豫卦:和乐之道

《周易》中有一个专门讨论快乐的卦,名豫卦。

豫卦上卦为震,下卦为坤。其卦象为:春雷震动,雨水丰沛,天气转暖,大地复苏,鲜花盛开,百鸟鸣啾。此情此景,难道不快乐?当然快乐。不过,《周易》是一部充满着政治意识的书,它不会专门去讨论审美,"雷出地奋"只是它的一个比喻,比喻的是政治形势大好,故《卦辞》说:"豫,利建侯行师。"意思是:多好啊,这是建功立业用兵打仗的好时机。

不过,《象传》和《彖传》的解释,似乎远不局限于此。

豫卦《象传》说:

象曰:雷出地奋,豫。先王以作乐崇德,殷荐之上帝,以配祖考。

这段话透露了许多信息。

中国是礼乐之邦,礼乐是治国之本。一般说是周公制礼作乐,其实,礼和乐,周公之前就有先王作了。《庄子》说"黄帝张乐于洞庭之野",说明黄帝时代就有礼乐。乐者乐也。作乐,当然是让人快乐,它属于审美,但是,先王作的乐,其审美功能是服务于宗教、政治、道德的。首先是宗教,它是娱神之乐;其次是政治,它是娱王之乐;最后是道德,它是德化之乐。

中国古代的乐是与礼相配合的。礼是森严的,乐则和乐。礼将人按社会地位区分开来,乐则将人们在审美情感上统一起来。荀子说:"礼别异,乐统同。"①乐的主要功能是和,通过乐(音乐)让人乐(快乐),由乐而和,故称为"和乐"。朱熹释"豫":"豫,和乐也。"②

《周易程传》着重阐释的《象传》中"德"与"乐"的关系,云:"乐之象也。先王观雷出地奋,和畅发于声之象,作声乐以褒崇功德,其殷盛至于荐之上帝,推配之以祖考。殷,盛也,礼有殷奠,谓盛也,荐上帝,配祖考,盛之至也。"《周易程传》也谈到了乐与礼的关系,乐用来祭上帝、祭祖考,它本是一种礼,而且是盛礼。基于此,我们知道,豫卦讨论的快乐不是一般的快乐,而是关系社会和谐、政治稳定、天下太平的和乐。

《象传》将豫之和乐联系到德与礼,将乐纳入政治、伦理的轨道,豫之《象传》则将它联系到天地顺动,实际上将乐提升到天地本体的高度。

《彖传》云:

　　彖曰:豫,刚应而志行,顺而动,豫。豫顺以动,故天地如之,而况建侯行师乎?天地以顺动,故日月不过而四时不忒;圣人以顺动,则刑罚清而民服。豫之时义大矣哉!

"豫",是和乐。这和乐怎样才能实现?《彖传》提出"顺以动"的思想。并提出有两种"顺动":"天地以顺动","圣人以顺动"。天地顺动的效应是昼夜交替四时分明,自然秩序井然;圣人以顺动的效应是赏罚分明民心大服,社会秩序井然。那么何谓"顺动"?顺动,就是顺道而动,或者说顺规律而动。道在天,为天道,在社会为人道,天道与人道又是相通的。按《周易》观点,人道合于天道,然天道应合人心,故也可以说天道合于人道。

① 《荀子·乐论》。
② 朱熹:《周易本义》。

顺动的效应至伟至巨,岂止是"建侯行师乎"? 它还会给人带来极大的快乐,即"豫"。这种思想,使笔者想起了《乐记》中所说"大乐与天地同和"、"与天和者谓之天乐"。天地顺动所产生的快乐,应是"天乐"了。

豫的地位如此之高,那么,到底该如何豫——快乐呢? 豫卦之六爻,分别从不同的角度论述之。

　　初六,鸣豫,凶。

这一爻,《周易程传》是这样解释的:"初六以阴柔居下,四豫之主也,而应之,是不中正之小人。处豫而为上所宠,其志意满极,不胜其豫,至发于声音,轻浅如是,必至于凶也! 鸣,发于声也。"朱熹的解释与之差不多,他们都将初六看做是不中不正的小人,它向六四献媚,却不知与六四其实不相应,不是互鸣,而是自鸣。这种鸣必然凶。

《象传》说:"初六鸣豫,志穷,凶。""志穷",其志不能遂。为何不能遂?阴阳不应。

这爻批评"鸣豫"——自鸣得意之豫、轻浅之豫。

　　六二,介于石,不终日,贞吉。

在豫卦中,得位的爻不多,六二爻,既得位,又是中位,难能可贵。《周易程传》说得好:"人之于豫乐,心悦之,故迟迟,遂至于耽恋不能已也。二以中正自守,其介如石,其去之速,不俟终日,故贞正而吉也。处豫,不可安且久也,久则溺矣!"

程颐这话很有道理。艰辛、豫乐二者,何者最有吸引力? 不用问。人均有贪恋豫乐的本性,然作为君子,虽不能无乐,却不能耽乐。无乐,人格不完整;耽乐,人格易堕落。六二爻主张理性的有节制的豫,以礼为灵魂的豫,实际上是在反对"耽豫"——沉溺于豫,无节制地纵豫。"介于石",是歌颂中正的品德,坚守正道,不耽于豫;"不终日",是说见几而作,一旦发现有耽于豫的苗头,立刻改正,不待太阳落山。

　　六三,盱豫悔,迟有悔。

"盱",上视,从卦来看,上视的是九四,九四是卦主,六三似是向九四献媚,同时又溺于豫乐之中。六三的举动显然没有得到九四友好的回应,应立马改正,太迟,后悔就来了。这爻同样是在批评一种不当之豫——"谄豫",相比于初爻,它更多取规劝的态度。如果从正面来理解,与六二爻一样,它是在提倡一种正确的豫——"礼豫"。《周易程传》说:"君子处己有道,以礼制心,虽处豫时,不失中正,故无悔也。""以礼制心",必然会以礼制豫。

九四,由豫,大有得。勿疑,朋盍簪。

九四是豫卦唯一的阳爻,是卦主。《周易程传》说:"豫之所以为豫者,由九四也,为动之主,动而众阴说顺,为豫之义。"朱熹也有这种看法,说:"九四,卦之所由以为豫者也。"①他们都认为,九四是豫卦所说的快乐之源。九四为何能成为快乐之源呢? 第一,九四是豫卦唯一阳爻,在《周易》中,一卦中,凡唯一之阳爻或唯一之阴爻者,均为卦主——成卦之主。第二,九四是豫卦上卦震卦之初爻,震为动。实际上,一阳动,全卦诸阴爻皆动,而且都顺从之,就像是簪子将头发整齐地簪起来一样。"朋盍簪"说的就是这样一种情况。

这爻实际上是在歌颂一种豫乐——"众豫",大众之乐——和乐。

六五,贞疾,恒不死。

六五也是卦主,然在这个卦中,只是名义上的主,不是实际的主。六五有个致命的弱点——不当位,虽中不正,又乘九四之刚。卦中诸爻没有一爻与之相应,可谓孤家寡人。处这种处境,本应有收收敛,有所谨慎,然六五耽于豫乐。所以,有"贞疾"之象。程颐说:"居得君位,贞也,受制于下,有疾苦也。"②所谓"受制于下",是说受到九四的牵制,不得自由。虽然六五如此不妙,但毕竟居在君位,居中,所以,"恒不死"。

这爻,解释很多。李光地《周易折中》收何氏楷的解释。何说:"六五以柔居尊,当豫之时,易于沉溺,必战兢畏惕,常如疾病在身,乃得恒而不死,所谓生于忧患者也。"

这爻比较地复杂,它的本意仍然是在说"礼豫",一种有节制的合乎礼制的豫乐,只是主要是针对君王讲的。

上六,冥豫。成有渝,无咎。

朱熹说上六"以阴柔居豫极,为昏冥于豫之象",好像是沉溺于豫达到不知所以的地步了,这当然极为危险。不过,还有救。因为上卦为震卦,震为动,动意味着有改变的可能。"渝",有改变义。《象传》感叹道:"冥豫在下,何可

① 朱熹:《周易本义》。
② 程颐:《周易程传》。

长也?"是啊,怎么能豫乐到昏了头的地步哟? 那太危险了!

这爻主旨很明显,反对"冥豫"。

总括豫卦,在豫乐这个问题上,它的基本立场是反对两种豫:一种是导致丧志的谄豫、耽豫、冥豫,另一种是个人享受的鸣豫。它主张的:一是以礼为灵魂的礼豫,二是大家一起快乐的众豫。这种基本立场,在今天仍然有着积极的意义。

十七、随卦:天下随时

随,在我们生活中,用的频率极高。即算不是每天都说到这个词,但每天的行动都会用到这个词的词义。每天起床,去洗漱间,不会弄错地方的,因为已经知道了,随习惯;刚上大学,不知道图书馆在哪里,不要紧,随人去就是。随的行动是这样平易,然而,随的含义却非常深刻。《周易》中有个随卦,值得我们认真研读。

随卦下卦为震,上卦为兑。震是雷,卦德为动,兑为泽,卦德为说(悦)。动而悦,悦而动,是随的基本品格,随是讲行动的,而行动又是会带来愉悦的。那么,谁随谁呢? 按卦象,震为雷,兑为泽,是泽随雷动;又,雷为长男,兑为少女,是少女随长男。

随卦《卦辞》云:

随,元亨,利贞,无咎。

《卦辞》一堆好话,关键词是"贞"。贞为正,它的意思是,随不是随便,它是有原则立场的,这立场就是"贞"

随卦的《彖传》对随卦的卦义做了深入的阐述:

彖曰:随,刚来而下柔,动而说,随。大亨,贞无咎。而天下随时。随时之义大矣哉!

《彖传》讲了三点:

第一,"刚来而下柔",是指乾之上爻下来进入坤卦,替换坤的初爻,从而将坤卦转化为震卦。这话启示我们:刚可以化柔。刚化为柔,不是刚弱了,而是刚更强了。俗话说:"百炼钢化为绕指柔"。它启示我们什么叫做强。强不是一味地刚,而是能柔之刚,或者说能刚之柔。这种强为韧,是刚柔相济的产物。刚柔相济是《周易》的审美理想。后来,成为中华民族的传统文化的重要组成部分。

第二,"动而说"。从卦象,它是指震与兑的关系,震为动,兑为说,即悦。如果将两者联系起来,它似是在强调行动的力量,兑本是语言,指言之悦,而《象传》说"动而说",认为行动更为可贵。事实上也正是如此,一打冠冕堂皇的誓言,不如一个切实的行动。"动而说",只要行动,就有可能成功,就能获得快乐。随,也是行动。

第三,"天下随时"是随卦的主旨。"时"是《周易》中的核心概念之一。李光地的《周易折中》中谈到"时",说:"消息盈虚之谓时,泰、否、剥、复之类是也。又有指事言者,讼、师、噬嗑之类是也,又有以理言者,履、谦、咸、恒之类是也。又有以象言者,井、鼎之类是也。四者皆谓之时。"这里说的消息盈虚、事、理、象,可以概括成客观条件和客观规律。"随"也宜做更宽泛的理解,它不只是跟随,更是依照、遵循。所以,"随时"也可以理解成"依时"、"遵时"。这样,"随时"就成为一个深刻的哲学命题。

随卦的六爻,说了许多随的原则,最高的原则是"随时","时",虽然含义丰富,但从宏观上说,它指天或天道,"随时",就是"随天",或者说"顺天";从微观上讲,它是指时候、时机、时势。"随时",强调趁机而动,依势而动。《象传》说"随时之义大矣哉",诚然!

随卦的《象传》则另有一番见地:

　　象曰:泽中有雷,随;君子以向晦入宴息。

《象传》将随卦的卦象理解成"泽中有雷",这也是耐人寻味的。泽是兑卦的卦象,雷是震卦的卦象。当大泽为惊雷震动之时,意味着春天来到了。春到大泽,可以想见,那是一个怎样繁荣兴旺的景象。而君子的"向晦入宴息",也可以理解成作息有时。作息有时,可以引申为按规律办事,依正道做人。

下面,我们看随卦的六爻:

　　初九,官有渝,贞吉,出门交有功。

初九阳在阳位,得正。它是震卦唯一的阳爻,是震之主,主动。震长男,长男主器,就是说,它是管事的。又,《说卦传》说"帝出于震",震与帝关系密切,因此,震有"官"之象。"渝",变化。官动而有变,吉凶难辨,唯有守正才能得吉,故"贞吉"。《象传》也说:"官有渝,从正吉也。"

出门,当然是出去办事。按《周易》互卦的理论,二、三、四爻互为艮卦,艮有门阙之象,故这里有"出门"之义。"出门交"的"交",是交往,交际。为何"出门交"有功呢?朱熹的解释是"出门以交,不私其随,则有功也"。朱熹突出"出门交"的无私性,意味着在门内交有亲昵性。这一点,早于朱熹的程颐也看到了。《周易程传》中很详细地说明了两种交的不同:

> 出门交有功。人心所从,多所亲爱者也,常人之情,爱之则见其是,恶之则见其非,故妻孥之言,虽失而多从;所憎之言,虽善为恶也。苟以亲爱而随之,则是私情所与,岂合正理?故出门而交则有功也。出门,谓非私昵,交不以私,故其随当而有功。

说得太好了!这让我们联想到同人卦讲的"同人于门,无咎"。"同人于宗,吝。"不论是同人,还是随人,门内,多为私情;出门,则多为公利。

随卦在这里亮出随的第一条原则:随人以公!

六二,系小子,失丈夫。

六二,阴爻居阴位,得正,又系中位,这是一个好位置。然而六二的随,还是需要有所考虑的,因为六二有两个选择:一是随于初九,二是随于九五。随初九,不正;从九正,为正。初九是小子,离六二很近,九五是丈夫,离六二较远。如果六二随了初九,就是"系小子",那么,它就失去了九五这个"丈夫"。

爻辞没有作出吉凶的判断,因为它存在或然性。爻辞将两者做个比较,主要起提醒、警戒的作用。

这爻提出随的第二条原则:随人以正。

六三,系丈夫,失小子,随有求得,利居贞。

"系丈夫",系的是九四,九四为阳爻,可以称为"丈夫"。六三对九四有承之功,是可以系九四的。"失小子",指与初九的关系。六三与初九同在震卦内,一为震之初爻,一为震之上爻,它们有同体的关系。六三与这两阳爻都存在随的可能性,要选择,自然宜选九四。"随有求得",意思是讲,六三随了九四,有求必得。之所以用"求",是因为"人之随于上,而上与之,是得所求也"[1]。虽

---

[1]　程颐:《周易程传》。

然如此,还是宜自处于正,即"居贞"。

此爻讲随,意义同于六二爻,只不过是换种说法,一是"系小子",一是"系丈夫"。两者的结论是一致的:随之以正。

九四,随有获,贞凶。有孚在道以明,何咎。

四这位置比较重要,它靠近五。朱熹说:"九四以刚居上之下,与五同德,故其占随而有获。然势陵于五,故虽正而凶,唯有孚在道以明,则上安而下从之,可以无咎也。"五位通常视为君位,四则视为宰相位。按照这种理解,这宰相虽然深得同僚的拥护,然功高震主,皇上不一定放心,这就存在凶险。平庸之才,自然让君放心,然于国于君于民均无益处,甚至还有害处,君子诚然不为也。卓异之才如果处于高位且有大量的人跟随,君必然视为一种危险,杀身之祸随时可以到来。君子又该如何办呢? 随卦提出"有孚在道以明",首先是"有孚",孚为诚信,对君王坦诚相见,不藏不掖。其次是"在道",在道,就是办事公正,合理合法,不谋私利。最后是"以明",以明就是光明正大,信息公开,接受社会的监督。有了这三条,还有什么咎害吗? 当然没有了。

这爻讲随,提出随的另外三个原则:随之以孚,随之以道,随之以明。其中最为重要的是随之以孚。

随卦六爻中,这一爻最为重要。试稍许检阅中外政治史,大凡臣弑君、君屠臣这样的惨事,除了极个别蓄意者或别有用心者外,均系在"有孚"、"在道"、"以明"三点上做得有所欠缺。君臣关系的处理当然已成历史,但上下级的关系在相当程度上类似于君臣关系,因此,这一爻仍然具有重要的现实意义。请记住"有孚在道以明",这是处理上下级关系的法宝。

《象传》阐释此爻很是到位:"'随有获',其义凶也。有孚在道,明功也。"

九五,孚于嘉,吉。

"嘉",美也,善也。孚于嘉,意味着真诚地信奉美和善这样自然大吉。九五阳刚中正,下应六二,又有六四相承,完美无缺。

这爻讲随,实际上是将上爻讲的随之以孚,随之在道,随之以明,提升到嘉的高度。也就是说,它提出随的一个总原则:随之以嘉。

上六,拘系之,乃从维之,王用亨于西山。

上六以柔顺居随的极端,这随就有些不牢固了,需要将它牢牢地拘系住,并用绳子将它绑起来。何以会有这种情况? 上处于事物发展的顶点,向对立面转化的可能性增大了。为防转化,需要适当加固这随。"王",指周文王,周武王是周的开国之君,周文王应是太上皇。"用亨"指祭祀。周文王在西山即岐山祭祀神灵,他希望得到神灵佑助。

这爻讲随,主要是在说固随。固随,一是靠人力,二是靠神灵。

人生在世,其实只是在做一件事,这事就是随,懂得了随,就懂得了做人,真个是"随时之义大矣哉"!

十八、蛊卦:惩弊治乱

蛊卦有些特别,初读甚至感到不可理解,继读感到惊讶,三读佩服之至,且感慨万千。此卦何以有如此之魅力? 我们且来细细品读此卦。

何谓蛊? 蛊,按字,是虫在器皿义,器皿遭虫咬蛀,当然就坏了。蛊,亦解释为事,不过不是一般的事。《周易程传》说:"蛊非训事,蛊乃有事也。"有事,就是出事,出事当然不是出好事,而是出坏事,也就是弊、乱。按卦象来看,蛊巽下,艮上,巽为风,艮为山。风在山下,遇山而回,旋风骤起,裹扫大地,大地原有的状态全打乱了,此为蛊象。

《左传》有句:"风落山,女惑男。"这是说,蛊卦下卦为巽,巽为长女,上卦为艮,艮为少男。长女惑少男,这事情不正常,故说是蛊。从卦义来看,它谈的不是自然界的治乱,而是社会上的治乱。

蛊卦《卦辞》云:

蛊,元亨,利涉大川。先甲三日,后甲三日。

"元亨",确定治乱的前景是光明的。"利涉大川",一是说明治弊需要付出很大的努力,另是说明治弊一定会成功。《周易》谈社会上的各种事情,基本态度均是如此。

"先甲三日,后甲三日。"这一句特别重要。《周易程传》和《周易本义》的解释各有特色,值得我们认真体会。

《周易程传》云:

治蛊之道,当思虑其先后三日,盖推原先后,为救弊可久之道。先甲,谓先于此,究其所以然也。后甲,谓后于此,虑其将然也。

"先甲",就是向上追溯,寻找弊乱的根源,以求从根上彻底铲除弊乱;"后甲",就是向后估计弊乱发展的后果,有足够的警惧,并采取相应的措施,不让弊乱发展。

概括起来,就是"思前虑后"。

《周易本义》云:

> 甲,日之始,事之端也。先甲三日,辛也;后甲三日,丁也。前事过中而将坏,则可自新以为后事之端,而不使至于大坏,后事方始而尚新。然更当致其丁宁之意,以监其前事之失,而不使至于速坏,圣人之戒深也。

中国古代以干支记时间,干有十个,为十天干。先于甲三日为辛日,后于甲三日为丁日,前后各挪三日,则为六日,过了十天干之一半。朱熹强调"过中"的意义,提醒你,事物性质已发生变化了,已成为"事";另,也指出,虽已成事,但也才成事。言下之意就是:只要高度重视,采取有力措施,还来得及。

程颐虑及的是事物的前因后果,眼光向前后两端扫描;朱熹虑及的是事物变化的关键,眼光向事物发展的中部即事物变化的关键部位做精确审视。朱熹的"过中"说,哲理意味很深,其意义并不重在说理,而重在实践。它提醒人们:要注意事物的变化,特别重视"过中",在决定事物走向的关键时刻,采取断然措施,从根本上改变事物的自然走向,让其符合主体的愿望。

蛊卦的《彖传》强调"先甲三日"和"后甲三日","终则有始,天行也。"将治乱看成一种循环,即乱而复治,治而复乱。虽然在哲学上有其一定的意义,但有听其自然的意思,不太符合蛊卦的主旨。倒是《象传》态度比较地积极:"山下有风,蛊。君子以振民育德。""振民",唤起民众,一起来治弊;"育德",认为治弊的关键是人的教育,将培育高尚品德看成首位。振民,有治人的意味;育德,有治己的意味。所以,治弊,不只是治社会,治他人,也包括治自己,这倒是《象传》深刻之处。

蛊卦最有魅力的部分不在以上说的《卦辞》、《彖传》和《象传》,而在六爻所说的具体治弊过程。

> 初六,干父之蛊,有子,考无咎,厉终吉。

"干",治之义。初六首先亮出的是治父亲的蛊乱。这使我们惊讶,为什么要强调蛊是父辈造成的呢?而且,下面一爻说,母亲也有蛊乱。统观六爻,发现整个蛊卦说的是年轻的一辈在整治父辈的弊乱。惊讶之余,我们又不能不承认,社会之能前进,能发展,固然与后辈继承前辈的优秀传统有关,但更多的与后辈整治前辈的弊乱有关。

我们今天用的词是"改革",改革,不就是治蛊吗? 我们之所以会惊讶,是因为我们受儒家的思想影响很深,儒家是不太讲后辈整治前辈的弊端的,它更多地讲后辈继承前辈的传统。《周易》六十四卦中专列蛊卦,说明在《周易》看来,治蛊,而且是后辈治前辈的蛊,是社会发展的正道。从根本上看,这"干父之蛊",其实是对父辈的事业最好的继承。《象传》说得好:"干父之蛊,意承考也。"①

"有子,考无咎,厉终吉。"这话一方面肯定"干父之蛊",认为这是好事,另一方面也透露,"干父之蛊"这过程有风险,但最终为吉。

　　九二,干母之蛊,不可贞。

九二以阳刚与六五相应。在蛊卦的情境下,六五相当于母,九二相当于子。子一方面与母相应,另一方面,要"干母之蛊"。子能"干母之蛊"吗? 爻辞的回答是"不可贞。""贞",有固义,有坚决义,"不可贞",就是说,此事不可以做得过于坚决,过于无情。

程颐说:"夫子之于母,当以柔巽辅导之,使得于义。母不顺而致败蛊,则子之罪也。从容将顺,岂无道乎?"②程颐的意思很明显,要以柔和的态度,帮助母亲回归正道。

朱熹这样说:"子干母蛊而得中之象,以刚承柔而治其坏,故又戒以不可坚贞,言当巽以入之也。"③巽是风,卦德为入,意思是,要采取亲和的态度,将正道之风吹入母亲的心田。

程颐和朱熹都强调要以温和的态度,惩治母亲的弊端。

初六与九二,均是讲整治父辈的弊乱。初六讲的是整治父亲的弊端,九二讲的是整治母亲的弊端,态度俨然不同,整治父亲的弊端,比较地果断,而整治母亲的弊端,则强调和风细雨的态度。这是为什么呢?

这与《周易》整个思想体现出"崇阳恋阴"情结很有关系。《周易》一方面崇阳,六十四卦,将乾卦摆在第一卦,但是,整个《周易》似更看重阴柔。《周

---

① "考",父。"承考",即继承父辈的事业。
② 程颐:《周易程传》。
③ 朱熹:《周易本义》。

易》中,谈柔顺,谈谦和,谈中孚,谈戒惧,谈谨慎,远多于谈进取,谈刚健,谈果决。似乎在理性上,《周易》是崇阳的,而在情感上,《周易》是恋阴的。《周易》的"崇阳恋阴"情结很可能是母系氏族社会的遗风。这种遗风,在中国社会一直顽强地存在着。

九二讲的"干母之蛊",也不必拘泥于母,它的基本含义是以刚治柔。中国的封建社会,常有弱君、昏君出现,而大臣则较为强势。大臣对弱君的帮扶,对昏君的惩弊,类似于"干母之蛊"。对于这种干蛊,特别需要讲究方式。中国封建社会,有"谲谏"一说。"谲谏"是比较温和的。

九三,干父之蛊,小有悔,无大咎。

九三又讲"干父之蛊",由于九三居险位,过刚不中,因而在干父之蛊时,可能有所过头,不过,因为方向是正确的,所以,不会有大的问题。

六四,裕父之蛊,往见吝。

"裕父之蛊",对父亲的弊端采取宽容的态度。显然这是不妥的,事情发展下去,必然会感到后悔。

六五,干父之蛊,用誉。

在蛊卦的情境下,六五的作用,可以作两种不同的理解:其一,将六五看成"干父之蛊"的主体,因为六五处君位,它可以取得很大的成功,并获得很好的声誉。其二,九二是"干父之蛊"的主体,干的就是六五之蛊。它也可以获得很大的成功,并获取很好的声誉。两种说法,也许后一种更为合理。因为六五虽然是阴爻但居君位,相当于父,九二与六五相应,它是臣,相当于子。九二干六五之蛊,就是子干父之蛊。

蛊卦从初爻到五爻,除九二爻外,均是在讲"干父之蛊",它们有些什么不同呢?

初六,强调"干父之蛊的"正当性。认为这不是犯上,而是真正的"承考"。九三,强调干父之蛊的艰难性。认为它会有冲突,会带来一些损失,会让人感到遗憾,但最终会获吉。六四,从反面批评"裕父之蛊",这是强调干父之蛊的必要性。六五,强调"干父之蛊"的荣誉性,这是对"干父之蛊"意义的进一步肯定。

上九,不事王侯,高尚其事。

这爻在说,社会上有一些人,他们对王侯采取不合作的态度。对于这种行为,蛊卦的态度不太明朗。"高尚其事",从字面上来看,似是不事王侯者的自我评价。实际上,蛊卦是不赞成这种态度的,它主张"干蛊",积极地批评社会上的弊乱,而不是对社会的弊乱不闻不问。

蛊卦表现出强烈的社会责任感。这种责任感又突出表现对社会的批判意识。干蛊与革命不一样,革命是对社会做全局性的变革,治蛊只是对社会的局部做一些改造。治蛊可以是革命的前奏,也可以是革命的消解。如果治蛊成功了,一个个局部调整好了,全局就不需要变动了,这样,社会就少了因革命而带来的损失。革命诚然是伟大的,但革命是需要付出重大代价的,革命,只有在治蛊无法解决社会根本矛盾时才进行,不是万不得已是不需要革命的。经常性的社会调节,不是革命,而是干蛊,用今天的话来说,就是改革。就这个意义来看,治蛊的意义也非同小可。

十九、临卦:君临天下

临卦紧随蛊卦之后,《周易程传》说:"有事而后可大,故受之以临,临者,大也,蛊者,事也。"这话的意思是:国家有事,有弊乱,就要整治。整治过后,国家强大,君王不能掉以轻心,要亲往临察。临卦讲的是君王临察天下的事。

临卦,下为兑,上为坤,为泽上有地之象。泽上之地是岸,岸与水相接,故而为"临"。

临卦的《卦辞》云:

　　临,元亨,利贞。至于八月有凶。

临卦,总的来说,是大吉的,但也要守正。"至于八月而凶",则暗藏杀机。这是什么意思? 朱熹说,八月的卦为复卦至遁卦。复卦,一阳五阴,遁卦,二阴四阳。这个过程,表现为阳消阴长[1]。《周易程传》将"阴"视为"小"人,将"阳"视为"君子",说:"方君子道长之时,圣人为之戒,使知极则有凶之理,而虞备之,常不至于满极,则无凶也。"他们的意思:要当心小人。现在的趋势是

----

① 朱熹《周易本义》云:"临,进而凌逼于物也,二阳浸长以逼于阴,故为临。十二月之卦也。……然至于八月,当有凶也。八月,谓自复卦一阳之月,至于遁卦二阴之月,阴长阳遁之时也。或曰,八月,谓夏正八月,于卦为观,亦临之反对也。又因占而戒之。"

小人得志,有点动作,等到小人势力大了就难办了。

《彖传》云:

> 临,刚浸而长,说而顺,刚中而应。大亨以正,天之道也。至于八月有凶,消不久也。

"刚浸而长",指二阳爻自下而上,阳气上升。"说而顺","说"是指兑,"顺"指坤,意思是,兑与坤是亲密的。"刚中而应",指初九、九二均上有应。"大亨以正,天之道也",强调守正,守的是天道。"至于八月有凶,消不久也",是讲阴阳消长,君子当有所戒。

《象传》说:

> 泽上有地,临。君子以教思无穷,容保民无疆。

"泽上有地"释临的卦象,《象传》的落脚点是"教思无穷,容保民无疆"。"教思",教且思,包含有教育与思考两个意义,教育是针对百姓的,教的是百姓;思,是针对自己的,思是自己。这样,临察者就有教人与自教两种职能,这是深刻的。实际上,在临察的过程中,不只是百姓获得教育,临察者也受到启发。"教思"这一概念,在中国文化中出现得极少,儒家讲教化,全是针对教育对象而言的,教育者的自我教育,谈得极少,也没有相应的概念与命题。《象传》"教思"概念的提出,难能可贵。

"保民"指保护百姓。朱熹说:"教之无穷者,兑也;容之无疆者,坤也。"[1]兑有说的意义,故可以理解成"教思";坤有载物的意义,故可理解成"保民"。

《彖传》和《象传》将临的意义基本上讲清楚了,临卦的六爻主要讲如何临。

> 初九,咸临,贞吉。

初九,上应六四,又得位,是吉的。就临的情境来说,它强调的是"咸临"。"咸",感的意思,亲身临察。临难道还有亲身临非亲身临的区别吗?当然是有的。光听汇报,不直接接触百姓,就不是咸临。"贞吉","贞固守之则吉"[2],强调"咸临"需要坚守。

---

[1] 朱熹:《周易本义》。

[2] 关于"贞吉",《周易程传》说:"凡言贞吉,有既正且吉者,有得正则吉者,有贞固守之则吉者,各随其事也。"

九二，咸临，吉，无不利。

在《周易》中只有极个别的卦，两爻讲的基本上是一个意思。临卦的初九、九二就是其中之一。与初九相比，九二更加强调"咸临"，突出"咸临吉"，而且加上"无不利"。从卦体来说，九二上应六五，其作用远胜于初九应于六四。此卦中，六五是主卦之主，九二是成卦之主。两个卦主相互呼应了，力量当然强了。

九二的《象传》说："咸临，吉，无不利。未顺命也。"朱熹注释说："未详。"《周易程传》却有大段的解释，说"未"是"非遽之辞"，这是用怀疑的语气来表示肯定的意思，"未顺命也"就是"顺命"。笔者觉得，也许"未"是衍文，古人抄书时多抄了一个字。

六三，甘临，无攸利。既忧之，无咎。

六三是下卦兑卦的上爻，因兑有会说话的意思，因此，它可以理解成"以甘说临人之象"[①]。由于六三阴居阳位，不正，这种"甘说"是没有效果的，所以说"无攸利"。不过，如果能"忧"而改之，则可以"无咎"。

六四，至临，无咎。

六四，阴在阴位，得位，为正。它的临是"至临"，何谓"至临"？《周易程传》说："居上之下，与下体相比，是切临于下，临之至也。"《周易本义》说是"相临之至"，意思差不多。六四下与初九相应。按《周易》爻位的理论，四为诸侯位或大臣位，它下与初九相应，上与五位——君位切近，这种既有相应，又有切近的临，称之为"至临"。

《象传》解释此爻，说"至临，无咎，位当也"。值得琢磨的是，位置这样好，为何不是大吉，而只是"无咎"？程颐和朱熹均没有说，在笔者看来，可能跟它与君位的关系不十分理想有关。六四是阴爻，六五也是阴爻，同类相比，不能互补，此种关系并不好。如果五位由阳爻居之则理想了。至临虽好，但有不足，虽名之为"至"，不是理想的临。

六五，知临，大君之宜，吉。

"知"，智慧的意思。五为君位，理想的安排，因是阳爻居之，现为阴爻居之，不得位。不过，五为中位，即使阴爻居之，一般情况下也无咎。在临卦的情

---

① 朱熹：《周易本义》。

境下,六五下有九二相应,说明六五虽本身柔弱,但能知人善任,有优秀的大臣辅佐,不失为"知"(智),其临为"知临"。

《象传》说:"大君之宜,行中之谓也。"强调六五居中位的重要价值。《周易程传》阐释《象传》,云:"君臣道合,盖以气类相求,五有中德,故能倚任刚中之贤,得大君之宜,成知临之功,盖由行其中德也。"这个阐释是非常到位的。

上六,敦临,吉,无咎。

上六,阴居阴位,是得位的。"敦",厚也,这是坤的品格。上六居上,可谓顺之至。作为阴,它只能与阳相应,然而与它相对应的三,亦为阴,二者不应。它只能去求助于初九、九二。以上位即尊位下而求卑,这态度是谦虚的,故而说是"敦临"。临卦肯定"敦临",认为"吉","无咎"。

考察临卦六爻,我们可以作这样的归纳:

临卦充分肯定的是三种临:"咸临"、"知临"、"敦临"。"咸临"是用身体去临,强调深入实际;"知临"是用智慧去临,强调知人善任;"敦临",是用道德去临,强调虚心向下。

基本肯定,但有所保留的是两种临:"甘临"、"至临"。这两种临,临卦只说"无咎",不说大吉。这是因为这两种临是有缺点的。"甘临",甜言蜜语,固然让人喜欢,但也可能让人怀疑不够真诚;"至临",同气相求,同声相应,的确见出临的亲密,但过昵易生嫌隙。

临卦、同人卦都有推崇和谐的意义,但两卦的角度有些不同,同人重在同,不强调人与人之间身份的差异;临,则有以上临下的意味,侧重于说上级如何去接近下级,了解下级,任用下级。同人卦是团结的哲学,而临卦则属于领导的艺术。

二十、观卦:观民设教

临卦之后为观卦,临强调的是临察,观是临的具体表现,强调的是观看。观卦下卦为坤,上卦为巽,为风行地上之象。风行地上,触及万物,暗喻周观天下之意。

观卦《卦辞》云：

观，盥而不荐，有孚颙若。

"荐"是古代的祭礼，"盥"是祭礼前洁手。古时祭礼极为讲究，祭祀的酒食需要毕恭毕敬地端着，小心地放在祭台上的。因此，洁手、沐浴、更衣，是不可缺少的环节。

祭祀前洁手，是祭祀前重要的心理准备。那是严肃的，恭敬的，甚至是有些紧张的，但根本的是诚信——"有孚颙若"。要想到，真有神灵在接受你的祭祀，如孔子说的："祭神在，祭神如神在。"

观卦不是说"观"吗？然《卦辞》没有提到观。其实，这里已有"观"——祭礼之观。具体来说，是两种观："荐"和"盥"，最重要的是"盥"。盥为何更重要？因为盥有着祭祀最重要的心理条件——"孚"，诚信，对神的诚信。观当然要观场面，但最重要的是观人心。人心是不是孚，这是观能否达到预想目的的根本所在。

观卦《彖传》云：

彖曰：大观在上，顺而巽，中正以观天下。观，盥而不荐，有孚颙若。下观而化也。观天之神道，而四时不忒，圣人以神道设教，而天下服矣。

观卦体现出来的是对祭祀的重视。祭祀不是祭天帝就是祭祖宗。天帝、祖宗都是神。在古代，神灵是人们重要的精神支柱。祭祀非常重要，具体来说，其重要性有二：一是"观天之神道，而四时不忒。"神道掌管天道，获得神灵的欢心，就四时不忒，风调雨顺了。二是"圣人以神道设教，而天下服矣。"通过祭神的形式求得神谕，然后将神谕拿来教导百姓，因为神具有最高的权威性，因此老百姓都信，"天下服矣"。这就是"神道设教"。

《象传》说：

风行地上，观。先王以省方观民设教。

"风行地上"是观卦的卦象。风行是环状的，上下左右，均可以，用它来说明观，这观就是周观、遍观、圆观。事实上，观卦包含的观也具有多样性。就观的方式来看，有仰观，也有俯观。就观的内容来看，更是丰富：既观天道，又观人道；既观物，又观人；既观民俗，又观国光；既观对方，又观自身……

"先王省方观民设教"列举了先王的三件大事："省方"，巡省全国各地；

"观民",观察民情、民俗、民风;"设教",设立各种教育手段教化天下。"观"虽然只是三件大事之一,而究其实,其他两件大事也离不开观。观卦确定"观"的主体是君,以先王的"观"为榜样。通过六爻具体地描述如何观:

初六,童观,小人无咎,君子吝。

初六是观之始,设为儿童的观看。儿童知识甚少,看到的只是物之象,而看不到物之理。这种观当然是不够的。童观可引申为"小人"之观,小人之观,因是小人,可以谅解,也无咎害。

"童观"可以理解成浅观——表面之观。

六二,窥观,利女贞。

"窥",从缝隙中观,这种观是片面的,不全面。对于女子来说,这种观可以理解,因为女子的活动范围受到限制。女子这样观了,即使不全面,看法有偏颇,只要守正就可以了。这里,同样表现出对观的一种宽容。

六三,观我生,进退。

六三,阴居阳位,不得位。但它与上九相应,也还不错。此爻设定的爻辞是"观我生",即观察自己。一般来说,观指观别人,很少说是观自己。能将"观我生"摆在重要地位,说明《周易》已将自我修养摆在至高的地位了。孔子说:"吾日三省吾身。"这"省吾身"就是"观我生"。

"观自生",至少包含这样一些内容:一是省察自己的言行举止合不合道,得不得体? 二是将自己假设成他人,设身处地去理解他人行为和心态。三是根据自身的条件与现状,又考虑客观的条件与现状,调整自己行为,以求更好地生存与发展。

"观自生"的过程中,有自我赞扬、自我肯定,也有自我批评、自我否定。最重要的是自我批评、自我否定。自我批评和自我否定的准确程度、深刻程度如何,在相对程度上关系到反观的质量和效果。

"观我生"的效果如何? 从爻辞的"进退"就知道了。"进退"包括知进退和实际上的进退。当进则进,当退则退,进退恰到好处。达此境地,那就是自由了。还有什么比进退裕如更让人幸福的呢?

六四,观国之光,利用宾于王。

"国之光",国家的辉煌。这在古代是非常看重的,观国之光,这是一种很高的礼遇。《周易程传》云:"既观见国之盛德光华,古人所谓非常之遇也。"春秋时期,吴国公子季札出使鲁国,鲁国在当时是著名的礼仪之邦,鲁国国君特意让他观礼。那个排场,那个气派,直叫季札惊叹不已,赞不绝口。

《象传》云:"观国之光,尚宾也。"这的确见出中国好客的传统,但这只是一方面,"观国之光"还有教化的意义。它不只是在扬国威,还是在宣教化。

九五,观我生,君子无咎。

"观我生",观察自己,具体到这一爻,是指君主观察自己。六三爻有"观我生"语,那是对君子说的,现在不仅要求君子"观我生",还要求人君"观我生",这就非常之难。虽然极难,也极重要,因为人君居权力之极,其行为关系国家的安危兴衰和天下人的生死祸福。

《周易》产生的时候,中国的封建制度还没有建立,君主虽然位高权重,与百姓还是有很多的直接联系,也比较关心民生。这种原始民主风气,可上溯至尧舜禹时代乃至炎帝黄帝时代。由古圣创造的这种原始民主精神,虽然自中国封建社会制度确定之后,保存得很少了,但是进步的知识分子仍然用古圣遗泽来教育帝王。通观二十四史,帝王"观我生"的故事虽然不很多,但还是有的。唐太宗接受魏征的教育,做过一些自我批评,就是一例。

《象传》释九五爻,说:"观我生,观民也。"一语中的,深刻揭示了君王"观我生"的重要价值和意义。这包含两个方面的意思:其一,通过"观民"来"观我生"。作为君王,这天下管理得怎么样,是不是一个好君王,不要问大臣,去观察民情就知道了。百姓生活得好,说明我做得不错,百姓生活很差,那说明我做得很差。其二,通过"观我生"来"观民"。老百姓生活得怎么样,君王一般是不知道的,但可以将自己设置于百姓的境地,去猜度百姓的生活状况。比如,盛夏,以己之热,猜度百姓之热;严寒,以己之寒,猜度百姓之寒。

上九,观其生,志未平也。

上九以阳刚居上,不得位。虽不得位,但它下与六二相应,故没有大问题,至少无咎。按《周易》的爻位理论,上位为尊位,有人将它看成是太上皇的位置。处这样的尊位,按观卦的观点,仍要观,观什么? ——"观其生。""观其生"主要是省察自己一生,看看哪些地方做得好,哪些地方做得不好。上九位作为太上皇的位子,虽尊而无权,省察出了自己过失,也无法再在实践中改正,所以"志未平也"。

　　观卦是一个非常好的卦,它将"观"的道理阐述得极为充分、透彻。它的"观我生"、"观其生"尤其深刻,非常值得今天学习。

　　第一,不管是"观我生"还是"观其生",都将"生"作为观的重点。"生",生存、生活。对于社会来说,还有比人的生存、生活更重要的吗? 当然没有。观生的最大目的是什么? 是治国。治国以民为本,民以生为本。知民生,念民生,必须先观民生。

　　第二,不管"观我生",还是"观其生"都要将他人的生存与自我的生存联系起来,既推己及人,又推人及己。做一个有公心的人,有爱心的人,以整个社会的进步为己任,以天下百姓的幸福为己任。

　　第三,不管是"观我生"还是"观其生",都要立足于向前看,要将对历史的回顾、现实的审察及未来的展望结合起来。须知,"观"不是目的,观只是手段。观察过去,是为了更好地开创未来。最让我们振奋的,不是已经创造出来的种种壮观,而是尚蕴藏在我们心中有待实现的无限美好的奇观。

二十一、噬嗑卦:明罚敕法

　　噬嗑卦的卦形有些特别,它下为震卦,上为离卦。初爻与上爻均为阳爻,像人的两片嘴唇,连着初爻和上爻的各是两阴爻,就像嘴中的上下牙齿。按说,这嘴是可以合起来的,然而它没有合起来,原因是居于中间位置的九四爻是阳爻,好像嘴中夹了一块东西。"嗑"字义为合,"噬"字义为噬,即咬。上下齿咬住一个东西,嘴自然合不起来。

　　联系生活实际,我们发现,两人或两种力量,凡和合不起来,总存在有障碍:或是实际利益上的障碍,或是心理上的障碍。这障碍,可以说是"间",只有去间才能得合。《周易程传》说:

　　　　凡天下至于一国一家,至于万事,所以不和合者,皆由有间也。无间则合矣。以至天地之生、万物之成,皆合而后能遂,凡未合者,皆有间也。若君臣、父子、亲戚、朋友之间有离贰怨隙者,盖谗邪间于其间也,除去之则和合矣,故间隔者,天下之大害也!

　　噬嗑这个卦就是讲去"间"求合的。从这个卦的规定情景,这去间求合,采取的手段主要是刑罚。噬嗑卦的《卦辞》曰:

　　　　噬嗑,亨,利用狱。

　　"亨",肯定占上这个卦是亨通的,吉利的。然为何"利用狱"呢? 上面我们提到,要求得和合,必须去"间","间"的去除,最重要的方法是"利用狱"。在中国古代,"狱"的含义不只是牢房,还包括审判和刑罚。审判的好处是分清是非、善恶,于理上明白"间"在哪里。刑罚的好处是,通过惩罚的手段,强行去除阻碍和合的力量。

　　噬嗑卦中有离卦,离是光明,它就含有分清是非、善恶义。另,噬嗑卦中有震卦,震是雷,就含有动刑义。

　　根据卦辞的分析,我们明白了,噬嗑卦是一个讲"用狱"的卦。

　　噬嗑卦的《彖传》和《象传》将这个意思说得很透彻:

　　　　彖曰:颐中有物,曰噬嗑,噬嗑而亨。刚柔分,动而明,雷电合而章。柔得中而上行,虽不当位,利用狱也。

　　　　象曰:雷电,噬嗑。先王以明罚敕法。

　　所谓"刚柔分",是说噬嗑卦中阳爻与阴爻的区分很清楚,构成一种交互相间的关系。"动而明,雷电合而章",是说噬嗑卦的象。噬嗑卦由震与离两个经卦构成。"雷",震之象;"电",离之象。两者相合,既威力显赫,又善恶分明,构成一幅让人骇惊的图象,它显示的就是"利用狱"的威力。

　　《象传》说的"先王",在噬嗑卦中是由"六五"来体现的。六五居尊位,它是噬嗑的主体,是卦主,这"利用狱","明罚敕法",均是它的大手笔。

　　下面我们来看噬嗑卦的六爻:

　　　　初九,屦校灭趾,无咎。

　　"校",指木枷,"趾",是脚趾。这初九犯了罪,被戴上木枷,脚趾头也被磨伤了。刑法不算重,因为初九乃小人之象,小人犯罪,又系初犯,只是小惩,对于小人来说,应是"无咎"。

　　《系辞下传》谈到噬嗑卦,云:"子曰:'小人不耻不仁,不畏不义。不见利不劝,不威不惩,小惩而大诫,此小人之福也。'易曰'屦校灭趾',无咎,此之谓也。"《系辞下传》将小人受到"屦校灭趾"的惩罚看做"小人之福",强调它只是小惩。

《象传》说:"屦校灭趾,不行也。""不行",禁止其行,意思是阻止他继续作恶。

此爻主旨是小惩大诫。

六二,噬肤灭鼻,无咎。

六二是用刑者,它用的刑法主要是打板子,将罪犯打个皮开肉绽,体无完肤。也许还不只是打板子,还有掌嘴,打得重了,将鼻子都打掉了。这种刑法,在古人看来,还不算重的,故说"无咎"。

六二,上应九五,又中又正,是用刑之人。初九与九四不应,又遭六二之乘,比较地倒霉,是受刑之人。六二阴柔,初九阳刚。在这个卦中,是阴柔的六二将刑法用之于阳刚的初九。对此,程颐有个很有意思的说法:"刑刚强之人,必须深痛,故至灭鼻而无咎也。"①意思是,对于刚强的人,用刑要重一些,打掉个把鼻子,算不了什么!

六三,噬腊肉遇毒②,小吝,无咎。

这爻说,用刑遇到阻力,其状况好比啮一块坚硬的腊肉,还中了毒。为什么会有这种情况?《象传》说:"遇毒,位不当也。"六三,以阴居阳,处位不当,受刑者不服。由他来用刑,六三在用刑过程中自身受到伤害。虽然如此,因六三上应上九,总的形势仍然是有利的,所以只是"小吝",而无咎害。

这爻似是说,"明罚敕法"不会一帆风顺,自身的正与不正很重要。

九四,噬干肺,得金矢③,利艰贞,吉。

"噬干肺",这也是取喻,说明"明罚敕法"的艰难。肺是带骨之肉,与坚硬的腊肉一样,都是难啃的,这也用来比喻行刑遇到了阻力。但是,在九四的情境下,啃乾肺,不仅没有遇毒,反而得到了一枝"金矢"。金矢显然是打猎的人留下来的。吃肉的人,得到一枝金矢,这是意外之得。它似是在说,这个过程

---

① 程颐:《周易程传》,又《象传》云:"噬肤灭鼻,乘刚也。"说明六二与初九存在着乘的冲突关系,是六二乘初九的,故施动者为六二,受动者为初九。

② 程颐说:"三居下之上,用刑者也。六居三,处不当位,自处不得其当而刑于人,则人不服,而怨怼悖犯之,如噬啮干腊坚韧之物,而遇毒恶之味,反伤于口也。"(《周易程传》)

③ 《周易本义》解释"得金矢",引《周礼》:"狱讼,入钧金束矢而后听之。"然后说:"言所噬愈坚,而得听讼之宜也。"此种解释,存疑,因为《周礼》所说也许正是从噬嗑卦此爻而来。《周易程传》说:"噬至坚而得金矢,金取刚,矢取直,九四阳德刚直,为得刚直之道,虽用刚直之道,利在克艰其事,而贞固其守,则吉也。"

虽是艰难的,但只要贞固守正,就会有收获,就会获吉。九四下应初六,没有理由不吉。它之艰辛,可能是上有六五乘它之故。

这爻同样在说"明罚敕法"的艰难,但它更多地在说艰难中会有收获,而且可能是意外的收获。

六五,噬干肉,得黄金,贞厉,无咎。

六五也用啃肉为喻,这回啃的是"干肉",干肉与腊肉的区别,在于腊肉是用火薰烤过的,它们都难啃。这次啃干肉,收获更多,得到"黄金"。"黄",中色,"金",刚物。六五虽为阴柔,但居中位。它之所以能得到"黄金",很可能是因为得到了上九的帮助。六五与上九的关系不错,六五上承上九。朱熹说:"六五柔顺而中,以居尊位,用刑于人,人无不服,故有此象。然必贞厉,乃得无咎。亦戒占者之辞也。"①六五用刑于人,人无不服,这是因为它居尊位,但是它不正,且下无应,因而也是艰难的,只是无咎。

在噬嗑卦中,六五的情况与六三有些类似,情况都很复杂,斗争也很激烈。只是六三在艰难中遇毒,而六五在艰难中得黄金。

这爻同样是在讲"明罚敕法"的艰难,但更强调艰难中会大有所得。

自六三爻到六五爻,一连三爻均在讲用刑者,都在用类似的比喻——啃肉,其意都在说明:其一,"明罚敕法"是艰难的,进展不会顺利;其二,"明罚敕法"中,会有超出"明罚"本身的意外之得;其三,"明罚敕法"一定要贞固守正。

上九,何校灭耳,凶。

"何校灭耳",荷着一面重重的枷,耳朵也磨掉了。危险啊!

物极必反是《周易》中一条重要的规律,乾卦中上九爻爻辞中就明确说:"亢龙有悔。"噬嗑卦中,这上九爻同样存在着过头的问题。《象传》释此爻"何校灭耳,聪不明也。""聪",很可能是指这上九爻凭着高位,自以为是,专断独行;"不明",是说它实际上并不了解真实的情况,处理问题并不明智。

如果上九能多听听别人的意见,能有所收敛,也许不会到何校灭耳的地步,现在后悔也来不及了。

噬嗑卦中,两个受刑者,一为初九,另为上九。初九是初犯,又系小人,从轻处治,立足改正,小惩而大戒;上九,尊荣至极,偏执不聪,累犯刑律,则从重

① 朱熹:《周易本义》。

惩处,以警世人。

由于年代久远,我们对远古刑法了解极少。噬嗑卦虽然是只是一个卦,却透显出远古刑法的许多重要信息,其中有不少好的观念仍值我们当今吸取。噬嗑卦主题讲"用狱",对今天来说,最有启发的主要是三点:其一,"用狱"不是目的,目的是去间,去间是为了达成和合,没有比国家的和合、民族的和合、人民的和合更可贵的了。其二,"用狱"贵在明理,是非要分明,量刑要得当,初犯从轻,重罪不饶。其三,"用狱"有困难,有反复,但只要艰贞守正,定有收获。

二十二、贲卦:文明以止

贲卦是一个讲修饰的卦,在《周易》的卦中,比较地切近于美学,也比较地切近于艺术。但是,它的立意却完全是道德上的。

贲卦下卦为离,上卦为艮。离为太阳,也为火。贲之象,一是阳光将山下照亮,二是山下有火。第一种形象,它所出现的美丽是自然的;第二种形象,它的出现的美丽是人工的。

贲,本义为饰。贲卦的《卦辞》曰:

　　贲,亨,小利有攸往。

《卦辞》明确肯定饰是"亨"的。饰这个概念出现较晚,最早的饰是用"文"这一概念来表述的。"文"这一概念最早来自太阳,是太阳的神秘、美丽,特别是它的极其伟大功能,让远古人类产生赞美它的情感。这种赞美,用"文"、"明"、"文明"等概念来表达。"文",侧重于太阳的色彩,"明",则指太阳的光亮;"文明"则是以上两种含义的概括。

由对太阳的歌颂,又移到对火的歌颂。火有自然之火,有人工之火。人工制火在人类进化史上具有极其巨大的意义,被视为文明的开端。在某种意义上,它是人工的太阳。因此,对太阳的赞语也完全移到了火上,所以火也是文、明、文明。

有自然之文,那是太阳;有人工之文,那是火。如果说太阳是自然文明之始,那么火是人类文明之始。"文",由对火的赞美,又用到对人类文明的赞美,先是物质文明,后是精神文明。在精神文明领域,它与审美、与道德的关系最为密切,前者,产生了文学艺术,文学艺术也就称之为"文"。后者产生了教育,教育也称之为"文"。所有这一切,就其作为创造的行动,称之为"文化";就其作为创造的结果,称之为"文明"。

贲卦之义,小而言之为饰:装饰,修饰;大而言之为文:文化,文明。

贲卦的《彖传》对贲卦的意义做了深刻的阐述:

彖曰:贲,亨。柔来而文刚,故亨。分刚上而文柔,故小利有攸往,天文也。文明以止,人文也。观乎天文以察时变,观乎人文以化成天下。

"柔来而文刚"和"刚上而文柔"两句是说:贲卦上卦本为坤卦,下卦本为乾卦。坤卦的上爻下到乾卦来,将乾卦的中爻替换了,这叫做"柔来而文刚"。又,下卦乾卦的中爻上移,顶替了坤卦那空出来的中位,这就叫做"刚上而文柔"。简单地说,就是上坤与下乾的中爻位置互换。这就是贲卦的来历。

坤卦的中爻下移来"文刚",是亨通的。乾卦的中爻上移来"文柔",也是不错的,"小利有攸往"。"小利"的"小"不是大小的小,而是指阴,阴为小,阳为大,意思是这种移动,对阴是有利的,可以前进。

"柔来而文刚","刚上而文柔",坤卦变成了艮卦,乾卦变成了离卦。离为太阳。太阳出现,大地山河,光彩斑斓,一片辉煌。这丽日中天的壮丽景象,就是"天文"。"文明以止,人文也。""天文"是自然之文,人文是人所创造的成果包括物质成果精神成果。人所创造的各种东西达到恰如其分的地步,那就是"文明以止"。

"观乎天文以察时变",须从自然的现象(天文)入手,去认识自然界变化的规律(时变)。"观乎人文以化成天下",强调用人类的所创造的文明成果去教化天下,让整个社会达到文明的境地。这"观乎人文以化成天下"可以说是贲卦的精义所在。

《象传》云:

象曰:山下有火,贲。君子以明庶政,无敢折狱。

《象传》同样也在人文意义上理解贲。"以明庶政",指治民,要廉洁公正;"无敢折狱",指治狱要赏罚得当。如果说《彖传》更多地注重"文明"中的"文"的意义,那么,《象传》更多地注重"文明"中"明"的价值。

从《彖传》《象传》来看,贲卦的贲具有两个方面的含义:一是讲文饰,二是讲文明(修养、教化)。前者侧重于外在,后者侧在于内在;前者侧重于审美,后者侧重于道德;前者着眼于个体,后者着眼于天下(社会)。从这个卦的实际来看,主旨显然在后一方面。但值得我们格外注意的是,贲卦是将外在的修饰与内在的修养结合起来的,而且明确地指出,外在的修饰正是为了内在的修养。

贲卦的六爻具体发挥这个意思:

> 初九,贲其趾,舍车而徒。

作为修饰义,这"贲"从脚趾开始。是不是古时的修饰从脚上开始? 现在不得而知。如果是这样,舍车而徒步,是可以理解的。因为这样可以彰显漂亮的脚。

如果取"贲"的文明义,那么,此爻意味着君子注重修养从自身开始,从下处开始,从行处开始。"舍车而徒",不坐车而徒步。朱熹释此句"刚德明体,自贲于下,为舍非道之车,而安于徒步之象"。这"车"被加进去"非道"的意思了。

初九爻辞未明吉凶,但从初九与六四相应来看,它是吉的,这无疑。

> 六二,贲其须。

"须"是胡须。从本义,是说修饰胡须。胡须是男子仪表风度重要组成部分,胡须对于男人来说的确极为重要。

不过,《周易》的取象大多系为比喻,正如上爻,我们不宜理解成在谈给脚美容一样,此处我们也许不能将"贲其须"理解成修饰胡须,它应也是在谈人的道德修养。谈道德修养为何要从胡须取象? 很难理解。不过,《象传》提供了启示。《象传》云:"贲其须,与上兴也。""上"在这一卦中指九三。"兴"可以理解成兴旺。六二怎么会在九三的带动下向上兴旺呢? 这是因为,六二上承九三,九三下据六二,它们的关系是密切的。

《周易程传》说:"饰于物者,不能大变其质也,因其质而加饰耳,故取须义。须随颐而动者也,动止唯系于所附,犹善恶不由于贲也。二之文明,惟为贲饰。"这就是说,虽然人的外在修饰很重要,但内在的品德修养才是根本的,外在的是依附于内在的,正如胡须依附于人的脸一样。顺着这意思,我们也可以这样理解,正如修饰胡须是为了修饰脸一样,外在的修饰正是为了内在的修养。

九三,贲如濡如,永贞,吉。

九三位处于离卦之极,本来就很鲜明,加上其下的六二、其上的六四均为阴爻,阴阳相间,就更为丰盛,润泽,明艳,可谓"贲如濡如"。尽管如此,九三还是当有所戒的,一是它与二四非正应,二是它与上九也不相应,三是它虽承六四却又乘六二,所以,宜"永贞",永,久也,可见九三当永久地戒骄戒躁。

此爻似是在用贲的修饰义,充分肯定修饰的外在效果,但又提醒不要过分。

六四,贲如皤如,白马翰如,匪寇,婚媾。

六四是阴居阴位,得位。下又与初九相应,因此,其势头犹如烈火烹油,非常地顺。"贲如皤如,白马翰如",是讲一支马队飞快地跑来了,"皤",白,"翰如",快,像飞翰一样。这支队伍不是强盗,是求婚的。这词与屯卦六四爻一样,基本取象也一样。用婚姻取象,隐含贲卦另一重要思想,以和合为美。这似乎与屯卦的六四爻相类似,不过,屯卦的和合,主要是说阴阳和合,贲卦不只在说阴阳和合,还在说外在修饰与内在修养的和合,引申起来,则为质与文的和合,美与善的和合。

六五,贲于丘园,束帛戋戋,吝,终吉。①

"贲于丘园",装饰小丘园林。"丘园"之象从何而来？很可能来自艮。艮为山,丘亦为山。园,是人耕作之地,有地之象,艮亦为地。丘园的意象与六五是相配的,六五阴柔,有地之德。因此,这爻就是讲六五自身修饰的。

"束帛戋戋",可能是指修饰得比较简陋。也就是说,六五爻不太讲究文饰。这种状况,虽然"吝",让人感到有些遗憾,但因为六五是尊位,内质是好的,文饰弱一点,没有太大关系,所以"终吉"。

这爻似是在说,不要过于看重文饰,内容才是最重要的。如果这种理解还能成立,这爻似是对初九、六二、九三、六四等爻强调文饰做适当的修正,或者是说做一个补充说明。

---

① 关于此爻,《周易本义》说:"六五柔中,为贲之主,敦本尚实,得贲之道,故有丘园之象。然阴性吝啬,故有束帛戋戋之象。束帛,薄物;戋戋,浅小之象。人而如此,虽可羞吝,然礼奢宁俭,故得终吉。"

　　　　上九,白贲,无咎①。

　　上九为贲之极,贲之极不再华丽,反归于素白。素白为无饰之饰②。无饰之饰,意味着非人工,为天工,或者虽是人工,却如天工。道家抱朴守素说可以从这找到源头。

　　贲卦内容丰富,至少有三个思想在后世得到充分的发展,成为中华文化的重要传统:

　　一、文明教化说。儒家讲教化,以什么来教? 以人文来教。孔子重文,强调“文”“野”之别。“文”,是文明。没有经过文明教化的人,在孔子看来,与禽兽无异。

　　二、文质彬彬说。这里说的文饰是指形式上的修饰,这一观点也为儒家所继承,儒家的“文”具有多义,除了文明义外,也有文饰义,文饰主要是对形式而言的。孔子说:“言之无文,其行不远。”语言要修饰。君子的仪表、风度也要修饰,孔子说:“文质彬彬,然后君子。”文质说不仅在伦理学中得到发展,在美学中也得到发展,成为中国古典美学的重要思想。中国古典美学看重艺术的内容,同时又看重艺术的形式,主张二者的统一。刘勰说:“圣贤书辞,总称文章,非采何为? 夫水性虚而沦漪结,木体实而花萼振,文附质也。虎豹无文,则鞟同犬羊,犀兕有皮,而色资丹漆,质待文也。”③

　　三、天文、人文说。贲卦提出“天文”“人文”说,对中国后世的美学影响甚大,刘勰在其巨著《文心雕龙》第一章就谈到“天文”与“人文”这两个概念。他认为:“人文之元,肇自太极。幽赞神明,易象惟先。包牺画其始,仲尼翼其终。而乾坤两位,独制文言。言之文也,天地之心哉!”④刘勰是将文章看作“人文”的,这人文从哪里来呢? 也就是说,它的本体在哪里呢? 在“天文”。刘勰这一观点无异于说,自然是文明的源泉,自然美是艺术美的原本。

　　四、无饰之饰说。道家重自然。“自然”就是“朴”、“素”。老子提出“抱朴守素”说,这一学说不仅对中国知识分子的人生观影响极大,对中国古典美

----

　　①　这爻的意义,《周易程传》说:“上九贲之极也,贲饰之极,则失于华伪,惟能质白其贲,则无过饰之咎。”

　　②　朱熹说:“贲极反本。复于无色。”(《周易本义》)

　　③　刘勰:《文心雕龙·情采》。

　　④　刘勰:《文心雕龙·原道》。

学影响也极大。刘勰说:"日月叠璧,以垂丽天之象,山川焕绮,以铺理地之形,此盖道之文也。"①既然如此,"云霞雕色,有逾画工之妙;草木贲华,无待锦匠之奇,夫岂外饰,盖自然耳。"②所以,自然美也被中华民族看成较艺术美更高的美。通常对艺术美的比喻是"巧夺天工"。李贽说:"《拜月》《西厢》化工也,《琵琶》,画工也。夫所谓画工者,以其能夺天地之化工也,而其孰知天地之无工乎?今夫天之所生,地之所长,百卉具在,人见而爱之矣,至觅其工,了不可得,岂其智固不能得之与!"③李贽这里说的"天之所生,地之所长,百卉具在"就是自然界,他认为,不管《拜月》《西厢》所创造的境界如何美,还是美不过自然界。也正因为如此,中国艺术创作,特别强调以自然造化为师,强调巧夺天工。明代计成的《园冶》讲治园,提出"虽由人作,宛若天开"的观念,这也可追溯到贲卦"白贲"的思想。

二十三、剥卦:顺而止之

　　《周易》很重时令的变化,因而它被用去编制日历。有人选取《周易》的十二个卦代表十二个月,又将总共 364 爻(加乾卦和坤卦用九、用六,则为 366)与一年 365 天配起来,此种做法是有一定道理的。

　　《周易》每卦都涉及时令,但从哲学理论上集中讲时令变化的卦主要有剥卦和复卦。《周易》的变化,是从下向上逐步进行的。从乾卦开始,阴阳开始变了,乾是纯阳,此后阳逐渐地剥蚀,阴逐渐地增加。这个变化过程是漫长的,表示这个过程的是伏羲六十四卦次序图。乾是第一卦,剥是六十三卦,下一卦就是终点——纯阴之卦坤卦了。④

---

① 刘勰:《文心雕龙·原道》。
② 刘勰:《文心雕龙·原道》。
③ 李贽:《焚书·杂述·杂说》。
④ 《周易》六十四卦的排列有两种:一种是伏羲六十四卦次序,从乾到坤或者说从坤到乾,体现出阴阳消长的过程。另一种是文王六十四卦次序,这种次序打头的是乾坤两卦,相当于父母,由乾坤的关系,陆续衍化出余六十二卦。现行的《周易》是按文王六十四卦次序排列的。

剥卦下卦为坤,上卦为艮。这个卦,只上爻一爻为阳爻,余皆为阴爻,体现出阴对阳的自下至上的逐步剥蚀,故此卦卦名为剥。

剥卦《卦辞》云:

　　剥,不利有攸往。

由于总的趋势是阳的剥蚀,因此这个卦的《卦辞》说:"不利有攸往。"这里分明透显出对阳不断地被剥蚀的惋惜,还有,不得不暂停前进的无奈。

《彖传》对这个卦的实质做了深刻的揭示:

　　彖曰,剥,剥也。柔变刚也,不利有攸往,小人长也。顺而止之,观象也,君子尚消息盈虚,天行也。

《周易》认为,生命来自阴阳的交合。生命的活力来自阳,生活的潜力来自阴。阳代表生命发展的一面,阴代表生命储备的一面。阳的剥蚀意味着生命发展的一面受阻,生命的活力在减弱。

《彖传》认为,从天象的运动来观察,这是事物发展的一个阶段,它的到来是必然的,它将会过去也是必然的。故君子不必太多担心,而只需"顺而止之"。"顺",顺天行之规律;"止",暂时停止前进的步伐。君子要善于观天象,崇尚天行的"消息盈虚",以之作为自己行止的依据。

从《彖传》对剥卦的阐释来看,剥卦的主题与许多卦一样是在讲顺时,只不过它重点讲的是顺而止,而不是顺而行。

《象传》从另外的角度,谈君子在不利的情况下应如何保护自己,等待发展的机会:

　　象曰:山附于地,剥。上以厚下安宅。

"山附于地",是讲卦象,上艮下坤,高山依附于大地。据此,《象传》提醒君子:在阳刚被不断剥蚀的情况下,也就是说,在君子失势小人得势的情况下,特别要做的是扎根于大地。地是坤,据坤道,"地"可以作多种理解:它可以是德,君子以德为本。在小人得势的情况下,千万别与小人同流合污,一定要保持自己的操守;它可以是民,君子以民为本。在壮志难酬的情况下,虽然不能施展才华为民作出贡献,但可以从民得到保护,得到信心,得到力量。

"上以厚下安宅",这"上"是指上卦艮,下指下卦坤。"厚下",意思是艮作为高山,要加厚坤这大地。艮与坤在五行中同属于土,它们的本质是一样的。艮的"厚下"乃顺理成章的事。"安宅",安家,也就是立根。立根大地,立心大地。阳气剥尽之后,必然又会是阳气来复。漫天飞雪,春天还会远吗?

程颐从儒家的立场对剥卦的《象传》有一番很不错的见解:"观剥之象而厚固其下,以安其居也。下者上之本,未有基本固而能剥者也。故上之剥必自下,下剥则上危矣。为人上者,知理之如是,则安养人民以厚其本,乃所以安其居也。书曰:'民惟邦本,本固邦宁。'"①这话说得非常之好。

剥卦六爻具体描述剥的过程,提醒君子应如何"顺而止之":

初六,剥床以足,蔑贞凶②。

天气转凉,这凉首先传到床足,意味阴自下生。"蔑贞",程颐的解释是:"蔑,无也,谓消亡于正道也。阴剥阳,柔变刚,是邪侵正,小人消君子,其凶可知。"③

剥卦之所以以床设喻,大概是因为床立在地上,最能感受阴阳的变化,人又坐在床上,通过床,人能及时而又准确地感受到大地的阴阳变化。

六二,剥床以辨,蔑贞凶。

"辨",床干。六二,剥继续加剧,由床足上升到床干,快接触到人的身体了。这叫做"愈蔑于正也,凶益甚矣。"④

六三,剥之,无咎。

剥到了六三,却是"无咎"。这是什么缘故呢?这是因为六三与上九相应。朱熹说得好:"众阴方剥阳,而己独应之,去其党而从正,无咎之道。"⑤意思是说,六三本与初六、六二一样,均是阴,都是剥阳的势力,用到社会上去,都是小人。然而,这六三,脱离了群阴,与阳刚上九相应。从而被剥之物,暂时躲过一劫,而得"无咎"。

六四,剥床以肤,凶。

阴气侵到床干,接着就要侵入人的体肤了,这当然凶。《象传》说:"剥床以肤,切近灾也。"这"剥床以肤",如果是说一个人,那是讲,阴气侵到人身体

---

① 程颐:《周易程传》。
② 朱熹释"蔑贞凶":"灭正以凶","蔑,灭也。"(《周易本义》)
③ 程颐:《周易程传》。
④ 程颐:《周易程传》。
⑤ 朱熹:《周易本义》。

表层了,病患已生。如果是说朝廷,那是讲大臣(四为大臣位)受到腐蚀或者说受到侵害了,君(五位)也很危险。

　　六五,贯鱼以宫人宠,无不利。

　　关于这爻,程颐的解释是:"剥及君位,剥之极也,其凶可知! 故更不言剥,而别设义以开小人迁善之门。五,群阴之主也。鱼,阴物,故以为象。五能使群阴顺序,如贯鱼然,反获宠爱于在上之阳,如宫人,则无所不利也。"①程颐的看法是:六五之所以获救,是因为小人迁善,就是说,阴不再剥蚀阳。他说的小人指初六、六二、六三、六四共四个阴爻。这四阴爻为何能迁善呢? 是六五的力量。六五处君位,它与其他四阴同类,它可以将它们整合起来。好像许多鱼,用一柳条将它们都串起来,又好像宫女,列成长队一个个来献宠于君。

　　朱熹的解释类似于程,但说得简洁明快,他说:"五为众阴之长,当率其类,受制于阳,故有此象。"②

　　程颐和朱熹的看法是可以成立的,须补充的有两点:其一,六五虽为阴,但居中位,而且是五这样的中位,故具有君威,能使四阴均服从于它。其二,不要忽视六五之后上九的力量,上九是此卦唯一的阳爻,是制止剥蚀的重要力量所在。朱熹说六五"当率其类,受制于阳",这阳指的就是上九。

　　上九,硕果不食,君子得舆,小人剥庐。

　　上九是此卦唯一的阳爻,在这场自下而上的阴蚀阳的灾难中,诸阳均剥蚀了,就它硕果仅存。虽仅只一枚硕果,却是希望所在。

　　胡炳文说:"乾为木果,众阳皆变,而上独存,有'硕果不食'象。果中有仁,天地生生之心存焉。"③乔中和也这样理解,他说:"'硕果不食',核也。仁也,生生之根也。自古无不朽之株,有相传之果,此剥之所以复也。"④

　　"君子得舆","舆"为车,车得以载君子,说明君子在这艰难的反剥蚀的斗争中,最终还是赢得了胜利,《周易程传》说:"阴道盛极之时,其乱可知。乱极则自当思治,故众心愿载于君子,君子得舆也。"

---

①　程颐:《周易程传》。
②　朱熹:《周易本义》。
③　李光地:《周易折中》。
④　李光地:《周易折中》。

"小人剥庐","庐"与"床"都是用来安身的。剥床,失去安身之处,剥庐,失去安家之处。虽然说在这场君子与小人的较量中,由于阴蚀阳的这一总体趋势所致,君子的床剥蚀掉了,还伤及了体肤,但是,最终的胜利者并不是小人,因为小人的庐被剥蚀掉了。胡炳文说:"床,上之藉下以安者也;庐,下之藉上以安者也。始而'剥床',欲上失所安,今而'剥庐',自失所安矣。自古小人欲害君子,亦岂小人之利哉?"①这就叫做害人反害己。

剥卦六爻,直到上九爻才显出亮色。按《易》理,阴盛阳衰、阳盛阴衰,反者道之动,剥蚀的尽头,反倒是契机——阴盛转阳契机。

剥卦说的是剥落与重生的道理。这剥落与重生,在自然界到处可以见到。君不见,自秋天开始,肃杀的秋风就在不断地剥落着树叶。夏日枝叶浓密的大树,经秋风的剥蚀,到冬日,就只剩下光秃秃的树干和树枝了。然而,也就在此时,温润的阳气在地底悄然萌生,又悄然传到树枝,于是,那树枝上隐然可见绿色的小绒点。到惊雷滚滚,春风驰荡、春雨普降之际,绿色的小绒点全都焕发出蓬勃的生机,争先恐后地舒展成绿叶了。这剥落与重生的现象,在人类社会不也一样吗?

二十四、复卦:一阳来复

剥卦,阳就要剥尽了,然而阳是不可以消亡的,它必然回复。阳的回复开始于复卦,从最下一爻起。此卦中,就初爻为阳,意味"一阳来复"。时令为十一月,天气仍然严寒,仍然不见花木发芽的现象,但是,大地中却有一些暖气在回复。这暖气虽然微弱,却具有不可战胜的生命,具有辉煌的前景。

复卦下卦为震,上卦为坤,卦象为地中有雷,这形象很贴切,春意在地下萌动,有雷在地下动的感觉,虽然没有巨响,但威力极为巨大,它将牵引出一个灿烂的春天。

复卦的《卦辞》是:

---

① 李光地:《周易折中》。

复,亨。出入无疾,朋来无咎。反复其道,七日来复①,利有攸往。

"复,亨",阳的复返是大亨通的。这是对阳复的定调。

"出入无疾","出入"是指阳气进入于地之内生命生长出地之外,这当然是无疾害的。"朋来无咎",一阳的复返,将带来更多的阳,所以是"朋来"。阳气"朋来",当然"无咎"。"反复其道",阳的复返,必然会引起阴与阳的冲突。冲突中,阳可能会有暂时的失利,但阳仍然会复返。这退却与复进,要反复多少次,其周期为七天。为何是七天? 与复卦的紧邻的卦是姤卦,复卦是一阳居初位,姤卦则是一阴居初位,从复到姤,七个爻位相继发生变化。一日一爻位,那就是七天了。七天后,阴阳的对比发生了根本性的变化,阳占据了主导地位,当然是利有所往了。

此爻中"朋来无咎"中的"朋来",林希元是这样阐述的:"天下事非一人能独办,君子有为于天下,必有其类同心共济,故《复》重'朋来',而《泰》重'汇征'。"②

《彖传》说:

彖曰:"复,亨"。刚反。动而以顺行,以"出入无疾,朋来无咎"。"反复其道,七日来复",天行也。利有攸往,刚长也。复其见天地之心乎?

《彖传》认为,阳的复返以及它的七日来复是"天行",即大自然的运行规律。如果说这是一种意志,那是天的意志,即"天地之心"。

《象传》说:

象曰:雷在地中,复;先王以至日闭关,商旅不行,后不省方。

《象传》认为,一阳来复之时,古代的帝王总是闭关静处,商旅不出门,人君也不去省视四方。一句话,静。这是为什么? 因为一阳力量微弱,静保为要。

比较《彖传》和《象传》还是很有意思的。《彖传》主张动,只是"动而以顺行";《象传》则主张静。其实,它们的思想并不矛盾,静的实质是"顺行",而顺行也可以理解为静。

---

① 《周易程传》说:"反复其道,七日来复,利有攸往,谓消长之道,反复迭至。阳之消,至七日而来复;姤阳之始消也,七变而成复,故云七日。"朱熹的《周易本义》也认为"自五月姤卦一阴始生,至此七爻而一阳来复,乃天运之自然,故其占又为反复其道。至于七日,当得来复"。

② 李光地:《周易折中》,《复》指复卦,卦辞中有"朋来"语;《泰》指泰卦,泰卦的爻辞中有"汇征"语。

将《卦辞》、《彖传》、《象传》综合起来看,基本思想是充分肯定一阳之来复,但又提醒君子在阳的力量尚微弱之时,要格外小心,重在保护。

复卦这些思想,在六爻中得到细致而又深入的阐述。

初九,不远复,无祗悔,元吉。

一阳"复"来,首先生于"下"。"下"总是向"上"生长的,因而"下"是最有希望的,吉。"不远复",因为它是刚来的"复",来得不远,所以说是"不远复"。

"无祗悔","祗",有宜的意义,《玉篇》解释"祗"为"适也","不祗悔"就是"不至于悔"。初九是冲着重阴之压而来的,不能说没有风险,但是这是"天行",是应该来的,所以"不祗悔"。

《象传》说"不远复,以修身也"。强调这一阳来复,先用于修身。事实上,只有先充实自身,强大自身,才谈得上引来百花齐放的春天。

这爻强调阳复的必然性与适然性,充分肯定阳复的前途。

六二,休复,吉。

"休",美好义,称"复"的来临是美好的,因为"复"是合乎天道的,是"天行"。如果说,初九的来复,是寒冬中有一缕阳气悄然进入地下,那么,六二的来复,则可能是早春了,新叶已经发芽,鲜花俏然吐蕾,而新草已经在舒展身姿,大地的美好已悄然可见。

此爻接着初九爻,肯定阳之复返的合理性。

自以后,则主要在说阳复的艰难与冲突了。

六三,频复,厉,无咎。

"频复",频繁地来复。为什么会频繁地来复呢? 因为阳初复之时,力量不是很强大,与阴经常产生拉锯式的战斗,或阳进阴退,或阴进阳退。这种情况,对阳来说,是有所危险的,故称之为"厉"。这种情况类似早春,早春,阴气并没有完全退出,寒潮多次袭来,倒春寒是常见的。但是,毕竟是春天到了,阴气大势已去,因此,最后还是"无咎"。

六四,中行独复。①

复卦中仅初九一阳爻,余皆为阴爻,阴爻中独六四与初九相应。此种情

---

① 李光地的《周易折中》中收入孔颖达的说法:"中行独复者,处于上卦之下,上下各有二阴,己独应初,居在众阴之中,故云中行,独自应初,故云独复。"

况,使得六四在阳复的事业中作用特别。爻辞中说"六四,中行独复",为什么是"中行"呢? 这是因为六四上下各有二阴爻,位处于"中",又因为独应初九,故称为"独复"。正是因为是独复,它显得特别可贵。此爻没有明说吉,其实是不需要明说的,它肯定吉。

　　　　六五,敦复,无悔。

　　"敦复"可以理解成敦厚诚笃地复。六五处君位,它应该这样。《象传》说:"敦复无悔,中以自考也。""中",指它处中位。"自考","考"乃"成"的意思,"自考"即自成。六五爻同样没有吉凶咎吝的断语,但显然也是吉的。

　　六四、六五两爻,可以归为同类,它们都运用各自有利条件去实现复阳的重任。六四是"独复",勇气可嘉;六五是"敦复",诚挚可敬。

　　　　上六,迷复,凶。有灾眚,用行师,终有大败,以其国,君凶。至于十年
　　不克征。

　　这段的意思是:复阳的事业迷失了,凶险啊! 灾难来了,错误也犯了。还去打什么仗? 终有大败。国家岌岌可危,国君位置难保。十年之内复不了元气,出不了征。

　　如此详尽地叙述灾祸。这在《周易》其他六十三个卦中是极为罕见的。这足以说明,复阳的事业迷失不得。

　　《象传》说:"迷复之凶,反君道也。"明确指出"迷复"的主体是君主。君主掌管天下,其行为关系天下安危。他的迷复主要体现在:其一,将立国的纲纪丢了,从而朝政混乱,国将不国,君将不君,臣将不臣。其二,将治国的主体——君子丢了,亲小人,疏贤人,坏人当道,好人受害。其三,将国家的主体——民众忘了,只顾个人享乐,不管百姓死活。所有这一切,都可以叫"迷复"。

　　复卦虽然是一个极美好的卦,但复卦六爻所述并不全是吉利的美言。它充分肯定"不远复"的重大意义,瞩目"朋来"复阳的美好前景,但是,它也清醒地指出"复阳"事业的艰难性、过程的反复性、"频复"的危险性。复卦嘉许"中行独复"的勇气,赞赏"敦复无悔"的懿绩,尖锐地指出"迷复"的危险性,强调将"复阳"的伟大事业进行下去,百折不挠,矢志不懈。

　　复卦六爻讲了各种各样的"复":有肯定的意义的"不远复"、"休复"、"独复"、"敦复",也有否定意义的"频复"、"迷复"。种种"复",给我们留下的印象,实际上只有一个:"复阳"是不可阻挡的,就像早上的太阳,它肯定要升起,

而且定会丽日中天，光芒万丈。

让我们高唱"一阳来复"！

二十五、无妄卦：天道无妄

无妄卦是比较难懂的卦之一。诸家的解释也不尽一样。关键是对"无妄"的理解。如果将"妄"解释成不切实际，"无妄"倒是切合实际了。切合实际有真义，因而，也通向诚。

朱熹的《周易本义》基本上采用此种解释。他说："无妄，实理自然之谓。"《史记》中，将"无妄"作"无望"解，说是"无所期望而有得焉"，朱熹说，"其义亦通。""无所期望而有得焉"与"实理自然"虽内在相通，但因着眼点不同，尚有差别。"无所期望而有得焉"，重在主体的心态，听天由命，不做追求；而"实理自然"，则重在客体的状态，不随人意，实出自然。两种解释，一是偏于主体，二是偏于客体，这样，"无妄"就可理解成两种：主体（人）的无妄，客体（天）的无妄。这两者其实是不同的。

无妄卦，下卦为震，上卦为乾，卦象为雷在天下。雷为动，乾为健，二者的配合，则为健动。健动，万事万物会发生变化，不仅自然界会发生变化，人类社会也会发生变化。人类社会最大的变化就是革命，改朝换代。这天下雷动，会不会造成天下大乱呢？无妄卦是不是想回答这样一个问题？

如果"动"出自天则，真如朱熹所说的是"实理自然"，这种动，可以称之为"无妄"，它应是吉的。然而如果这动出自人意，问题就复杂了。大致可以从两个维度来看：

首先，从行动的目的性来看。人之动，是有意愿的。人的意愿大体上可以概括为两种：一种是私欲，动是为了实现一己之私。这种动，程颐说是妄①，这当然不好。另一种为公利。出于公利，无私心，这种动有些像天动，因为天道无私。

---

① 《周易程传》云："动以天为无妄，动以人欲则妄矣。"

其次，从行动的计划性来看。人之动，均是有计划的，但计划有两种，一种具有强烈的主观性，体现出人与天争的意念，另一种具有鲜明的客观性，因性任命，顺天而动。

在《周易》看来，只有第一维度的第二种——因公而动和第二维度的第二种——顺天而动才是"无妄"之动。

无妄卦讨论"无妄"，常将两种"无妄"混在一起说，这就需要加以分别了。《卦辞》云：

> 无妄，元亨，利贞。其匪正有眚，不利有攸往。

"元亨"，是肯定无妄的。"其匪正有眚，不利有攸往"，意思是，如果不正，有过错，就不利于前往。

这里，它强调"正"。正，最重要的是遵循天道。程颐说：

> 无妄，言至诚也。至诚者，天之道也，天之化育万物，生生不穷，各正其性命，乃无妄也。人能合无妄之道，则所谓与天地合其德也。无妄有大亨之理，君子行无妄之道，则可以致大亨矣，无妄天之道也。

程颐强调"天道"是"无妄"的。天道自然，突出体现为"天之化育万物"，而万物也"各正性命"。人合"无妄之道"，就是合天道，人合天道，就是与天地合德，顺天而动。这种解释与朱熹的理解是一致的。

《卦辞》直接讲人的"无妄"，天的无妄是间接说的。《彖传》则是先讲天的无妄，在讲了天的无妄后再讲人的无妄，将人的无妄建立在天的无妄的基础上：

> 彖曰：无妄，刚自外来而为主于内。动而健，刚中而应，大亨以正，天之命也。其匪正有眚，不利有攸往。无妄之往，何之矣？天命不祐，行矣哉？

《彖传》第一句话是讲无妄卦是如何来的。"刚自外来而主于内"。设定下卦原为坤，因为来了"刚"——阳爻，充当初爻，于是这坤就变成了震。震的初爻是卦主，所以说"主于内"。"动而健"，是讲无妄卦的上下两卦乾与震的关系。乾为健，震为动，故为"动而健"。"刚中而应"是指九五与六二相应，这样一种阴阳相应，体现了天道，是正的，当然也是亨通的。以上是讲天的无妄。

下面谈到了人的无妄。"其匪正有眚"，是说人不守正道，有过失，就不利于有所前往了。"无妄之往，何之矣？"用反问句，说明"无妄之往"是无目的的,纯自然的,也就是合乎"实理自然"的,或者说,是合乎天道的。"天命不祐,行矣哉?"又一个反问句,说明人的妄往得不到天的祐助,当然是不吉利的。

《象传》说:

象曰:天下雷行,物与无妄。先王以茂对时育万物。①

"天下雷行",是卦象。天为乾,雷为震,雷行于天下,阴阳交和,万物欣欣向荣。在大自然界,物各得其所,或生或兴或衰或亡,生不足以喜,死不足以悲,均为天行,均循大道。这就叫做"物与无妄"。人呢? 应效法自然。先王尊重天时,养育万物,让万物各正其性命,自由地生长。这就是人的无妄。

无妄从其本质来说,是法自然,尊天道。无妄卦的六爻详尽地说明无妄的种种情况:

初九,无妄,往吉。

初九是行之始,行之始,就确定行"无妄"之道,前行大吉。

《象传》说:"无妄之往,得志也。"强调"得志",得什么志? 结合卦辞、《彖传》《象传》,得的是"无妄"之志。以无妄之志,行无妄之道,成无妄之行,自然是大吉的了。

六二,不耕获,不菑,则利有攸往。

"不耕",不会有收获;"不菑",不会有熟田(畲)。这没错,不过,这说的是人道,天道并不是这样。天道尚自然,其收获乃天工所致,根本不需要人的努力。这大地开满了鲜花,结满了美果,是人种植的吗? 不是! 这天空徜徉着飞鸟鸣禽,是人豢养的吗? 不是! 六二爻辞意在倡导"无妄",警醒世人不要妄为。

六三,无妄之灾,或系之牛,行人之得,邑人之灾。②

这很可能是一个真实的故事。在树上栓一头牛,牛被过路人牵走了,村子里的人却遭到怀疑。这灾无缘无故,没有来由,称之为"无妄之灾"。

怎样看待这无妄之灾?"行人之得,邑人之灾"意思是,过路人得到了好处,村子里的人遭了灾。一为得,一为失,按人道来看,似乎得者不应得,失者

---

① "茂",尚秉和《周易尚氏学》云:"茂与懋相通。勉也。对答也。言因雷而勉答天威。"(尚秉和:《周易尚氏学》,中华书局1980年版,第128页)

② 朱熹《周易本义》云:"无故而有灾,如行人牵牛以去,而居者反遭诘捕之扰也。"

不应失,而按天道来看,牛还在,只不过是从某人手里移到另外人手里罢了,整个世界无得无失。这爻似是在启示我们要以"天道无妄"的立场,豁达地看待事物,不要用私欲来看人看事。用私欲看人看事,不可能有无妄,无妄是超越了个人私欲的。

六三爻说的"无妄之灾"还是能给出一种解释的,更多的是不能解释,或没有办法解释,这不能解释或没有办法解释,不是说它没有道理在,只是说,这道理囿有种种原因,不能为你所知晓。对于这不能解释的无妄之灾,也许不需要挖空心思,执著地要去寻找一种解释。如果执著地去探寻因果,那定然是自寻烦恼,弄不好节外生枝,还会别生祸端,所谓"天下本无事,庸人自扰之"。

九四,可贞,无咎。

九刚居乾体,与下无应,也不得位,处此位,坚守正道,则可无咎。《象传》说:"可贞,无咎。固有之也。""有",朱熹解释为"守"。看来,情况不利时,守住正道最为重要。

九五,无妄之疾,勿药有喜。①

"无妄之疾",无缘无故得了一种病,"勿药有喜",不吃药就好了。这说明什么呢? 也许你并没有得病,因而也就不需要吃药;也许得了病,但此病是不需要吃药的,人自身免疫力能够战胜这种病;或者此病是需要吃药的,不过不是你所认定的那种药,你在吃食物时,实际上是将能治此病的药吃了。这种"无妄之疾,勿药有喜"可能会让有些人感到特别高兴,认为自己很幸运,甚至认为有神灵保佑。然而无妄卦却不这样认为,这只不过是"实理自然"罢了,是平常的事,没有什么了不得的。

九五爻与六三爻是可以联系起来理解的。六三说的是"无妄之灾",这灾可能让有些人认为很倒霉,九五爻说的是"无妄之疾,勿药有喜",这喜可能会让有些人认为很幸运。《周易》却告诉你,"无妄之灾"不是你很倒霉,"无妄之疾,勿药有喜"也不是你很幸运。它们都是自然的事,只不过为你所遇上了。这两爻实际上都在说一个理:以天道自然来看待生活中所发生的一切,不以物

① 李光地说:"偶有疾,则亦顺其自然而气自复,勿用药以生他候。如人有无妄之灾,则亦顺其自然而事自平,勿复生智以生他咎也。"(《周易折中》)

喜,不以己悲,一切都以平常心看之。

上九,无妄,行有眚,无攸利。

上九居卦之终,行"无妄"之道本是不错的,但过头了。过头,就是人为,就不是自然,就不是无妄,所以说,行为有过失,有过失当然不可能获利。

无妄卦主旨很清楚:自然无为。读这个卦,我们总是情不自禁地想起老子的哲学。不错,无妄卦是老子哲学的源头。

人生在世,不能无事,也不能多事。有事,因人要生存,要发展。要生存,要发展,必须要做许多事,这中间要处理许多关系,要克服许多困难,要战胜许多对手。表面上看来,这是人多事,其实均是自然之事,不能不做的事,是人生的必然。但是,这过程中,也有许多事,其实人是不必做的。这不必做的事去做了,就是多事,多事就不是自然之事,而是人为之事。自然之事,为无妄,它上顺天理,下合人意,天人合一,故事情顺畅,水到渠成。非自然之事,则为妄。妄虽出于人心,但不合天理,天人相乖,必然事不成,心不遂,不仅白忙一场,还有可能招致灾难。无妄之卦告诉我们的是,行无妄之事,正性命之理,循天道而动。

一句话,人要勤于做事,但切不可多事!

二十六、大畜卦:蓄德养贤

乾卦九三曰:"君子终日乾乾,夕惕若,厉,无咎。"《文言》阐释此爻,说:"子曰:君子进德修业。""进德修业"是《周易》重大主题之一,大畜卦与小畜卦均是讲君子进德修业的,两个卦均着重讲进德修业的艰辛,由于两个卦的背景不一样,个中的况味耐人寻味。

大畜卦下卦为乾,上卦为艮,乾为天,艮为山,其象为天在山中。这个卦的《卦辞》是:

大畜,利贞。不家食,吉。利涉大川。

在《周易》中,阴为小,阳为大。在小畜卦中,上卦是巽,为阴卦,是以阴畜阳,故为小畜;而在这个卦中,上卦是艮,艮为阳卦,是以阳畜阳,故为大畜。"畜"有二义:一,"畜聚"。按卦象,是天在山中,天何等地大,竟被裹在山中,这不是大畜吗？聚什么？就君子个人来说，是积聚品德、才能；就国家来说，是积聚人才。大畜卦，这两聚的意义均有。二、"畜止"。这来自两个卦卦德的综合。乾为健，艮为止，艮止健。健为艮止，其吉凶祸福比较地复杂。

《卦辞》说，大畜是"利贞"的。"利贞"在《周易》中出现很多，"贞"有三义：一是正，二是固，三是占，三义也可以整合，解释为利于固守正道。"不家食"，"谓食禄于朝，不食于家也。"①是讲为官，大畜卦讲君子畜德才，国家畜人才。众多优秀的人才"不家食"，说明国家人才济济，实力强盛，这当然"吉"，也当然"利涉大川"。

畜之两义，在《彖传》和《象传》中有精彩的阐发。《彖传》云：

  彖曰：大畜，刚健笃实辉光，日新其德。刚上而尚贤，能止健，大正也。利涉大川，应乎天也。

"刚健笃实辉光，日新其德"，这是对大畜的赞语。"刚健"，指乾，"笃实"，指艮。乾有太阳义，乾《彖传》说乾"大明终始，六位时成，时乘六龙以御天"，所以大畜有"辉光"之德。"日新其德"，据乾卦《象传》而来，乾《象传》言乾的性质是"天行健，君子以自强不息"，所以，大畜卦具有"日新其德"的精神。

"刚健笃实辉光，日新其德"这一句话，是"大畜"的境界，也是君子的理想人格。在《周易》看来，真正的君子，既应该像乾天那样，刚健进取，又应该像艮山那样，笃实稳重。他们脚踩大地，立志高远，内心充实，意志刚毅，不断进取，日新其德。这样的形象，让我们想起孔子说的"文质彬彬，然后君子"，想起孟子说的"充实之谓美，充实而有光辉之谓大"。

《象传》说：

  天在山中，大畜。君子以多识前言往行，以畜其德。

君子不是天生的。君子并非生而知之，而是学而知之。不是上天降君子，而是学习育君子。努力学习，特别是努力向前人学习，这是君子成长的必由之路。

《彖传》和《象传》实际上已经将大畜的"畜聚"义阐述得很透彻了，对于大畜的第二义——"畜止"，《彖传》也说到了。《彖传》云："刚上而尚贤，能止

——————————

① 朱熹：《周易本义》。

健,大正也。""刚上",指艮卦,具体指上九爻。艮为止,乾为健,"止健"是指艮对乾的约束。乾为君,艮为臣,艮对乾的约束,可以理解为臣对君的约束。一是"尚贤",二是"止健"。"尚贤"的是君;"止健"的是臣。这二者中,君最重要。君须是明君。明君之明不仅在于能识贤,养贤,而且在于尚贤,而尚贤的要义在用贤。用贤,就难免不遇到贤臣的忠谏。忠谏就是"止健"。不能虚心地倾听贤臣的忠谏,采纳其合理的意见,怎么能说是尚贤? 当然,臣必须是贤臣,贤臣要做的事很多,其中之一是"止健"。止,需要才华,所止,实为该止。止,更需要胆量,因为止很可能会遭到国君的反对,自身难免有危险,所以,止,还需要有智慧,能善止,善止既可以让君王很好地采纳自己的正确意见,又能自我保全。

大畜的畜聚、畜止两义,在卦的六爻中具体展开。

初九,有厉,利己。

开局就发出警告,前进有危险,要停下来。

理解大畜的含义,不能离开大畜的总体情势。大畜的总体情势是畜,畜是聚,是止,不是进。就止来说,是艮止乾,上卦止下卦。

初九为乾的初爻,有进的强烈愿望,与它相应的六四是止它的。六四得位,处上,初九要上进,遭到它的制约。这种情况下,冒进有危险,而停下来有利。

这爻是说,开局遇阻。

九二,舆说辐。

这一爻与小畜卦的第二爻基本一致,也是说前进途中遇到了困难。车上的辐条脱了,只得停下来。

九二为什么前进不了呢? 因为它与六五相应,在大畜卦的情势下,相应,带来的不是进,而是止。在这里,是六五止九二。程颐说:"二为六五所畜止,势不能进也。五据在上之势,岂可犯乎?"[1]朱熹亦说:"九二亦为六五所畜,以其处中,故能自止而不进,有此象也。"[2]

《象传》说:"舆脱辐,中无尤也。"意思是,九二居中位,即使是"舆脱辐",

也不妨事。

这爻是说，中途出事，无奈停下，但无大的妨碍。

九三，良马逐，利艰贞，曰闲舆卫①，利有攸往。

初九、九二两爻的进，均为艮的力量畜止，其原因是下力不敌上力。在九三爻，情况有些变化。九三处乾卦的上位，阳在阳位，处刚健之极。与它相应是上九，上九也是阳爻，不仅不能畜止九三，反而与九三合志上进了，这就有了良马追逐的景象。② 但是，"良马逐"是一场艰难的比赛，九三未必有胜的把握，九三也许持"艰贞"即守正固的态度，比较有利。一句话，九三仍宜慎。在总体处于被动地位的情势下，九三应做的，也许不是"良马逐"，而是"日闲舆卫"。"舆"，车辆，表示行动；"卫"，护卫，表示防卫。行动，意在"乾乾"；防卫，意在"夕惕若"。此爻其意与乾卦的第三爻相似。九三能够这样，就利于前进了。

从初九到九三，说的都是上艮对下乾的畜止。艮积极地发挥了止的作用，功绩是卓越的。止有消极和积极两个方面的意义，消极作用是不能前进了，要停下来；积极作用是可以进德修业，历练能力。三爻的共同精神是艰苦卓绝，扎实稳健。

六四，童牛之牿，元吉。

小牛头上缚上一根横木，保护尚嫩的牛角，以免触伤。大吉。

六四下应初九。初九为乾之初爻，要进；六四为艮的初爻，要止。六四是如何止初九的呢？设想初九是头小牛犊，小牛犊好动上进，然而无经验，又牛角很嫩，难免将角撞伤了。怎么办？在两只角之间缚上"牿"，将它的行动适当地畜止一下，这就好了。"童牛之牿"既止牛之躁进，也防牛之受伤。

六四爻仍然在讲畜止，但不是"舆说輹"那种强制性的止，而是"童牛之牿"这种建设性的止。建设性止，是加强保护措施，避免受伤，实质是更好地进。

六五，豮豕之牙，吉。

"豮"为去势的猪。众所周知，猪的牙是很锐利的。然如果将豮阉割了，

---

① 朱熹注："曰，当为日月之日。"

② 《周易程传》说："三刚健之极，而上九之阳，亦上进之物，又处畜之极而思变也。与三乃不相畜，而志同相应以进者也。"

去其势,这猪就不再凶猛了。这就是说,止要从根本上去止。

程颐说:"君子发豮豕之义,知天下之恶,不可以力制也,则察其机,持其要塞,绝其本原,故不假刑法严峻而恶自止也。"①这是一种理解,认为君子在与小人的斗争中要善于制小人的要害。这种理解当然不错,不过,似宜更宽泛一些,凡做事,不管是除恶还是行善,都需从根本处着手,这抓住事物根本的做法,都是"豮豕之牙"。

六五与九二相应,是畜止的主要力量。此爻仍然是在讲畜止,但哲理更为深邃了,具有更为宽泛的意义。

　　　　上九,何天之衢②,亨。

"衢",大道。"天之衢",即天道,天道当然是亨通的。

《周易》的上爻,一般是不太利的,此卦的上爻如此吉利,重在变,上爻均是变的关键。大畜卦说的畜止,到上九,达到止之顶点。到顶点,事物就要向着反面转化,这畜止就止不了了。不仅止不了,事物还要大发展。《象传》解释上九,说:"何天之衢,道大行也。"

大畜卦本义是讲畜德,畜贤的,奇怪的是它的六爻都不在此发挥,而主要讲畜止。这就不能不让人进一步思考畜聚与畜止的关系。

按"天在山中"的卦象,这"天"之所以在"山"中,是因为"天"的发展受到了限制,它被控制在这"山"中了。当然这只是一个比喻,但它还是说明了问题。德要畜,德要止于身,只有止于身德才能积。贤也一样,贤要畜,就要让他们留下来,不要让他们流失了。正是在这个意义上,"畜止"是"畜聚"不可缺少的环节,或者说是"畜聚"的前提。只有"畜止",才能"畜聚"。"畜聚"之不易首先来自"畜止"之不易。

大畜卦在《卦辞》充分揭示"畜聚"的意义之后,于六爻着重阐发"畜止"的意义,是明智的。而《彖传》《象传》精彩地揭示了大畜的主题——尚贤养贤,并亮出"刚健笃实辉光日新其德"十个字,使得它的价值甚至远远超过了卦本身。

―――――――――

①　程颐:《周易程传》。

②　程颐认为"何"是衍文,朱熹认为是发语词,诸家认为是"荷"字,担当的意思,详见李光地的《周易折中》。虽解释不一,不影响对爻义的基本理解。

二十七、颐卦：颐养之道

颐卦下卦为震，上卦为艮。它的形象为上下两阳爻，中四爻为阴爻，与噬嗑卦有些类似，均像口腔，但噬嗑卦中有横着的一阳爻，上下牙咬起来就困难了，而颐卦中间没有间隔，咬起来没有困难。从卦象来看，颐卦是讲颐养的，颐养首在饮食，引申则为养德，养人，养万物。

颐卦《卦辞》云：

> 颐，贞吉，观颐，自求口实。

"贞吉"，"占者得正得吉。"[1]强调"正"，是《周易》的重要思想，不管哪种情况下，都强调要得"正"。"观颐"，指观看别人鼓动腮帮子吃食物。"自求口实"，自己去寻找食物。两个短句连起来，就是：观看别人是怎么获得食物的，然后，自己去寻求食物。

此卦是讲生存之道的，饮食只是一个引子，也可以说是一个比喻。"观颐，自求口实"的潜台词就是：向别人学习生存之道，然后自己去生存，去发展。

学习颐养之道，实践颐养之道，或者说学习生存之道，实践生存之道，是颐卦的主旨。

《彖传》深入地阐释颐卦《卦辞》的要义：

> 彖曰："颐，贞吉。"养正则吉也。"观颐"，观其所养也。"自求口实"，观其自养也。天地养万物，圣人养贤以及万民，颐之时大矣哉！

《彖传》主要讲"圣人"之养。圣人指圣明的君王，也指在朝为官的圣贤。圣人两养：一是"养贤"，要重用贤德之人，二是"养万民"，要让百姓生活得好。"养贤"，包括两个方面的内容：畜贤，用贤。大畜卦也讲养贤，大畜卦讲养贤，重在人才之畜，颐卦讲养贤，重在人才之用。

不管是"养贤"还是"养万民"，都要效法天地养万物，天地养万物贵在"无

---

① 朱熹：《周易本义》。

妄",因其性,顺其时,而不为其私。圣人"养贤"以及"养万民"也应该这样。《彖传》在这里再次强调"颐之时大矣哉"。

《象传》云:

象曰:山下有雷,颐,君子以慎言语,节饮食。

《象传》也在阐述"养",但不是圣人之养,而是君子之养。《象传》认为,君子之养:一、"节饮食",这属于养身。养身需要饮食,饮食要节制,好吃的东西,不能贪吃。二、"慎言语",这属于是养德。德重在行不重在语,要慎语。语多行必然不及,更重要的是语多必失,这是《周易》持慎精神的又一体现。

虽然大快朵颐,享受美味是快乐的事,可是,颐卦说颐养是非常辛苦的。下面我们来看颐卦六爻:

初九,舍尔灵龟①,观我朵颐,凶。

"朵颐",鼓动腮帮子,说的是吃饭,而且吃得很高兴。它的含意有三:其一,他养,因为靠别物(食物)来养,根据爻位关系,这别物指六四,六四为阴,与初九相应;其二,物养,靠吃食来养,食是物;其三,躁动,这朵颐,动作很快,有躁行之意。

"灵龟",古时认为是灵物,龟可以长时期不食。它与"朵颐"相对,也具有三义:其一,自养,龟能长时期不进食;其二,心养,龟为灵物,喻明智。不以物来养,而以灵来养,养的不是身,而是心;其三,守静,龟守静,用在养,为静养。

"舍尔灵龟,观我朵颐",语面上的意思是:舍弃你灵龟,来看我吃饭。深层次的意思是舍弃自养、心养、静养,羡慕别人的他养、物养与躁行,这是不可取的,后果为凶。

从爻位关系来看,初九系震的初爻,震德为动,加上与六四相应,所以,有动的欲念。这一动为何是凶的呢?因为阳从阴。初九为阳,六二为阴,初九从六二,这属于阴乘阳,按《周易》的游戏法则,一般是不吉利的。值得说明的是,在《周易》中,阳从阴,不都是凶的,有时还可能是吉的。但是,在颐卦的情境下,阳从阴,绝对不行。原因是初九自身的条件太好了。初九拥有灵龟,绝非一般之人,乃明智之士。在远古,这种人很可能是部落的巫师或者就是部落领袖。这种人怎么能舍弃灵龟贪求物欲呢?所以,在一般情况下,初九上应六

---

① 程颐说:"龟能咽息不食,灵龟喻其明智耳。"(《周易程传》)

四是吉祥的,而在这里,不吉反凶了。

《象传》说:"观我朵颐,亦不足为贵也。"也是在说不要羡慕人家的物质性的享受。

初九爻意在说明:君子的颐养不可贪求物欲,宜重在修心;不可徒羡他人,而宜专意修己。概括起来,初九爻是讲心养。

　　六二,颠颐,拂经,于丘颐,征凶。

"颠"是颠倒,指六二反过来去向初九求"颐",这种做法,违背了常理,所以叫"拂经"。若求养于"丘",则出征有凶。"丘",指上九,它系艮卦的上爻,艮为山,有丘象。

这样说来,六二既不能下求颐于初九,又不能上求颐于上九。为什么呢?《象传》说:"六二,征凶,行失类也。"就是说,初九、上九均非六二的同类。一般情况下,阴求阳是吉利的,然在颐养这一情境下,处六二这样一个又中又正的地位,是既不能屈尊,也不能媚上的。

这爻意在说明,君子的颐养需居中守正,不可仰人鼻息,重在自尊、自养。

　　六三,拂颐,贞凶。十年勿用,无攸利。

六三阴爻居阳位,不正也不中。意味着六三拂违正道,"拂颐",违背的是颐之道。占此象,有凶险。"十年勿用",是说一个长时期内不得施展。"十年"是一个整数,实际上是说终不可用,完了。

《象传》释此爻说:"十年勿用,道悖也。"明确地指出六三之所以不利,是因为"道大悖"。

这爻承上爻也在强调君子的颐养须守正,也就是遁道,遁天道。联系到《象传》所说"天地养万物,圣人养贤以及万民,颐之时大矣哉",我们当能理解六三爻的基本用意。

　　六四,颠颐,吉。虎视眈眈,其欲逐逐,无咎。

六四处的位置很好。一是阴爻在阴位,得位;二是临近君位,是大臣位。说它"颠颐"是指它与初九的关系,六四与初九相应。按颐养的基本原则,是阴向阳求养,六四向初九求颐养,虽然是屈尊,颠倒了位置,但符合颐养的基本原则,故还是吉的,反过来,初九以阳的身份向六四求养,就不符合颐养的基本原则,故是凶的。

"虎视眈眈"指六四。六四怎么会有虎视的形象呢?有好几种说法,程颐认为,"六四虽能顺从刚阳,不废厥职,然质本阴柔,赖人以济,人之所轻,故必养其威严,眈眈然如虎视,则能重其体貌,下不敢易。"①这是说六四处大臣这样的高位,质本阴柔不行,要培养出一种威严来,"眈眈然如虎视"。吴氏澄说:"自养于内者莫如龟,求养于外者莫如虎。"自养,养自己;外养,养贤人。自养如龟养,好理解;养贤人,为何要如虎呢? 吴氏澄继续说:"四之于初,有下贤求益之心,必如虎之视下求食而后也,专一而不他,其欲食也,继续而不歇。如是,则于人不贰,于己不自足,乃居下求上之语。"②这话是说,四求初应,好比君子求贤,君子求贤,像老虎求食一样,"虎视眈眈,其欲逐逐"。虽然说"虎视眈眈,其欲逐逐"不必过于坐实为求贤,但它确是一种进取的态势。

我们注意到六二也有"颠颐",然而六二的"颠颐"其结果是凶的,而六四的"颠颐"却是吉的。这是什么缘故呢?

这是因为六二不仅与初九不相应,而且,六二对于初九还有一种"乘"的关系,所以,六二的"颠颐"是"拂经"的,即违背常规的。而六四与初九的关系是相应的。上下志相应,所以吉。

《象传》解释六四爻,说是"颠颐之吉,上施光也"。"上"是指六四居上之德,向下普施光明。

这爻在颐卦中特别引人注目,这主要是取了"虎视"之象,它意味着颐养之道不能片面地理解为静养之道,颐养之道也是进取之道。

六五,拂经,居贞吉。不可涉大川。

六五以阴居君位,实际上不可能养天下,反而依赖上九来养。君者,本是养人、养天下者,现在落得要人来养,这是拂违常规("经")的。按《周易》爻位的理论,五位是君位,上位是太上皇之位或帝王之师之位或摄政王之位。君无力执政,赖帝师之力或摄政王之力治理好国家,也是可取的,但是必须居贞守正,才得吉。《象传》说:"居贞之吉,顺以从上也。"

在这种情况下,国家一般处守势,是没有力量克服重大困难的,所以说"不可涉大川"。

———————
① 程颐:《周易程传》。
② 李光地:《周易折中》。

六四、六五两爻均分析上层颐养天下的情况,总体情况均不是很好,因为上层处于弱势,颐养的方式违背常规,但是只要居贞守正,仍然可以得以无咎,甚至取吉。

上九,由颐,厉吉,利涉大川。

上九处颐之极,由于六五柔弱,无力颐养自身,更无力颐养天下,这颐养之功,均来自上九,所以叫做"由颐"。这上九好像是周成王时的周公,蜀汉时的诸葛亮。他们位高权重,一身系天下之安危。这种状况自然也会带来风险,所以叫做"厉",但它是吉的。因为它守的是正道。有这样的上九,"利涉大川"。所以,周成王时,国家依然可以派出大军去征服不从的方国,蜀汉时,诸葛亮依然可以亲率大军七擒孟获,六出岐山。

《象传》说:"由颐,厉吉。大有庆也。"

从初九到六五,这颐养之路,非常坎坷。只有走到上九,才一片光明。这全在于阳刚的力量。

阳刚之力,本质为生命之力,它分自然生命之力和社会生命之力。"天地养万物",这阳刚之力为自然生命之力;"圣人养贤以及万民",这阳刚之力不只是自然生命之力,还有社会的生命之力。社会生命之力中有德,有义。孟子曰:"吾善养吾浩然之气",这"浩然之气"综命了自然生命之力和社会生命之力。

颐养之道,养阳之道,育阳之道,成阳之道。

二十八、大过卦:大者过也

《周易》执中道,反对过。《周易》中有大过、小过两卦分别讨论过的问题。

大过卦,下卦为巽,上卦为兑,巽为风,亦为木,兑为泽,其卦象为泽下有木。泽本来是滋润木的,泽与木本也可以相得益彰,但现在泽水将木淹没了,泽就有些过了。

大过卦《卦辞》云:

大过,栋桡,利有攸往,亨。

"栋桡"是说栋梁两端不胜重压,以致曲折弯挠,比喻事物刚大者过于强大,而柔弱者不胜其势的反常状态。"利有攸往",强调极需改变这种状况。如能改变此种状况,那就是亨通的。

《周易程传》说:"阳过于中,而上下弱矣,故为栋桡之象。栋取其胜重,四阳聚于中,可谓重矣。九三九四皆取栋象,谓任重也,桡取其本,末弱中强,而本末弱,是以桡矣。"这是就卦形来解释的,说大过卦中间四爻均为阳爻,两端均为阴爻,充分体现出本末皆弱的态势。这种解释很精彩。

《彖传》解释大过卦卦义:

　　彖曰:大过,大者过也。栋桡,本末弱也。刚过而中,巽而说行,利有攸往,乃亨,大过之时大矣哉!

《彖传》的含义丰富,首先,何谓"大者过"?"大者"指阳,"大者过"是指阳过多。"栋桡,本末弱",说栋梁中间大,两头弱。"刚过而中",是指卦的九二、九三、九四、九五均为阳爻,而且占据了两个中位。

这种大过好不好呢?大过卦说是好的,"巽而说行,利有攸往,乃亨"。这似乎不合乎《易》道,因为易道是讲阴阳均衡的,最为典型的卦是泰卦。但是,我们千万不要将阴阳均衡作简单的理解。尚阴阳均衡只是《周易》的一种思想,对于阴阳关系,《周易》的另一种思想是阳主阴从,强调阳要占据主导地位。最典型的代表就是这大过卦了。两种阴阳格局统一起来,就是崇阳尚和。

关于大过的卦义,程颐还有一个说法:"圣贤道德功业,大过于人,凡事之大过于常者,皆是也。"①程颐这里实际说了两种情况:一是圣人的道德功业,大过于人,这种事业得到肯定是没有问题的,不过,它跟阳过于阴还是有所不同;二是"凡事之大过于常者"这事,是不是还要问一问什么事,是善事还是恶事?

《彖传》最后一句是"大过之时大矣哉"。何谓大过之时,从大过的实际来看,"大过之时"是这样一个时代:

第一,这是一个阴阳失衡的时代。"栋"不恰当——阳爻过多地集中于卦的中部,故而"桡",本末均弱,阴阳失衡,为"栋"的阳未必强,成"桡"的阴未必弱。君子与小人的斗争呈现出扑朔迷离、极为复杂的局面。

———————
① 程颐:《周易程传》。

第二,"栋桡"作为"大过"的形象象征,并不是说君子在位,恰好相反,这个世道,君子不为人所知,还遭到小人打击。大过的"大",不是指君子实际势力的强大,而是指君子内心精神的强大。"独立不惧,遁世无闷"是精神强大的具体体现。

第三,这是一个仍然有希望的时代,巽代表的顺道,兑代表的悦道,合在一起,显示出这个世道仍然有美好的一面,而且这一面在发展,很有希望。

《象传》对大过卦义也有精彩的阐发,《象传》云:

象曰:泽灭木,大过。君子以独立不惧,遁世无闷。

"泽灭木",说的是卦象,这象透显出大过的意义。在大过之时,君子应取的态度有二:

其一,"独立不惧"。显然,君子处于被包围的状态,不被人理解,也许还为天下非之。在这种情况下,君子应处的态度是"独立不惧"。

其二,"遁世无闷"。"遁世"即避世,即隐。隐与仕是君子处世有两种态度。本来是有道则仕,无道则隐,与世道相关,后来发展为"达者兼济天下,穷者独善其身",与世道没有关系,只与个人的生存状况相关。

"独立不惧",重在"不惧"。"遁世无闷",重在"无闷"。为什么能"不惧"?因为君子持道;为什么能"无闷"?因为君子"遁世"——与这个世界已经有了距离,或者说已超越了这个世界了,功名利禄均在他的思想之外。

所以,大过卦所肯定的君子形象兼有后来所说的儒与道,是圣贤与隐士共于一身的形象。

如同所有的卦一样,卦的六爻展示的内容远远多于《卦辞》、《彖传》、《象传》,现在看大过卦的六爻。

初六,藉用白茅,无咎。

"白茅",朱熹说:"白茅,物之洁者。"①白茅在远古是祭祀用品。借用白茅来铺地,一是敬,二是慎。《系辞上传》对于大过初爻用白茅为喻有一段论述:"'初六,藉用白茅,无咎。'子曰:'苟错措地而可矣,藉之用茅,何咎之有?慎之至也。夫茅之为物薄,而用可重地。慎斯术也以往,无所失矣。'"这说明,白茅在远古,其使用是很有讲究的。祭祀之前,先在地上铺上一层白茅,然

---

① 朱熹:《周易本义》。

后再上祭品。

这种程序,有些像观卦讲的"盥而不荐",是祭祀前的心理准备,如果说"盥而不荐"其心理准备主要是孚,那么,"藉用白茅",其心理准备主要是慎。慎又出于敬。初爻无位,处于最低的位置,宜以敬慎为处事之端。

《象传》说:"藉用白茅,柔在下也。""柔在下",一是初爻的实际地位,二是说恭敬顺承的态度。

初爻说的是大过之时,君子宜取敬慎之道。

九二,枯杨生稊①,老夫得其女妻,无不利。

我们前面提到,大过卦的情势是阴阳关系失调的,卦的主旨是要通过人的努力,调剂好失衡了的阴阳关系。九二与九五虽处相对的位置,但不应,唯一能与它建立起阴阳关系的仅初六爻,初六承它。这一关系无疑十分重要。大过卦将这种关系比喻成老夫与女妻的关系,老夫为九二,女妻为初六。枯杨生稊是个比喻,说明它们的结合是有生命力的。刘琨《劝进表》有"生繁华于枯荑"一句,用的就是大过的典。

《象传》释此爻:"老夫女妻,过以相与也。""过"是说夫老女少,"相与"是说两者阴阳相和。这话的意思是,虽然阴阳关系有"过",但仍然能取得和谐。

九三,栋桡,凶。

三为阳位,现阳爻居之,得位。一般情况,此种得位,至少是无咎的,但在大过之时,阳本就过,这种格局就不妙。试想,如果三位不是阳居之,而是阴居之,那倒好,可得以柔济刚之妙,现三位为阳,岂不是火上加油? 所以,爻辞说"栋桡,凶"。

九四,栋隆,吉,有它吝。

四位为阴位,一般的情况下,阴爻居之为好,在阳为大过的情况下,阳爻来居此位,正好起到以阴济阳的作用。爻辞说"栋隆"而不说"栋桡",就说明它没有桡折的风险,是吉的。《象传》充分肯定了"栋隆",说:"栋隆之吉,不桡乎下也。"

但是,九四爻又强调,不能"有它","有它"则吝。这"它"指谁呢? 指初六。九四与初六存在一阴一阳的相应关系,而且是正应,在正常的情况下,这

———————
① "稊",通"荑",植物的嫩芽。

种关系是再好不过的了。但在阳过的情况之下,九四去应初六,就有些不妙。

《周易本义》说:"以阳居阴,过而不过,故其象隆而占吉。然下应初六,以柔济之,则过于柔矣,故又戒以有它则吝也。"这话的意思,九四以阳爻居阴位,在阳过这种情势下,以柔济刚,已是很好的了,现再与初六相应,这刚为两阴所济,就过于柔了。

九四爻给予我们的启示也许最为深刻。它似是在说,不要以为正位就是吉的,不正位就是凶的,有时恰好相反,九四以阳居阴得吉就是一个证明。所以,重要的不是得位不得位,而是能不能实现阴阳调和。在阴阳已经实现调和的情况下,再去寻求阴阳相应,就画蛇添足了。因此,相应与否、得位与否,均不能当做衡量吉凶的教条。

　　九五,枯杨生华,老妇得其士夫,无咎无誉。

九五,又中又正,然而下无应,能够济它的只有上六。上六是阴爻,在九五之上,相当于老妇,九五在上六之下,相当于士夫。这种情况类似于九二与初六的关系,但有所不同。九二与初六,是九在上六在下,其关系属于阴承阳。而九五与上六,是六在上九在下,其关系是阴乘阳。一般情况下,阴承阳为吉,阴乘阳则凶。这九五与上六的关系,属于阴乘阳,按说是凶,但在阳大过的情况下,九五能得到阴的济助,哪怕这种济助属于阴乘阳,也算是好事了。大过卦将九五与上六的关系,用"枯杨生华"来比喻。枯杨生华,虽然比不上枯杨生稊,但也闪现过生命的光辉。对这桩"老妇得其士夫"的阴阳相济,九五爻辞的总体评价是"无咎无誉",既无咎害,也不光彩。

九五爻分析大过的情势有它的特点,它似是说,在大过的情势下,可以采取一些也许不当的手段来求得阴阳相和的,哪怕这种阴阳相和是暂时的,是没有长久生命力的。九五爻求助于上六,显然为不当。

九五的出格,正应了《系辞上传》中说的一句话:"唯变所适,不可为典要。"

　　上六,过涉灭顶,凶,无咎。

上六,大过已达灭顶,与泽灭木这卦象联系起来,可谓泽水盈盈。泽水盈盈,将木全湮灭了,这是凶。然而,因为是阴,在阳大过的情况下,倒起到了以阴济阳的作用,尽管这以阴济阳的方式是不当的。所以,对于它吉凶的判断,就不能简单从事,上六爻,先说是"凶",后说"无咎"。这"凶"是因为泽将木全灭掉了,"无咎"是因为上六的阴,在阳大过的情势下,起到了济阳的作用。

大过卦中的阴阳关系非常复杂,它的思想也扑朔迷离。"崇阳",这是肯定的;但是,在阳过的情况下,又主张"济阳",以阴来济阳。由于此卦设定的情境是大过,因而,济阳谈得比崇阳要多。由大过卦,我们获得许多启示。凡事均不能过,哪怕是阳过。世上的人谁个不追求好的东西?但是须知,千万不能过头,好东西过多了,倒成了一个害。知足常乐,得好就收。这些生活哲理,在大过中均有显露。

二十九、坎卦:以道克险

坎卦的构成是两个坎,上坎下坎,两坎相叠,称之为"习坎"。坎为水,水为险,坎卦的卦德明确地告诉你,这是一个讲困难讲险阻的卦。

坎卦的《卦辞》说:

习坎,有孚,维心,亨。行有尚①。

虽然坎卦的卦名让人感到害怕,但它的卦辞却不坏。卦辞说,只要有诚信,专心专意,就能亨通,行为就可以得到奖赏。

坎卦的《象传》深入地阐发坎卦卦义,《象传》云:

象曰:习坎,重险也。水流而不盈,行险而不失其信。维心亨,乃以刚中也。行有尚,往有功也。天险不可升也,地险山川丘陵也,王公设险以守其国,险之时用大矣哉!

"习"为重叠,坎卦由两个坎的经卦重叠而成,故谓之"习坎",坎为险,故谓之"重险"。

有意思的是,在《周易》中,水为何象征险?《周易》设水为险,与"陷"密切相关。地面有陷,人坠入其中,是危险的。水之可怕,在于它将地面之陷掩盖了。当然,《周易》只是借水喻险,它所谈的险,许多与水没有关系,是社会

---

① 尚,奖赏义。

生活中的困难与危险。

坎卦认为，"孚"和"维心"是两件救险的法宝。"孚"是诚信，这主要用来处理人与人的关系；"维心"是指内心坚定，专诚于一，这主要讲人的意志。有"孚"，危险中易于得到别人的帮助；"维心"，指意志，意志主要在信心，危险中意志顽强，将整个人的精神支撑起来，这是克险的力量之源。

《彖传》认为，坎卦中的二、五爻，非常重要，它们为阳，又居中，故为"刚中"。刚中是克敌制胜的主要力量。

险，有两个主体，一是受险主体，二是施险主体。受险即遇险，遇险是被动的，遇险者需要在被动中争取主动，目的是脱险。设险是主动的，设险的目的是为了防卫，《彖传》说"设险以守其国"。两种不同的险，其中的奥妙是难以穷尽的，这就是所谓的"险之时大矣哉"。

《彖传》与《象传》的角度略有不同，《彖传》侧重于坎卦哲理的阐发，而《象传》则侧重于坎卦伦理意义的论述。

《象传》云：

> 水洊至，习坎。君子以常德行，习教事。

"水洊至"，水流滔滔而至，坎上加坎，危险极了！怎么办？《象传》也提出两条建议：第一，"以常德行"。"常德"，德之经典，众人均认可的最为重要的道德，也是老祖宗传下来的最为重要的做人处事的原则。第二，"习教事"。"教事"，教育之事，战胜艰险是需要本领的，本领需要学习，需要有人教。《象传》所提供的克难制胜的两件法宝，一件涉及德，一件涉及才，均是极为重要的。

战胜艰险不容易，坎的六爻足以说明这一点。

> 初六，习坎，入于坎窞，凶。

"窞"，坎中之陷处，一开始，就掉进了险坑，其凶可知！

《象传》说"习坎入坎，失道凶也"。"习坎"，坎上加坎；"入于窞坎"，入于深坑。是什么缘故落入这般地步？——"失道"。道，本义为道路，引申为道理、法则、规律。失道，既可以理解成走路失道了，也可以理解在实际生活中违背道理了。既然遇坎的原因是失道，那么脱险的法定就是得道。

初爻讲"失道"遇险。

> 九二，坎有险，求小得。

虽然仍在险中,但九二在中位,为"刚中",可以求"小得",说明"刚中"的重要。君子处艰险之中而能自保,靠的就是"刚中"。因"刚"而能御险自保,因"中"而能动静得宜。

这爻是说在险中,以"刚中"求保。

　　六三,来之坎坎,险且枕①,入于坎窞,勿用。

"来之坎坎",进入险境了。六三形势危险:其一,下乘凌九二;其二,与上六不相应;其三,与六四皆为阴爻,比而无助,可谓进退维谷。"枕"为支倚,"险且枕",意为:居于险中,心情不安,倚枕而观察之。"入于坎窞",最后落入险坑中去了。"勿用",在这种情况下,千万不要轻举妄动。

《象传》说:"来之坎坎,终无功也。"也是说,在险境中不要乱动,重要的是观察,是动脑筋,想办法。

六三爻是在说,处险中勿躁多察,思谋脱险。

　　六四,樽酒,簋贰,用缶,纳约自牖,终无咎。

六四是大臣位,大臣遇险境,只有靠君救助了。怎样才能得到君的救助呢? 当然是让君知道你的忠诚。怎样让君知道你的忠诚? 六四爻没有明说,它借助于古代的祭礼,将这一意思表达得很清楚。祭礼是需要祭品的,祭品有丰厚的也有俭约的。这里用的祭品不算丰厚,仅一樽酒,两碗饭,器具不是铜器而是陶缶。这说明什么呢? 说明祭祀者不尚浮华,而重质实。祭礼的单薄倒反衬心意之真诚。

"纳约",指接近君主,让君王了解自己。"牖",窗户,开通之义。《诗经》有句"天之牖民,如埙如篪。"②毛诗注曰:"牖为道,亦开通之谓。"这里用作比喻,意思是要想取得君王的理解,必须打开君王的心扉,让君王自己明白。

程颐于此爻这一词,有精极的发挥。他说:

　　　　人臣以忠信之道结于君心,必自其所明处乃能入也。人心有所蔽,有所通,所蔽者暗处也,所通者明处也。当就其明处而告之,求信则易也,故云"纳约"。"自牖"能如此,则虽艰险之时,终得无咎也。且如君心蔽于

―――――――――

　　① 朱熹释"枕"为:"倚著未安之意",见《周易本义》;程颐释为:"支倚以处不安之甚也",见《周易程传》。

　　② 《诗经·大雅》。"牖民",教导人民;"如埙如篪",如埙与篪两种乐器一样和谐。

荒乐,唯其蔽也,故尔虽力诋其荒乐之非,如其不省,何必于所不蔽之事推
而及之,则能悟其心矣。自古能谏其君者,未有不因其所明者也。①

这话意思是:大臣以忠信善道邀结君王之心,必须从君王明白之处入手,
只有这样才能进入君王之心。人心总有遮蔽之处,有通达之处,遮蔽的是暗
处,通达的是明处。就明白处让君王知晓,易于求得君王信任,这就叫做"纳
约"。"自牖"(自己将心窗打开)能如此,虽然处于艰难之时,最终无咎害。君
王之心已为荒乐所蔽没,正是因为被蔽没,所以,你虽然极力地批评他,说荒乐
不对,他自己不醒悟,那没有用。你必须从他不蔽没的事入手,推而及之。这
样,就能让他的心醒悟。自古以来能谏君王的,没有不从君王的明处入手的。

程颐真是精于为臣之道!如何对君王提意见,是大智慧。弄不好,会掉脑
袋的。程颐结合坎卦,提出不宜从君王暗处入手,而宜从君王明处入手。所谓
明处,是君王懂得道理之处,也是做得比较好之处;所谓暗处,是君王不明事理
之处,也是做得不好之处。直接批评君王的暗处,君王不会接受你的意见,弄
不好,还会危及自己的生命。而如果从君王的明处入手,由明处推及暗处,君
王就会自己醒悟。

程颐举了若干例子说明这个道理,其中就有《左传》中触龙谏赵太后的故
事,赵太后宠爱少子长安君,故不愿让他去齐国做人质。仅从国家的立场是无
法说服赵太后的,触龙不取这一角度,而就从爱子这一角度切入,因而深得赵
太后的理解。程颐认为,触龙的成功在于他开通了赵太后的明处。

九五,坎不盈,祗。既平,无咎。

"坎不盈",深坑有水但水不盈,水不盈则不能流出。必须待水盈及平才
能将水导出。"祗",在这里同抵,抵是至、到的意思。这就是说,必须力到了,
让水盈到平的程度,才能让水流出。如能这样做,就无咎了。

九五虽居尊位,但下无应,上又有上六相乘,无力扭转坎险的局面,只能做
到自保。

《象传》说:"坎不盈,中未大也。"这话说得很明白,九五虽刚而中,但是处
坎险之境,它的"中"未能光大。程颐说:"五之道未大,以无臣也,人君之道,

① 程颐:《周易程传》。

不能济天下之险难,则为未大,不称其位也。"①程颐将九五与九二不应,理解成君"无臣",君无良臣辅佐,自然就不能"济天下之险难"了。程颐处处从君国大业考虑问题,未免过于狭隘,其实,九五爻说的情况也适用于生活的各个方面。

九五爻启示我们,克服艰险靠自我强大,自我不强,即使地位很高,也无济于事。

上六,系用徽纆②,寘于丛林,三岁不得,凶。

上六的情况就更糟糕了。它陷入更大的危险之中,有牢狱之灾,并被囚禁于丛林之中。三年都不得解脱。

上六的情况为什么这样糟呢?《象传》说:"上六失道,凶,三岁也。"根本原因是"失道"。

从坎卦的实际来看,坎卦虽然也谈了许多致险的具体原因,但根本的是"失道",与之相应,它虽然也讲了克险的许多具体做法,但中心的是循道、守道。

三十、离卦:日月丽天

离卦是一个美丽的卦,它是由两个离卦组成的,离的卦象很多,它象征太阳、火、光明、贤人等。离的卦德为丽,附丽的丽。附丽,凭借、依附的意思,离是必须有所凭借的。

离卦的《卦辞》云:

离,利贞,亨,畜牝牛,吉。

"利贞"是利于贞正的意思,"亨"为亨通。"牝牛"是母牛,母牛阴性,柔顺。坤卦《卦辞》有"利牝马之贞"。"畜牝牛"意味着培养母牛所代表的柔顺品德。离为中女,有坤之德,它属于阴卦系统,故而"畜牝牛,吉"。

---

① 程颐:《周易程传》。
② "徽纆",皆绳索名。三股为徽,两股为纆。"系用徽纆",用坚实的绳索捆绑犯人。

《彖传》和《象传》阐释离卦的卦义：

　　彖曰：离，丽也，日月丽乎天，百谷草木丽乎上。重明以丽乎正，乃化
成天下。柔丽乎中正，故亨，是以畜牝牛吉也。

　　象曰：明两作离，大人以继明照于四方。

这是两首离的赞歌，作为基调的是三个乐音："明"、"正"、"柔"。"明"是
离最基本的品格，离像太阳，像月亮，给大地以光明，给万物以生命。"正"是
明的最重要的凭依，太阳、月亮之所以明，是因为它"丽乎天"，天就是"正"。
正是因为它丽乎正即丽于天，它才能普照大地，才能化育万物。

我们知道，在《周易》中，乾卦也是歌颂太阳的，乾卦着重歌颂的是太阳刚
性的一面，离卦着重歌颂的是太阳柔性的一面，因而它也将月亮纳进来了。月
亮是柔性的代表，既光明，又柔和，故而离成为女性美的象征。从歌颂女性这
一角度来看，离卦与坤卦是共同的，但坤卦歌颂的主要是母性的伟大，离卦歌
颂的主要是女性的美丽。

离是美丽的，但美丽的到来，须经历过艰辛。且看离卦之六爻：

　　初九，履错然，敬之，无咎。

初九是阳爻，阳爻一般好动，它的脚步有些凌乱，像是孩子，走路歪歪扭
扭，故说"履错然"。尽管步伐有些不正，但态度是恭敬的，是谨慎的，因而"无
咎"。《象传》肯定了这一点，说："履错之敬，以辟咎也。"

　　六二，黄离，元吉。

六二又中又正，正是"日月丽乎天"的时候，这时候，展现在我们眼前的是
一片极为光明灿烂的景象。

"黄离，元吉"是对这一景象最高赞美。

"黄"，明亮，温馨。最具活力，也最为迷人；"黄"，朴质，厚重，是大地的象
征，也是华夏的象征，"黄"高贵，神秘，唯君主和佛僧才有权利将它作为专用
色。"黄离"，美中之美，贵中之贵，尊中之尊，这是对离卦的赞颂，离以中正获
得其美，也以中正获得其贵，也以中正获得其尊。离是文明的象征。

《象传》说得好："黄离元吉，得中道也。"

　　九三，日昃之离，不鼓缶而歌，则大耋之嗟，凶。

离卦是由两个离的经卦组成的，所以它的卦义有继明的意义。三爻位是
下卦最后一个爻位，它意味着下卦快要结束了。这好比太阳快要下山了。在

这"日昃"之时,人们难免有些感慨。击缶而歌,送今日太阳休息,迎明日太阳升起,这种达者之乐是没有问题的,这是顺天而乐,乐天之常。然而,如果不能如此,反生出悲伤,为老之将死而嗟叹,那就凶了。

九三爻由太阳的升落联系人事,强调要有乐天知命的人生态度。安常处顺,顺天而动,不以物喜,不以己悲,"生,存吾事也,死,殁吾事也"。这种态度才是最可贵的。

九四,突如其来如,焚如,死如,弃如。

九四是上卦的初爻,它意味着卦进入上层。新的太阳升起了。这新太阳的升起,气势磅礴,好像是突然而来。又像大火燃烧,映红天宇。最后,归于肃穆和宁静。

从初九到九三,就好像在弹奏一首婉约的春天之曲,充满着柔情,一片美好,然而到九四,这曲声突然一变,变得疾厉起来,随后又变得暗哑。这种变化,让人心生不祥之感。九四爻没有做出"吉凶"的断语,是不需言明,是暗示,还是无所谓吉凶祸福?看《象传》,《象传》说:"突如其来如,无所容也。"也没有明确说它的吉凶,而"无所容"一句,也不清楚是谁容谁。程颐从"死如,弃如"做出判断,说"祸之极矣,故不假言凶也"。朱熹的《周易本义》没有做出吉凶的判断。至于"无所容",程颐是说"天下所不容",朱熹则认为"无所容,言焚死弃也"。看来,结论还不容易做出。按笔者的推测"死如,弃如"只是一个比喻,未必真是人死,弃于地。九四爻详细地描绘了太阳升起的情景:太阳冲破云层,突然跃出,像在天边燃起大火,瞬间映红了半边天,这是日初起之景。继而日升上半空,光辉普照大地,此时,天空一片明丽,庄严,肃穆而又宁静,这种宁静肃穆的感觉,类似于"死如,弃如"。因为用了"死""弃"这样的字眼,这个句子虽没有明言吉凶,但会让人产生一种不祥之感。这种感觉在下一爻中则发展成悲痛。

六五,出涕沱若,戚嗟若,吉。

六五是尊位,一般是不会有什么悲伤的,然而在丽日中天的情景下,它却在痛哭流涕,悲戚慨叹,这是不是正应了乐极生悲这句老话?程颐说:"六五居尊位而守中,有文明之德,可谓善矣。然以柔居上,在下无助,独附丽于刚强之间,危惧之势也。唯其明也,故能畏惧之深,至于出涕,忧虑之深;至于戚嗟,所以能保其吉也。出涕戚嗟,极言其忧惧之深耳。"程颐的解释可以帮助我们更好地理解六五爻。笔者认为,最有意思是此爻的断语——"吉"。按说,又是痛哭,又是嗟叹,应是凶才对,然而不是凶,是吉。原因可能有二:其一,从爻位来说,六五是君位,虽不正,但中,虽下无应,但上承上九,还是有前途的。《象传》指出"六五之吉,离王公也"。这王公指的就是上九。其二,痛哭有助于反思,而戚嗟正是在反思。在失败中找出教训,于痛苦中悟出前非,在戚嗟中寻出新路,这不仅是得救之良策,也是创新之要义。每天的太阳都是新的。不必悲观!

　　上九,王用出征,有嘉。折首,获匪其丑,无咎。

　　"王",在这里指统治者,可以是君也可以是将帅。上位与五位都是尊位,所以不独五位可以用王,上位也可以用王。

　　离卦的上九爻比较奇特。卦的上爻,不论是阴爻还是阳爻,一般来说,多有高处不胜寒的感觉,不能求进取,然离卦的上九爻肯定王的出征,这是为何呢?从爻位看,上九以阳居上,处离卦的规定情境,它是极明至刚的象征。极明,能头脑清醒,指挥得当;至刚,能率大军,果决其事。另,它下有六五为承。六五为君,君对它的支持自然是十分重要的。也许正是因为这出征是得到君的支持的,所以这场战争很可能关系到国家的安全。《象传》也从这个角度去解析这场战争,说是"王用出征,以正邦也"。

　　这爻中的"折首,获匪其丑"得到程颐和朱熹的赞扬。程颐说:"去天下之恶若尽,究其渐染诖误,则何可胜诛?所伤残亦甚矣。故但当折取其魁首,所执获者,非其丑类,则无残暴之咎也? 书曰:'歼厥渠魁,胁从罔治。'"朱熹也说:"刚明及远,威震而刑不滥,无咎之道也,故其象占如此。"

　　尽管战争的性质是值得肯定的,且在战争中注意到了"歼厥渠魁,胁从罔治",但毕竟是战争,所以只是说"无咎"。

　　离卦总体上来说是歌颂文明的卦,《周易》中直接谈到文明的卦还有同人卦、贲卦。同人卦《象传》云:"文明以应,中正以应,君子正也,唯君子为通天下之志。"贲卦《象传》说:"分刚上而文柔,故小利而有攸往。天文也。文明以止,人文也。观乎天文以察时变,观乎人文以化成天下。"这离卦的《彖传》和《象传》也有类似的话:"重明以丽乎正,乃化成天下。""大人以继明照于四方。"

　　贲卦与离卦的《象传》都用到了"化成"一词。"化"首先是指阴阳大化,阴阳大化来于阴阳和合,阴阳和合,是一种交感和合,因而是一种创造新生命、新事物的和合,创新是和合的主题,《周易》在不少地方都谈到创新,说是"日新其德""苟日新,日日新。"阴阳大化有自然界的阴阳大化,也有人类社会的阴阳大化,后者效法于前者。自然界的阴阳大化,其象征为为离。"离者,丽也,日月丽乎天,百谷草木丽乎土,重明以丽乎正,乃化成天下。"太阳是阴阳大化的动力之源,文明即是阴阳大化的产物,也是太阳的产物。人类社会当然也有种种阴阳和合的行为,但莫不从自然界的阴阳大化中获是启示,获得灵感,获得模式。

离卦歌颂文明,首先是歌颂大自然界的文明,然后是人类社会的文明。文明需要创造,文明也需要教化。文明的教化,类同于太阳普照天下,故《象传》云:"大人以继明照于四方。"

文明的进程亦如自然界的进程,不只是风和日丽,鸟语花香,也有烈日狂风,雷鸣电闪。只有基于这样一个立场,才能更好地认识并理解文明进程中的种种污秽,种种不文明。

第三部分　易卦简析（下经）

三十一、咸卦:男女交感

　　咸卦在《周易》序为三十一,列为下经之首。它的地位非常重要。我们知道,《周易》卦序,按现在通行的文王六十四卦序,第一卦为乾,第二卦为坤。乾为天,为父,坤为地,为母。它们的结合,意味着天地结合,父母结合。天地结合产万物,父母结合产人类。到第三十一卦,出现咸卦,咸卦是上为兑,下为艮,兑为少女,艮为少男,它们的结合是少女与少男的结合;第三十二卦为恒卦,恒卦上卦为震,下卦为巽,震为长男,巽为长女,它们的结合是长男与长女的结合。父母结合生下子女,子女结合再产生下一代,子子孙孙就这样繁衍下去,没有穷尽。

　　咸卦的“咸”,读为“感”,感是接触,在咸卦的情境下,它们的接触属于相互作用,称之为“交感”。咸卦的上卦兑为阴卦,阴气下降,下卦艮为阳卦,阳气上升,它们就在这一上一下中实现了交感。这种情形与泰卦相类似。既然这个卦主要是讲交感的,为什么不用感而用咸字? 咸有“皆”义,用咸意味着男女交感具有普遍的意义。不独是少男与少女,天下事物凡可以分出阴阳的,它们的关系均是交感。只有交感才有生命产生,交感之义大矣哉!

　　恒卦的长男与长女的关系当然也是交感,恒卦取名为恒不是说它们的关系不是交感,而是说这种交感关系是恒常的。《周易》精心设置咸卦与恒卦,将阴阳交感的思想表达得极为充分,这一思想也恰好是《周易》的主题。

　　咸卦《卦辞》云:

　　　　咸,亨,利贞,取女吉。

《卦辞》直接地说,这个卦亨通,占此卦是有利的,而且明确地说,占这个卦有婚姻之象,娶妻是吉利的。

《卦辞》字数不多,加卦名才7个字,而《彖传》却用了64个字,详尽地阐述《卦辞》的微言大义:

彖曰:咸,感也,柔上而刚下,二气感应以相与,止而说,男下女,是以亨利贞,取女吉也。天地感而万物化生,圣人感人心而天下和平,观其所感,而天地万物之情可见矣。

《彖传》主要讲了两层意思:

第一,释交感。指出"咸",在这里是"感"的意思。怎么感? 具体到这卦来说,兑在上,为柔,柔为阴,阴气下行;艮在下,为刚,为阳,阳气上行。于是,两气感应交合。兑,少女;艮,少男。这兑与艮的结合,合乎天道,意味着这婚姻是吉利的。《彖传》强调的两个关键词:其一,"感应",只有一阴一阳才能感应;其二,"相与",只有阴阳相交才能相与。

第二,论述交感的意义。这意义有三:其一,男女交感,产生生命;其二,天地交感,产生万物;其三,圣人与百姓心灵交感,实现天下和平。最后,提出要"观其所感",以洞察天地万物之情。

《象传》从另一个角度阐发咸卦的意义。

象曰:山上有泽,咸,君子以虚受人。

"山上有泽"这一卦象是耐人寻味的,泽是水,水向下润泽,滋润艮山,艮山受水的渗透,润泽,山中就会出现空洞,有空洞,便于泽水的向下渗透,于是,泽与山在交感中实现了沟通。君子观察山泽通气之象,深明中虚的道理,虚心向下,虚心待人,从而与他人实现了和谐。

《象传》强调中虚是实现交感和谐的重要前提,是很深刻的。这让我们想到了谦卦,谦卦强调君子要谦虚,要虚心,其原因在这里找到了答案。中孚卦因为中间二爻为阴,其他爻为阳,而得到中虚的意象,故获得中孚的美誉。离卦中间爻为阳爻,也有中虚之象。

《彖传》《象传》是后人写的,作为文本的《易经》没有这样的认识高度,它只是在描述一对青年男女的恋爱过程。

初六,咸其拇。

初六也是艮的初爻,它代表艮,少男。初六与九四是相应的,九四是兑的初爻,这意味着少男在向少女示爱。示爱的第一个动作是碰了一下少女的大脚趾。

《象传》说:"咸其拇,志在外也。"所谓"志在外",是说希望进一步发展。

初爻是说交感之初,这种交感具有试探性,无吉凶可言。

六二,咸其腓,凶,居吉。

这是第二步的示爱。由于上次碰触少女的大脚趾,没有遭到反对,这次就往上碰触,碰触了少女的腿肚。这个动作有些过了,引起少女的反感,"凶"。不再动作,停下来,则吉。

六二与九五也是相应的,故而这"咸其腓"的动作,同样具有阴阳交感的意义。至于为何前凶后吉,《象传》是这样解释的:"虽凶居吉,顺不害也。""顺"是重要的,"顺"意味守正。六二居中得正,可以说是"顺"。

九三,咸其股,执其随,往吝。

九三,阳居阳位,得位,以阳刚之才,居正,很容易冒进。果然,这有点冒失的小伙子不只是触碰少女的腿肚,还碰触到少女的臀部,更严重的是,随着少女臀部的摆动,他还去执摸什么。这样,少女势必斥逐,因而,遭到羞吝。

九三与上六相应,也有阴阳交感之意义,因而"咸其股"同样可以理解成求爱。

九四,贞吉,悔亡,憧憧往来,朋从尔思。

到九四,小伙子的求爱得到了少女友好的回应。"贞吉,悔亡"。不必为过去的莽撞而后悔,守正则吉。"憧憧往来",是说少男与少女愉快地偷偷地往来,很快成为亲爱的好朋友。

关于这爻,《象传》说:"贞吉,悔亡,未感害也。憧憧往来,未光大也。"这种解释显然脱离了男女相恋这一基本事实,完全弄到政治上去了。"憧憧往来"是有些私意的,这正说明是在恋爱。《象传》将它说成是"未光大也",是头脑冬烘了。程颐、朱熹这一班理学家也这样古板,程颐说:"夫贞一则所感无不通,若往来憧憧然,用其私心以感物,则思之所及者有所感而动,所不及者不能感也。是其朋类,则从其思也。"①朱熹说:"若憧憧往来,不能正固而累于私

---

① 程颐:《周易程传》。

感,则但其朋类从之,不复能及远矣。"①他们均是将简单的问题弄复杂了。

　　九五,咸其脢,无悔。

　　到九五,爱情得到进一步的发展,从身体下部的接触,已经到身体上部的接触了,"脢"是背肉,距心不远,莫不是说明,这对少男少女快到了心心相印的地步?

　　九五以尊位,下求于六二,那当然是没有什么不可以的,故无悔。

　　上六,咸其辅颊舌②。

　　"咸其辅颊舌",拥抱亲吻。少男少女的恋爱大功告成。

　　从以上的分析,咸卦的爱情主题非常明显。程颐也承认这个卦是在讲夫妇之义,李光地《周易折中》引邱富国的话说:"感二少相交者,夫妇之始也,所以论交感之情,故以男下女为象,男下于女,婚姻之道成矣。"爱情本是人伦之常,何况是少男少女纯真的爱! 其实,男女之爱不只是人道,也是天道!《系辞上传》说:"乾道成男,坤道成女。"乾为天,坤为地,这天地之交不是宇宙之大业么?

　　咸卦虽然本义是在讲婚姻之道,但其阴阳交感的大道理绝不止行于婚姻,大而言之,宇宙之生万物,小而言之,大脑之生新意,无不与交感有关。从某种意义上讲,交感是一切创造的关键。

三十二、恒卦:天道有恒

　　恒卦紧随咸卦之后,居三十二卦的位置,恰是周易六十四卦中间一卦。它的意义自然非同小可。

　　恒卦上为震,下为巽,震为长男,巽为长女。它们之间的关系,也有感的意义,但恒卦不从这方面阐述,而着重于它们所体现的天地人伦之道是永恒的。如果说,少男少女的恋爱是阴阳相交之始,那么当他们结为夫妻,这一阴阳相

---

①　朱熹:《周易本义》。
②　《周易程传》云:"不直云口,而云辅颊舌,亦犹今人谓口过曰唇吻,曰颊舌也。"

合的关系则具有恒久的意义。它们是天地之正道。

恒卦的《卦辞》云：

恒，亨，无咎，利贞，利有攸往。

《卦辞》肯定"恒"是亨通的，无咎的，利于守正，利于前往。有意思的是，《卦辞》中它没有用"吉"字，也许，在《周易》看来，"恒"作为常久之道，无所谓吉凶，吉凶均不是常，用"亨，无咎"来说"恒"就可以了。

《彖传》释"恒"，说：

彖曰：恒，久也。刚上而柔下，雷风相与，巽而动，刚柔皆应，恒。"恒，亨，无咎，利贞"，久于其道也。天地之道，恒久而不已也。"利有攸往"，终则有始也。日月得天而能久照，四时变化而能久成。圣人久于其道，而天下化成。观其所恒，而天地万物之情可见矣。

《彖传》论述恒卦卦义，主要从三个方面进行：

第一，恒卦中阴阳相应的关系：恒卦也存在刚柔的上下运动："刚上"，指上卦震；"柔下"，指下卦巽。震为雷，巽为风，故有雷风相与之象，它们上下的阳阴爻均是相应的。

第二，论述恒道。恒道是天地之道的体现，恒道体现在诸多方面：一是"刚柔皆应"，如"雷风相与，巽而动"；二是上下有位，"如日月得天而能久照"；三是变化有时，"如四时变化而能久成"。

第三，恒道的价值。圣人久观于恒道，理解恒道，熟知恒道，就能治理好天下。

《彖传》这种对恒卦意义的阐述，意在说明"易"与"不易"的关系。通常说，《易》有"三义"：变易、简易、不易。其中不易是与变易相对的，简易则是变易与不易的总体概括。变易是变，不易通常理解成不变，其实，这种理解是不对的。不易并不是不变，而是恒，恒与易不是对立的，恒只是对易的一种修饰，强调易是永远的，长久的，没有终期的。这恰好是对易的肯定。

值得说明的是，当用恒来修饰易的时候，不只是说易是恒久的，还说易是有规律的，恒的不只是易，还有易之律，即是说，变化是恒久的，变化的规律也是恒久的。

恒卦着重讲的是由长男长女相交所体现出来的阴阳和合之道。这种和合之道有两个要点：

第一,这种阴阳结合是成熟的,有别于少男少女的结合;是正常的,以别于老夫少妻或老妻少夫的结合;是具有很强的创生力的,以别于父与母的结合。

第二,这种阴阳和合,是长男在上长女在下,与咸卦少女在上少男在下恰相反。这就为后世阐发男尊女卑思想提供了根据。本来,《易经》没有尊阳贬阴之思想,即使恒卦说的长男在上长女在下,也没有男尊女卑的意思,但《易传》有男尊女卑的思想,《系辞上传》开宗明义:"天尊地卑,乾坤定矣。卑高以陈,贵贱位矣。"恒卦男尊女卑的思想,主要是《易传》阐发的。后世重视这个卦,也基于此。

《象传》对恒卦的阐述侧重于伦理学,《象传》云:

> 雷风,恒。君子以立不易方。

"不易方",程颐解释说:"君子观雷风相与成恒之象,以常久其德,自立于大中,常久之道,不变易其方所也。"①

《周易》的通例,《彖传》和《象传》主要是结合卦辞,阐发卦体、卦德、卦象的意义,不怎么考虑六爻,六爻往往自成体系,在意义上与《彖传》《象传》也不十分贴合,但有相互映衬的妙处。我们现在来看恒卦的六爻:

> 初六,浚恒,贞凶,无攸利。

恒卦是求恒道的,求恒之初不宜深入。"浚",深的意思。初居下,无位,因此在居多的情况下宜慎,不宜冒进。这里的情况亦如此。

> 九二,悔亡。

九二,虽不得位,但系中位。在这个情况下,求恒是不会有什么问题的,当然也不会有后悔的事。

《象传》说:"九二悔亡,能久中也。""久中",长久地居于中位。在《周易》中,正与中都重要,相较而言,中比正更重要。

> 九三,不恒其德,或承之羞②,贞吝。

"不恒其德",不能恒守其德行。"或承之羞",有时还承受人家的羞辱。"贞吝",占得此爻,会有些让人遗憾之处的。

---

① 程颐:《周易程传》。
② "羞",朱熹和程颐均解释成"羞辱",也有人解释成"馐"的,如果解释成"馐","承"就要理解成"进奉"。那么,这一爻可以解释成:不能恒守其德,反而向上进奉珍馐。

九三,阳居阳位,是得位的。九三与上六相应,按朱熹的说法,是"志从于上"①。"志从于上",以阳去求阴,在一般情况下,本没有什么不好。这里之所以有问题,是因为这个卦的总体情势是求恒。恒,常也,稳也。现在,九三急于上求于上六,有一种不安于位的感觉。

三本为险位,多动荡,更重要的是此卦上卦为雷,下卦为风,这风从雷,更强化了此爻的动荡的气氛,于恒不利。

《象传》释此爻,说是"不恒其德,无所容也"。"无所容"中的"容"应为存身;"无所容"指失去其存身的位置,也就是失恒。

尽管此爻的具体解释还可以进一步斟酌,但它的意思还是清楚的,那就是恒守其德,即守住正道。如果说,九二因其居中守恒而无悔,那么,九三爻是因为躁进失恒而贞吝。

九四,田无禽。

九四阳居阴,不得位。《象传》说:"久非其位,安得禽也。"田无禽,只是一个比喻,是说求恒道的情况下,如果不得位,哪怕是居于四这样的高位,也会一无所获,好像田猎,什么猎物也没有打着。

六五,恒其德,贞,妇人吉,夫子凶。

五是尊位,虽是阴爻居之,不正,但得中,而且与九二相应,是能"恒其德"的。但是,这种状况只是对妇女而言,是吉的;对阳刚丈夫来说,则是凶的。

《周易程传》云:"夫以顺从为恒者,妇人之道。在妇人则为贞,故吉;若丈夫而以顺从于人为恒,则失其阳刚之正,乃凶也。"

这种解释与《象传》基本一致。《象传》说:"妇人贞吉,从一而终也;夫子制义,从妇凶也。""贞",这里可以释为守正,妇人的守正是什么呢? 是"从一而终",这"一"指九二。六五与九二相应,有婚姻之象。按《象传》的观点,从夫是吉的,从妇则是凶的。这里所谓的"义",显然是尊男卑女的儒家之义。《周易》的《象传》道德说教意味很浓,基本立场出自儒家,这是无疑的。

其实,恒卦原初的意义也许没有这样复杂。具体到六五爻,六五作为阴爻居君位,下有九二这样的大臣辅佐,当然是吉的。至于"夫子凶",是假设之辞,意思是,如是不是阴爻居此位,而是阳爻居此位,那就是凶的了。

---

① 朱熹:《周易本义》。

上六,振恒,凶。

上六为阴,本不应"振"的,但是,这是震卦的最上爻,震为雷,卦德为动,这就注定它是振动不息的了。这种情况,在求恒道的背景下,当然是凶的。

整个恒卦讲求恒道。恒道为恒久之道,这恒久之道即天地之道。天地之道是宇宙的根本规律,它是恒常的,人伦之道是效法天地之道而由圣人建立起来的,它也具有恒常性。恒常性突出表现为规律稳定性、重复性,具有"静"的意味。这"静"取哲学的意义,不是说不动,而是指有常。所以,恒卦表现出强烈的求静的意味。

《周易》是讲变化的书,但是《周易》更是讲规律的书。规律即为恒。

三十三、遁卦:君子之遁

遁卦顾名思义是讲逃遁的卦。遁卦艮下,乾上。最下二爻为阴,余皆为阳,表现为二阴爻向上浸长而诸阳爻退避的态势。这个卦为六月之卦。六月虽然阳很旺,但实际上阳开始退了,阴悄悄地长了。

《卦辞》云:

遁,亨,小利贞。

《卦辞》用语相当谨慎。首先,肯定它为亨。天道运转,有阳盛之时,也必有阴盛之时,阴阳更替是自然规律,没有什么吉凶可言。

《周易》重天道,天道之行是有规律的,规律可以概括为"时"。"时"是客观的,不以人的意志为转移。人只能顺时而不能逆时。时行则行,时止则止。君子在有利的时候,当然要行;君子在不利的时候,却要止;严重时,还要遁。遁是必要的,也是有利的,故为"亨"。因毕竟是退,是遁,只能说是"小利"。

《彖传》说:

彖曰:"遁,亨",遁而亨也。刚当位而应,与时行也。小利贞,浸而长也,遁之时大矣哉。

遁卦总体形势是遁,也就是说,从全局来说,它不利于前进,但并不是说就完全停下来,而是说要根据不同的情况选择不同的态度。

这里,最为重要的是九五爻,它阳刚当位,下与六二相应,可谓与时偕行。尽管如此,在总趋势为遁的形势下,九五的胜利只是小胜,只是小利,只能是"浸而长"——慢慢地浸润,上长。因此,所谓"遁之时大矣哉",并不是一味地遁,而是在遁的大局中,有把握地、缓慢地进。这种退中之进是遁卦的精髓。

《象传》说:

> 天下有山,遁,君子以远小人,不恶而严。

《象传》将遁的形势设计成小人得势君子失势,在这种形势下,君子只能遁。"远小人"是君子对待小人的基本态度。"远",一是躲避,以免受害,二是不与之同流合污,洁身自好。总的态度是"不恶而严"。"不恶",在总体形势不利的形势下,对小人不采取激烈的斗争态度,目的是保全自身;"严",严格地坚持正确的立场,严格地坚持道德操守。

《象传》提出的对小人斗争策略是完全正确的。

现在我们来看六爻:

> 初六,遁尾,厉。勿用有攸往。

"遁尾",逃在后。"厉",危险。

初位无位,不管在哪种情况下,均要有所收敛,不宜冒进。在遁的情境下,要遁,还得早点遁,遁晚了,还很危险。既然是遁,当然是"勿用有攸往"了。

《象传》说:"遁尾之厉,不往何灾也。"关于这段《象传》,程颐的解释不错。他说:"见几先遁,因为善也。遁而为尾,危之道也。往既有危,不若不往,而晦藏可免于灾,处微故也。古人处微下隐,乱世而不去者多矣。"[1]所谓"见几先遁",看到微妙的迹象,就赶紧跑了。既然确定要逃,那就要早逃,早逃不是胆小,而是一种明智。

> 六二,执之用黄牛之革,莫之胜说。

这话是说,用黄牛皮拴物,非常牢固。"黄牛",坤象之一,其德为顺。黄,中色。这些话均是对六二说的。六二,阴爻居阴位,得位,又居中。

《象传》说:"执用黄牛,固志也。""执用黄牛",原来是为了"固志"。在小人得道之时,君子固志特别重要,千万不能见风使舵,与小人同流合污。《象传》的提醒不失其时。

---

① 程颐:《周易程传》。

九三，系遁，有疾厉。畜臣妾，吉。

"系遁"，遁有所系。九三爻认为，在大局不好的情势下，君子的逃遁不能太晚，万不可被各种羁绊牵累，以致逃不了。"有疾厉"，"疾"为病害，这里指各种羁绊。"厉"，危险。

"畜臣妾，吉。""臣妾"，是指忠心的臣下门客。这话的意思是，如果畜养了许多有才华的门客，那是吉利的。原因很清楚，在危难之时，他们会挺身相助的。程颐释此爻时，举刘备在逃难之际不忍丢弃百姓为例，说这种行为，不失君子之道，虽危为无咎。

危难之际，君子是遁还是不遁，早遁还是晚遁，一直是有着不同意见的。遁卦主张的遁，早遁，也有人不以为然，突出的例子是谭嗣同。变法失败，风云突变，康有为、梁启超均得讯逃往海外，得以保全性命。谭嗣同并不是没有得到讯息，而是执意不遁，结果喋血菜市口。谭氏的行为，是邪，非邪？不可能有一致的看法。

九四，好遁，君子吉，小人否。

"好遁"，好的遁。九四与初六的相应，属于阴阳相应，一般均是吉的。但九四爻认为，处这种状况，君子吉，小人否。难道阴阳相应还分君子与小人吗？不错，《周易》是讲究这一点的。在《周易》看来，君子之间的阴阳相应，是用来做好事的，而小人与小人之间的阴阳相应，是用来干坏事。同人卦不是批评过"同人于宗"吗？

这一爻中，它说君子的遁是好的遁，是吉的；对于小人的遁，它不说凶，只说"否"，否是闭，行不通。那就是说，君子可以采取遁来保护自己，而小人是不能用遁来保护自己的。

九四的《象传》说："君子好遁，小人否也。"再次肯定了遁只是君子之道，不是小人之道。

九五，嘉遁，贞吉。

九五中正，下与六二相应。它是这个卦的卦主，也是遁的主体。遁，在九五的情况下，做得最为漂亮，故为"嘉遁"，当然也是吉利的。

《象传》将"嘉遁贞吉"的原因归之于"正志"，说："嘉遁贞吉，以正志也。"这里的"志"，当然是利国利民的大志。

上九，肥遁，无不利。

"肥"者,充大富裕之称。肥遁,是说这遁,无所系滞,飘然远逝,跑得无影无踪了。遁卦上体为乾,乾德为健。上九为乾的上爻,有向外拓展之意,它下又无所系,因而,其遁宽绰有余。

这爻比较特别。按说,君子处穷厄之时不得已而遁,其遁本是被动的,不自由的,哪有肥遁可言?然而上九因其特殊的条件而得肥遁。

遁卦认为,遁道对于君子是通达的,对于小人则是否闭的。君子的遁是隐,隐可以融于世,因为世人会保护君子;小人的遁是逃,逃是不可以融于世的,因为世人是不会保护小人的。

《周易》绝大多数的卦讲进取,也有一些卦讲谦让,蓄养。谈遁的就这一卦。这现象耐人寻味。说起来,天有阴晴,日有升落,月有圆缺,没有什么不可以接受的,但是,在人类社会,历来的教育总是鼓励前进,极少讲退避、逃遁的。其实,有进就有退,有升就有降。君子之遁,不也是好事吗?

三十四、大壮卦:雷天大壮

大壮卦是遁卦的错卦,遁卦下卦是艮,上卦是乾,体现出阴进阳遁之势,将遁卦上下颠倒则成而大壮卦,大壮卦下卦为乾,上卦为震,体现为阳进阴衰之势。大壮卦从初九到九四均为阳爻,仅六五、上六为阴爻。大壮上卦为震,震为雷,下卦为乾,乾为天,有雷在天上之象。想想,雷在天上,何等威武,何等雄壮!

大壮卦的《卦辞》:

大壮,利贞。

只有两个字:"利贞"!最简单,也最有气魄!

《彖传》释"大壮":

彖曰:大壮,大者壮也,刚以动,故壮。大壮利贞,大者正也。正大而天地之情可见矣。

"刚以动"是乾与震的组合,乾为刚,震为动。这刚的动,如惊雷掠空,狂涛袭岸,战马骋原,大军破阵,当然是威武雄壮的。《彖传》强调"大者正也",

这大而又正或者说正而又大的是什么呢？是天地。唯有天地才是既正又大的。所以，"正大而天地之情可见矣"。

《象传》从君子的角度阐释大壮：

> 象曰：雷在天上，大壮，君子以非礼弗履。

"雷在天上"，极为壮观。君子观之，自然心雄气壮，意欲干一番惊天动地的伟业。这诚然是不错的，但千万要注意"非礼弗履"。那就是说，行大壮要执正义之旗，走仁爱之路，为天下之利。

下面，我们来看大壮的爻辞：

> 初九，壮于趾，征凶，有孚。

初九，位于乾刚之下，难免有躁进之意。"壮于趾"，这脚趾头痒痒的，有些动了。但千万不能妄动，出征必凶。

这爻很可能是有一个故事的：一位年轻有为的君王，他刚上台执政，就意欲率大军出征，以臣服某一国家。初九爻辞云：出征是凶的，不能用武，而只能用文，文为孚，即以诚信去与他国结交。

初九爻主旨：反对武力，主张用孚。

> 九二，贞吉。

九二，为中位，以阳居二位本为不正，但在大壮的情势下，倒反而得以柔济刚的好处，故"贞"而为"吉"。《象传》云："九二贞吉，以中也。"

九二爻主旨：坚持中道。

> 九三，小人用壮，君子用罔①，贞厉，羝羊触藩，羸其角。

九三，阳爻在阳位，得位，又与上六相应，按一般情况是好的，但在大壮的情况下，要防冒进，要适当地抑阳。小人不明白这些，一味逞强，"用壮"，这就很危险，所以"贞厉"。君子则不是这样的，君子不用壮，而用"罔"，"罔"是"无"，"无"是"道"。

此爻虽然谈到了君子，但只是用来说明小人不是君子，并不是说，九三爻同时存在君子和小人两种情况。

"羝羊"是公羊，它躁动冒进，触住了藩篱，结果将角抵伤了。这也是用来比喻小人的。

---

① 《庄子》中有"象罔"概念。罔是指无，无为道。

九三爻的主旨:反对轻易动用武力,主张用道义解决纷争。

> 九四,贞吉,悔亡。藩决不羸,壮于大舆之辐。

四位是阴位,阳居之,为不得位,在一般情况下是不好的,但在阳过盛的情况下,需要的是抑阳,这阴位以柔济刚,恰到好处,故而贞吉,悔亡。

羝羊这回胜利了,藩篱冲破了,角没有受伤。这又好比一辆大车(舆),行进于多年,车轮没有坏,其原因就是它有一副坚固的辐条。

《象传》说:"藩决不羸,尚往也。""尚",崇尚。"尚往"是可以前进的。

九四爻的主旨:大壮时,重要的是要借柔济刚。只有刚柔相济才能取得胜利。

> 六五,丧羊于易,无悔。

"丧羊"之"羊",是指初九、九二、九三、九四四阳爻。按易象,牛性顺,羊性刚。

"易",有多种解释,朱熹和程颐均解释为"和易"。程颐说:"羊群行而喜触,以象诸阳并进。四阳方长而并进,五以柔居上,若以力制,则难胜而有悔,唯和易以待之,则群阳无所用其触,是丧其壮于和易也。如此,则可以无悔。"[1]程颐的意思是:羊,群行,喜欢格斗,就像四支阳爻,齐头并进。五位是君位,然为阴爻居之。六五如果以强力去制服这四阳(羊),恐怕制服不了,只能以"和易"之道来对待它们。这群阳(羊),因为遇不到抵抗,那角也就派不上用场,可以说,其"壮"在"和易"之中丧失了。

关于"丧羊于易",有学者据甲骨文,考证出商王之子亥实有丧羊于易地的事。[2] 如果这一事实确实,则不能将"易"解释为"容易"。

六五爻的主旨:以柔克刚。

> 上六,羝羊触藩,不能退,不能遂,无攸利,艰则吉。

此爻又取"羝羊"为喻。"羝羊"在上六的情势下,其触藩处在一种非常尴尬的境地,进不能进,退不能退。不过,只要不畏艰难,则可以取吉。

为什么会出现这种进退两难的境地呢?朱熹说:"壮终动极,故触藩而不能退;然其质本柔,故又不能遂其进也。其象如此,其占可知。然犹幸其不刚,

---

① 程颐:《周易程传》。
② 参见王国维:《殷卜辞中所见先公先王考》;也可参见顾颉刚:《周易卦爻辞中的故事》,见《中国现代学术经典·顾颉刚卷》,河北教育出版社1996年版,第234—238页。

故能艰以处,则尚可以得吉也。"①这个解释兼顾了大壮的情势和上六自身的性质,应是可取的。朱熹的意思是:上六标志"壮"到其极端了,好像羝羊触藩,已经使出了全身之力,不能退了。然而,上六为阴爻,性质为柔,意味着这羝羊性质也为柔。它力气有限,也不能继续进了。上六性柔,不会一味用壮,能在艰难中坚持,所以最后能得吉。

上六爻的主旨:最好不要轻易用壮。

综观大壮卦,我们有一个很有意思的发现:大壮理念,在大壮卦,其含义不是单一的。它至少有三种含义:

一是天地精神。这种"大壮","大者壮也","大者正也",即又正又大。"正大而天地之情可见矣",对于天地精神,大壮卦是倾心赞美的。

二是阳刚精神。大壮卦含四阳爻,而且四阳爻居下,体现出群阳并进意气风发之势。这个卦下乾上震,乾健而动,充分体现出乾卦自强不息的精神,故"大壮"也可以理解成阳刚精神,对于这种精神,大壮卦亦是赞美的。

三是阳盛阴衰的局势。对于这种局势,大壮卦的态度有两面性,一方面肯定阳的进取性,另一方面又否定阳的过盛,主张适当地引阴以济阳,引柔以济刚。《周易》认为,只有刚柔相济,阴阳和谐,才是美好的宇宙,美好的社会,美好的人生。

以上三种大壮的含义在大壮卦中不是矛盾的而是统一的,统一的基础就是既大又正的天地精神。

崇阳尚和,《周易》这一基本思想在大壮卦中又一次得到了充分的体现。

三十五、晋卦:晋升之路

晋卦,如泰卦,颇受青睐。晋卦的卦象甚好,它下为坤卦,坤为地;上为离卦,离为太阳。形象就是:一轮红日从大地冉冉升起。比喻人的事业处于顺利发展之际,大有前途。

---

① 朱熹:《周易本义》。

晋卦《卦辞》云：

晋，康侯用锡马蕃庶①，昼日三接。

康侯，王弼、孔颖达都说："康，美之名也。"朱熹也说："康侯，安国之侯也。"他们都不把康侯落实为某一人。据顾颉刚等历史学家研究，康侯实有其人，即西周的卫康叔，他封于康，故曰"康叔"。《卦辞》说，康侯善于畜牧，他用君王赐的马来繁殖，生的马仔很多。"昼日三接"，可以做两种理解，一种解释是，康侯的马繁殖很快，一天有多匹母马生育；另一种解释是，康侯一天之内多次接受君王的赏赐。

《彖传》和《象传》阐释晋卦卦义，云：

彖曰："晋"，进也。明出地上，顺而丽乎大明，柔进而上行，是以"康侯用锡马蕃庶，昼日三接"也。

象曰：明出地上，晋，君子以自昭明德。

"明出地上"，太阳升出于地面，意味着事业上升，前途远大。"顺而丽乎大明，柔进而上行。"作为下卦的坤有"顺"之德，上卦的离有"丽"（附丽）之德，坤与离的组合，呈现出大明景象。"康侯用锡马蕃庶，昼日三接也"，康侯的马繁殖力很强，一天有多匹母马产仔。意味着事业兴旺。

这个卦中，离是作为君王出现的，它的光明普照大地。离属于阴卦，具有柔的性质，柔而上进，兼刚柔相济之品德。这样的君主，是仁慈的，亲和的。《彖传》主要是歌颂离，歌颂君王。

《象传》则对臣下提出要求。"自昭明德"——自己昭明美好的品德。"自昭明德"就是"自明明德"。儒家经典《大学》中的"明明德"很可能来自此。

晋卦的六爻描绘"晋"的各种不同的情状：

初六，晋如摧如，贞吉，罔孚，裕无咎。

"晋"是进的意思。"摧"，有两种理解：一是抑退，二是摧毁。程颐理解为"抑退"，朱熹则理解成"欲进见摧"。我赞成程颐的解释。在晋之初，有进有退，亦进亦退。"晋如""摧如"，很可能是太阳出山时景象的描绘。由于天边有云，那太阳一会儿显露出来了，这就是"晋如"，一会儿被云遮盖了，这就是"摧如"。"晋如""摧如"之景象让人生出联想，事业进展之初，不一定一帆风

①　"锡"，赐；"蕃庶"，很多。

顺的,也许就是这一会儿"晋如",一会儿"摧如"。但只要守正(贞),则吉。

"罔孚"即无孚,无孚意味着初六尚不能取信于人,具体来说,还不能见信于君主。在这个时候,它的活动空间比较地宽绰,进退裕如。

《象传》云:"晋如摧如,独行正也。裕无咎,未受命也。""独行正"指独行正道。初六阴居阳位,不得位,怎么正呢? 须知易理有种说法,初无位,故初六谈不上得位不得位。但是,有一条却是值得注意的:初六上与九四相应。这"独行正"之"正"是不是指的这? 基于晋卦主要是讲臣下晋升之道的,初六位低,还未被君王授予官职,因而是"未受命"。"未受命"相对来说,行动宽绰,裕如。

晋卦之初爻提供的信息是丰富的。这里最为可贵的是"裕",裕意味着有很多的机会。对于图晋升的人来说,还有比机会多更幸福的吗? 没有。

六二,晋如愁如,贞吉。受兹介福,于其王母。

"晋如愁如",前进啊,发愁啊! 为什么会有"愁"的感觉? 主要是六二上与六五无应,上下皆阴,群阴包围,自己本身也是阴。没有阳刚之助,这晋就乏力了。

"贞吉",虽然前进乏力,能安守中正之道,亦可得到君主的赐"福",这"福"来自"王母","王母"指六五(因六为阴爻,居尊位,故称"王母")。

《象传》说:"受兹介福,以中正也。"这爻的意思很清楚,即使在晋这样一个情境之下,不晋也可得福,重要的是守中正之道。

六三,众允悔亡。

六三,阴处阳位,不中不正。本是有"悔"的,然而为何"悔"又没有了呢? 原因在"众允"。"众"是指初六、六二、六三这三阴爻,即整个坤卦。坤是有"众"义的。六三作为坤之上爻,是坤的终结,因而得到整个坤系列的肯定(允)。在这种情况下,虽然它自身不中不正,亦可保平安。

这爻是耐人寻味的。虽然《周易》很看重中正,经常以是否中正来判断吉凶,然而也不是绝对的,别的因素也参与到吉凶的判断,这里提出"众允"这一因素。"众"可以理解成民众。民众的看法,民众的利益,民众的心声,是非常重要的,它参与决定事情的吉凶。所谓"众怒难犯",所谓"民心所向",所谓"众志成城",所谓"万众一心",说的都是众的力量。

九四,晋如鼫鼠,贞厉。

"鼫鼠"贪而胆小,用来喻小人。小人也在谋晋升,然手段卑劣,贪婪而又怯弱。从爻位来分析,九四不得位,不得位而要居其位,可见是贪处其位。贪处其位,其危自见。

《象传》说:"鼫鼠贞厉,位不当也。"一针见血地指出九四爻"贞厉"的根本原因所在。这爻取象鼫鼠是很恰当的。鼫鼠贪婪、胆小,专在阴暗中穿行,与小人非常相似。耐人寻味的是,鼫鼠这一意象用在九四爻。众所周知,九四爻是大臣位,靠近君位,对君主影响很大。如果君子居此位,则造福于天下;若是小人居之,则天下百姓遭殃了。作《易》者深感小人当政之可恶,特作此爻,以警世。

六五,悔亡,失得勿恤。往吉,无不利。

六五为君位,它也有"悔"吗?有的。"悔"的产生,原因有三:一是不正,阴居阳位;二是乘凌九四;三是与六二无应。

"失得勿恤",就是不计得失。不讲得失,需要有豁达的胸怀。这爻恰好为离之中爻,"离中虚"①因此,"往吉,无不利"。

患得患失人皆有之,何况是炭炭于仕途之人。晋卦将这个问题置于六五爻中,如洪钟大吕,以警世人。人生在世,总是想做一番事业的,然而事业能不能如自己的心意做成,那就难说了。这个过程中,最为难得就是"失得勿恤"之心了。

上九,晋其角,维用伐邑,厉吉,无咎,贞吝。

"晋其角",可能是取象于羊,羊格斗,角总是在前。这里用来比喻只知进不知退的鲁莽行为。这种鲁莽行为,只能用来"伐邑"——镇压国内叛乱,维持社会治安了。只知进不知退的鲁莽行为,后果难测。"厉吉,无咎,贞吝",这些判断,让人迷惑,到底是吉,还是凶?各种可能都有,基本倾向是比较危险。如果能坚守正道,可以无咎,但仍然是有遗憾的。

《象传》说"维用伐邑,道未光也"。看来,根本原因还是"道"未能光大。

这爻主旨很清楚,谋晋之途万不可鲁莽,需懂得进退,更重要的是谋晋之途,万不可胡来,须坚守正道。

总结晋卦,它主要讲了四点:第一,谋晋,重在取信于人,第二,谋晋,重在

①　朱熹:《周易本义·八卦取象歌》。

有人相助;第三,谋晋,须心胸豁达,不计得失;第四,谋晋,须坚守正道,切勿鲁莽冒进。

人生之路谁不想晋升? 但能获得晋升者,总只是极少数幸运者。原因很简单,晋升之路不是一条坦途。唯有德者、有智者、有勇者才能成功。晋卦给予我们的指导太重要了!

三十六、明夷卦:明入地中

明夷卦是离卦的错卦,其卦象相反,晋卦的卦象是太阳升出地面,而明夷卦的卦象是太阳落入地下,说是明夷,这是一种非常文学化的说法。夷是伤,明夷就是太阳受伤了。太阳受伤了,自然就不能工作了,它要去疗伤了。

太阳在卦中比喻君子,结合卦中以箕子为例,可能主要是讲在朝廷中贤臣遭到昏君的打击不得不隐遁的情况。此卦可以看做是遁卦的前篇,遁卦是它的续篇。

明夷卦《卦辞》云:

> 明夷,利艰贞。

虽只有三个字,含义很丰富。"艰",是说明夷的状况;"贞",是说明夷所处的态度;"利",是说明夷的命运。程颐说得好:"君子当明夷之时,利在知艰难,而不失其贞正了。在昏暗艰难之时而能不失其正,所以为明君子也。"①

《象传》云:

> 象曰:明入地中,明夷。内文明而外柔顺,以蒙大难,文王以之。利艰贞,晦其明也,内难而能正其志②,箕子以之。

"明入地中"是明夷的卦象,它的含义是很深刻的,昏君主政,奸邪当道,世道黑暗,君子蒙难。"明夷"在这卦代表遇难的君子。

---

① 程颐:《周易程传》。

② "内难而能正其志,箕子以之",《周易程传》释为"内切近其难,故云内难,然箕子能藏晦其明,而自守其正志,箕子所用之道也,故曰箕子以之"。

"内文明而外柔顺",明夷卦内卦为离,离为明,外卦为坤,坤是顺。这状况用来比喻周文王。周文王内文明,外柔顺,以事商纣王,然遭到商纣王的忌恨,被商纣王囚禁在羑里,这就是"以蒙大难"。

"晦其明也,内难而能正其志",这是说箕子。箕子是商纣王的叔父,明夷卦歌颂的主要对象。箕子是忠臣也是贤臣,他多次进谏纣王,然不仅没有任何用处,反而遭受打击。只能在艰难中守正,不得不晦藏其明。作为商的宗室大臣,他切近地感受目前已降临的灾难,然无计可施,只能自守其志。

《象传》举了两个人物,一是周文王,二是箕子,均是明夷的代表。周文王是内文明而外柔顺,不乏用智;箕子则"晦其明"而"正其志",更多的是愤懑和无奈。

《象传》云:

> 明入地中,明夷,君子以莅众,用晦而明。

这里,对明夷的认识,除了"明入地中"这一卦象同于《彖传》外,其他则完全不同。关键是"用晦"。按《彖传》的看法,君子处于严重不利的情况下,不能不晦藏其明。这种"用晦"是被动的,带有消极性,目的是藏。然而,《象传》说的"用晦"却是积极的,因为这种"用晦"其结果是"明"。

这一巧计从何而来? 从"莅众"来。这就有两个问题:其一,明夷何以推出君子"莅众"来? 其二,"莅众"何以能"用晦而明"?

这两个问题均与"明入地中"有关。明入地中,天暗,察物必然不明。在这种情况下君子莅众,君子能将众看得一清二楚吗? 自然不能。看不清楚就是"晦"。君子又怎能用这"晦"而达到"明"的效果呢? 程颐有独特的见解,不妨录之如下:

> 明所以照,君子无所不照。然用明之过,则伤于察,太察则尽事,而无含弘之度,故君子观明入地中之象,于莅众也,不极其明察而用晦,然后能容物和众,众亲而安,是用晦乃所以为明也。若自任其明,无所不察,则已不胜其忿疾,而无宽厚含容之德,人情睽睽而不安,失莅众之道,适所以为不明也。①

说得太精彩了。古话说,水至清则无鱼,人至察则无明。金无足赤,事无

---

① 程颐:《周易程传》。

全美,人无完人。如果持显微镜来看人,看事,这天下哪有美可言? 就是绝世美女,将其凝脂美肤放在显微镜下观看,也会让人毛骨悚然。所以,明照也只是相对的,大体方面看明白,就行了,不必看得过细。过细虽真,但不美,也未必善。试想,凭一双显微镜式的眼睛,看遍天下,则没有一个好人,那不是将自己彻底地孤立起来了吗? 君子不能不清高,也不能不和众。清高在责己,责己在严;"和众"在容物,容物要宽。责己之道与和众之道两不能混。由"明入地中",《象传》引出"用晦而明"的观点,殊为可贵。

下面我们来看明夷卦的六爻:

初九,明夷于飞,垂其翼,君子于行,三日不食,有攸往,主人有言①。

这里,将"明夷"比着一只鸟。这鸟受伤了,翅膀不是振着,而是垂着。明夷即受到打击的君子。"三日不食",《象传》说是"君子于行,义不食也"。程颐说"言困穷之极"。我认为,程说比较切近爻辞的实际。

"有攸往",君子可以有所往。如何往,往何处,没有说。有两种可能:一是继续与小人斗争,进谏昏君;二是逃遁,归隐。总之,君子虽受了伤,但伤不甚重,还有一定的活动余地,可以做出自己的选择。

"主人有言","主人"可能是与初九相应的六四,也可能是众人,言的内容不明,但因为君子特立独行,见几而作,不同凡俗,不为时人所理解,言的内容可能反面的居多。

初爻的信息量很大,但主要是说君子遭难初期,伤不太重。虽然艰难,尚可以有所往。

六二,明夷,夷于左股,用拯马壮,吉。

这是明夷的第二个阶段,君子受了比较重的伤,伤于左股。不说伤于右股而说伤于左股,这是因为人体左右,以右为便,伤左而未伤右,说明伤尚不足以严重影响人的活动。

"用拯马壮",承"伤左股"而言。伤了左股,自然行走不便了,只有乘车或骑马了。用强壮的马来拯救,不失为好办法了,故而吉。马,是乾之象,具有阳刚之质。六二爻,阴重,君子为阴所伤,用阳来拯救是适宜的。结合卦的实际来看,

---

① 《周易程传》认为"主人有言"是说:"君子之独见,非众人所能识也,故明夷之始,其见伤未显而去之,则世俗孰不疑怪,故有所往适,则主人有言也。然君子不以世俗之见怪而迟疑其行也,若俟众人尽识,则伤已及,则不能去矣。"

能拯救六二的只有九三,六二上承九三,九三是可以救它的。九三,阳爻,为马。

这爻似是在说君子伤较重,可以援阳刚之力以救助。

九三,明夷于南狩,得其大首,不可疾贞。

"明夷"向南征伐(南狩)取得了胜利,俘虏了敌人的魁首(大首)。但是,不可操之过急,要守正。

九三能胜,原因很多,除了阳居阳位得位外,与上六相应是关键性的。

总体上不被见用的君子,因某种机缘也可能在某一事件上见用。这在历史上是屡见不鲜的。然而,君子不要错误地估计形势,不能操之过急,千万不要以为一次胜利,就可以一举扭转局面,化"明夷"为"晋"了。

这爻于上面两爻有一个小小的逆转。君子在逆境中,因某种机缘也会取得很大的胜利,但不可误认为"明夷"的局势改变了,尚宜守正。

六四,入于左腹,获明夷之心,于出门庭。①

六四是明夷卦上卦坤的初爻,坤卦有腹之象。"坤体之下,故曰'左腹',尊右故也。"②"入于左腹",说明"明夷"受伤更重了。"获明夷之心,于出门庭",这里的"获",可以理解成保护的"护"。"获明夷之心",可理解成保护"明夷"的心志。现在的情况是如此不利于"明夷","明夷"要护住自己的心志,就只有远行了,这就是"于出门庭"。

这爻又是一个逆转。君子受伤更重,处境艰难,没有别的办法了,要护住心志,只有远行遁隐。

六五,箕子之明夷,利贞。

六五,是尊位,这里不是给了帝王,而是给了箕子。"利贞",意思是坚守正道,必然有利。箕子的前途光明。这一爻给天下所有的明夷者以希望,以

① 这爻比较难解,朱熹说:"此爻之义未详。"(《周易本义》)程颐对此爻说得很详细,他认为,"六四以阴居阴,而在阴柔之体,处近君之位,是阴邪小人居高位,以柔邪顺于君者也。六五,明夷之君位,伤明之主也。四以柔邪顺从之,以固其交。夫小人之事君,未有由显明以道合者也,必以隐僻之道,自结于上。右当用,故为明显之所,左不当用,故为隐僻之所。人之手足皆以右为用,世谓僻所为僻左,是左者隐僻之所也。四由隐僻之道,深入其君,故云'入于左腹'。入腹,谓其交深也。其交之深,故得其心。凡奸邪之见信于其君,皆由夺其心也;不夺其心,能无悟乎?'于出门庭',既信之于心,而后行之于外也。邪臣之事暗君,必先蛊其心而后能行于外。"(《周易程传》)这个解释说得入情入理的,问题是,如果六五是"伤明之主",那六四去讨好六五,怎么能说是"获明夷之心"呢? 只能说是获"伤明之主"之心。这显然不合爻辞的本义。

② 李光地:《周易折中》。

鼓舞。

这爻也是一个逆转。在上爻,君子"于出门庭",远遁了事,君子事业跌落到谷底,这爻却是一个回升,君子的事业,前途光明。

> 上六,不明晦。初登于天,后入于地。

"不明晦",不明而晦。指上六。朱熹认为,明夷卦中,只有上六是君,而且是昏暗的君,昏君伤明,为"夷明",余五爻遭受昏君之伤,为"明夷"。二者处在相对立的立场上,好像商纣王之于箕子。苏轼说:"六爻皆晦也。而所以晦者不同,自五以下,明而晦者也。若上六不明而晦者也,故曰'不明晦'。"①这话极为明快。意思是:六爻均是说晦暗,只是晦者不同。自初爻到五爻均是蒙受伤害的君子,他们的光明遭到摧残,为"明而晦"者;上六为昏君,摧残忠臣,伤害"明夷",为"不明而晦"者。

"初登于天,后入于地"是昏君全过程。"初登于天",是它现在的猖獗,"后入于地",是它以后的下场。

将晋卦与明夷卦合在一起来读是非常有意义的,它是中国古代为臣大全,其中所论为臣的兴衰荣辱,进退升降,让人感叹唏嘘。

三十七、家人卦:风火家人

家人卦,顾名思义,是讲处理家庭关系的卦,着重讲如何处理夫妻关系。此卦下卦为离,上卦为巽。巽为风,离为火。用风与火的关系来比喻夫妻关系,十分贴切。

家人卦《卦辞》云:

> 家人,利女贞。

虽然是讨论夫妻关系的卦,持的只是女方的立场,这可能是远古母系氏族社会的遗存所致。家,最重要的是女方的存在,有女才有家。也正是因为持的是女方的立场,所以这卦的吉凶都是对女方而言的。

---

① 李光地:《周易折中》。

"利女贞",即利在女正。女正,家道才正。程颐说:"独云利女贞者,夫正者身正也,女正者家正也,女正则男正可知矣。"①这种说法,似有点过了,因为"女正"未必能影响"男正"。在男权社会里,男人受女人的影响未必有程颐说的那样大。

《彖传》结合家人的卦象,将封建社会里,夫妻的职务关系说得非常透彻:

> 彖曰:家人,女正位乎内,男正位乎外,男女正,天地之大义矣。家人有严君焉,父母之谓也。父父子子,兄兄弟弟,夫夫妇妇,而家道正,正家而天下定矣。

女主内,男主外,这是《彖传》确定的家庭主要成员夫妻的职务。这一观念对汉民族的影响一直延续到现在。这种说法可能源自远古原始社会男女的分工。男子一般从事出门的体力劳动,而女人多在家带孩子操持家务以及畜养牲畜等。即使在今天,由于男女生理上的不同,也存在一定的分工。《彖传》将这一社会分工提升到"天地之大义"的高度,这一思想对中国文化影响极深。在中国传统文化中,夫妻关系是重要内容之一,诸多的有关社会的道德原则在此基础上建立。

《彖传》强调"家人有严君","严君"是父母。一个家,夫妻是基本元素,但夫妻对于儿女来说亦是父母。夫妻,立足于横向关系,父母则立足于纵向关系。横向关系是空间的、静态的,纵向关系是时间的、动态的。由于夫妻亦是父母,于是就派生出"父父子子、兄兄弟弟、夫夫妇妇"等一系列人伦原则。这些原则的建立,为社会立起了骨架。社会就是放大的家庭。事实上,社会上纵向的君臣关系,是父子关系的放大,横向的与他人的关系是兄弟关系的放大。而这整个的社会关系网络,均建立在夫妻关系的基础上。夫妻关系是整个社会关系网络的纲。

有夫妻,就有了家,家是社会的基本细胞。正是基于此,儒家很看重"齐家",认为只有"家齐"才可以"治国平天下"。

以上是《彖传》对家人卦卦义的基本看法,《象传》则别有一番理解:

> 象曰:风自火出,家人。君子以言有物而行有恒。

"风自火出",也可以说火自风出。风助火势,火仗风威。风火是相得而

---

① 程颐:《周易程传》。

益彰的。用来比喻家人很恰当。成功的男人,不能没有贤德的妻子,而贤德的妻子若没有优秀的男人,也实在是可惜了。这些,已经成为社会的共识。

《象传》并不在这些方面发挥,只是点到为止,它着重谈的是"君子以言有物而行有恒"。"言有物",说话要实在,说真话;"行有恒",做事守常道,不违规。这与家人有什么关系呢? 表面上看是有点跑题了,但细想想,夫妻要真能做到风与火的关系,重要的是彼此有诚,彼此有信。夫妻双方失去诚信,同床异梦,则不仅不会风自火出,还会风吹火熄。而夫妻的诚信就建立在"言有物而行有恒"之上。《象传》将处理夫妻关系的两条基本原则:"言有物""行有恒",用到君子身上,成为君子修身的重要原则。

下面我们看家人卦的六爻:

初九,闲有家①,悔亡。

关于这爻,程颐说:"初,家道之始也。闲,谓防闲法度也。治其有家之始,能以法度为之防闲,则不至于悔矣。治家者,治乎众人也,苟不闲之以法度,则人情流放,必至于有悔,失长幼之序,乱男女之别,伤恩义,害伦理,无所不至。能以法度闲之于始,则无是矣,故悔亡也。"②程颐确定"闲"是讲"防闲法度",主张治家有法。这一观点上承王弼。王弼说:"凡教在初而法在始,家渎而后严之,志变而后治之,则悔矣。"③

中华民族对治家的重视,溯其源,可到家人卦。《象传》说:"闲有家,志未变也。"这"志"指夫妇之道、父子之道、兄弟之道。这些均是法度,是不能变的。

六二,无攸遂④,在中馈⑤,贞吉。

"无攸遂",没有自己的一定的意旨,顺从丈夫的意见。"在中馈",可以分为"中""馈"两项。"中"守中道,处理好内部事务;"馈",做饭菜,奉祭祀。"贞",坚守正道。这三句话,实际上说了妻子的三项德行:顺、中、正。

初九以阳治家,主要体现出刚性一面,那么六二以阴治家,主要体现柔性

① "闲",防的意思。家人卦下为离,离中虚外坚,故离有"闲"义。"闲"相当于《太玄经》说的"为物城郭"。"闲有家"即将家防卫起来,不使家遭到外力破坏。
② 程颐:《周易程传》。
③ 王弼:《周易注》。
④ "无攸遂",王宗传解释成"不敢有所专也",见李光地:《周易折中》。
⑤ "中馈"之"中",一般是将其释为"内"的,故"中馈"是一个词,但也可以分成"中""馈"两个词。

的一面。前者说的是治家以规,这里说的是治家以情。《象传》云:"六二之吉,顺以巽也。"强调治家柔性的一面。

九三,家人嗃嗃,悔厉吉,妇子嘻嘻,终吝①。

这爻中的"嗃嗃"两字,程颐说"未详字义,然以文义及音意观之,与嗷嗷相类"②。"嗷嗷",显然治家有些过刚,家人受不了,故而发出"嗷嗷"之声。从九三爻来看,一是阳居阳位,得位;二是离卦的上爻,为明之极,因此阳气比较旺盛。这与爻辞中的"家人嗃嗃",是相符合的。家人治家过严,自然会伤害亲情。伤害了亲情,自然会有些后悔,也可能会出现一些严重的后果(厉),但是终为吉。如果不是这样,妇女儿童嘻嘻哈哈,没个家规,那才后悔不已(吝)啊!《象传》说:"家人嗃嗃,未失也,妇子嘻嘻,失家节也。"看来,比较地肯定前一种做法而否定后一种做法。

这爻比较地耐人寻味。前二爻分别谈治家用刚,治家用柔,情感与理智有些冲突,但最后还是肯定理智,强调治家还是要严。

六四,富家,大吉。

"富家",不只是家富裕,也还有家庭和睦,人员安康。六四,阴居阴位,得位,又系高位。更重要的是六四与初九相应。这些情况意味着这家治理得相当好了。《象传》云:"富家大吉,顺在位也。"

九五,王假有家③,勿恤,吉。

九五是君位,这爻是讲王治家。"假",应释为"至","极"的意思。"王假有家",王极有治家之道,将家治理得非常好。"恤",忧也,"勿恤",不要担忧。

《象传》说:"王假有家,交相爱也。"是说王与后很恩爱。王与后很恩爱意味着家庭关系很和谐。王的家很和谐,国家还有什么问题吗? 没有。家正而天下治。

这里提出家正与国治的关系,将正家与治国联系起来,《象传》的"正家而天下定矣"就来自这里。

上九,有孚威如,终吉。

---

① 胡炳文认为,"嗃嗃"是讲治家"以义胜情",而"嘻嘻",是讲治家"以情胜义"。见《周易折中》。
② 程颐:《周易程传》。
③ 《周易程传》释"假有家":"假,至也,极乎有家之道也。"

卦之终有总结的意味,上九将治家根本归之于"孚",即诚信。治家不能没有法,法之执行,不能没有威,而威又不能没有孚。无孚之威虽可一时迫人就犯,因不能服人,终归无用;而有孚之威,是力与理的统一,力又建立在理之上,因而不仅能迫人,而且能服人。这爻在治家上最为重要,它说了三种治家原则:治家以法,治家以理,治家以孚。三种原则应相统一,根本的是治家以孚。

家人讲治家的道理明白而又深刻。它不仅可以用之于治家,也可以用之于治理社会,治理国家。

三十八、睽卦:异中求同

睽卦离卦在上,兑卦在下。离为火,兑为泽。火在上面燃烧,火焰向上;泽在下面流动,泽水向下,两者不相交。又,离为中女,兑为少女,两女同居。二女同居不是长久的,因为他们将来总要嫁人,其归属不同,故为睽。

这个卦顾名思义,是讲事情乖违睽隔的。而众所周知,《周易》的主题是和谐,是不是此卦与《周易》主题不合呢? 不,这卦也是讲和谐的,只是不正面讲,而是从反面讲。

睽卦的《卦辞》云:

> 睽,小事吉。

有吉,只是小事吉。为何只是小事吉而不是大事吉呢? 耐人寻味,关于这,六爻有具体说明。从总体来看,睽所体现出来的中女与少女的组合,属于同类的组合。同类组合也能产生好的效果,但成不了大事。按《周易》的基本观点,只是阴与阳这种对立异质的组合,才能产生大的效果,才能成就大事。

《彖传》云:

> 彖曰:睽,火动而上,泽动而下。二女同居,其志不同行。说而丽乎明,柔进而上行,得中而应乎刚,是以小事吉。天地睽而其事同也,男女睽而其志通也,万物睽而其事类也,睽之时用大矣哉。

《彖传》主要说明了三点,第一,解释卦名——睽。第二,说明这个卦的得来：一是"二女同居"，具体来说是中女与少女的组合，即离与兑的组合。二是"柔进而上行，得中而应乎刚"。阴爻上行取代了乾卦的下爻，使乾成了兑，这就叫做"柔进而上行"。此卦的九五与六二，均又中又正，且为正应，故说是"得中而应乎刚"。第三，也是最重要的，论述了"睽"的重要意义。"睽"与"同"相对。一般认为"同"好"睽"不好，其实同与睽不相分离，有同就有睽，有睽就有同。这个世界就是由若干成对的"不同"即"睽"构成的。"睽"的意义一在"睽"中有"同"。"天地睽"然其"事同"；"男女睽"然其"志通"；"万物睽"然其"类同"。"睽"的意义二在"睽"能生"同"。"睽"是冲突，是交配，是创造，而"同"正是冲突之后的和谐，交配后的生命，创造后的成果。睽的意义真是十分重大。

《象传》承《彖传》将"睽"之用落实在君子的行动上，它说：

上火下泽，睽，君子以同而异。

君子自然是想求"同"，但是君子深知"同"从"异"来，无异则无同，故因求同而重异。"同"有两种理解，一种理解为"和"，另一种理解为"同一"。《象传》讲的同，是和，不是同一。《国语》说："和实生万物，同则不继。""和"的实现是"异"的化合，而不是"异"的混合，化合的产物已经不是原来的事物了，而是新的事物。

从《彖传》和《象传》，"睽"不是小吉，而是大吉了，不过，睽卦的六爻还是就小吉来阐述的。

初九，悔亡，丧马勿逐，自复，见恶人，无咎①。

初九为阳爻，"马"是阳物，说明初九有前进之意。"丧马"意味着前进受挫。但这马不需人去寻找，自己回来（复）了。

初九遇阻是可以理解的，因为初九与九四不应。但为什么"丧马"能自复？按朱熹的理解，这是因为"同德相应"，就是说，初九与九四，同为阳，虽不应，但有合——同类之合。同类之合，虽然不能成就大事，但小事还是行的，故马能"自复"。

"见恶人"，可能实有其事。《周易》中的许多爻均是实有其事的，只是我

---

① "见恶人无咎"，《周易程传》说："当睽之时，虽同德者相遇，然小人乖异者至众，若弃绝之，不几尽天下以仇君子乎？"意思是对小人在力量不够之时不要触怒他。项安世说："丧以勿逐自复，往者不追也；见恶人无咎，来者不拒也，此君子在下无应之时，处睽之道也。"（《周易折中》）

们已不可能知晓了。"睽"之时,没有找到同志,不管是做人还是做事,均未臻于佳境。在这种情况下,即算碰见"恶人"即小人,也不会有咎害。原因是被恶人视为对手的是君子,你还不是;恶人要破坏的是好事,你的好事还未成。

睽的初爻含义深邃。总体意思是,睽未深,宜宽裕处事。丧马不要逐,越逐越远,待其自复好了;见到恶人,不要过于激愤,激愤则睽间更甚,等待形势变化好了。

初爻总的意思是:处"睽"之初,不宜操之过急,宜宽裕处事。

九二,遇主于巷,无咎。

"遇主于巷","主"是六五,九二与六五相应,六五是君,是主,九二是臣,是仆。相遇于巷,意味着九二与六五的相应,不那么宽舒,不那么顺畅。这是为什么呢?从总体来说,因为受到"睽"这种基本情势的影响;从爻位的关系来看,九二的处境不是太好,上有六三相乘,前进不畅。与九二相应的六五又下乘九四,也不利。所以,九二上应六五,用程颐的话来说,是"委曲以相求"。虽然委曲,但还是实现了阴阳相应,故而"无咎"。《象传》说:"遇主于巷,未失道也。"肯定了这种相应。

这爻是说,在"睽"的过程中会出现曲折,但只要循道就没有问题,仍然可以获得成功。

六三,见舆曳,其牛掣,其人天且劓,无初有终。

"见舆曳,其牛掣。"车陷进泥淖了,人在往后曳,牛在朝前拉(掣)。比喻九二、九四上下二阳爻对它的牵制。"其人天且劓",是说赶车的人的状况。"'天',髡首也;'劓',截鼻也"①。这人的头髡首了,鼻子被割掉了。

六三爻为什么这样惨?按爻位关系,它有多项缺点:一是不得位;二是乘凌九二。但六三的结局还是好的,这是因为六三与上九相应。虽然处睽乖之时,阴阳之合不能充分发挥作用,不过,阴阳相应毕竟是吉利之道,所以六三爻"无初有终":没有好的开头,却有一个不坏的结果。

《象传》分析此爻,云:"'见舆曳',位不当也。'无初有终',遇刚也。""遇刚"指与上九的相合。

---

① 《周易程传》。关于"天且劓",《周易折中》录胡瑗的解释:"'天'当作而字,故相类,后人传写之误也。然谓而者,在汉法,有罪髡其鬓发曰而。"

此爻说,在"睽"的过程中,阴阳相合会遇到严重的阻力,勉励人们不怕艰险,坚持斗争,去争取成功。

九四,睽孤,遇元夫,交孚,厉无咎。①

"睽孤",孤立无与。九四下与初九不应,又处二阴包围之中。"遇元夫","元夫",阳刚丈夫,指初九。九四是初九的相应位,按《周易》的阴阳相合原则,对应两爻如是一阴一阳则应;不是一阴一阳则不应。九四与初九都是阳,是不应的。但"睽乖"之时,一切事情既需从正面看,又需从反面看。正面看,九四与初九不应,是不吉的,但反面看,它们的不应正好符合了"睽"之理。

睽,我们上面说过,不见得就是不吉利的,《卦辞》不是说"睽,小事吉"?两阳相遇,要能获得彼此的帮助,关键的是都要有诚信,故爻辞提出"交孚",以诚信相交。如能这样,即使有危险也无咎。《象传》解释此爻:"交孚无咎,志行也。"这"志"是因为交孚而得以沟通的。

此爻说处睽之时诚信是最重要的,它是克服睽乖的决定性力量。

六五,悔亡,厥宗噬肤,往何咎?

六五以阴居阳,虽不正,但它为中位,又是尊位,通常情况均是吉的,此爻也是如此。"悔亡",后悔的事没有了,这是对前面诸多艰辛的总结。"厥宗",其党,这里是指与它相应的九二。九二因为得到六五的青睐,大啃肉食。在这种情况下,当然前往无咎。

这爻如此顺利,表示睽乖的局面结束了。

上九,睽孤,见豕负途,载鬼一车,先张之弧,后说之弧,匪寇婚媾,往遇雨则吉。②

这也是一个故事,意思是,孤身一人,看见猪拉着一辆车,车上好像都是鬼怪。马上张开弓箭,后又放下弓箭。原来看错了,这不是强盗(当然,拉车的不是猪,载的也不是鬼),是来求婚的。去吧,遇上雨,那就大吉了。

怎么理解这个故事?程颐说:"上居卦之终,睽之极也;阳刚居上,刚之极也。在离之上,用明之极也。睽极,则咈戾而难合,刚极则躁暴而不详,明极则

---

① "元夫",《周易程传》解释:"'夫',阳称;'元',善也。……'元夫',犹云善士也。"

② "说"可训为"脱"。

过察而多疑。上九有六三之正应,实不孤,而其才性如此,自睽孤也。如人虽有亲党,而多自疑猜,妄生乖离,虽处骨肉亲党之间,而常孤独也。"[1]

程颐强调,上九并不孤,孤是"自睽孤"。这种"自睽孤"必然多疑。所以,观看时,产生虚幻。上九是离卦的最上爻,本为明之极,然而它视物不明,这正是睽乖的表现。由认作强盗到看清是求婚的车队,概括了一个由睽到合的过程。雨,在《周易》中经常作为阴阳之和的象征。

上九爻包含两个重要道理:一是睽常常产生于多疑,多疑实为不诚,缺乎,不诚,哪怕是亲朋骨肉之间也会产生睽间。因此要实现合必须要诚,要有孚。二是克服睽乖,实现和合的根本之道,是阴阳和合。

我们知道,周易是重和合的,睽卦讨论的是睽乖,不和合。它从反面启示我们如何去实现和合。"睽"的过程中,种种艰难,种种险阻,种种灾难,令人惊心动魄,也让人深思!

三十九、蹇卦:艰险在前

蹇卦与坎卦同属于讲人生艰险的卦,其险的来源均是坎,坎为水,可见古人对水的恐惧。坎卦是两坎构成,水上加水,水太多了。蹇卦则是艮下坎上,洪水从上面冲刷下来,为高山阻住了,形成了可怕的堰塞湖。蹇卦的卦象透露出这样的意思:前有险陷后有险阻,进退维谷。

蹇卦的《卦辞》云:

蹇,利西南,不利东北,利见大人,贞吉。

按文王八卦方位,西南方为坤,坤的卦德为顺;东北方为艮,艮的卦德为止。在蹇的情况下,自然往西南方向为好,不宜去东北方。蹇之时,处于困境,大人物的援助非常重要,故说"利见大人"。"贞吉",可以释为守正则吉,也可以释为占此得吉。

《象传》云:

---

① 程颐:《周易程传》。

象曰:蹇,难也,险在前也。见险而能止,知矣哉。蹇,利西南,往得中也。不利东北,其道穷也。利见大人,往有功也,当位贞吉,以正邦也。蹇之时用大矣哉!

"险在前也。见险而能止,知矣哉。"蹇卦上卦为坎,上为前,意味着险在前面。蹇卦下卦为艮卦,艮为山,卦德为止,意味着看见前面有险,就停止前进。这种见险而止的做法,不失明智,故为"知"。"知",智慧。

蹇难在前,怎么办? 一是选择正确的方向,宜取西南方,西南方为坤方,体顺而易,可得中道。不宜去东北方,东北方为艮方,崇山峻岭,道穷路塞。二是寻找大人,大人,有权有力之人,他能为你解难。三是当位守正,以正邦国。

《象传》云:

象曰:山上有水,蹇,君子以反身修德。

"山上有水",是对于卦象的另一种解释,山上有水,可以从险的角度去理解,山洪暴发,均是山上有水所致。比较有意思的是,在如何克险上,《彖传》据《卦辞》,强调"利见大人"——外援为主,而《象传》则强调"反身修德",以自己的力量为主。

"反身修德"是《周易》的一大传统,不独蹇卦如此。家人卦,其《象传》在谈上九"有孚威如,终吉"时也说"威如之吉,反身之谓也"。就是说,威信从何而来? 不来自对别人施加压力,而来自自身的修养。对人施压还不如对自己施压。

下面,我们来看六爻:

初六,往蹇,来誉。

"往"而有"蹇",遇到了险阻,知时务者当停止前进。"来誉","来"是退,不进而退,退而有誉,为"来誉"。

《象传》释初六爻:"'往蹇,来誉',宜待也。"它将"来"的意义,更多地看成是"待"。"来",作为退,有消极避险义,而作为"待",则有积极克险义。不管哪种,都需用智,都需审时。

六二,王臣蹇蹇,匪躬之故。

六二与九五相应,九五是君,它就是臣。蹇之时,六二不能济君,蹇而又蹇,困顿不已。这种状况,客观时势所致,故而说"匪躬之故","躬",自身也。

《象传》说:"'王臣蹇蹇',终无尤也。"意思是,六二不能济君是可以理解的,不会遭到君的怨尤。

九三,往蹇,来反。

"往蹇",往而遇蹇。九三与上卦坎为临,因而,进则入险。"来反",回返过来,止住步伐。下卦为艮,艮有止义,所以,"来反"是返归本位。吴慎说:"九三刚正,为艮之主,所谓见险能止者,故来而能反,止于其所。"①这就应了《系辞上传》说的"时行则行,时止则止"。

《象传》说:"'往蹇,来反',内喜之也。"将这种"来反"视为一喜。

六四,往蹇,来连。

"往蹇"是说前进遇蹇,怎么办?"来连"。来连谁?荀爽的说法是:"蹇难之世,不安其所,故曰:'往蹇'也。来还承五,则与至尊相连,故曰来连也。"②对于荀爽这一说法,李光地认为:"极为得之。"因为按照《周易》的法则,"凡六四承九五,无不著其美于爻象者",况且,蹇卦的卦辞中有"利见大人"的话,这"大人"就是九五。

六四爻的《象传》说:"'往蹇,来连'。当位实也。""当位"是指六四阴爻居阴位,"实",是指它的"来连",得到了来自九五的实实在在的帮助。

九五,大蹇,朋来。

九五属于坎卦的中位,意味着进入坎之深处,是为"大蹇"。虽然九五处"大蹇"的境地,但因为自身优越的条件,足以克服蹇难。其中,最重要的是"朋来"。"朋",朋友。在这个卦中,它首先指六二,六二与九五相应,而且系正应,这是最重要的克蹇力量。其次是六四,六四上承九五,也是克蹇的重要力量。

《象传》释九五爻,说:"'大蹇朋来',以中节也。""中",九五居中,是九五自身的力量所在;"节",指九五对其他力量的节制调配作用。

上六,往蹇,来硕,吉,利见大人。

上六是蹇之极。"往蹇",是说前进仍然有蹇难。"来硕",这"硕"是指九五,九五是克蹇的主要力量。"来硕"就是"硕来"。"利见大人"之"大人"也是九五。

《象传》释上六:"'往蹇,来硕',志在内也。'利见大人',以从贵也。"这

<hr>

① 李光地:《周易折中》。
② 李光地:《周易折中》。

话实际上为整个蹇卦做了总结。其一,强调克蹇需要自身有"志",包括有信心,有意志,有智谋;其二,强调克蹇需要充分地借助外在的力量,就是"从贵",就是"朋来"。

人生难免有蹇难之时,重要的是要有克蹇的信心、克蹇的智谋和克蹇的力量。

四十、解卦:天地解放

读过坎卦、明夷卦、睽卦、蹇卦这些主要谈如何克难的卦之后,来读解卦,真有一种解放的感觉。解卦下卦为坎,上卦为震,其卦象为雷雨大作。雷雨大作是一种什么样的感觉? 也许有点恐惧,特别是对孩子,但更多的或者说主要的,是解放感。

解卦的《卦辞》是:

解,利西南,无所往,其来复吉,有攸往,夙吉。

"解",解难济厄者也。解卦《卦辞》,一点也不吝惜"吉",它给了两个:有"复吉",意味着"往"为吉,"来"亦为"吉";有"夙吉",意味着不仅现在吉,向来就吉。

另外,《卦辞》既说"往",又说"来";既说"无所往",又说"有攸往"。往与来,往与不往,均可得吉。

解卦就这样,给读者一种非常舒心的自由感。

《彖传》曰:

彖曰:解,险以动,动而免乎险,解。解利西南,往得众也。其来复吉,乃得中也。有攸往夙吉,往有功也。天地解而雷雨作,雷雨作而百果草木皆甲坼,解之时大矣哉!

《彖传》前面几句解释《卦辞》,最有价值的是后面三句:"天地解而雷雨作,雷雨作而百果草木皆甲坼,解之时大矣哉!"

而关键性的命题是"百果草木皆甲坼"。所谓"百果草木皆甲坼",是说万物欣欣向荣。万物之所以欣欣向荣,是因为它们的本性得到了解放。中国传统文化非常看重这种解放。道家谓之"天放";儒家说是"尽性",既尽物之性,又尽人之性。

《彖传》说"解之时大矣哉",这"解"所包含的深刻内涵在今天具有重要的现实意义。现在提出的"建设生态文明",从某种意义上来说也是"解"。对自然解放,实质上也是对人的解放。

《象传》说:

> 雷雨作,解;君子以赦过宥罪。

《象传》希望天地解放之时,人的罪过能得到赦免宽恕。实际上,不是罪过被别人宽恕赦免了,而是犯罪的人真正认识到了自己的罪过,不再有犯罪之心,也不再犯罪了。而犯罪之心不再有,犯罪之事不再有,不只意味着罪犯真正解放了,还意味着整个社会解放了。

下面看解卦的六爻:

> 初六,无咎。

解卦之初爻想说,患难解除之后,最重要的是顺柔处世,安宁为本,"无咎"即吉。

《象传》说:"刚柔之际,义无咎也。"初爻本为阳位,阴爻居之,可谓"刚柔之际",因为是初位,这刚柔之际意味着某种阴阳相交,当然是无咎的。

> 九二,田获三狐,得黄矢,贞吉。①

"三狐",在这里指三阴爻(初六,六三,上六),为小人。获三狐,意为去除小人。"黄",中色;"矢",直物。"黄矢",本义是箭头,这里喻中直之道。"贞吉",守正为吉。

《象传》云:"九二贞吉,得中道也。"九二居中位,喻为得中道。

> 六三,负且乘,致寇至,贞吝。

此爻本义是:背负着东西,招致强盗来了。会出点情况,会有所遗憾。

这是什么意思呢?《系辞上传》有一个阐释:

> 子曰:"作《易》者,其知盗乎?"《易》曰:"负且乘,致寇至。"负也者,小人之事也,乘也者,君子之器也。小人而乘君子之器,盗思夺之矣。上

---

① 朱熹:"此爻取象之意未详。或曰:卦凡四阴,除六五君位,余三阴,即三狐之象也。大抵此爻为卜田之吉占,亦为去邪媚而得中直之象。能守其正,则无不吉矣。"(《周易本义》)

慢下暴,盗思伐之矣。慢藏诲盗,冶容诲淫。《易》曰"负且乘,致寇至。"
盗之招也。

这段文字引孔子的一段话,意思是:背负东西,这是小人的事。"乘"是君
子的器具。现在小人背负着东西,乘着君子的器具。强盗见了就想来夺取。
这上头的人如此傲慢,下边的人如此狂暴,强盗就想来侵伐了。慢藏诲盗,妖
容诲淫啊。

《象传》的解释基本上来自《系辞上传》,它说:"负且乘,亦可丑也。自我
致戎,又谁咎也。"这是在说:小人将自己打扮成君子,招摇过市,实在是丑恶;
招致强盗来抢夺,完全是咎由自取。

这爻似是在说,患难方解,社会秩序尚未建立,会出现"负且乘"这样的乱
象。因此,大"解"之后,宜迅速建立起社会秩序来。

六四,解而拇,朋至斯孚。

"拇",脚趾,这里代小人。"解而拇",意思是摆脱小人。"朋至斯孚",朋
友们在诚信的感召之下都来了。

六五,君子维有解,吉,有孚于小人。

"君子"即六五爻,六五为阴,与它同类的还有"三阴":初六、六三、上六,
它们均因六五的作用而解放了,这当然是吉的。然为什么"有孚于小人"呢?
难道对小人也需要有孚吗?是的,也需要。《周易折中》中,有郑汝谐的说法。
郑说:"任贤勿贰,去邪勿疑",认为对小人也应讲诚信,李光地对此见解很欣
赏,他说:"盖'朋至斯孚'者,君子信之也;'有孚于小人'者,小人亦信之也。
君子信,故乐于为善;小人信,故化而不为恶。"①这个观点无疑很精辟。

《象传》释此爻:"君子有解,小人退也。""君子有解",是说君子脱离险
难,"小人退也",是说,小人退却了。这一解一退,见出君子道长,小人道消有
大好形势。

上六,公用射隼于高墉之上,获之,无不利。

这句话的本义是:王公在高高的城墙上射鹰隼,射中了,没有什么不利的。
《系辞下传》谈到这一爻,云:

《易》曰:"公用射隼于高墉之上,获之,无不利。"子曰:"隼者,禽也,

_____

① 李光地:《周易折中》。

弓矢者,器也;射之者,人也。君子藏器于身,待时而动,何不利之有？动而不括,是以出而有获,语成器而动者也。"

孔子理解解卦上六爻辞的精义是八个字:"藏器于身,待时而动。"它的要点有二:一是器。鹰隼,是猛禽,没有弓这样的器是不能射中的,所以君子要藏器在身。二是时,要等待时机,时机不到,鹰隼也是射不中的。如果两者具备,则"动而无括","括"是括结,影响射箭动作的障碍,"不括"即没有障碍。没有障碍,那当然射得成功。

《象传》说:"公用射隼,以解悖也。""悖"为乱,解悖即祸乱解除。

读解之六爻,深感"解"之不易！

"解"这一概念非常之好。对于天道来说,解是常态,天地解放。对于人来说,解是人顺天而动的结果。孔子说的"藏器在身,待时而动",是人顺天而动的具体表现。

"解",切合天道,切合人性。它是通向自由之门的金钥匙。解放万岁！

四十一、损卦:弗损益之

损卦在解卦之后,下卦为兑,上卦为艮。兑为泽,艮为山。这两者构成的意象是山下有泽。山下有泽,在损的情境之下,合理生出一种思想:如果将泽再挖深一些,山不就更高一些么？泽受损越多,山增益越多。损卦谈的就是损益的卦。

损卦的《卦辞》说:

损,有孚,元吉,无咎。可贞,利有攸往。曷之用？二簋可用亨。

《卦辞》强调,"损"只有在"有孚"的前提下才大吉。"有孚"为诚信,这是就人的内心而说的,诚信显现为行动,必合道,因此,"有孚"也可以引申为合道。损之道究竟如何在现实中体现呢？

《卦辞》说"二簋可用亨"。这说的是古时的祭祀。古代非常看重祭祀。祭祀有规格,不同的规格对祭品有不同的要求。天子是九鼎八簋,诸侯、大夫、士依次递减。鼎是用来盛肉食的,簋是用来盛饭食的。祭品、祭具、祭者的穿着、音乐配合、各种仪式,均有具体而又烦琐的规定。古人认为,只有这样,才能获得神、祖先的欢心,从而得到他们的赐福。而损卦则认为,祭祀只是表达对神、祖先心意而已,不必在仪式上过于讲究。祭品用"两簋"就可以了。实际上,是强调诚敬为本,即以孚为本。

《彖传》说:

> 彖曰:损,损下益上,其道上行。损而有孚,元吉。无咎,可贞。利有攸往。曷之用,二簋可用享,二簋应有时,损刚益柔有时,损益盈虚,与时偕行。

《彖传》强调"损下益上",其道是上行的。"上行",也可以理解成前行。损,不是任意的,须循道。循道须心中有孚。孚是循道的前提。损也须在有孚的前提之下,没有孚,损肯定是坏事的。有孚则损,大吉,无咎。

"可贞"即可正。这词许多卦均用,但用在损卦特别重要。吕大临说:"损之道不可以为正,当损之时,故曰'可贞'。时损则损,时益则益,苟当其时,无往而不可,故损、益,皆'利有攸往'。"①

《彖传》肯定,在有孚的前提下,二簋致祭也可以得神赐。不过,它提出"二簋应有时",这"有时"的"时",不只是时令,还有时令之外的各种主客观情况。那就是说,用二簋或不用二簋,要看"时",即是要看各种情况的。祭祀作为古代重要的礼,固然是以诚敬为本的,这诚敬固然出于心,但并不是说,因此什么形式都不要了。必要的形式也是诚敬的体现。因此该用的形式还是要用,只是不能为形式而形式罢了。儒家对于礼是极端重视的,礼总体现为一定的制,制是以一定的式来保证的。无式即无制,而无制则无礼。《彖传》说"二簋应有时",防止人们对"二簋可用享"的误读。

同样,损益也应有时。该损则损,该益则益,不是一味地损,也不是一味地益。一切均须酌情而定。

《彖传》提出"损刚益柔",这是损卦的要义所在。原来,损是"损刚",益是"益柔"。刚为何要损? 刚过强;柔为何要益? 柔过弱。从哲学上讲,是为了实现刚柔相济,达到阴阳平衡。从社会学来讲,则是为了防止贫富两极拉得太开,避免上下对立过于严重,也是为了社会的和谐。

---

① 李光地:《周易折中》。

"损益盈虚,与时偕行"。从构建和谐世界这一总的理想出发,根据各种主客观情况,实事求是地、恰当适宜地奉行损益之道,这是损卦的主旨。

《象传》云:

象曰:山下有泽,损,君子以惩忿窒欲。

《象传》将损卦主要用到君子修身养性上,说是要"惩忿窒欲"。"忿"、"欲"均是不利于君子的。"忿"过刚,忿多则不静,不静则心不宽,心不宽哪能容众? 那能包荒? 所以"忿"须"惩"。"欲"也不能过多。人不能无欲,但不能多欲。欲多一是伤身,二是伤众。所以"欲"当"窒"。损卦从君子修身角度谈损非常深刻。

我们再来看六爻对损的阐述:

初九,已事遄往,无咎,酌损之。

"已事",停止所做的事,"遄往",快点前往。初九上应六四,在损之时应早点前去益柔。这种损,应是"有时"的,就是说,要酌情而损,故谓"酌损之"。

《象传》云:"已事遄往,尚合志也。""尚"通"上",初九与六四是相应的,初九应快点前往与之相应啊。

"酌损之",用在初位太恰当了,极具警示的意义。

九二,利贞,征凶,弗损益之。

九二是中位,"利贞",守正则利;"征凶",不宜妄动。"弗损益之",不损己益人,意为志在自守。

九二与六五相应,九二本是可以损己以益上的。但是九二爻辞说"弗损益之",这是为何呢? 朱熹的理解是"弗损益之,言不变其所守,乃所以益上也"。① 这就是说,九二固守自己刚中品德,就是对六五的益,不需要以损刚来益上。程颐也是这样来理解的。他说:"弗损益之,不自损其刚贞,则能益其上,乃益之也。"②

《象传》释此爻,说:"九二利贞,中以为志也。"强调"中"在损事上的指导意义。损不是绝对的,损是要服从中的指导的。

"损刚益柔。"这基本原则是对的,但一是要"有时",须根据情况而定;二

——————————

① 朱熹:《周易本义》。
② 程颐:《周易程传》。

是要注意方式。此爻强调，"损刚"的"损"，主要是说给柔以阳刚之力，是"给力"而不是自贬阳刚品格。相反，阳刚的品格是需要固守的，在某种情况下，这种固守就是益柔。这一点十分重要，而往往为人忽视。

六三，三人行，则损一人，一人行，则得其友。

损卦，下卦本为乾，乾为三阳爻，为"三人行"，损去最上的阳爻而为阴爻，则变成二阳爻同行。同样，上卦本为坤，坤为三阴爻，亦为"三人行"，将其中最上一阴爻损去而为阳爻，则也变成二阴爻同行。

损卦强调"三"损"一"，显然是强调"二"。一分为二，二合为一，是《周易》哲学的总纲。《系辞下传》有语，云："天地絪缊，万物化醇，男女构精，万物化生。《易》曰：'三人行，则损一人，一人行，则得其友。'言致一也。"这段话说得很明白，这天地之所以蕴万物，男女之所以育生命，就在于它们是一阴一阳的关系。将三变成二，不是任意的，而是为了构成一阴一阳的关系，因为只有这一阴一阳的关系才是生命的关系。《周易》的阴阳哲学，实质是生命哲学。

三需减一，同样，一需加一，总之，要构成二。二为天下之本。

《象传》释六三爻，说："一人行，三则疑也。""一人行"之后疑有脱落。

六三爻也是在谈"损"，但放到阴阳哲学的背景下谈，指出"损"自身不是目的，损的根本目的，是构建一阴一阳的关系，以促进生命的繁衍发展。这是"损之时"的重要内容之一。

六四，损其疾①，使遄有喜，无咎。

"疾"，疾病，"损其疾"，损去六四的疾病。是谁来损？——初九。六四与初九有应。"使遄有喜"这样的喜事，须从速而行。六四处于群阴包围之中，阴气太重，故有疾。

此爻讲"损"是损"疾"，可以理解为去恶除蔽。这样的好事不仅应做，而且要加紧做，不要失去时机。

《象传》说："损其疾，亦可喜也。"

六五，或益之以十朋之龟，弗克违，元吉。

"龟"，在古代是宝物，两龟为一朋，十朋之龟，那是很大的宝物了。六五下应九二，虚中居尊，最大的受益者。

---

① 《周易程传》说："'疾'谓疾病，不善也。损于不善，唯使之遄速，则'有喜'而'无咎'。"

《象传》说:"六五元吉,自上祐也。"将这种吉祥归之于天祐,实际上,也是说这损之道上合天理。

这爻表面上不是在谈损,而是在谈益了,实际上有损也有益,也没有走题。值得我们注意的是这获得"十朋之龟"的六五。六五之所以能获得"十朋之龟",是因为它谦虚。它为阴,居阳位。杨时说:"柔得尊体,虚己而下人,则谦受益,时乃天道,天且不违,况于人乎,况于鬼神乎,宜其益之者至矣,故曰:'或益之十朋之龟,弗克违,元吉。'"①说得很好!

上九,弗损益之,无咎,贞吉,利有攸往,得臣无家。

又一个"弗损益之"。这说的是上九。上九难道也像九二那样,不需损害自己阳刚品质而使别人受益吗?——是的。

朱熹说:"上九当损下益上之时,居卦之上,受益之极,而欲自损以益人也。然居上而益下,有所谓惠而不费者,不待损己,然后可以益人也。能如是则无咎,然亦必以正则吉,而利有所往。惠而不费,其惠广矣,故又曰得臣无家。"②朱熹的意思是,上九居卦最上方,按损下益上的原则,它是最大的受益者。它本也要自损以益他人的,但是它居在尊位,是以尊者的身份向天下百姓施恩惠的,由于它的地位很高,他对下施出了恩惠,其实自身并不损失什么。他这种施惠,属于"惠而不费"。

好个"惠而不费"!天下有这样的好事吗?

应该说,物资上的施惠不可能,即使家藏万贯,施出一贯,毕竟损失了一贯。那么,只有精神上的施惠才有可能了。比如,你是贤人,教育百姓要懂得礼义廉耻,你将这些道理教给了百姓,你自己损失什么了呢?没有。你的知识还是那样多,还是那样好。

其实,按照教学相长原理,教师教育别人时,不仅自己的知识、品德不受损失,还得到丰富、提高。所以,不是益彼非得损己。损与益的关系当其体现为精神性互动关系时,产生了重大的变化,它是两益,而不是一损一益。"授人玫瑰,手有余香。"不是"余",而是"添",此句可改成"授人玫瑰,手添芬香"。

上九爻辞中还有"得臣无家"一语,"得臣","臣"不能只理解为臣人,也

① 李光地:《周易折中》。
② 朱熹:《周易本义》。

可以理解成"臣心",得臣,就是说人心归服;"无家",是说无有远近内外之限。总之,是天下归心,社会太平。

《象传》阐述上九爻,说:"弗损益之,大得志也。"弗损益之,就是不损益之,或益之不损。太神了! 是的,是大得志,大得获得整个天下! 这是在说损吗?

四十二、益卦:志益天下

损卦之后为益卦,益卦下卦为震,上卦为巽。卦象为风在雷上。风与雷是相益的,故有语"风雷激荡"。损卦是损下以益上,益卦则是损上而益下。后世儒家解损益二卦认为,这是分别对臣与君言的,臣要忠君,要损下以益上;君要爱民,要损上以益下。当然,这也说得过去,在今日也可以做更宽泛的理解,不必局限于上下。其实,损益总是互相的。

益卦的《卦辞》云:

利有攸往,利涉大川。

损卦只有"利有攸往",益卦还要加上"利涉大川",可见益卦比损卦意义更大。益卦的意义为什么比损卦更大? 道理其实也很简单,益总比损好,损也是为了益。

《彖传》云:

彖曰:益,损上益下,民说无疆,自上下下,其道大光。利有攸往,中正有庆。利涉大川,木道乃行。益动而巽,日进无疆。天施地生,其益无方。凡益之道,与时偕行。

"损上益下"这是益卦的主旨,在封建社会里,它理解为损君而益民,现在可以理解成政府、企业、单位益民,包括红包、实物发放,各种益民的措施、政策、公益建设,等等。

"民说无疆,自上下下,其道大光。"益民的行为带来的效果有二:一是百姓得实惠,因而非常高兴,《彖传》用"无疆"来形容高兴的程度,可见这是深得民心之举。二是上下关系和谐,不仅能让社会稳定,还能"利涉大川",克服前进途中的困难。

《象传》说益之道是"木道",这是因为益卦的上卦巽下卦震,在五行中均为木,一为阴木,一为阳木。方位上为东南方,东方,均为生命的象征,因而联系到"天施地生"。

《象传》说:

> 风雷,益,君子以见善则迁,有过则改。

说得很好。迁善是益,改过也是益。

现在我们来读益卦的六爻:

> 初九,利用为大作,元吉,无咎。①

"利用为大作","利用",可释为"用利","大作",大作为。初九与六四相应,按损上益下的原则,它得到六四的利,这利要用,而且要有大作为。按《易》理,益卦中,初为成卦之主,它是可以大有作为的。

《象传》说:"元吉无咎,下不厚事也。""厚事",大事,这话大概是补充说明初九的爻辞,意思是,虽然初九是可以有所作为的,但并不是做大事。也许《象传》仍然在顾忌初九的地位太低。

> 六二,或益之,以十朋之龟,弗克违,永贞吉。王用享于帝,吉。

"或益之",指人益之。"以十朋之龟,弗克违",龟是灵物,是用来占卜的,两龟为一朋,"十朋"为二十只,用这样多的灵龟来占卜,当然是想得到神灵的赐福,"弗克违",不要违背,说明神龟已经有表示了。所以,"以十朋之龟,弗克违",是说神益之。

"王用享于帝,吉",是说,王凭祭祀与天帝沟通。这里说的是六二与九五的关系。九五是君,相当于"帝",六二在这里,则相当于"王"。王用祭祀与帝沟通,祭礼须心诚(孚),而六二恰好"虚中",虚中意味谦诚,故而王能得到帝的赐福,获益。

> 六三,益之以凶事,无咎。② 有孚中行,告公用圭。

"益之以凶事。""凶事",危险的事。"凶事"也能让人受益? 按益卦的观点是可以的。当然,"以凶事"益之,不是说要人为地去制造凶事,而是说,在

---

① 李光地认为:"卦以损四益初为义,则初亦受益之极,卦之主也。故其辞亦与卦同,'利用为大作'者,即《象》所谓'利有攸往,利涉大川'也。"(《周易折中》)

② 李光地《周易折中》引张振渊的话说:"益不以美事以凶事,如投之艰难,置之盘错,警戒震动之谓也。"

不可避免地遇到凶事之后,让人们从凶事中而受益。这样的情况,在现实生活中是有的。四川大地震是凶事,造成了巨大的人员和财产的损失,全国人民还有不少外国友好人士积极帮助灾区人民,这就是"益之以凶事"。

"凶事"中受益,益之与受益者的沟通是最为重要的,这种沟通靠两个东西:一是"有孚",即彼此有诚信;二是"中行",按原则办事,合理合法。

"圭",大夫所执之物。祭祀、朝聘之时,大夫须执玉圭,用以向神或王表达诚信。"圭",在这里充当信物。

这样,人心的沟通靠了三个东西:一是"有孚",内心有诚;二是"中行",行为合道;三是"圭",信物为证。三个东西是相通的。王安石说:"以至诚而中行,则不独'无咎',可以成功,'圭'者所以告成功也。"①

六四,中行,告公从,利用为依迁国。

"中行",上一爻出现过,即中道。"告公从",向上级禀报,取得上级的信任,让上级接受你的建议。"利用为依迁国",是讲迁国都的事。迁国这样的事当然是国之大事,是需要认真地反复地讨论的,国君要听听大臣的意见,大臣要取信于国君,必须行中道。

朱熹说:"三、四皆不得中,故皆以中行为戒,此言以益下为心,而合于中行,则告公而见从矣。《传》曰:'周之东迁,晋郑焉依。'盖古者迁国以益下,必有所依,然后能立,此爻为迁国之吉占也。"②

这爻重点在讲"中行",要想获益,必须持中行,行中道。

九五,有孚惠心,勿问元吉,有孚惠我德③。

这爻意思最好。这是说,人君只要以诚心惠民,不需问自己是不是会获吉。意思是,肯定会获吉的。

"孚"来自两个方面,一是己之孚,以待人;二是人之孚,以惠我。"有孚惠心",是讲己之孚以待人;"有孚惠我德",是说人之孚以惠我。而人之孚之所以惠我,是因为我以德泽及别人。就君王来说,它之所以能获得天下人的孚,是因为它的德操泽及天下,天下百姓均从他受益。

---

① 李光地:《周易折中》。
② 朱熹:《周易本义》。
③ 李光地《周易本义》引蔡清:"'惠心',惠下之心也;'惠我德',下惠我之德也。而皆有孚。"

益总是双方的,损也是双方的。要有收获,必须播种。

《象传》说:"有孚惠心,勿问之矣,惠我德,大得志也。""大得志"这"志",益天下之志。

　　　　上九,莫益之,或击之。立心勿恒,凶。

上九以刚处求益之极,心生贪念。贪必掠夺他人,当然,没有人去益它,有人还要打击它。

上九之所以如此之贪,是因为立心不恒。立心恒则能固守正道,立心不恒则不能固守正道,不能固守正道,当然是凶。

上九爻的警示意义非常突出。它给世上的贪官敲起了丧钟,也给世人敲起了警钟。它让我想起了陈毅元帅的两句诗:"手莫伸,手伸必被捉。"

益卦给我们的启发是很深的。人活在世上,不能只是向自然、社会、他人索取,也应向自然、社会、他人做出贡献。人的能力有大小,贡献也有大小,重要的是,有没有一颗献益于自然、社会、他人之心。其实,你有献益自然、社会、他人之心,你自然也会从自然、社会、他人那里获益。

人生之道,说到底也是损益之道。损益之道有互动性、交易性,但不是对等的,它不属于经济学的原则,而属于道德原则,甚至是讲超越功利的美学原则。

四十三、夬卦:果决其事

夬卦乾下,兑上。从卦形来看,这个卦自初至五均为阳爻,只有上为阴爻。这种阳刚前进的气势,真可谓排山倒海,而阴节节败退,只剩一隅,眼看就要完了。这个卦,在十二消息卦中列为三月之卦,大概是到三月,阳气蓬勃生长,阴气快要消退了。夬卦的主题为决。"夬",决也,二字意相能通。朱熹说:"以五阳去一阴,决之而已。"

夬卦的《卦辞》云:

　　　　夬,扬于王庭,孚号有厉。告自邑①,不利即戎,利有攸往。

----

① 《周易程传》云:"'邑',私邑。'告自邑',先自治也。"

这段话试译为:朝廷之上大加显扬扶阳抑阴之正气。以赤诚之心号令臣子共赴国难。先将自己的那个小邑治理好,不宜尚武,有利于前进。

卦辞内容比较复杂,大要是说,崇阳决阴之际,国家处于关键时刻,主政者一是要果断,二是要谨慎。而保证这一切顺利进行的是"孚号",即将诚信号令大众,取信天下。

《彖传》云:

> 彖曰:夬,决也,刚决柔也。健而说,决而和。"扬于王庭",柔乘五刚也。"孚号有厉",其危乃光也。"告自邑,不利即戎",所尚乃穷也。"利有攸往",刚长乃终也。

《彖传》前四句是释"夬"卦名和卦义:

"夬"为"决",是"刚决柔"。这是"夬"的基本性质。"健而说,决而和",这两句十分重要。"健而说(悦)",非常有情调。这场阳决阴的战斗,不是炮声隆隆,硝烟弥漫,而是闲庭信步,谈笑风生。"决而和",很深刻。"决"本是冲突,本是战斗,但它是实现"和"的必经之路,没有"决"就没有"和",而"和"却是"决"的目的。三个关键词——"健"、"说"、"和"奠定了"夬"的基本品格。

《彖传》对于卦辞后四句的解释也很深刻:

"扬于王庭"是上六乘九五之刚。这意思是,上六是众阳决去的对象,正是为了决去这一阴,九五在朝廷高扬出王者的刚正之风。"孚号有厉",危厉的呼号足以见出诚信之光辉。"告自邑,不利即戎",不是不想出征,而是因为没有这个能力,没有这方面的条件,还是颁布文告,先治理好自己的城邑为宜。"利有攸往",阳刚决阴直到上六,真是长途奔袭,一泻千里。

《象传》云:

> 象曰:泽上于天,夬。君子以施禄及下,居德则忌。

"泽上于天",也可说泽在天上。泽为水,水在上,溃决之时,水狂奔而下,其气势可知。《象传》将它比作君子"施禄",即将福禄奉献给下民。

"居德则忌",虽安处其德,然有所顾忌。夬之时,是大风大浪之时,不能不有所顾忌。夬的过程形势多变,君子须审时度势,小心为之。夬卦的六爻将夬的各种情况详尽地展现出来:

> 初九,壮于前趾,往不胜为咎。

"壮于前趾",前进,很有气势且很有力量,然而前进不胜,引以为咎。为什么往而不胜? 可能是初位无位,且初与四不应,势单力薄。"为咎",是初九自以为咎,其实未必是咎。

"夬阴"之初始,气势虽然夺人,但势单力薄,没有成功。

九二,惕号,莫夜有戎,勿恤。

警惕的号声声声传来,没有哪一夜不戒备森严的。这样,也就可放心了。九二阳刚居柔位,为中位,与九五不应。其形势优劣参半,不可不内怀警惕,外加严戒。

这爻是说,"夬阴"进行之中,当高度警惕,只有这样才可放心。

九三,壮于頄,有凶。君子夬夬,独行遇雨,若濡有愠,无咎。①

"頄",即颧。九三阳居阳位,躁动急进,将阳刚之气露于脸面,全无一点内敛功夫,这是凶的。

"君子夬夬,独行遇雨,若濡有愠,无咎":君子果决行事之中,独自行走,遇上了雨,好像身上濡湿了,脸有怒色,没有咎害。

九三与上六相应,阴阳和合。阴阳和合在《周易》中常用"雨"来象征。所以说是"遇雨"。说"独行",是因为众多的阳爻中,仅九三有与阴爻相应的机会。"若濡有愠",喻君子在与小人的交道(按夬卦,是阳决阴)时,受到小人的侵凌(濡),不免有怒容,然而无事。

从爻辞中说"壮于頄,有凶""若濡有愠,无咎"来看,夬卦是不赞成躁进的,也反对怒形于外,它也许更欣赏的是内敛的战斗。

九三爻说"夬阴"之中,君子与小人的战斗很激烈,君子凭阴阳相应而取胜。

九四,臀无肤,其行次且,牵羊悔亡,闻言不信。

"臀无肤",臀部皮肤受伤,比喻居不安。因为三阳并进于下,其势不得安。"其行次且",是说前进时跌跌撞撞,这是因为九四居柔,刚阳不足。这个时候,唯一的出路是"牵羊"。羊,群行之物,这里代指阳爻。初到四均为阳爻。九四与三阳联合并进,借三阳之力夬阴,后悔的事就没有了。

---

① 关于此爻辞,程颐说爻辞排列有错,应为:"壮于頄,有凶。独行遇雨,君子夬夬,若濡有愠。"而朱熹的《周易本义》仍照原句讲解。

可叹的是,九四既不中也不正,失去了判断是非的能力,听到各种言论,无法采信哪一种说法,这就是"闻言不信"。《象传》说:"其行次且,位不当也;闻言不信,聪不明也。"

这爻是说"夬阴"中,君子受伤,借阳刚之助而取胜然而心无主见,取胜是侥幸的。

　　　　九五,苋陆夬夬,中行无咎。

"苋陆"是一种野草,又名马齿苋。这种草含水多,易折。程颐、朱熹都将它看做"感阴气之多者也",这是指上六。九五以王者之位是"夬夬"之主角,它要夬的是上六。爻辞认为,只要合于中行,就无咎。值得我们注意的是,爻辞用的是"无咎"一词,不说"吉"。

《象传》释此爻,指出其中的奥妙:"'中行无咎',中未光也。""中未光"什么意思?对此,程颐有个解释。他说:"夫人心正意诚,乃能极中正之道,而充实光辉。五心有所比,以义之不可而决之,虽行于外,不失中正之义,可以无咎,然于中道,未得为光大也。盖人心一有所欲,则离道矣。"[1]

这一说极深刻。按程颐的看法,"中"有在内在外之分,内决定于外,只有内"心正意诚",外才能"极中正之道"。只有内外一致,才能中充实而外光辉。九五决上六,行为是对的,故说"不失中正之义",但是,心不够正,意不够诚,于"中道"则有所不足,故"未得为光大也"。

这爻是"夬阴"的关键一役,强调君子凭中道取胜。

　　　　上六,无号,终有凶。

到上六,阳长将极,阴将消尽。尽管如此,如果没有警号在吹,最终会有凶。苏轼释此爻说:"无号者,不警也。阳不警,则有以乘之矣。"[2]

夬卦从始到终,硝烟弥漫,充满着浓重的火药味。卦面上是阳决阴,而在实际生活中是君子夬小人。夬卦肯定果决进取的气势和力量,但更主张有智慧有内敛的斗争,用一句今天的话来概括夬卦的精神,那就是:斗争是艰难的,前途是光明的。

---

① 程颐:《周易程传》。
② 李光地:《周易折中》。

四十四、姤卦:邂逅有缘

姤卦,下为巽卦,上为乾卦。巽为风,乾为天,卦象为天下有风。巽为长女,乾为父,从某种意义说,它也含有某种阴与阳的关系。

姤卦的《卦辞》:

姤,女壮,勿用取女。

"姤"指不期然而遇。这卦,初爻是唯一的阴爻,它是此卦卦主——成卦之主。由于处初位,这阴还是要向上渐长的,所以说"女壮"。要说遇,是说它与其他五阳相遇了。

《卦辞》说,"勿用取女",按程颐的理解,"女渐壮则失男女之正"①,按朱熹的说法是"一阴而遇五阳,则女德不贞而壮之甚也,取以自配,必害乎阳"。②他们都认为,这是一个讲婚姻的卦,此女之所以不可娶,是因为此女过于强壮,因而不可娶。在我看来,《卦辞》的确说此女不可取,但不可取的是这种不平衡的阴阳关系,不是说这女。此卦的意义不能局限于婚姻。

《彖传》说:

彖曰:姤,遇也。柔遇刚也。勿用取女,不可与长也。天地相遇,品物咸章也。刚遇中正,天下大行也。姤之时义大矣哉!

象曰:天下有风,姤,后以施命诰四方。③

《彖传》和《象传》分别从两种角度来谈姤卦的卦义。

《彖传》从阴阳相遇的维度来谈。《彖传》指出,姤卦是"柔遇刚"。"柔遇刚"指下卦的巽与上卦的乾相遇,巽为柔,乾为刚,故为"柔遇刚"。"柔遇刚"是好事,为何又"勿用取女"? 这是因为此卦阴只有一爻,而阳有五爻,阴阳关

---

① 程颐:《周易程传》。
② 朱熹:《周易本义》。
③ "后",《周易程传》说:"称'后'者,后王之所为也。"而笔者认为,也许应为"王后"。具体来说,指初六,它是唯一的阴爻。在《周易》中,凡卦中唯一阳爻或阴爻,均是卦主,不管在哪个爻位上。

系失去了平衡。正是因为它不平衡,所以,"不可与长也"。

阴阳关系是变动的,由不平衡到平衡,再由平衡到不平衡。所以,"姤",只是阴阳关系变动的一个环节,短暂的一个环节。克服了这种阴阳不相遇,达到阴阳相遇,那就好了。所以,姤卦没有吉凶可言。

阴阳相遇,是阴阳的相互作用和共同创造。这相互作用、共同创造,是宇宙万事万物产生的根本原因。所以,《彖传》说:"天地相遇,品物咸章也。"

《彖传》取风与天的关系来谈"姤"。按卦象,风在下,天在上,为天下有风。天下有风是自然现象,本是没有多大意义的,《象传》则将它引申到政治上,说是"后以施命诰四方",这意义就大了。

程颐对《象传》颇为欣赏,据此再发挥:

> 风行天下,无所不周,为君后者观其周遍之象,以施其命令。用诰四方也,"风行地上"与"天下有风",皆为周遍庶物之象也,而行于地上,遍触万物则为观,经历观省之象也。行于天下周遍四方则为姤。施发命令之象也。诸象或称"先王",或称"后",或称"君子"、"大人"。称"先王"者,先王所以立法制,建国,作乐,省方,敕法,闭关,育物,享帝,皆是也。称"后"者,后王之所为也,财成天地之道,"施命诰四方"是也。"君子"则上下之通称,"大人"者王公之通称。[1]

"风行天下",有"周遍之象",而"行于天下周遍四方则为姤"。由此联系到君王的"观"与"施"。"观"指君王的观省,视察,它需周遍天下。"施"指君王的发布命令。君王发布命令也是面向天下的。"后",是指后王。王分先后,先王是国之创始者。其贡献主要是为国立制,后王是国之继承者,其贡献主要是将先王的事业扩大,发布各种命令,是后王一项日常工作,而"风行天下",是文诰所产生的影响。

《彖传》《象传》分别体现了理解姤卦卦义的两个维度。研读姤卦,我们要心存一个概念,这个卦是讲阴阳相遇的,姤是一种不平衡的阴阳相遇,这种相遇必然会出现种种冲突,出现种种不和谐的现象,但它最终会达到和谐。姤卦的六爻充分体现这一点。

---

① 程颐:《周易程传》。

下面我们来看姤卦的六爻：

初六,系于金柅,贞吉。有攸往,见凶。羸豕孚蹢躅。

姤卦只有一阴爻,就是初六。此阴爻处渐长之势,后发展为"壮"。出于阴阳平衡的立场,对于这发展潜力巨大的阴,还是先将它系住为好。"柅"是止车的装置,相当于今天的刹车,"金柅",用青铜做的,以见其坚固。初六暂不前进,固守正道,则吉;如果前进,则现出凶象。

"豕"是阴物,"羸豕"是羸弱的猪。"蹢躅"躁动。"孚蹢躅",是说内心躁动不安,七上八下,心还不够诚。这里用来比喻初六。初六处于初位,力量尚很弱。按《周易》的游戏法则,下往上长。这阴是向上长的,它要将上面的阳——取代,直至全部为阴。所以,发展前景为"壮"。

《象传》说:"系于金柅,柔道牵也。""柔道牵",将"柔"牵住。

这爻用了两个比喻,一为"金柅",二为"羸豕",意思是,在阴阳关系不平衡的情况下,要控制住发展态势极好的阴,以免它吞食阳。

九二,包有鱼,无咎,不利宾。

九二是姤的第二种情势。二为中位,它与初六有密比关系,初六对它是承的。对于九二来说,这种关系是再好不过的了。

"鱼",阴物之美者,这里代表初六。"包有鱼",一是说明此鱼珍贵,二是说明此鱼已经落入九二的囊中了。这真是邂逅有缘,当然无咎。"不利宾",不利于外来者,这里可能指九三、九四。它们属于外来者,均为阳,它们何尝不希望获得阴物之美者呢?但是,这鱼既已落入九二之手,九三、九四就无望了。所以,这九二"包有鱼",于宾不利。

《象传》说:"包有鱼,义不及宾也"。就是说,这鱼本不应给宾的,因为这不合乎道义。这里说的"义"是《周易》的游戏法则,不是后来儒家说的那个"义"。

此爻说的是阴阳有遇的情况。

九三,臀无肤,其行次且,厉,无大咎。

这是姤的第三种情况。三为阳位,又是下卦乾的上位。九三为阳,得位。这样的情况,阳是很活跃的,它需要阴。但是,它找不到阴,初六与它不在相应的位置上。它的处境,恰如爻辞所写,臀部没有好皮肤,居之不安;"次且",走路跌跌撞撞,其行不速,也就是进退两难,居行不便。这种情况有危险,但是无大害。

《象传》释此爻说:"其行次且,行未牵也。"联系夬卦九四爻,也有"臀无肤,其行次且"语,夬卦的九四爻最后是"悔亡",而姤卦,则是"厉,无大咎",比夬卦九四爻要差。原因何在呢?原因在"行未牵"。牵什么?——牵羊。夬卦九四牵了三只羊(阳爻)。而姤卦的九三虽然遇上九二一只羊,但不能牵动。也就是说,姤卦的九三,得不到阳刚的帮助。

这爻说的是阴阳无遇的情况。

> 九四,包无鱼,起凶。

九四是姤的第四种情况。九四与初六为正应,按说,这鱼是属于九四的,然而近水楼台先得月,九二先下手为强,这"鱼"早已落入九二囊中了。九四"包无鱼",起了灾难。

《象传》:"无鱼之凶,远民也。"远民是指九四疏远了人民。四是大臣位,九四代表大臣,九四不中不正,意味着失道,失道必然远民。

此爻是说阴阳相遇碰到了意外。

> 九五,以杞包瓜,含章,有陨自天。①

九五是姤的第五种情况。"杞",高大的乔木,这里用来比喻九五自己。"瓜",美好之物,这里用来指阴柔之物。如果将九五看做君,这"瓜"就是臣。君求贤臣,希望能拥有贤臣,这就是"以杞包瓜"。

"含章"可以作两种理解:一种是,"以杞包瓜"即为"含章","章"本义为花纹,比喻为美;"含"为包。另一种是,君王内积至诚。按这种理解,那就是君王要想得到贤臣,必须"含章"——内积至诚。

"有陨自天",这是偶发现象,朱熹说是"本无而倏有之象",这种现象超出了常规,属于天命。君臣的相遇具有很多的偶然因素,这好比"有陨自天",谁知道这"陨"何时下,下到哪里,这只能用缘来解释了。

《象传》释此爻,曰:"九五'含章',中正也;'有陨自天',志不舍命也。"

在君臣相遇这一问题上,君能否遇到贤臣,君王自身是否"含章",即"中

---

① 《周易程传》云:"杞高大而叶大,处高体大而可以包物者杞也。美实之在下者瓜也,美而居下者,侧微之贤之象也,九五居尊君位,而下求贤才,以至高而求至下,犹以杞叶而包瓜,能自降屈如此,又其内蕴中正之德,充实章美。人君如是,则无有不遇所求者也。虽屈己求贤,若其德不正,贤者不屑也。故必含蓄章美,内积至诚,则'有陨自天'矣。"

正",是重要的,但不能反过来说,君王"含章"、"中正",就一定能遇到贤臣。"志"与"命"不是一回事,有"志"未必有"命"。

正",是重要的,但不能反过来说,君王"含章"、"中正",就一定能遇到贤臣。"志"与"命"不是一回事,有"志"未必有"命"。

这爻主要谈邂逅的必然性和偶然性。

上九,姤其角,吝,无咎。

这是姤的第六种情况。上九以阳刚居上而无位,不得其遇。"角"强调阳刚至极,好像头上长角。《象传》说"姤其角,上穷吝也"。"穷",尽头,到此无路可走的境地,当然吝恨不已。

人生活在世上,有许多相遇。社会关系是相遇的,因遇才有了夫妻、朋友、同事、上下级……,其他诸事也是相遇的,不管是好事还是不好的事。不遇,哪有幸福美好的家庭? 不遇,哪有飞黄腾达的今天?

遇到的,可能是美人也可能是魔鬼。遇中有发展的机会,遇中也可能有灾难的因苗。遇,可能带来幸福,也可能带来晦气。遇,很可爱,也很可怕。

遇可知,亦不可知。可知,因遇有必然性;不可知,因遇也有偶然性。一切皆有可能!

人无法对付遇的偶然性,只能将它束之高阁,但人能认识遇的必然性。因此,遇什么,不遇什么,人就有了一定的选择性。选择是寻找,是发现,是出击,是攫取。这也是遇!

祝愿您遇上可爱的人,可心的事。

邂逅有缘,珍重此缘。

四十五、萃卦:聚精荟萃

萃卦在姤卦之后,《序卦传》说:"姤者, 遇也, 物相遇而后聚, 故受之以《萃》。"①萃卦,坤下兑上,坤为地,兑为泽,为地上有泽之象,地上有泽意味着出现了一面低洼地,四周的水向这里聚集。

---

① 《序卦传》对于《周易》的卦序有说法,这些说法,基于物理,有些说得好,有些则显得勉强。它之可贵是系统论思想,它将《周易》看成一个系统,这个系统来自宇宙这个系统,是宇宙这个系统的概括。

萃卦的《卦辞》说：

萃,亨,王假有庙。利见大人,亨,利贞。用大牲吉,利有攸往。

它的意思是：萃是亨通的。王去庙里祭祀。在这个机会,见大人是有利的。利于守正。用大的牺牲作祭品是吉的,有利于前往。

该卦用祭祀这一活动来说明聚集的基本道理。聚集什么? 一是聚集祭品,"大牲"指丰厚的祭品。祭祀能奉上丰厚的祭品,显示出对神的虔诚,就能得到神的赐福,这自然是一件美好的事。二是聚集人才,《卦辞》说"利见大人","大人"指君王,天下的人才是尽君王所用的,而君王能不能聚集天下英才、贤才,那就要看他的品德和能力了。"利见大人"的"利"应是多方面的,对君王有利,对人才有利,对国家有利,对百姓有利,等等。

《彖传》说：

彖曰:萃,聚也。顺以说,刚中而应,故聚也。王假有庙,致孝享也。利见大人亨,聚以正也。用大牲吉,利有攸往,顺天命也。观其所聚,而天地万物之情可见矣。

《彖传》基本上沿袭《卦辞》的思想,申说不多。值得注意的是三点：

第一,"王假有庙,致孝享也。"王去庙里祭祀,表达的是一种孝道。那么,可知王去的是宗庙,祭的是祖先。孝道是中华民族最古老的道德规范之一,从这卦甚至还可以推测出,孝是最基本的道德。王对祖先致孝享,不仅给天下人树立了榜样,而且移孝作忠,实际上是号召天下臣民尽忠于王。而王也就用这种方式聚集人才,聚集百姓。

第二,"用大牲吉,利有攸往,顺天命。"用丰厚的祭品祭祀祖先,是承"顺天命"的行为。这意味着祭祀不仅能得到祖先的赐福,而且也能得到天命。祖先的赐福与天命的降临是同一件事。这样,王就将自己的统治更好地建立在下应民心上合天命的基础上。

第三,"观其所聚,而天地万物之情可见矣。"天下万事万物,有散有聚,此散彼聚。此聚彼散。就是在这聚散之中,万事万物变化着,发展着。这就是我们的宇宙世界。聚散之理是客观的,人类不过是将这宇宙本有之理用来为自己服务罢了。

《象传》说：

象曰:泽上于地,萃,君子以除戎器,戒不虞。

"戒器"是兵器,引申为蔽恶之事。"除",去除。聚萃可能产生弊端,人聚易生斗争,物聚易生贪念,因此必须要提高警觉,惩除弊端,防止不虞之事发生。

下面看六爻:

初六,有孚不终,乃乱乃萃。若号,一握为笑,勿恤。往无咎。

"有孚不终,乃乱乃萃":有诚信不能维持到最后,于是就乱了,而且这些乱的事物聚在一起了。

初是萃之始。初为阴所居,这初六与九四是相应的,它们本当萃。但是,它们彼此的诚信(孚)不足以维持到终。原因是下卦为坤,三爻均为阴,它们聚在一起,这是同类相聚,同类相聚并不一概为坏事,但是,在此爻的情境,它显然是添乱了。初六与九四系正应,它不去应;与它同类的二、三、四爻无正,它都去聚,这怎么会不乱呢?

"若号,一握为笑,勿恤。往无咎":"号",是呼吁,号有各种,有"孚号"(见之于夬卦)。这里的"号",联系上下文,可能是孚号。如果是孚号,诚信地呼吁九四,建立起正应的关系就不会有困难,一握手,笑笑,就没事了。"勿恤",不要忧虑。"往无咎",前行无咎。

《象传》说:"'乃乱乃萃',其志乱也。""志乱"是失正。

这爻强调萃以正为基本原则,以孚为桥梁。在萃之始,将萃的原则和通道提出来了,实际上为全卦立了一个纲。后来基本上也是在"正"、"孚"上做文章。

六二,引吉,无咎。孚乃利用禴。

"引吉,无咎",将"吉"引来,这"吉"从何而来?

六二,又中又正,上与九五相应。九五也又中又正。这"引吉"引的就是中正,中正为吉。

"孚乃利用禴"是讲"孚"。"禴"是古代的祭祀方式之一,为薄祭,祭品不丰富。"孚乃利用禴"是说只要心诚,哪怕是"禴"这样的薄祭,也会得到祖先神灵赐福的。

《象传》说:"引吉无咎,中未变也。"肯定萃的基本原则是中正。

这爻主要讲中正和诚信。这两条是"萃"的基本原则,是获吉之由。

六三,萃如嗟如,无攸利,往无咎,小吝。

"萃如嗟如,无攸利",一边在求萃,一边在嗟叹,没有什么利可得。

六三处下卦之终,阴居阳位,不正,亦不中,与上六亦无应。所以,求萃不成,徒然嗟叹。

"往无咎,小吝",虽无利可得,但仍可前进,只是小有遗憾罢了。

《象传》分析此爻,说:"往无咎,上巽也。"上六虽然为阴与六三不应,但品性为顺,再者,它是兑卦的终爻,兑有悦意,说明六三还是可以前行的。

六三爻在萃聚的情境下勉强前进。

> 九四,大吉,无咎。

九四上比九五,下比众阴,得萃。如此形势当然是大吉无咎了。但是它也有缺点,九四不得位。这点《象传》指出来了,《象传》说:"'大吉,无咎',位不当也",但爻辞未说到这一点,或许爻辞有脱漏。

> 九五,萃有位,无咎。匪孚,元永贞①,悔亡。

"萃有位",萃获得了一个最佳的位置,九五尊位,阳刚居中,又得位,且与六二正应。这几点使得它足以得天下之"萃"。

尽管如此,它还诚信不足,故说"匪孚"。这是为什么?李光地编的《周易折中》引王宗传的看法,说九五"为萃之主,莫大于有是位,尤莫大于有其道,有是位而无是道,则天下不我信者,亦众矣,故曰'匪孚'"。这个看法不错。王宗传将"位"与"道"区别开来,认为有位未必有道。这很有道理。得位,不靠苦修,像中国古代的君位多是继承得到的;而道不经过一番刻苦的修炼,是不可能得到的。因此,即使九五,得位,又中又正,还需要"元永贞",加强品德的修养。

《象传》指出:"萃有位,志未光也。"这"志未光"就是未得道,因而也就"若匪孚",不能取信天下。

我们前面读过的许多卦,均将"孚"看得十分重要,"孚"几乎成为一切事务成败的主观方面的决定性因素,萃也如此。

> 上六,赍咨涕洟,无咎。

"赍咨",是感叹;"涕洟",是哭。上六阴柔居上,与六三不应;又下乘九

---

① 《周易程传》释"元永贞",云:"'元',首也,长也,为君德。首出庶物,君长群生,有尊大之义焉,有主统之义焉。而又恒永贞固,则通于神明,光于四海,无思不服矣。"

五。可谓孤家寡人,处境艰难,勉强得以"无咎"。

萃卦讲人才的聚集,这的确是治理天下的关键。国家,人才济济,国家肯定强盛;企业,人才济济,企业肯定发达;学校,人才济济,学校肯定兴旺。

人才在哪?要善于发现。不是慧眼,岂能识珠?韩信得志之前只是乞丐、浪子而已,刘邦却慧眼识英,拜将封帅,击败项羽,终成大业。姜尚识文王前垂垂老矣,谁人认为他还有用处?文王却尊之为师,成就了岐周八百年天下。

人才怎么才能得到?要善于吸纳。吸纳之道,唯在"有孚"。古往今来,这方面的美谈非常之多,脍炙人口的有:萧何月下追韩信,刘备三顾请诸葛,太宗虚心纳谏敬魏征。

此卦六爻,谈孚多达三爻,其句有:

　　"有孚不终,乃乱乃萃。"

　　"孚乃利用禴。"

　　"匪孚,元永贞,悔亡。"

这些话,当为主政者引以为座右铭。

四十六、升卦:祝君高升

升卦在萃卦之后,按《序卦传》的说法:"萃者,聚也。聚而上者谓之升。故受之以升。"升卦巽下坤上,巽有木之象,在五行中也为木;坤,为地,在五行中为土,所以升卦有"地中生木"之象。

升卦的《卦辞》云:

　　升,元亨,用见大人,勿恤,南征,吉。

升卦是一个吉利的卦,《卦辞》用了"元亨"两字。在《周易》六十四卦中,卦辞用"元亨"二字的卦不多。

升卦《卦辞》的信息主要有二:

一是"用见大人","大人"即贵人,如果占者是求职之人,意味着很快会遇到赏识你的老板;如果占者是君王,则意味着你将发现有用的人才。

二是"南征,吉"。"南征",按程颐、朱熹的看法,就是"前进",不一定指南方。按中国传统文化,君子理想的方位是南,有坐北朝南之说。因此,征南,意味着遂志、升官。

升卦的《彖传》说:

> 彖曰:柔以时升,巽以顺,刚中而应,是以大亨。用见大人,勿恤,有庆也。南征吉,志行也。

《彖传》提出两个重要观点:

其一,"柔以时升,巽以顺。"柔升是切合宇宙规律的。万物初生皆为柔,柔是生命的初级形态,老子尚生命,所以老子尚柔。柔虽然具有光明的前途,但柔的生长,需要"时"。在这个卦中,柔的是下卦巽,巽为木。木的生长需要地,此卦的上卦坤为地,因此,升卦的卦象为地中有木。

其二,"刚中而应,是以大亨。""刚中"是九二爻,它与六五相应。正是因为有了九二与六五的相应,"升"才得以亨通。

《象传》云:

> 象曰:地中生木,升,君子以顺德,积小以高大。

"地中生木",这一卦象,恰到好处地喻示升的意义。"积小以高大",形象地描绘升的过程。

升卦的六爻相比于别的卦,文字也简约得多,下面我们看看升卦的六爻是如何阐述升的:

> 初六,允升,大吉。①

"允升",允许升。按《彖传》"柔以时升"来说,升的初六,恰为柔,又正是因为它的升是合"时"的,故为"允升"。这"时"可以从两个维度来理解:一是从爻位关系来看,初六上承九二,因而其"升"获得九二之"允"。《象传》云:"'允升,大吉',上合志也。"合的是九二之志。二是从升卦的卦象来看,升卦的卦象为"地中生木"。木的生长是不能离开地的。是地的存在,才允许木的生长。《周易折中》收何楷的观点云:"初六巽主居下,犹木之根也。而得地气以滋之,其升也允矣。所以为升者巽也,所以为巽者初也。大吉孰如之。"

初爻获吉极少,在《周易》六十四个卦中仅讼、小畜、谦、姤、兑、中孚和升

---

① "允",《周易程传》解释为"信从也",《周易本义》释"允升大吉"为"信能升而大吉"。李光地编纂的《周易折中》云:"'允升'允字,当与晋之'众允'同义,盖不获上信友,不可以升进也。"

诸卦,用"大吉"的只升一卦。这种情况说明周易极重视升。升是前进,是发展,是进步,是更新,是创造。只有升,世界才有希望,生活才有希望,人类才有希望。人不只是为现在而活着,奋斗着,也还是为希望而活着,奋斗着。而希望就在这升之中。难怪,唯"允升"大吉。

九二,孚乃利用禴,无咎。

"孚乃利用禴"一句,萃卦六二爻中用过。"禴"是薄祭,祭品菲薄,仪式也简单,但神灵并没有责怪,原因是有孚,真诚。反对浮华,崇尚实质,是《周易》的重要思想,这一思想与孚联系起来而更见重要。因为孚也重在实质,是内在的而不是外在的。

《象传》释此爻说:"九二之亨,有喜也。"用"喜"来表达神灵赐福给人带来的幸福感,极见"孚"之重要。

九三,升虚邑。

九三,是下卦最上一爻,再往上,就是坤卦了。坤为地,有邑国之象,故为"升虚邑"。"邑"怎么为是"虚"的呢? 这是因为阳实阴虚,坤为阴卦,它就是虚的了。

九三,阳爻居阳位,得位,为正,又九三与上六相应。所以,这升虚邑,意味着九三(君子)职务上升,事业兴旺。《象传》云:"'升虚邑',无所疑也。"当然无所疑。前途光明。

六四,王用亨于岐山,吉,无咎。

"王用亨于岐山",在随卦中出现过。"王"指周文王,"岐山",西周发迹地。周文王在岐山祭祀,获得上天的佑助。周部落发展壮大,最后由周文王的儿子周武王一举灭商,建立了新的王朝——周。如此千秋伟业,当然是升之极致了。

《象传》说:"'王用亨于岐山'顺事也。""顺",在这里有两个意义:一是此爻位为四,阴位,又是阴居之,可谓柔之至;二是文王守中正之道,敬鬼神而顺天命,因而得到广大人民的拥护,其事业,上顺天意,下顺民心。此爻说到周文王,为什么不放在五爻位去说,而只放在四爻位来说呢? 因为周文文王未登天子位,只是商的大臣,只适合放在四爻位说。

六五,贞吉,升阶。

"贞吉",强调正固得吉,为何"升"要强调"阶"? 阶,阶梯,这里用来说明升而有序,同时这也符合《象传》所说的"柔以时升"。

《象传》云:"'贞吉,升阶',大得志也。"这确是"大得志"了,升到了光辉的顶点。如果结合六四爻周文王致祭的事,那么这爻应是说周武王登基,周朝建立了。

　　　　上六,冥升,利于不息之贞。

"冥",昏暗。在昏暗中上升。这意味着什么呢?可能有二:一是头脑不清醒,知进不知止。二是不守中正之道,凭不当手段上升。

"利于不息之贞",这是警戒。只有不停息地坚守正道才是有利的啊。

上六爻是想说,升是好事,但一定要走正道。

升卦并不复杂。在《周易》诸多的卦中,它的意思是比较显豁的。它鼓励升,它贡献给人们的主要是三点:一是时升,待时而升,条件是重要的;二是允升,有据则升,根基是重要的;三是孚升,有孚则升,诚信是重要的;四是阶升,升而有序,程序是重要的。

"好风凭借力,送我入青云。"

祝君高升!

四十七、困卦:走出困境

困卦,是讲困难的卦,它与坎卦、蹇卦的主题是差不多的,三卦均有坎卦,坎为水。可见,水在远古是让人害怕之物。坎卦是两个坎卦重叠而成,像是大洪水,铺天盖地;蹇卦是艮下坎上,大水阻于高山,无路可走;困卦兑上坎下,上为一片沼泽地,露出植物,些许泥土,下面全是水,陷进去,有灭顶之灾。

困卦《卦辞》云:

　　　　困,亨,贞,大人吉,无咎。有言不信。

什么是困?孔颖达说:"穷厄委顿之名"。困有两种,一种是困于生,实际生存遇到困难;另一种是困于道,生存理念遇到了困难。

困卦开头就说,"亨,贞,大人吉,无咎。"显然,它讲的是君子的处困之道。君子处困不存在道穷的问题,正是因为不存在道穷的问题,所以,困难对于它只是一种人生的锻炼。困难过后,君子在人生历练上、人生境界上均上升一层,所以困难对于他来说是"亨",只要坚守正道,还会获吉,当然无咎。

为什么"有言不信"?这是警戒。意思是:处困之时,重在正身修德,坚持原则,用智用勇,若巧言饰辞,人所不信,则其道弥穷,再也无法脱险了。所以戒之"有言不信"。这里,"孚"的重要性又一次凸显出来了。

《彖传》云:

> 彖曰:困,刚掩也。险以说,困而不失其所亨,其唯君子乎? 贞,大人吉,以刚中也。有言不信,尚口乃穷也。

"困,刚掩也。险以说。"困,从实质来说,是"刚掩",刚为阳,为君子,"刚掩",君子受到打击。从卦象来说,困卦上卦为兑卦,兑为悦,下卦为坎,坎为险,所以"险以说",说明困并不是没有出路的,走出坎险,就是欢乐。

"困而不失其所亨,其唯君子乎?"能走出困难不失亨通的,只有君子。为什么只有君子"不失其亨"?因为君子持的是中正之道。具体到困卦,希望所在是"刚中",指的九二与六五的正应。

"有言不信,尚口乃穷也",君子的话之所以为人不信,是因为"口乃穷"。上卦兑本有尚说之德,但因为处于困境,泽上无水,无法发挥其职能了。

《象传》说:

> 泽无水,君子以致命遂志。

泽本是有水的,这水都流到地下去了,泽地无水,泽下有水,那就很危险,不知情者就有可能陷入泥淖而不得出。

君子处于困境,一是"致命",极尽使命,遵循天命;二是"遂志",力求实现自己的志愿。

《象传》将君子走出困境的办法归纳成"致命遂志"十分深刻。它涵盖了《周易》两种重要思想:乐天知命,自强不息。前一种精神豁达,后一种精神积极,均建立在知天的基础上,为顺天而动。

下面,我们看六爻如何说困:

> 初六,臀困于株木,入于幽谷,三岁不觌。

此是困的第一境:"臀",臀部,臀部的重要功能是坐,坐为居,安身意。现在能安身吗?不能,因为困在"株木"之下。"株木",虽是大树,却没有枝叶,光剩下树干了。没有枝叶的庇护能安身吗?当然不行。接着进入幽深的峡谷,更是入于困之深处了。三年都没有办法脱离险境。

初六,处坎的初位,能救它的只能是阳刚,按说,九四与它相应,是能救它的,但九四不得位,自身并不强大,就像是株木,虽然高大却不能庇护人。

此为困的第一境:身困,解决的办法是等待救援。

九二,困于酒食,朱绂方来,利用亨祀,征凶,无咎。

这是困的第二境:这种困是"困于酒食"。酒食的意象显然来自坎卦,此爻为坎之中爻,取酒食意象是很自然的。困于酒食之困有二义,一是沉湎酒食之困,二是缺乏酒食之困。从爻辞之意,不是缺乏酒食,而是耽于酒食,故应是沉湎酒食之困。酒食属于欲,人不能无欲,但不能贪欲。中国的哲学对欲总是给予相当多的限制,将欲与道对立起来,认为纵欲会伤道。酒食之困,应为"欲困"。

"朱绂"是王服。"朱绂方来",是说君王到来。君王不将酒食用于自己享受,而用于祭祀,这样做,当然是好的。

处困之时,出征是凶的。但因为九二中正,故从道理上,其占无咎。

《象传》说:"困于酒食,中有庆也。"意思是因为据于中道而得喜庆。

这爻谈到了困的第二境:"心困",具体来说,困于欲,解决的办法是守中道,礼神灵。

六三,困于石,据于蒺藜,入于其宫,不见其妻,凶。①

这是困的第三境:六三的处境诸多不妙。第一,"困于石","石"指九四爻,九四为阳爻,喻坚重难胜之物,三凭血气之勇而上进,有九四阻挡,不能进。第二,"据于蒺藜","蒺藜"指九二,九二在六三之下,故说六三"据"九二,九二系阳爻,刚性之物,六三在九二之上,乘刚,这是不利的。第三,六三与上六不相应,无夫妻之分。因此说,"入于其宫,不见其妻"。凡此种种,当然是"凶"了。

《象传》说:"据于蒺藜,乘刚也。入其宫,不见其妻,不祥也。"正是这样。

这爻是说全面受困,陷于绝境了。

九四,来徐徐,困于金车,吝,有终。

---

① 朱熹释此爻说:"阴柔而不中正,故有此象,而其占则凶。石,指四;蒺藜,指二;宫,谓三;而妻,则六也。"(《周易本义》)

这是困的第四境。"来徐徐,困于金车。"慢慢地来,为金车困住了。"金车",九二爻。九二为阳爻,故有"金"象,二为坎之中爻,坎有轮象,故将九二喻为"金车"。

此境虽然困,但有所缓解。这是因为九四为卦之上体,又为兑的初爻,兑的卦德为说,有喜悦之象。九四与初六相应,然初六的到来迟迟。其原因,中间受困于九二这"金车"了。

九四的困境,只是小困,会有一个比较好的出路,所以说"吝,有终"。

《象传》云:"来徐徐,志在下也。虽不当位,有与也。""有与",是说九四毕竟与初六相应,而且这应为正应,尽管有九二的阻力,但无大碍。

困的第四境是途中受困,困于障碍。

九五,劓刖,困于赤绂,乃徐有脱,利用祭祀。

这是困的第五境。"劓刖",截鼻曰"劓";去足曰"刖",可以说身体上下均受了重伤。"赤绂"是王服,"困于赤绂",为"赤绂"所困。谁为赤绂所困?九五。九五为何遭困?原因有二:一下无应(九二是阳爻,与九五不应),二上六对它乘凌。

九五虽然遭困,但毕竟系君位,又中又正,所以能从困境中解脱出来。但要虔诚地祭祀,以获求神灵的祐助。

"脱"可以训为"说","说"与"悦"互训,上卦为兑,兑德为"说",由"说"而"悦"而"脱"。"乃徐有脱",不仅说九五从困境中慢慢地解脱出来,而且说九五解脱后非常的喜悦。

这爻说的困境与九二有些类似,都与君王相关,不同在:九二困于酒食,似是说这君王因荒淫而致困,九五困于赤绂,赤绂是王服,代表地位、权力和尊荣,困于赤绂,是不是说君王因专权而致困呢?

《象传》说:"劓刖,志未得也;'乃徐有脱',以中直也;'利用祭祀'受福也。"一方面说明受刑致伤的根本原因是没能遂"志",另一方面说明只有坚持中正之道,虔诚地祭祀,才能脱困。

第五爻是转困为安的关键时刻。提示脱困的根本是中正,是诚信。

上六,困于葛藟,于臲卼,曰动有悔,征吉。

此为困的第六境。"葛藟",葛藤之类的缠绕之物;"臲卼",危动之状。上六,处困之极,好像被葛藤缠住又动荡不已,非常危险。

怎么办？"曰动有悔"。一是"动"，改变这种局面；二是"悔"，反思过去的错误，有所悔改。如果这样，则可以出征，并且获吉。

上六的命运，大起大落，令人惊心动魄。它的关键在"动有悔"。这就告诉我们，即使处于困境，只要思变，善变并变善，不仅有出路，而且还会获吉。这多么让人鼓舞！记住上六爻！为了便于记诵，我将它译在白话：

　　葛藤缠身啊，困！

　　高空晃动啊，危！

　　认真思过啊，悔！

　　重新出征啊，吉！

困卦对困难讨论得非常详尽。仅就使用"困"这个字构成的困难来说，就有"困于株木"、"困于酒食"、"困于石"、"困于赤绂"、"困于葛藟"，等等。还有一些困未用"困"字，实际上是困，如"有言不信"。种种困，均是生存上的，不是道穷，而是境穷，因此，最终都能够克服。重要的是对陷于困境的反思与悔改，是感动天地神灵的谦诚和有孚，是切实有力的克困的行动和努力。

四十八、井卦：井养不穷

井卦上为坎，下为巽，坎为水，巽为风，水在风上。又巽为木，故又有木上有水之象。井水是养人之物，然木上有水之象，却又让人感到这井似不能起到养木的作用，因而这个卦存在诸多让人去解决的问题，它不是一口完美的井，也没有一套完好的取水设备。这其中的寓意十分深刻。

井卦《卦辞》云：

　　改邑不改井，无丧无得，往来井井。汔至，亦未繘井，羸其瓶，凶①。

卦辞的意思是：古时邑是常改的，人们为了生活而迁徙，而井是不改的。井水总是盈盈的，并没有因人们取水而减少（丧），也没有因人们不取水而增加。人们来来往往地取水。这回，这井绳差不多够到水面，但到不了水面。这

① 繘，绠也，井绳；汔至，几至；羸，毁败。

用来盛水的瓦瓶,也破了。这种情形,凶。

《彖传》云:

> 彖曰:巽乎水而上水,井。井养而不穷也。"改邑不改井",乃以刚中也。"汔至亦未繘井",未有功也,"羸其瓶",是以凶也。

《彖传》是阐释《卦辞》的,表达的思想主要有四点:

第一,井的基本功能是养人。它让人联想到诸多的养。君王之养民、养士,百姓之养君,还有君子之养德,等等。

第二,"井养而不穷,""无丧无得"。井是养人之源,井不枯,意味着养人的道或德也是不枯竭的。道无穷,德亦无穷。

第三,打水要有器具,包括井绳、盛水的罐子。如井绳不够长,或罐子破了,就打不上水。这就应了一句古话:"工欲善其事,必先利其器。"有物,还需尽物之用。尽物之用,需要有尽物的方法、尽物的手段。没有这些,有物与无物就没有区别。程颐说得好:"君子之道,贵乎有成。所以五谷不熟,不如荑稗,掘井九仞,而不及泉,犹为弃井。有济物之用,而未及物,犹无有也。羸败其瓶而失之,其用丧矣,是以凶也。"井卦要讨论的,就是如何充分发挥井的作用,让它济人济物,而不至于成为一口废井。

第四,"改邑不改井",按李光地的说法,是"以喻王道之行也,国不异政,家不殊俗",[①]也许在古代行政体制是经常发生变化的,而人们总在有井的地方生活着,这不变。这意味着生存方式是变化的,而生存的基本原则即道是不变的。这"改"与"不改"具有深刻的哲学含意,它也让人联想到"易"与"不易"。

《象传》也提出了很有价值的思想。《象传》云:

> 象曰:木上有水,井,君子以劳民劝相。

"木上有水",一方面是释卦象。井卦下为巽卦,巽为木,上为坎卦,坎为水,合起来就是"木上有水"。另一方面也是在说打水。打水一般用木桶,桶中盛了井水,用绳索将水桶慢慢地拉上来。所以"木上有水"也是用器汲水而出井之象。君子观井之象,悟治国道理即所谓"劳民劝相"。朱熹释"劳民劝相":"劳民者,以君养民;劝相者,使民相养,皆取井养之义。"[②]

---

① 李光地:《周易折中》。
② 朱熹:《周易本义》。

《卦辞》、《彖传》、《象传》表达的主题是一样的:养民。

下面看井卦之六爻:

> 初六,井泥不食,旧井无禽。

"井泥不食"是说井被淤塞了,因而无井水可食;"旧井无禽",是说废井连禽鸟也不来饮水。

《象传》的解释有些奇怪:"'井泥不食',下也;'旧井无禽',时舍也。"这"下"可能是指初六居井卦之下。"时舍"可能是为"时"所舍弃,成了一口废井。这话其实是想说,井虽然好,但井在于有水,无水之井,又有何好呢?

初爻强调井养育生命的实用性。

> 九二,井谷射鲋,瓮敝漏。[①]

"鲋",或为虾,或为蟆。能射中井底的鲋,这鲋已是裸露在外的了,这说明井水已经不多。"瓮敝漏",盛水的瓮破旧且漏水。

九二刚中,有泉之象,但是,九二上与九五无应,下靠初六之承,仅凭刚中之德维持着养的功能。此爻不言"悔吝",大概是无悔吝可言。

《象传》释此爻,说是"'井谷射鲋',无与也。"所谓"无与",是指无与于人,即不能养人。

初爻说井无水,什么生命都不能养;九二爻说井有水,但水不多,不能养人,只能养鲋。

> 九三,井渫不食,为我心恻。可用汲,王明[②]并受其福。

"渫",清洁。"井渫不食",此话可以有两种理解:一是井水过于清洁而不食。二是井水清洁却不食。二说有微妙的区别,联系到"为我心恻",则明白不是指井水过洁而不食,而是说井水虽洁却不食。不食的原因是"心恻"——心中不安,有忧虑。忧虑什么? 忧虑的是天下生灵之养。那就是说,虽然我个人有清洁的井水可食,但很多生灵没有清洁的井水可食(联系初爻的"井泥不食"和"井谷射鲋"可以做这样的理解)。

爻辞之所以这样说,是因为九三以阳居下卦之上,下据九二,上乘六四,局

---

① "射",《周易程传》释为"注","射于鲋",是说"如谷之下,流注于鲋也"。我认为,也可以理解成人射物。

② 李光地说:"不曰'明王',而曰'王明',乃恻者祈祷之辞,言王若明,则吾侪'并受其福'矣。"(《周易折中》)

势不尽如人意,但是九三阳居阳位,上与上六相应,说明有源头活水而来,故爻辞的后一句说:"可用汲",强调水是可以汲的,不用担心没有水或水不够。

"王明并受其福",将饮水事引申到社会生养上去,意思是君王圣明,可以让百姓均受其福。

《象传》说:"'井渫不食',行恻也;求王明,受福也。"将爻辞的意义彰显。

九三爻表达了一种可贵的天下情怀。这是由井水养民引发出来的,井养民,君应该养天下。

六四,井甃,无咎。①

"井甃",砌井栏。六四爻讲整修井,这当然无咎。《象传》云:"井甃,修井也。"六四阴柔处正,上承九五,作为大臣,它为君之效力,主要在于修补已经毁损的国家制度以安百姓,好比修井以养民。

九三爻讲"渫井",让井水清洁;六四爻讲"甃井",防止井水污染。如此,这井就是一口好井了。

九五,井洌,寒泉食。

井水清洁甘美,可以为天下人食。《象传》说:"寒泉之食,中正也。"

经过以上诸爻所体现出来的努力,井水终于可以满足天下人的需求了,可以养生灵了。这意味着国家政治清明,物产丰富,人民安康。这是历代统治者的理想,也是人民的理想。

上六,井收勿幕,有孚元吉。

上六,意味着这淘井事业达到了顶点,井是淘得很干净的了,水是源源不绝地涌上了。"勿幕",不要加盖。这是个比喻,意思是君子要将养民的事业进行下去,发扬光大,而不要中途停止。而要做到这,有孚仍然是决定性的,《象传》说:"元吉在上,大成也。"

有孚大成,有孚元吉!

井卦是一个非常美丽的卦。这卦中有一个美好的梦。这梦就是一泉清亮的井。它是古代人民关于生活的理想象征:富有、健康、宁静、太平,子子孙孙,繁衍不尽……

---

① "井甃",《周易尚氏学》说"以瓦甃砌井曰甃",详见尚秉和:《周易尚氏学》,中华书局1980年版,第222页。

　　　　井水清清，

　　　　无穷无尽，

　　　　养育生灵

　　　　欣欣向荣。

　　　　井水清清，

　　　　无穷无尽，

　　　　养我人民，

　　　　幸福安宁。

四十九、革卦:大人虎变

　　革卦下为离,上为兑。离为火,兑为泽,为水,这水与火相激,不是水灭火,就是火灭水。它意味着取代,故为革。

　　我们知道,《周易》整个书都在论变化,各种各样的变,最彻底的变是革,最激烈的变也是革。革表现为甲物彻底地取代乙物,革的产物是新事物的诞生。

　　革的《卦辞》云:

　　　　革,已日乃孚,元亨利贞,悔亡。

　　“革”,是暴力,这种行动,多半短期内成功,普通百姓未必能认识到革的必要性、正义性,因此,向广大人民进行宣传是非常重要的。人民接受革命是需要一个时间的。说“已日乃孚”,是说到“已日”,才能让百姓相信和接受。不是准确地说一定要到“已日”,而是说要有一定的时间。

　　“元亨利贞”这四个字,只有乾卦才全部用上的。乾卦与革卦在精神上是相通的,乾就具有变革的意义。《乾·文言》说:“或跃在渊,乾道乃革。”

　　“元亨利贞”,按《乾·文言》的解释:“元者,善之长也;亨者,嘉之会也;利者,义之和也;贞者,事之干也。”后世对“元亨利贞”的解释五花八门,概而言之,就是大吉大利。革卦享受“元亨利贞”四字的赞美,足见“革”的重大意义。

　　《象传》云:

彖曰:革,水火相息,二女同居,其志不相得,曰革。已日乃孚,革而信之。文明以说,大亨以正,革而当,其悔乃亡。天地革而四时成,汤武革命,顺乎天而应乎人,革之时义大矣哉。

《彖传》对于"革"的阐述,有两点是值得特别注意的:

一、"革"的不可调和性。革卦上为兑,下为离,意为"水火相息",又意为"二女同居,其志不相得",说明这场斗争不是你死就是我活,没有调和的余地。"革"的本质突显出来了。

二、"革"的正义性。《彖传》说,"文明以说,大亨以正。"革卦下卦是离,离象为日,为火,故为"文明"。"文明"一词无异乎说,革上合天道;革卦上卦是兑,兑德为"说","说"通"悦",这无异乎说,革下合民心。最具代表性的革,是汤武革命,它"顺乎天而应乎人"即上合天道,下应人心。

《象传》说:

> 泽中有火,革。君子以治历明时。①

《彖传》是正面阐述革的重大意义,《象传》则从君子的角度,言君子应从革中学到什么。《象传》提出"治历明时","历"是历法,君子须从天地变革之象中推演出日月星辰的变迁,以治历数。"明时"就是明四时之序。《象传》所说,在后世产生巨大影响,战国时有阴阳五行学派,将天象附会上阴阳五行以推算人事。汉代,有董仲舒创"天人感应"说,其影响一直到中国封建社会的结束。

"革"与"治历明时"似是风马牛不相及,其实是大有关系的。按中国古代的说法,所有的变革均与"时"相关,而"时"首先体现在历数上。《朱子语类》云:"治历明时,非谓历当改革,盖四时变革中,便有个治历明时的道理。"

下面,我们来看革卦六爻:

> 初九,巩用黄牛之革。

革之初,宜慎,千万不要轻举妄动。"黄牛之革"是坚韧的,用它来将好动的手脚缚住,极言慎而又慎。"牛"是顺物,"黄"为中色,这里代表中顺之道。意思是,革命者要恪守中顺之道,不可妄动。

《象传》说:"巩用黄牛,不可以有为也。"强调革之初要谨慎,千万不可轻

---

① 《周易折中》引虞翻:"历象,谓日月星辰也,'天地革而四时成',故君子以'治历明时'。"

举妄动。

　　　　六二,已日乃革之,征吉,无咎。

"已日",革命之日,它终于来到了。六二又中又正,上与九五相应,是革命的主力军,它的出征,必然大胜。

《象传》云:"已日革之,行有嘉也。""嘉",美好,意味出征必然成功。

　　　　九三,征凶,贞厉。革言三就,有孚。①

"征凶",革命遇到了严重挫折。"革言三就,有孚",意思是,革命的言论不是一下子就获得老百姓的认同的,须多次地向百姓宣传,才有所成就,这靠的是"有孚",即诚信。

《象传》说:"革言三就,又何之矣。"这不是真的存有疑问,而是感叹,意思是,革命的言论深入人心,获得大家的认同,哪还有什么问题呢?

九三,过刚不中,居于下卦离卦之极,未免有些躁动,故其占有"征凶贞厉"之戒。

　　　　九四,悔亡,有孚,改命,吉。

"改命",天命改了。中国古时,任何一个朝代当其建立之时,都说自己是遵循天命的,朝代的改变,意味着天命的改变。改命标志革命成功。这当然是大吉的。

《象传》云:"改命之吉,信志也。""信志",是说天下均相信这改命之志。

　　　　九五,大人虎变,未占有孚。

这是对革命领袖的歌颂。"大人虎变。""大人",指革命领袖。革命中,革命领袖威如猛虎。不需要占卦,他以诚信赢得了人心。

《象传》说:"大人虎变,其文炳也。""文炳"本义是指老虎的斑纹极为美丽,这里是借来比喻革命领袖的风采。

　　　　上六,君子豹变,小人革面,征凶,居贞吉。

革命,是天翻地覆的伟大事业,各色人等均有属于自己的表现。君子顺应天道,威如虎豹。小人在革命中也改换其旗号,表示拥护新政权。不过,小人革的只是面,内心还未改变。

――――――――――

　　① 李光地《周易折中》中收吕大临的解释云:"九三居下体之上,自初至三,遍行三爻,革之有渐,革道以成,故言'革言三就'。至于三则民信之矣,故'有孚'。"这种解释,将"三"理解成自初至三。其实,"三"有多数义,不必坐实为三。

《象传》说:"君子豹变,其文蔚也;小人革面,顺以从君也。""豹变"和"虎变"都是用来赞美革命领袖的。"文蔚"同于"文炳",也是用来比喻革命者卓异风采的。值得注意的是小人革面,只是顺以从君也。所谓顺以从君,只不过表面上顺从罢了。

革命成功后,江山未稳,是不宜出征的。要坚守正道,巩固政权摆在首要地位,才能得吉。

革卦中上六爻最为深刻,它不仅是一首赞歌,对"君子豹变"由衷地奉献最为美好的情感,它还是一记警钟,呼吁胜利者千万不要为胜利冲昏脑。夺取政权并不等于革命真正成功,更激烈的也许是更严重的较量可能在胜利之后。须记住,革命对于小人来说,只是"革面",因而君子仍然需要"豹变"。

革卦最为重要的启示是,凡称得上革命的行为,必然是"顺乎天而应乎人"。"顺乎天",应包括四点:符合历史发展规律,适应社会需要,基本条件具备,革命时机合适。这里最容易被忽视的是革命时机合适,而这又是非常重要的。"应乎人",符合人民的需要,这里同样存在容易被忽视的环节,那就是人民对革命的理解。革卦强调"革言三就",又强调必须"有孚",这是非常深刻的。所有这一切,无不在革命史中得到了充分的证明,而且也会在以后的革命中发挥作用。

五十、鼎卦:立鼎在民

鼎卦下为巽卦,上为离卦。巽为木,离为火,木从火为燃之象,这火是用来烹煮食物的。卦形也像鼎,初六是鼎足,中实为腹,六五是耳,上九是横贯鼎耳的铉。《序卦传》说:"革物者,莫若鼎,故受之以鼎。"说得也是,生肉之类,放在鼎中,经火一烧,就成为熟的了。

鼎,在中国商周社会,具有重要的地位,虽然具体用途是用来烧煮并盛放肉食,但它用在祭祀、宴请等重要的礼仪场面是有讲究的,它代表用器者的身份,也代表礼仪的规格,因而属于礼器。由于古时规定天子的用鼎为九,此为最高等级,又因为大禹收天下青铜,铸九鼎放在宫中作为镇国之宝,因此鼎常作为国家政权的象征。

鼎卦的《卦辞》云：

元吉亨。①

三个字足以说明鼎之地位。《彖传》阐说鼎的卦义：

彖曰：鼎，象也。以木巽火，亨饪也。圣人亨以享上帝，而大亨以养圣贤。巽而耳目聪明，柔进而上行，得中而应乎刚，是以元亨。

"鼎，象也。以木巽火，亨饪也。"这是说鼎卦卦象和一般性的用途。

"鼎"一般用途为烹饪，它是炊器也是食器。尽管饮食在人类的生存中具有极其重要的意义，但还是属于物质方面的。而鼎，它的价值与意义远超出物质层面，事实上，它的精神上的功能远大于物质上的功能。首先，它是国家政权的象征。其次，由于鼎是国家祭祀、宴飨等重要政治场面的食器，代表一种规格和制度，后也就成为国家礼制的象征。最后，中国文化中的许多重要思想与鼎的运用有关。如，"和"的思想，有"和如羹"说，本义是在鼎中煮食。

《彖传》以君王的身份论鼎，鼎的用途主要为二："以享上帝"，"以养圣贤"。这两个主要用途，联系着关系国家命运的两个方面：一是"上帝"亦称天帝。天帝，是国家政权的最高操纵者，是"天命"的来源。它的意旨关系国家政权存在的合理性。二是"圣贤"。圣贤是国家的实际治理者。圣贤是不是在朝，能不能发挥作用，关系天下百姓对国家政权是否拥护，涉及政权的稳定性。这两条，恰好也是革卦说的"顺乎天而应乎人"。真可谓一鼎系天下之安危。

《彖传》还从卦体来分析鼎卦，巽有顺德，离有明义，结合起来则可以产生"耳目聪明"的联想，给人以心理上的激励。

《象传》云：

象曰：木上有火，鼎。君子以正位凝命。

应该说"正位凝命"是鼎的政治意义的最好阐述。鼎是国家政权的象征。"正位"，礼制规定；"凝命"，天命所致。春秋时楚庄王曾向西周大臣王孙满"问鼎"，遭到王孙满痛斥，其原因就是这"问"既不"正位"也不"凝命"。"正

---

① 朱熹认为卦辞中的"吉"为衍文。

位凝命"实际上是中国古代处理政权更替问题的最高原则。君王大位唯正位
且凝命者居之,否则不合法。

讲天命,《周易》六十四卦中,以鼎卦与大有卦最为突出,大有卦的《象传》
说"顺天休命",鼎卦的《象传》说"正位凝命"。大有卦强调的是"顺天",鼎卦
强调的是"正位"。二者是可以互相解释的。"正位"是因为"顺天",而"顺
天"也必须正位。

鼎卦借烹饪讨论关系国家政权更替问题,这是鼎卦的主题。下面我们看
卦之六爻:

初六,鼎颠趾,利出否。得妾以其子①,无咎。

初在鼎下,像鼎足,初与九四相应,初就有向上的动作,这意味着鼎足颠倒
了。鼎足颠倒了,有利于将鼎内的"否"——不洁的食物倒出。这一行为具有
象征的意义,它似是说明,政治是需要改革的。过时的旧政、伤民的恶政、祸国
的蔽政,均应革除,就像是鼎"出否"。

按《周易》的卦象理论,"妾"指阴。这里的"妾"指初六,"子"指九四。因
子而得妾,看重的是"妾"。"子"当然比"妾"重要,但是要注意,这是在讨论
初六爻的价值,不是在讨论九四爻的价值。"妾"在朝廷中为低级的臣僚。此
爻似是在肯定低级的臣僚对于稳定政权的意义。

初爻是说,为政之初,重在除弊。下级官员的作用不可忽视。

九二,鼎有实,我仇有疾,不我能即,吉。②

"鼎有实"是讲九二这样的大臣对君王是很有价值的,而九二也尽全力辅
佐君王。九二与六五系正应,故有此说。

"我仇有疾,不我能即。""仇"是对的意思。九二是阳爻,与它相对的只能
是阴爻。而与九二有关系的阴爻有二,一是六五,另是初六。九二与六五为正
应,这种关系是最好的,六五不可能"有疾"。那么就只有初六了。朱熹说:

─────────────

① 《周易程传》云:"得妾,谓得其人也。若得良妾,则能辅助其主,使无过咎也。子,主也,
以其子,致其主于无咎也。六阴居下而卑,巽从阳,妾之象也。以六上应四为颠趾,而发此义。初
六本无才德可取,故云得妾,言得其人,则如是也。"程颐所说,强调因妾而得子,重在子。笔者的
理解恰相反,是因子而得妾,重在妾。

② "我仇有疾",程颐是将"仇"释为"对"的,云:"'仇',对也。阴阳相对之物,谓之初也?"
(《周易程传》)而朱熹则说:"我仇,谓初,阴阳相求而非正,则相陷于恶而为仇矣。"关于"不我能
即",朱熹说:"二能以刚中自守,则初虽近,不能以就之矣。"(《周易本义》)

"'我仇',谓初,阴阳相求而非正,则相陷于恶而为我仇矣。"①意思是,初六相求于九二,但它不是九二的正应。初六因嫉恶九二与六五的正应关系成为九二的仇敌了。这种说法李光地不同意,他认为,"此'疾'字是妒害之义,所谓入朝见疾是也。夫相妒害,则相远而不相即矣。然小人之害人也,也必托为亲爱以伺其隙,故必不恶而严,使之'不我能即',而后无隙之可乘也。此只据九二刚中能自守而取此象,不必定指一爻为我仇也。"②李光地的意思是,小人害君子,经常是套近乎,拍马屁,与你亲近,君子要想自守,就必须"不我能即",不让他们亲近。小人在这里是泛指,不能定为哪一爻,此说很有道理。

此爻强调阴阳正应,强调为政,重在阴阳和合,须防小人以近相害。

　　九三,鼎耳革,其行塞。雉膏不食,方雨亏悔,终吉。

"鼎耳革"是说鼎的耳被革掉了,这"鼎"不能提了。"鼎"不能提,意味着国家政权不能运作了。这是讲国家大局。

"雉膏不食。""雉膏",甘美之食,代表禄位,"雉膏不食",意味着禄位失了。这是讲朝廷官员本人。

"方雨亏悔。""方",将要,待到意。此句的意思是,如果有场雨来,后悔就少多了。雨代表阴阳和合,这里是指九三与六五的和合,因二者不相应,故只是九三的企盼,实际上不可能。六五为君,九三为臣,臣希望得到君王的赏识,但二者不相合,九三只能仰天长叹了。

此爻同样是在强调"正应"的重要性。谋政求职途中多塞,关键是与君王能不能相应。

　　九四,鼎折足,覆公餗,其形渥③,凶。

鼎足折断了,鼎内的食物倒出来了,这不慎坏事的官员狼狈不堪,一脸羞赧。九四是大臣位,这大臣显然不胜其事,将所任工作弄得一团糟,这大臣汗颜,羞愧不已。

《象传》说:"覆公餗,信如何也。"意思是,将君王的江山弄成这样,还能得

---

①　朱熹:《周易本义》。
②　李光地:《周易折中》。
③　"形渥",《周易本义》注云:"晁氏曰'形渥',诸本作'刑剭'谓重刑也。今从之。"而程颐作"赧汗"解释(见《周易程传》)。李光地引《诗经》"渥赭",认为"以颜貌言之,愧生于中,则颜发赤也"(《周易折中》)。程颐和李光地的说法较妥。

到君王的信用吗?

九四与六五的关系不顺,阴在阳之上,属于乘。这爻似是说,为政当处理好与君主的关系,对于君,宜顺,宜谦。

六五,鼎黄耳,金铉,利贞。

六五为君位,阴在阳位,他的地位是稳固的。此爻强调鼎的"耳",是因为鼎的耳关系鼎的移动,意味着江山社稷的安全。鼎的耳为黄色,"黄"是中色,意味着六五行的是中道。中道得正,这是江山稳固的根本原因。"铉"是贯穿鼎耳的杠,它也关系鼎的移动,此铉青铜做的,很坚实。"金铉"在此喻九二。六五下与九二相应,意味着弱君得强臣之助。君臣同心,守正为利,故为"利贞"。

《象传》云:"鼎黄耳,中以为实也。"强调"中"的作用。六五虽不正,但得中道。在《周易》中,中比正更重要。

上九,鼎玉铉,大吉,无不利。

上九的形势也非常之好。爻辞中特别提出鼎得"玉铉"。玉,属阴,柔且温润,是阴之珍者。鼎配玉铉,自然大吉,无不利的了。

《象传》云:"玉铉在上,刚柔节也。"强调这种搭配得刚柔相济即阴阳和合之妙。

上九爻如此之好,在《周易》诸卦中是罕见的。大有卦上爻说"吉,无不利",而此卦则说"大吉,无不利",比大有卦更好,这种状况《周易》其他卦没有。其原因,大有卦和鼎卦的上爻均有尚贤的意思。

综合来看鼎卦,发现它重视鼎的"耳"、"铉"、"足"三个部位。初爻为"趾",它与四相应,四为"足",故实际上四之"足"即初;上曰"铉",五亦曰"铉",五承于上,故五之"铉"即上;五曰"耳",三亦曰"耳",三无应于五,故有"鼎耳革"之象。

"耳"关系鼎的移动,实际上说鼎在谁手中,谁执鼎耳即谁执政的问题,这无疑是重要的。"铉"是用来杠耳的,它直接关系耳之动。执鼎耳的是君,移鼎耳的铉是臣。"耳"与"铉"的关系,就是君与臣的关系。鼎卦也谈到了鼎"足"。"足"关系到鼎能不能站立及站立得稳不稳的问题,用以比喻政权是否稳固。鼎"足"也是臣。鼎卦重点讲臣,在此卦中,"足"、"铉"的地位更突出。臣,从广义来理解,也是民。鼎卦重臣也就是重民。执鼎在君,而立鼎在民。

五十一、震卦：震惊百里

震卦，上下卦均为震。震为雷，双雷齐震，震天动地。震卦《卦辞》云：

震，亨。震来虩虩，笑言哑哑。震惊百里，不丧匕鬯。

"虩虩"，恐惧的样子。"震来虩虩"，是说惊雷震天，人皆恐惧不安，不知如何处之；"哑哑"，和适之貌。"笑言哑哑"，是说惊雷过后，众皆无事，大家谈笑风生，和适自如。"匕"是古时割肉工具，"鬯"古时祭祀有酒灌地以降神的仪式。"震惊百里，不丧匕鬯"，是说祭祀时主祭的人内心很宁静，即使是巨雷掠空，震惊百里，他手里的祭具匕鬯也不会掉地。按震卦的卦象，这主祭之人是长男。人之虔诚，莫如祭祀，这长男祭祀，虽有雷震之威，也不能使之反常，除了见出他对神的诚敬之处，还见出他的勇敢、沉着、坚定，这是大丈夫的气概。

《彖传》说：

彖曰：震，亨。"震来虩虩"，恐致福也；"笑言哑哑"，后有则也。"震惊百里"，惊远而惧迩也；出，可以守宗庙社稷，以为祭主也。

"'震来虩虩'，恐致福也。"《彖传》认为，惊雷到来，知恐惧，不是坏事。中国古人认为惊雷是神灵，它是专打坏人的。害怕雷的惩罚，做人就会有所警惧，这样可以致福。

"笑言哑哑。"雷击之后，无人受害，欢笑自若，以后做人做事更注重遵循法则。

"震惊百里，惊远而惧迩也；出，可以守宗庙社稷，以为祭主也。"这是君子的风貌，既能"惊远"，又能"惧迩"，从容沉着。这才是大丈夫，才是能"守宗庙社稷"之人，是"祭主"。

《象传》的看法同于《彖传》。它说：

洊雷①，震，君子以恐惧修省。

――――――――――――

① "洊"，再也。"洊雷"就是雷声不断。

有所"恐惧",才会有所"修省"。孔子说君子有三畏,第一就是畏天命。这对雷的恐惧,也包含有对天命的恐惧。对天命有所畏惧,才能有所"修省"。"修"是学习,"省"是反省。

由惊雷百里而知修省。这是震卦的主题。

下面我们来看震的六爻:

初九,震来虩虩,后笑言哑哑,吉。

初九爻辞取卦辞的前一半。这一半包含对雷的两种态度,一是惧——"震来虩虩",一是喜——"笑言哑哑"。惧是在雷动之时,喜是在雷动之后。

初九为震卦之初爻,是成震之主。因而它能概括震的基本品格。

六二,震来厉,亿丧贝①,跻于九陵②,勿逐,七日得。

六二,着重谈震的危厉。爻辞说,惊雷之时,惊吓乱跑。身上带的钱币(贝)不知丢失在哪里了。升上高陵想去寻找。不要找了,七天后这钱会找到的。

钱丢了,为什么要七天才能找回呢? 程颐解释说:"卦位有六,七乃更始。"③《象传》将六二的"亿丧贝"归之于乘刚。它说:"震来厉,乘刚也。"

六二,又中又正,但乘初九,上又无应,形势有些不好,但因为中正,最终是没有问题的。

此爻重在谈守。在惊雷震天即比较凶险的形势下宜守中居正。

六三,震苏苏,震行无眚。

此爻继续谈震的危厉。"苏苏",神情恍惚的样子,"震苏苏",是说惊雷将人吓懵了。之所以如此,是因为六三不中也不正。《象传》也这样说:"震苏苏,位不当也。"然而,震卦对这一爻特别的宽容,尽管不中正,还"震行无眚"。朱熹这样说:"占者若因惧而能行,以去其不正,则可以无眚矣。"④意思是,占此卦的人能有所恐惧,去掉自己不正的行为,则不会再有问题了。

能知恐惧就好,教训也是收益。

---

① 关于"亿丧贝"的"亿",《周易本义》说"未详",《周易程传》说是"度",可能是将"亿"与"忆"通训。
② "九陵",就是高陵,"九"言其高,不是实数。
③ 程颐:《周易程传》。
④ 朱熹:《周易本义》。

九四,震遂泥。

"泥",程颐和朱熹都理解成"滞溺"。九四虽然是阳爻,但居阴位,上下皆为阴爻,可以说处重阴之中。程颐说:"居四,无中正之德,陷溺于重阴之间,不能自振奋者也,故云:遂泥。泥,滞溺也,以不正之阳,而上下重阴,安能免于泥乎?"①

李光地对于"震遂泥"有个解释,他说,震之象为雷,凡雷乘阳气而动,然而乘的气不同,则情况不一样。邵雍有个说法:水雷玄,火雷赫,土雷连,石雷霹。这雷声发动,而声音不够大的,肯定是陷于阴气了。九四这雷声陷入泥中,当然是不响了。他说,"震遂泥之象,在人则志气未能自遂,乃困心衡虑之时也。"②

《象传》说:"震遂泥,未光也。""光"是光大,这里似是说,九四为阳刚,本有震的本色,但是它的阳刚本色竟被阴遮蔽了。

从初六到六三,都在谈震之危厉,然到九四,却反过来说震的好处了,在重阴包围之中,阳刚要奋发一些,这奋发就需要震。震卦批评九四的是它震得不够。

六五,震往来,厉,亿无丧有事。③

六五又回到说震的危厉。这雷来回地震,危厉至极。"亿"通"忆",猜度。"亿无丧有事",猜度没有丧失该做的事情。这"有事",程颐理解成"中德",他的意思是,只要中德不失,尽管这雷来回地震动,也不至于凶。俞琰则说"'有事',谓有事于宗庙社稷也。"李光地据俞琰之说,认为,"'有事'谓祭也。"

《象传》云:"震往来厉,危行也,其事在中,大无丧也。"强调"其事在中",根据《象传》,也许程颐的理解比较地恰当。由于这爻是五爻,属中位。所以爻辞的主旨应是肯定中道。虽然爻辞没有明说,它的潜台词应是:坚守中道,大震也不可怕。

---

① 程颐:《周易程传》。
② 李光地:《周易折中》。
③ "亿无丧有事",《周易本义》云:"无所丧而能有事也。"《周易程传》云:"当亿度无丧,失其所有之事而已。所有之事,谓中德,苟不失中,虽有危,不至于凶也。亿度,谓图虑求不失中也。"

上六，震索索，视矍矍，征凶。震不于其躬，于其邻，无咎，婚媾有言。①

"震索索"，精神消索；"视矍矍"，眼睛无神。将人震到如此地步，哪还能带兵出征？故"征凶"。

"震不于其躬，于其邻，无咎。"这句至为重要。意思是，当震来到"邻"——六五身上时，如果能戒而有所惧，就"无咎"了。朱熹说："能及其震未及自身之时，恐惧修省，则可以无咎。"②强调震到来之前的警惧修省。

"婚媾有言"。按《周易》婚媾之象的原则，与上六可能有婚姻关系的爻位只有九四和初九，但是，不管是九四还是初五，与上六构成的阴阳关系都不够理想。这种婚媾之象，只能收获诸多的怨言，而不会有任何实际的成功。"婚媾有言"，与"震不于其躬，于其邻，无咎"一样，均是警戒之词。

震卦讲的是社会大变动之时君子应怎么办。由于种种局限，人们一时无法认识这震的客观规律，难以做"弄潮儿"，但我们要尽量从世界的变动中学习一点什么，另外，要反省自己过去的所作所为，从经验教训中提炼出应对新情况的方案。大震之时我们是被动的，但我们可以在被动中争取主动。

五十二、艮卦：时止则止

艮卦在震卦之后，《序卦传》说："震，动也，物不可以移动，止之，故受之以艮。"艮的卦德为止，它的卦象是高山，高山是不动的。

中国古代哲学，非常看重动与静，动以水为喻，静以山为喻，水在《周易》中，相对应的卦是坎，而山在《周易》中相对应的卦是艮。坎虽然有动之义，但更多地说险，而艮则主要说静，即止。艮卦由乾坤相交三索而成。它下二爻为

---

① "婚媾有言"，程颐的理解是"婚媾，所亲也，谓同动者。有言，有怨咎之言也"（《周易程传》）。李光地则认为"此'婚媾有言'，与夬四'闻言不信'同，皆占戒之处，反言以决之之辞也"（《周易折中》）。

② 朱熹：《周易本义》。

阴,只上爻为阳。意思是,这阳自下而上,上到这,就止住了。一般来说,阳为动,阴为静。艮卦这里,上阳止而下阴静。静止的意义很突出。

《周易》讲止的卦还有大畜、小畜,两畜说的止,是通过畜来实现的,是畜止,是外力制畜。而艮卦说的止是安止,是其自身求安而止。

艮卦的《卦辞》云:

> 艮其背,不获其身;行其庭,不见其人。无咎。①

"艮其背,不获其身":背部不能动了,那么身体就不能动了,这是说"身止"。"行其庭,不见其人":行走在庭院,看不见人。既是"庭",必然有人,有人而不见人,是"见止"。为何有人而看不见? 是心不在,因而可以理解为"心止"。

"身止"、"见止"可以做许多有意义的引申。"身"、"见"联系到人的身体、视觉,可为人的感性需求,按儒家的看法,感性需求可以说成"欲",对于感性需求,儒家是主张加以限制的。所以,"身止"、"见止"可以理解成"欲止"。程颐释此卦,强调"止于所不见,则无欲以乱其心"。也就是说,对于声色犬马之类物欲要加以控制。"见"与心有联系,因此"见止"也可以理解成"心止",这就让人想到"心如止水"这一成语。"心如止水"是说心静,表现为不慕荣华富贵,不贪声色犬马。这静的境界是宋明理学家们所追求的最高的人生境界。朱熹释艮卦,更多地注重此卦所蕴含的静的哲学意味,他说"动静各止其所,而皆主夫静焉"。

《象传》云:

> 彖曰:艮,止也。时止则止,时行则行,动静不失其时,其道光明。"艮其止",止其所也。上下敌应,不相与也。是以"不获其身;行其庭,不见其人,无咎"也。

这段文字极重要。第一,它提出止、行、动、静均以"不失其时"为最高原则。这一观点,贯穿于整个《周易》。"时"是《周易》重要概念之一,它强调的

---

① 程颐释艮卦的卦辞,极富伦理学意味,他说:"人之所以不能安其止者,动于欲也,欲牵于前,而求其止,不可得也。故艮之道,当艮其背,所见者在前,而背乃背之,是所不见也。止于所不见,则无欲以乱其心,而止乃安。"(《周易程传》)强调的是"无欲以乱其心",要止欲。朱熹的解释则富哲学意味,他说:"盖身,动物也,唯背为止。艮其背,则止于所当止也。止于所当止,则不随身而动矣,是不有其身也。如是,则虽行于庭除有人之地,而亦不见其人矣。盖艮其背而不获其身者,止而止也;行其庭而其不见其人者,行而止也。动静各止其所,而皆主夫静焉,所以得无咎也。"(《周易本义》)强调的是"动静各止其所"。

是客观的依据性,规定性、条件性。人的一切行动,要与时相偕合,为"与时偕行"。第二,它提出"止其所"观念。"止"不是绝对的,要止其所当止。"所"的概念,通向"时",也通向"正"。但它比"时"与正要宽泛得多,灵活得多,具有更强的实践性。第三,它提出"上下敌应,不相与"的观念,上下敌应,指阴阳不应,阴阳相应则能行,阴阳不应则能止。行止本身无吉凶,吉凶在于"时","时止则止,时行则行"。

《象传》云:

　　兼山,艮。君子以思不出其位。

"兼山",两座山重叠,象征"抑止。"君子要抑止内心邪欲,所思不要超出自己的本位。《象传》提出"位"的概念,"位"关系到"正"。"不出其位",即不出正。行也好,止也好,均要合正即合乎正道。

下面看艮卦的六爻:

　　初六,艮其趾,无咎,利永贞。

行始于"趾",止也始于"趾"。"艮其趾",意思是停下来。这里说的停下来,停下的是贪欲之事,不正之事。不是说正确的事要停下来。故此爻特别强调"利永贞"。

《象传》云:"艮其趾,未失正也。"强调事之初,就不违反正道。

程颐说:"事止于始则易,而未至于失也。"①的确如此。不良之行为,在其始,易于纠正;到成了气候,要纠正就难了。

　　六二,艮其腓,不拯其随,其心不快。

"腓"是背脊肉,背脊肉不动,背就不动。"拯"是救,"随",随之而来。这句爻辞的意思是,背脊肉不动,随的动作,也就动不了,心里很不快乐。

整个艮卦是以人的身体为喻的。初爻是讲脚不动,止;此爻是讲背不动,止。六二这里代表背。六二之后是九三,六二对九三,有承的义务,爻辞说的"随"指随在六二之后的九三。爻辞说,它不能拯救九三,也就是说对九三不能有所贡献。这是为什么呢?因为它与六五无应,自身力量不够,如朱熹所说"二虽中正,但体柔弱,不能往而拯之,是以其心不快也"。②

---

① 程颐:《周易程传》。
② 朱熹:《周易本义》。

李光地说,"凡人心属阳,体属阴。"①在艮卦,九三为心,所以"不快"的是九三。

"其心不快",这是情感化的表达。《周易》的爻辞因来自具体事件,常有情感化的词语,具有文学色彩。

九三,艮其限,列其夤②,厉薰心③

"限",腰胯。"艮其限",腰胯动不了。"夤",手臂。"列其夤",手臂不能伸展了。"厉薰心",心危慄不安。

显然,艮到九三,发展到很严重的地步。初六"艮其趾",只是不能前进;六二"艮其腓",只是背部动不了。到九三,"艮其限,列其夤",连手臂也不能伸展了。此时,心深为不安,处于危厉之境了。

艮的下卦,是艮的第一个阶段,岂止是逐步发展的,由"趾"到"腓"到"夤",吉凶也不一样,"艮其趾","无咎";"艮其腓","心不快";"艮其夤",则"厉薰心"。事物发展到达了极限,再也无法前进了。

六四,艮其身,无咎。

"艮其身",身体整个地不动了,然而"无咎"。六四为以阴居阴,当止则止,是合时的。

《象传》云:"艮其身,止诸躬也。""止诸躬",即止之于自身。

六五,艮其辅,言有序,悔亡。④

"艮其辅",腮帮子也不动了,这意味着不乱说话了,不乱说话,不是不说话,而是说话要做到"有序"。"有序"中节有次序,也就是合道。如能这样,也就不会因言轻发而无序而后悔了。

艮卦说止,最后说到止言,止言不是不言,而是慎言。

上九,敦艮,吉。

"敦",厚,"敦艮"含义丰富,一是笃诚,二是笃实,三是谦和。"敦艮",以敦之道来艮,

① 李光地:《周易折中》。
② "列其夤",朱熹云:"'夤',膂也"。(《周易本义》)程颐说是"列绝其夤,则上下不相从属,言止于下之坚也。"(《周易程传》)
③ "厉薰心",程颐说:"厉薰心,谓不安之势,薰烁其中也。"(《周易程传》)
④ 程颐说:"人之所当慎而止者,唯言行也。五在上,故以辅言。辅,言之所由出也。艮于辅,则不妄出而有序也。言轻发而无序,则有悔。止之于辅,则悔亡也。"(《周易程传》)

敦之道是中正之道的一种体现，同时，也合乎"时行则行，时止则止"之义。因此，它为大吉。程颐说："上九能敦厚于终，止道之至善，所以吉也。六爻之德，唯此为吉。"①

观艮卦，唯上九爻为吉。按《周易》的游戏法则，它为成卦之主。艮卦赋予上九"敦"义。说明它极为看重"敦"这一品格。程颐从"久终"这一维度阐发"敦"义，也发人深思。是的，人事之难，难于坚守，难于"敦"。记住敦，不只"敦艮吉"，凡"敦"皆吉。

读艮卦，我们会情不自禁地联想到坤卦，艮为山，坤为地，它们是一类的。坤卦讲"厚德"，艮卦讲"敦艮"；坤卦讲"利牝马之贞"，艮卦讲"利永贞"；坤卦讲"含章可贞，以时发也"，艮卦讲"时止则止，时行则行"；坤卦讲"括囊，无咎"，艮卦讲"艮其辅，言有序"。两卦相通、相近的地方很多。所不同的是，坤卦强调的顺行，艮卦强调的顺止。艮卦所遇到的困难与问题远比坤卦多。

五十三、渐卦：鸿渐九霄

渐卦排在艮卦之后，《序卦传》说："艮者，止也。物不可以终止，故受之以渐。""渐"者，缓进也。渐卦下艮上巽，艮为山，巽为木，有山上有木之象，山上的木逐渐成长，这就是"渐"的象征意义。

我们知道，《周易》的主题是变化，变化有质变有量变，质变一般表现为顿变，量变一般表现为渐变，渐卦讲的就是渐变。

渐卦的《卦辞》云：

> 女归吉，利贞。

"女归"，女子出嫁。这是有利的。《卦辞》用了"利贞"这一断语。"利贞"在《周易》中出现频繁。它的意义有多种。程颐说："诸卦多有利贞，而所施或不同，有涉不正之疑，而为之戒者；有其事必贞，乃得其宜者；有言所以利

---

① 程颐：《周易程传》。

者,以其有贞也。"①这就是说,贞有三种解释:第一种有警戒义,强调守正才吉。那就是说,事情有两种可能,不都吉,只有守正才吉。第二种为肯定义,这事是适宜的,它是有利的。第三种也是肯定义,这话是有利的。因为《周易》本是占筮之书,"利"贞还有一义,就是占得此卦(爻)得利。

《彖传》云:

彖曰:渐之进也,女归吉也。进得位,往有功也。进以正,可以正邦也。其位,刚得中也。止而巽,动不穷也。

"渐之进也,女归吉也。"何谓"渐之进"?渐之进,有序之进。有序之进,一是表现为阴阳各得其位,因此"往有功",二是"进以正"——循正道而进。女子出嫁是件大事,渐之进,才是大吉的。"渐之进",不仅可用之于"女归",而且可以用之于"正邦"。

"刚得中"是指九五爻,它是此卦的卦主。"止而巽",是指下卦艮与上卦巽的组合,这种组合体现出安静的气氛。因为艮有静义,巽有顺义。渐卦虽是说动的,由于这动,不是那种躁动,而取静顺的态势,反而绵久恒长。故为"动不穷"。

《象传》说:

山上有木,渐。君子以居贤德善俗。

十年树木,百年树人,均是长久的功德。君子自我修养——"居贤德",不是一日之功。同样,他的教化社会——"善俗",也不是一日之功。"渐"的重大意义在这里突显出来了。

渐卦的六爻借鸿的意象,清晰地描述事物发展的过程。

初六,鸿渐于干②。小子厉,有言,无咎。

初六,是"渐"的第一程。"鸿渐于干":这鸿飞到了水湄上。鸿水面起飞,落在水湄上,距水面不远。

这样谨慎小心地飞,量力而行,是君子的行为。小子不懂这道理,凭一时之勇,乱飞,那是有危险的,也会招来各种议论。

"小子"的胡行应是有咎的。但初六阴柔的本性,决定了它不会飞得太远。"厉",只是警告而已。

---

① 程颐:《周易程传》。
② "干",水湄。

　　《象传》说:"小子之厉,义无咎也。""义",即道义。初六无位,又系阴柔,于义于情均应"无咎"。

　　　　六二,鸿渐于磐,饮食衎衎,吉。

　　六二为渐的第二程。"鸿渐于磐",鸿飞得远些了,落在磐石上。"磐"比"湄"坚固,意味着安全得多。"饮食衎衎",是鸿饮食和乐的样子。可以想象,那水鸟落在水中的大石头上,就着水,吃着食物,欢快地叫着,那是多么祥和的景象!

　　六二又中又正,上应九五,是应该吉利的。

　　《象传》说:"饮食衎衎,不素饱也。""素",朱熹解释道:"素饱,如《诗》言,‘素餐’。得之以道,则不为徒饱,而处之安矣。"这种解释不错,的确这宴席祥和平安。

　　　　九三,鸿渐于陆,夫征不复,妇孕不育,凶,利御寇。

　　九三为鸿渐的第三程。"鸿渐于陆",这鸿落在大陆上,它离水很远了。大陆上各种危险都有。有两种意象表示着危险:一是"夫征不复",丈夫出征不回;二是"妇孕不育",妻子有孕不育。

　　在这种情况下,宜取守势,不宜取攻势。守势好比"御寇"——抵御强盗。

　　九三的情况有些不妙。九三与上九不应,六四又乘九三。在这种情况下,宜守宜顺。

　　　　六四,鸿渐于木,或得其桷,无咎。

　　六四是鸿渐的第四程,鸿已由地面飞到树上去了。鸿的习性是不栖于木的,它的蹼不适于抓住树枝,那么,它到哪里去找一块安身之地呢?——桷。桷是横平的,鸿可以立在它的上面休息。从不适于木到适于桷,说明六四本来也是危厉的,但最后获得了安宁。这个原因,《象传》做了分析:"或得其桷,顺以巽也。"六四是巽卦的初爻,巽为顺。六四的这一性质,使得它获得了"无咎"的评价。

　　　　九五,鸿渐于陵,妇三岁不孕,终莫之胜,吉。

　　九五是鸿渐的第五程。"鸿渐于陵",鸿飞到高陵上。在高陵,鸿是可以栖息的,且安全。

　　"妇三岁不孕,终莫之胜,吉。"女子虽三年不孕,最终还是有了孕,吉利啊! 这是什么意思?

九五与六二相应,有婚姻之象。但是,它们中间隔着九三、六四两爻,而且六二对九三还有着承的关系,关系密切,这就严重在影响到了九五与六二的结合,故"三岁不孕",但最后还是会合的,故说"终莫之胜"。但是,有一个渐进的过程。

九五爻说明,即使合乎中正之道,也未必能很快地获得成功。如果它存在障碍,那还得扫清障碍,因而需要一个渐进的过程。

上九,鸿渐于陆,其羽可用为仪①,吉。

这是鸿渐的最后一程。"鸿渐于陆,其羽可用为仪"。鸿飞在天空上去了("陆",这里为云路),其羽毛被人捡拾,用作礼仪上的饰物。这可是多么光彩的好事啊! 它意味着,鸿渐的结果是成功的,辉煌的。

王安石对鸿卦的上九卦有很不错的理解。他说:"其进也,以渐而不失时;其翔也,以群而不失序。"②一是"时",二是"序",这的确是渐卦的精义所在。

《象传》说:"其羽可用为仪,吉,不可乱也。"这鸿飞上了云霄,让人仰望,地位极高了;其羽毛又用作旌旗大纛的装饰,荣耀极了。但是,这崇高的地位、这极大的荣耀,均是一步步渐进来的呀,这个次序不可乱!

鸿卦强调的就是这个序。渐必表现为序,而序正是道的存在方式。

凡事均有一个过程,过程有长有短,有快有慢,但均有"渐"。这宇宙发展到今天,由无到有,经历了多少亿年,每天的日出日落,看来均是重复,其实,它在变化着,发展着,渐进着。

想想我们自己吧,作为学生,从上小学起,到拿博士学位止,每天都看书、听课。教室、图书馆、宿舍,就这三点,每天就来来回回地走着。日子一天天过去,悄然无声。然而,就在这悄然无声的岁月流逝中,你的精神在不断地充实着,你的智慧在不断地增长着。当你的博士论文出版的时候,你突然感到,这本不太厚的书,其实浓缩了你二十多年的岁月。它是"渐"的积淀!

"渐",至微,它可以无限的小,一分,一秒,十分之一秒……但是,它成就的也可以是无限的大,十年,千年,万年,光年,亿万光年……

鸿,水鸟矣,由水面,飞到水湄,再飞到磐石,再飞到大陆,最后飞入九霄。

---

① 朱熹说:"胡氏、程氏皆云:'陆'当作'逵',谓云路也。今以韵读之,良是。"(《周易折中》)

② 李光地:《周易折中》。

由至低到至高,由至卑到至贵。这个过程均由"渐"。"渐"极伟大,然极平凡。
　　珍惜渐!

五十四、归妹卦:嫁衣难穿

　　归妹是一个美丽但有些凄婉的卦。它下卦为兑,上卦为震,兑为少女,震
为长男。又震为雷,雷德为动;兑为泽,泽德为悦。雷动于上,泽悦从之,意味
着女从男,故为归妹。但是,此卦二、五两爻均不得位。这桩婚姻注定有些
坎坷。
　　归妹卦《卦辞》云:
　　　　归妹,征凶,无攸利。
　　"归",女子嫁人曰归。归妹,就是姑娘出嫁。"征凶",不是说出征作战,
而是指嫁人这桩事,凶,指婚姻不成。"无攸利",除嫁人不成外,其他事也办
不成。这种情况实在让人丧气,这是为什么呢? 这与"归"这个概念用法有
关。"归妹"与"妹归"是不一样的。李光地《周易折中》引蔡清曰:"不曰'妹
归'而曰'归妹',归者在妹也。"所谓"归者在妹",就是小妹自己将自己嫁了。
这在古代社会是不容许的。李光地说,归妹之所以失者有二:一是自己将自己
嫁了,失婚姻之礼;二是这个卦是少女嫁长男,这也不合适,失婚姻之时。①
　　如果不是按古代的婚礼言吉凶,仅以卦的爻位关系言吉凶,则归妹卦不吉
的主要原因是此卦中关键性的两爻二、五均不当位。
　　《象传》云:
　　　　归妹,天地之大义也。天地不交而万物不兴,归妹,人之终始也。说
　　以动,所归妹也。征凶,位不当也。无攸利,柔乘刚也。
　　"归妹,天地之大义也。天地不交而万物不兴"。肯定"归妹"系天地之
义,是《周易》一个重要观点。我们知道,《周易》是非常重视阴阳相交的。阴
阳相交,提升到宇宙高度,是天地相交,天地相交则有宇宙万物;阴阳相交落实

---

　　① 　参见李光地:《周易折中》。

到人类社会,最主要的是男女相交,男女相交则有人类的繁衍。

"归妹,人之终始也。"这就是说,有人类,就有婚姻。婚姻与人类相终始。

"说以动,所归妹也。"此卦中,兑为少女,兑有悦之德;雷为长男,雷有动之德。这就是"说以动"。长男悦少女之美丽,动而求之;少女尊长男之刚健,悦而随之。这就是人类社会司空见惯的恋爱婚姻大事啊。

然而,"归妹"必须正位,男在男位,女在女位,位不当则姻缘受阻。可叹的是,归妹卦中,代表男女的九二爻与六五爻均不当位,又,六三爻和六五爻均乘阳("柔乘刚")。这样,这桩婚姻就肯定会遇到许多的困难。

《象传》云:

　　象曰:泽上有雷,归妹。君子以永终知敝。

"泽上有雷"是归妹卦的卦象,泽随雷动,喻女随男动,而且是两心悦慕的互动,因此,它是爱情的象征。

"永终"是说出自两心爱慕的婚姻应是生命延续的保证。"知敝"是说要知道婚姻也有敝坏的可能性。要想婚姻能得以永久,就要知道各种破坏婚姻的弊端所在,努力去清除这些弊端。"永终"是对美好婚姻的肯定、赞美;"知敝"是对破坏婚姻的种种事情的提醒、警戒。

下面,我们看归妹卦的六爻:

　　初九,归妹以娣①,跛能履,征吉。

"娣",程颐解释说:"女之归,居下而无正应,娣之象也。刚阳在妇人为贤贞之德,而处卑顺,娣之贤正者也。"②从这个解释,可知娣虽地位卑微,但有"贤贞之德",故而婚姻总的来说还不错。

"归妹","归者在妹","不待取而自归",③按说也是不合礼的,不过,李光地说:"初在下,娣之象。凡女之归,不待六礼备者,为失礼。唯娣可以从归,而不嫌于失礼。少长非偶者为失时,唯娣可以待年,而不嫌于失时,是卦义虽凶,而于初则无嫌,故变征凶而为'征吉'也。"④这话的意思是,娣是不受这礼法约束的。因为它位于初,年纪小,可以待年,不怕失时,何况它还有阳刚

---

① "归妹以娣",古时以妹陪姊同嫁一夫称妹曰"娣",犹侧室。
② 程颐:《周易程传》。
③ 李光地:《周易折中》。
④ 李光地:《周易折中》。

之德?

九二,眇能视,利幽人①之贞。

"眇"一只眼明一只眼昏,虽不能视远,但能视。

"幽人",幽独处静之人,这里是指女子,"利幽人之贞",女子能守正则有利。九二为阳爻居阴位,象征着阴柔之女子守着阳刚之道。

初九讲"跛能履",九二讲"眇能视",这两爻的意义是差不多的。李光地说:"夫妇以两而成,跛者一正而一偏也,眇者一昏一明也。娣虽屈于偏侧,而犹能佐理。故曰'能履',幽人虽失所仰望,而其志炯然,故曰'能视'。"②按李光地的理解,这婚姻虽然存在欠缺,但还能维持,如同"跛能履"、"眇能视"。

六三,归妹以须,反归以娣。

在六三的位置,"归妹"同样是不顺利的。"须"有多种解释。程颐是将"须"解释成"待"的。待者,未有所适也。那就是说女子还没有合适的人可以嫁,要等待。朱熹的解释同于程颐,他说:"六三阴柔而不中正,又为说之主,女之不正,人莫之取者也,故为未得所适,而反归为娣之象。"③

另一种解释,是将"须"解释成"贱女"的。胡炳文说:"初九居下,娣也。六三居下之上,非娣也。阴柔而不中正,又以兑说为主,无德之女也。无德之女,人无取之者,故本宜须而'反归以娣'也。"④胡炳文的意思是,六三爻,不中也不正,乃无德之女,无德之女是嫁不出的,故只有反归于娣才好。娣,虽然地位不高,但有德。

九四,归妹愆期,迟归有时。

九四,已进入上卦了。这归妹的形势还没有根本性的改变。基于上卦为高层,这归妹之妹,应是贤女。由于九四与初九无应,这贤女的婚姻大事暂无着落。而贤女又不愿意轻易许人,那就只得延期了。但它仍然是可能嫁给如意郎君的,故说"迟归有时"。《象传》云:"愆期之志,有待而行也。"

六五,帝乙归妹,其君之袂不如其娣之袂良,月几望,吉。

---

① "幽人",幽静之人,这里是指女子。当然,占卦者可以根据自己的情况将它理解成别的人包括隐居山林的隐士,事实上,"幽人"在许多诗歌文章中是当做隐士的。

② 李光地:《周易折中》。

③ 朱熹:《周易本义》。

④ 李光地:《周易折中》。

帝乙是商代的一位君王。他嫁女这一事,据顾颉刚研究,是将女儿嫁给周文王①。按字面上的意思,帝乙嫁女比较简朴,女儿的穿的嫁衣质量还比不上地位卑微的娣。

这说明什么呢?程颐说:"娣媵者,以容饰为事者也,衣袂,所以为容饰也。六五尊贵之女,尚礼而不尚饰,故其袂不及其娣之袂良也。"②

《象传》说:"帝乙归妹,不如其娣之袂良也,其位在中,以贵行也。""贵行",贵的是中道,"中"广义理解,包括"正"。程颐的说法与《象传》的阐释是一致的。这帝乙女儿穿的嫁衣是不是真的质量比不上娣的嫁衣,是无法考证的这里重要的是强调了一个观点:"贵行",即中道比什么都重要。

在分析《卦辞》时,我们说过,归妹是女子不待夫家来求而"自归",这是不合礼法的,因而,"归妹以娣"与"帝乙归妹"均存在问题,但"归妹以娣",最后还是"征吉",原因我们前面说过了,这帝乙归妹最后也是吉,这又如何说呢?还是来听听李光地的解释:"女不待夫家之求而自归,非正也,卦之所以凶也。然唯天子之女,则必求于夫家而自归焉。是归妹之义,在他人则为越礼犯义而凶,在天子则为降尊屈贵而吉矣。"③看来,礼法在天子这里有些不同。皇帝的女儿谁个敢求?当然只能是皇帝选驸马了。

爻辞中"月几望,吉"中的"望"是每月的十五日,这晚的月亮最圆,"几"是说靠近这日子了,但还没有达到盈的程度。程颐说:"'几望',未至于盈也。五之贵高,常不至于盈极,则不亢其夫,乃为吉也,女之处尊贵之道也。"这种说法很精彩。按《周易》的理论,凡事以接近圆满而不达到圆满为好。乾卦九五爻为"飞龙在天",而到上九,则"亢龙有悔"了。物极必反,故"月几望,吉"。

上六,女承筐无实,士刲羊无血,无攸利。

"承筐无实,士刲羊无血":女子提一只空筐,男子杀羊却不见血,这是什么意思?远古祭祀,士大夫亲自割取羊血以祭,称之为血祭;女子提着筐,筐中有祭物,在一旁辅佐。这意味着男女共承宗庙。现在女提的筐是空筐,男刲羊

---

① 《现代学术经典·顾颉刚卷》,河北教育出版社1996年版,第240—243页。
② 程颐:《周易程传》。
③ 李光地:《周易折中》。

却无血可取,说明祭祀不成。这当然是没有任何利益可获得的了。

《象传》说:"上六无实,承虚筐也。"由于归妹卦是以女方的角度来谈婚姻的,因此,主要强调女承虚筐的责任。

在作《易》者看来,婚姻是体现天地相交之大德的,因此,是否得到神灵的赐福至关重要。上六所描述的婚姻自然得到不神灵的赐福了。

读完归妹卦,内心久久不能平静,实在难以接受。为什么,嫁衣如此难穿?是因为它太神圣,还是因为它涉及面太大,太复杂?

五十五、丰卦:光明普照

丰卦给人以丰收的感觉,它的下卦为离,上卦为震,离为火,为太阳,震为雷。晴天打响雷,让人振奋,让人喜悦。程颐说:"以明而动,动而能明,皆致丰之道。明足以照,动足以亨,然后能致丰大也。"①

丰卦《卦辞》云:

　　丰,亨,王假之,勿忧,宜日中。

"丰",盛大。《卦辞》用"王"、"日中"两意象喻"丰"。众所知之,王乃天下最富有者。"王假之"中之"假",是至的意思,意思是,说到"丰",王之富有可谓"丰之至"也。"日中",日在中天,盛明广照,无所不及,那也是"丰"。

《彖传》云:

　　丰,大也,明以动,故丰。王假之,尚大也。勿忧,宜日中,宜照天下
　　也。日中则昃,月盈则食,天地盈虚,与时消息,而况于人乎,况于鬼神乎?

《彖传》前几句是解释卦辞的。它最重要的贡献是提出"天地盈虚,与时消息"的观点。这里包含两个要点:一是盈虚相替,盈极则虚,虚极则盈;二是盈虚有时,时盈则盈,时虚则虚。人们都企求丰,但这丰不是没有规律的。"天地盈虚,与时消息"就是致丰之道。

《象传》完全从另一角度谈丰卦。它说:

---

①　程颐:《周易程传》。

雷电皆至,丰。君子以折狱致刑。

"折狱"判断诉讼中的是非曲直;"致刑",动用刑法。这说的基本上不是"丰"的意思,而是法官的工作了,这是为什么? 这与丰卦构成相关。"丰"由离震两卦构成,离为明,明则洞察幽微;震为动,动则威震奸邪。前者可用于察案,后者可用于施刑。故丰卦有"折狱致刑"之意。

丰卦与噬嗑卦构成元素完全一样,只是噬嗑卦离在上,震在下。两卦都讲司法。它们之不同,程颐有个分析。他说:"噬嗑言先王饬法,丰言君子折狱。以明在上而丽于威震,王者之事,故为制刑立法;以明在下而丽于威震,君子之用,故为折狱致刑。"①

丰卦六爻不在折狱上做文章,主要在阐述致丰之道。从六爻来看,致丰之路曲折而复杂。

初九,遇其配主,虽旬无咎②,往有尚。

初九为致"丰"之始。初九无位,它遇到的"配主"是九四,初与四有对应的关系,但是它们不相应,九四是初九的"配主"。

在一般情况下,这种不相应的关系没有什么价值,故多不论。而在丰卦,却说"虽旬无咎",而且"往有尚"。"旬"是"均"的意思,可引申为"同"。这话是说,虽然初与四相同,但没有咎害,而且这种配合,可以"尚"。"尚",在这里为"嘉尚"的意思。

这就让人纳闷了。不相应的爻位关系还有什么价值吗?

原来,爻位的关系有两种情况:一是"位"的关系;二是"用"的关系。位的关系,要求相应,其关系为一阴一阳;用的关系则要求相资,其关系则可同为阳或同为阴。就丰卦的初爻来说,初与四,位不相应但用相资。为什么它们可以相资? 这来自丰卦的组成,丰卦为离震组成,离为明,震为动。明与动的组合非常巧妙,没有明,动到哪里去? 只能是乱动,所以,动不能没有明;同样,没有动,这明有什么用? 只能是浪费能源,所以,明不能没有动③。二者相资就发挥作用,产生效益了。初九与九四,分别是离卦和震卦的初爻,可以代表离与震,故二者可以相资。

---

① 程颐:《周易程传》。
② "旬",程颐和朱熹都理解成"均",均为同。这里指初九与九四同为阳爻。
③ 这意思来自《周易程传》。其云:"盖非明,则动无所之;非动,则明无所用。"

六二,丰其蔀,日中见斗,往得疑疾,有孚发若吉。

六二是丰的另一种情况。六二又中又正,它与六五有对应的关系,六二自身是得位的,六五虽处君位,中位,但不得位。如果将六五看做君,六二看做臣。这君是弱君,臣是强臣。基于丰卦的下卦为离,离为明,而六二是离卦的卦主,所以,我们可以将六二看做是明臣,相应地,六五可看做昏君。明臣遇上昏君,其明就不能得以扩大成丰。"丰其蔀"中的"蔀"为障蔽。丰遇到了障蔽,好像大白天见到斗星,这天空就有些不明亮了。

"往得疑疾,有孚发若。"这又移到讲人事了。朱熹说:"往而从之,则昏暗之主,必反见疑,唯在积其诚意以感发之,则吉。"《象传》说:"有孚发若,信以发志也。"信,诚信,是"孚"心生发出来的;志,忠君之志。"信以发志"的意思是:通过诚信,显示忠君之志。这样君王就不怀疑你了。

九三,丰其沛,日中见沬,折其右肱,无咎。

"沛",幡幔。"沬",微沬,这里指小星星。从初九到九三,属于离卦,离卦为太阳。初九到九三的爻辞,都说太阳不太明亮,"丰"不起来。初九只是开始,明不甚显,还没有什么遮盖;六二,就有遮盖物了,那是"蔀";九三,遮盖物更大,那是"沛"。正是因为遮盖物很大,天空就更暗,大白天能见到小星星了。

"折其右肱"。由天象说到人事了。君子折了右臂。为何出现折肱之事?程颐的解释是:"贤智之才,遇明君而能有为于天下,上无可赖之主,则不能有为,如人之折其右肱也。"[1]意思是,太阳都被遮盖了,君王也昏了,贤德的君子遇不上明主,不能有所作为,好比人折了右胳膊。

不过,虽折了右肱还是"无咎"。其原因是九三与上六相对应,还有一线希望。

九四,丰其蔀,日中见斗,遇其夷主,吉。

"丰其蔀,日中见斗":天空仍然有"蔀"这种遮蔽物,天空昏暗,大白天都可以看到北斗星。

九四与初九处对应的位置,均是阳。就位来说不相应;就用来说相资。九四对于初九来说,称为"配主",初九对于九四来说,称为"夷主"。"夷",有一

---

[1]　程颐:《周易程传》。

种鄙视的意味,但相资有用,故也获吉。

六五,来章,有庆誉,吉。

"章"是美好的花纹,这里指贤才。"来章",贤才来了。就这爻的具体情况来看,贤才指六二,六二又中又正,可称得上贤才,但是,六二与六五,就位来说不相应。那六二又怎么成为六五之贤才呢? 它们的关系也是"相资"——互相有资助的作用。

上六,丰其屋,蔀其家,窥其户,阒其无人,三岁不觌,凶。

这话的意思是:屋很大,但家被障蔽,很昏暗,从窗户窥看,没有看见人。不仅现在看不到人,三年都见不到人,这就凶了。

《象传》说:"丰其屋,天际翔也。窥其户,阒其无人,自藏也。"原来,这屋高到天上去了;看不到人,不是没有人,是人将自己藏起来了。

屋高到天上去了,过亢。过亢不是一件好事;"自藏"实际上是自蔽。丰卦自九二爻到上六爻,这光明一直被遮蔽着。蔽人之明最终会导致自蔽。反过来,是不是可以说给人光明自己也光明呢?

丰卦六爻远不如《彖传》《象传》说的那样绚丽,那样精彩,让人神往。光明总是被遮蔽着,不是"蔀"遮着,就是"沛"遮着,因而大白天,不是见斗,就是见沫。雷也根本没有发挥作用。所以,雷、电没有皆至,明、动并没有并施。丰卦并不丰。卦名与卦义并不相符,这在《周易》的卦中是罕见的。也许这正是作《易》者的苦心所在,匠心所在。关键要记住:丰"宜日中",只有丽日中天,光辉普照,那才是丰!

五十六、旅卦:人在旅途

《周易》设旅卦,令人深思。也许远古,部落迁徙频繁,人常在旅途。也许作《易》者认为,人的一生就是一场旅行。

旅卦艮下离上,艮为山,为止,离为日,为火。山为静,火为动,山在内居之,火向外漫延。固然山止而不迁,但火行而不居,这就有了旅之象。

我们且看《卦辞》:

旅,小亨,旅贞吉。

"旅",只是"小亨",为什么不能大亨? 可能在古人看来,安居才是人生最佳的生活方式,旅行,不管怎样,总是不得已,也是辛苦的,能小亨,就不错了。人在旅途,守正是很重要的,因而强调"贞吉"。

再看《彖传》《象传》对旅卦卦义的阐发:

象曰:旅,小亨,柔得中乎外而顺乎刚,止而丽明,是以小亨,旅贞吉也。旅之时义大矣哉!

象曰:山上有火,旅。君子以明慎用刑,而不留狱。

《彖传》对旅卦卦义的阐发,重在"柔顺"二字。

"柔得中乎外而顺乎刚,止而丽明。"这是说的卦体,旅卦上卦为离,离的中位即五位,为阴爻,因而叫做"柔得中"。旅卦的下卦为艮,艮为阳卦,离为阴卦,离有丽之德,丽,附丽。离附丽艮,就叫做"顺乎刚"。"止"为艮之德,"丽明"为离之德,故叫做"止而丽明"。这种格局是和谐的。结合人在旅途,意思就是:既要虚中待人,又要顺刚立强。

《象传》也看重离卦,它从离的"明"义,引申出君子"明慎用刑"的思想。"明"是说头脑清楚公正廉明。"慎"是说判案、用刑,均要慎重。"不留狱",含义深刻。"狱"不是安居之处,对于犯罪的人来说,也是旅。犯人要立足于"不留狱",争取早日回家。治狱者也要立足于"不留狱",让犯人改造好,早日回家。

噬嗑卦、丰卦,现在加上旅卦,它们的《象传》都结合离卦谈到了司法用刑:

噬嗑卦《象传》云:"雷电,噬嗑,先王以明罚敕法。丰卦的《象传》云:"雷电皆至,丰。君子以折狱致刑。"旅卦的《象传》云:"山上有火,旅。君子以明慎用刑,而不留狱。"三卦中均有离卦,离为明。三卦均涉及明,但侧重不同。噬嗑卦之"明",明在罚,罚据于法,依法而罚,体现出重法律的思想。丰卦之"明",明在折狱,折狱来自察情,体现出重事实的思想。旅卦之"明",明在审慎。审慎是最重要的,有慎,则能重事实,明察以折狱;有慎,则能重法律,依法而用刑。审慎来自一个极为重要的指导思想——"不留狱"。将监狱只看做是犯人之旅舍,不看做是犯人的家。

下面我们看旅卦的六爻:

初六,旅琐琐①,斯其所取灾。

初六,设计的是一位阴柔的小人物出行,而且是第一次出行。因为心中无数,且孤身一人,就有畏。有畏,反而自取其灾。

《象传》云:"旅琐琐,志穷灾也。""志穷",心中无主见,遇事拿不出办法。这样,当然会招致灾难。

六二,旅即次,怀其资,得童仆贞。

六二,设计的是一位君子出行。白天赶路,晚上投宿。他怀有足够的旅资,又有忠贞的童仆为伴。不消说,这种旅行是安全的。六二的旅行如此之好,与六二守中正分不开。六二深得旅行之道。爻辞所说的三项,正是旅行之道的要点,可以简化为旅行三要素:次(旅馆)、资(旅费)、仆(同伴)。

九三,旅焚其次,丧其童仆,贞厉。

九三,设计的也是一位君子的旅行。但是,他的旅行不顺。旅行三要素均出了问题。旅馆烧了,旅资没了,童仆跑了。九三的旅行出了大问题,原因可能是多方面的。旅馆被烧是外在的原因,童仆之丧则与主人"义"之缺失有关。《象传》说:"旅焚其次,亦以伤矣;以旅与下,其义丧也。"这"义",是指主人待下人存在问题,于义不合。九三爻阳刚不中,与上九不合,说它"义丧"说得过去。

九四,旅于处,得其资斧,我心不快。

九四,设计的仍然是君子的旅行。虽然不是一次倒霉旅行,如九三那样,但也是一次不愉快的旅行。

"旅于处",旅途中有暂时的栖息地。"得其资斧","资斧"是人家资助的斧头。古时旅途多需辟荆斩棘,斧头是不可缺少的工具。应该说物质准备还可以,然为什么"我心不快"呢?

这需要考察九四与其他爻的关系。对于九四来说,有两种关系是重要的。一是与初爻的关系,二是与五爻的关系。我们先看它与初爻的关系:九四与初六有阴阳相应的关系,按说阴阳相应是利的,但初六不得位,九四也不得位,这种阴阳相应不是正应。我们再看它与五爻位的关系。九四与六五邻近,有比的关系,五是君位,四是大臣位,两者的关系如果均得位,是最好不过的了,可

---

① 旅琐琐,旅途中,极为胆小,注重琐细之事。

惜的是,两者均不得位。另外,六五对九四的"比"不属于"承",而属于
"乘"——乘刚,这意味六五在压抑着九四,排斥着九四。九四处在如此尴尬
的位子上,难怪"其心不快"了。

《象传》对此爻的分析是到位的。它说:"旅于处,未得位也;得其资斧,心
未快也。"

六五,射雉,一矢亡,终以誉命。①

六五的旅行是君子一次成功的旅行。"射雉,一矢亡。"含义丰富。其一,
雉是离之象,旅卦上卦为离。离卦只有一个阴爻,居中位,这中位恰也是旅卦的
中位——五爻位。这射雉,一箭就中,实际上中了两个中心:一是离卦之中心;
二是旅卦之中心。其二,离卦中心为阴,阴有虚的意思,虚是孚、诚信。离的中位
现为旅的五爻位,说明六五爻有孚,有诚信。六五与六二虽位不相应,但用相资。
另外三、六五对上九均有相承之功。如此等等,足以让这趟旅行"终以誉命"了。

上九,鸟焚其巢,旅人先笑后号咷②,丧牛于易,凶。

上九的旅行虽然也是君子的旅行,却是一次最糟糕的旅行。爻辞用了许
多不相连贯的象来比喻:

"鸟焚其巢。"鸟巢是鸟之家,应不是旅舍。家毁了意味着无安身之地,不
得不流浪,流浪也是旅行,这是最为痛苦的旅行。

"旅人先笑后号咷。"旅人看到鸟巢遭焚,鸟儿惊飞,先是觉得好笑。后来
意识到焚巢的严重性,也许还联想到自身,也是没有了家,于是号咷大哭。

据王国维、顾颉刚研究,"旅人先笑后号咷"是商王子亥的事③。据郭璞
《山海经》注引《真本竹书纪年》云:"殷王子亥宾于有易而淫焉,有易之君绵臣
杀而放之。"王亥在有易国为宾,可以称为旅,他在有易国生活很放荡(淫),后
来被有易国的大臣"杀而放之",这可以说是"先笑后号咷"。

"丧牛于易"也可以理解成王亥的故事,据《山海经·大荒东经》:"王亥托
于有易、河伯仆牛。有易杀王亥,取仆牛。"王亥善于养牛,最早使用牛来拉
车。有易国君让人杀了王亥,抢了他的牛。这样的事当然是凶险的。

---

① "终以誉命":最终获得荣誉,合乎天命。

② 关于"旅人先笑后号咷",程颐认为是"在离上为焚象,阳刚自处于至高,始快其意,故先
笑。既而失安莫与,故号咷"(《周易程传》)。朱熹未做解释。

③ 参见王国维的《殷卜辞中所见先公先王考》和顾颉刚的《周易卦爻辞中的故事》。

也可以从卦象的角度来理解"丧牛于易"。"易",程颐释为"忽易",即不小心。"牛"是坤的象征,代表顺柔。顺柔对于旅行来说,关系很大。《彖传》释卦辞"小亨,旅贞吉"云:"柔得中乎而顺乎刚,止而丽乎明,是以小亨,旅贞吉也。"现在,顺柔丧失了,其危险可以想见,故为"凶"。

旅途充满风险,难以预料。旅卦所写的旅舍被焚,旅资被丢,同伴走掉都是可能出现的事,当然也会有成功的旅行。不管是成功的旅行还是失败的旅行,都启示我们,旅行还是小心点好。

在家千日好,出门日日难。人在旅途,君自珍重。

五十七、巽卦:随风而动

巽卦由两巽卦重叠而成。巽一阴在下,二阳在上,此阴为卦主,故为阴卦。巽为风,又为木,卦德为入。在《周易》中,它多以顺柔的代表出现。阳过盛时,如有巽则能起到调节作用。按《周易》的文王八卦方位图,巽为东南方,东南方一般认为是吉方。所以巽多受人青睐。

巽卦《卦辞》曰:

巽,小亨。利有攸往,利见大人。

这两利是有讲究的。"利有攸往",是因为它顺,以阴从阳,无处不可以往;"利见大人",是因为它柔,阳必扶阴,遇阳则吉。

清代的学者李光地从政治角度理解巽卦。他说:"巽,入也。从来说者,皆以为一阴入于二阳之下,非也。盖一阴伏于内,阳必入而散之。阴性凝滞,必散而后与阳合德也,其在造化,则吹浮云散积阴者也。其在人心,则察几微,穷隐伏者也,其在国家,则除奸慝,厘弊事者也。三者皆非入不能,卦之所以名巽者以此。"[1]李光地着重从风入这一意象加以申发,联系到政治上除奸厘弊上去了。

《彖传》和《象传》顺着《卦辞》加以发挥:

---

① 李光地:《周易折中》。

彖曰:重巽以申命。刚巽乎中正而志行,柔皆顺乎刚,是以小亨。利有攸往,利见大人。

象曰:随风,巽。君子以申命引事。

两传都强调"申命",申什么命?——天命。上天赋予万物各以其性,大而言之,可分为阴阳两大类,阴柔阳刚,阴顺阳进。当然,阴阳之中又有许多具体的分法,不可穷尽。性就是命,尽性也就是尽命。巽以顺从为本色,这个卦阐发的主要也是顺从大义。顺从什么?顺从的是性,是命。所以,巽卦以"申命引事"为主题。巽卦的六爻从不同方面阐说这一主题:

初六,进退,利武人之贞。

"进退",意思很丰富:有进有退,亦进亦退,当进则进,当退则退,等等。巽,既然品德为顺,就要知进退,且能进退随时。"武人",孔武之人,阳刚之士,此爻特别强调武人要知进退,因为武人一般易躁动,只管进不管退的。懂得进退,就是懂得天命。君子知天命,当知进退。

《象传》说:"进退志疑也,利武人之贞,志治也。""志疑",志有所疑。志有所疑才知进退;如无疑,就只有一味地进或一味地退了。强调"志疑",这是《象传》的卓识。"志治","志"修养得很好。武人是鲁莽之人,以巽顺之德修养之,其"志"则可达到"治"。

九二,巽在床下,用史巫纷若①,吉,无咎。

"床"是人之安处,巽在床下,意味着过于巽了。"史巫"是古时通神明者,"纷若"是多。有许多"史巫"来通神明,表达对神灵的虔诚之心,这当然"吉","无咎"了。

《象传》云:"纷若之吉,得中也。"强调九二爻居中得吉。中是中位,也是诚,诚为中。

这爻谈巽与前一爻有些不同,初六爻谈巽重在顺,要知进退;这爻谈巽,重在中,以中(诚)通神明。

九三,频巽②,吝。

"频"是多。三为险位,阳居之,更是躁动不安。尽管巽事为顺,但巽事过

---

① 李光地《周易折中》云:"周官史掌卜筮,巫掌祓禳。卜筮所以占其吉凶;祓禳所以除其灾害。"

② 李光地《周易折中》引赵汝谋曰:"频巽者,既巽复巽,犹频复也。"

多,也会出问题。

《象传》说:"频巽之吝,志穷也。""志穷","志"得不到实现。九三与上九不相应;另,六四乘九三。九三处境如此不好,不能躁动,越躁动越会坏事,按巽义,居静守柔为好。

六四,悔亡,田获三品①。

"田",为田猎,"三品",据朱熹说,一为干豆,一为宾客,一以充庖。

六四,它与下无应,又据九三之后,有乘刚之虞,这些决定它有后悔的事,但是,六四阴爻居阴位,得位。另外,它已进入卦之上体。这样一种有利的形势,使得它逢凶化吉,遇难呈祥,不仅后悔的事化为乌有,而且去田猎,运气挺好,能获三品。《象传》云:"田获三品,有功也。"

六四与初六地位相似,它们均是巽之初爻,均为阴,均上二爻为阳,均有武功之象,但是,初六有"进退"之疑,重在"守贞";而六四,却可以"田获三品",原因是六四居高位,又当位,且上承九五。

九五,贞吉,悔亡无不利,无初有终,先庚三日,后庚三日②,吉。

这一爻辞比较难解,程颐和朱熹的看法也不一。我们可以试着将程朱的看法比较一下,然后作出自己的理解。

"贞吉,悔亡无不利。"程颐说:"巽者,柔顺之道,所利在贞,非五之不足,在巽当戒也。既贞,则吉而悔亡,无所不利。"③程颐突出"在巽当戒",是不是巽为阴,容易偏离正道的缘故呢? 朱熹则认为:"九五刚健中正,而居巽体,故有悔,以有贞而吉也,故得亡其悔而无不利。"④九五刚健中正,居于巽体,在朱熹看来是有悔的,原因可能是与九二不相应。

"无初有终。"程颐说:"无初,始未善也;有终,更之使善也。"⑤意思是:开初可以不完善,而到结束则应使之完善。朱熹说:"有悔,是无初也;亡之,是

---

① 关于"田获三品",朱熹与程颐的看法是一致的。李光地《周易折中》引诸说,不一致。王安石说:"'田'者,兴事之大者也;'三品',有功之盛者也。"沈该说:"'田',除害也;'获',得禽也。"胡炳文说:"'田',武事也,初'利武人之贞',四之'田获',用武而有功者也。"

② "先庚""后庚"之说,立足于慎。《周易折中·集说》云:"先三日,盖慎始而图其几;后三日,盖思终而考其成。慎始思终,权斯行矣。"

③ 程颐:《周易程传》。

④ 朱熹:《周易本义》。

⑤ 程颐:《周易程传》。

有终也。"①意思是:之所以有悔,是因为开初不完善;结果是完善的,所以,后悔没有了。

"先庚三日,后庚三日,吉。"程颐说:"甲者,事之端也,庚者,变更之始也。十干,戊己为中,过中则变,故谓之庚,事之改更,当原始要(疑为'反')终,如先甲后甲之义,如是则吉也。"②程颐强调过中则变,将"庚"训成"更"字。朱熹说:"庚,更也,事之变也。先庚三日,丁也;后庚三日,癸也。丁,所以丁宁于其变之前,癸,所以揆度于其变之后,有所变更而得此占者,如是则吉也。"③朱熹对"庚字"既训为变更之"更",又作天干之一干解。另外,朱熹还将"丁"训为"丁宁",将"癸"训为"揆度",强调事前要细心思谋,事后要认真考量。

虽然程朱对爻辞具体理解不同,但基本精神却是一致的。他们都强调两点:一是坚守中正;二是酌情而变,中正之道不变,具体做法可变,在不变与变之中履行巽道。

《象传》云:"九五之吉,位正中也。""正中"从根本上决定了此爻的吉。

　　上九,巽在床下,丧其资斧,贞凶。

九二出现过"巽在床下",它说明过于巽了,"资斧",在这里可能用其引申义,"斧"是决断的意思,"丧其资斧",失去了决断。这种情况即使"贞"也是凶的。朱熹说,上九爻"失其阳刚之德,故其象占如此"。④

《象传》云:"巽在床下,上穷。丧其资斧,正乎凶也。""上穷"意思是上九巽柔到极点了。"正乎凶也",必然凶。

上九爻,有些令人惊心动魄了。本来,在诸多情况下,巽道是顺道。守顺道是好的,但巽不可过分,过巽则柔则弱,不利于前进,不利于发展。所以,巽卦的卦辞,很有分寸地用"小亨",而不说"大亨"。巽道当用,但又当慎用。

巽为顺,顺心、顺事,均是人们喜爱的。但是,这个谈顺的卦告诉我们,顺来之不顺,有不顺才有顺。顺是需要条件的,条件和合,就顺;条件不和合,就不顺。初六与六四,虽然处相似的地位,具相似的主体条件,但客观条件不一样,就一个不顺,一个顺了。顺,也需要有度,一味地顺即"频巽",是不妙的。

——————————

①　朱熹:《周易本义》。
②　程颐:《周易程传》。
③　朱熹:《周易本义》。
④　朱熹:《周易本义》。

最重要的,顺之时尤其要慎。"先庚三日","后庚三日",择中道而行。李自成建国为"大顺",行事却是不慎,结果建国之后,一直不顺,历史教训,让人感叹嘘唏。

五十八、兑卦:学会说话

说话是人生活中的一件大事。人与人之间的交际,主要靠说话。说话和写信都有交流思想感情的功能,但说话比写信重要得多。说话时有听众在场,说话者的口气、神色都能使说话的内涵有所变化。同样一句话,写出来一样,但不同的人说出来,味道就不一样。同是说话,说什么,怎样说,大有讲究。《周易》的兑卦讲的就是说话之道。

兑卦为两个兑的经卦相叠而成。作为经卦的兑,为二阳爻一阴爻,阴居二阳之上。朱熹释此象为"喜之见乎外也",大概是喜气为阴。兑象为泽,泽为水,润泽万物,万物欣欣向荣,故兑有"悦"之德。兑为少女,这样,"和悦"与少女也联系上了。种种好事物联系在一起,兑卦给人美好的印象。

兑卦《卦辞》曰:

　　兑①,亨,利贞。

"兑",说也。卦辞确定两点:其一,说话是致亨之道。众所周知,中国历史上蔺相如说秦王,诸葛亮东吴舌战群儒,均与国家安危息息相关。此为亨之大者。至于日常生活,哪里离得开说话? 其二,说话戒以"利贞"。那就是:只能说应说的话,该说的话,不能乱说,更不能胡说。虽然话是开心的钥匙,但祸又往往从口出。无数的事实证明,说话要"利贞"。

《象传》云:

　　彖曰:兑,说也。刚中而柔外,说以利贞,是以顺乎天而应乎人,说以先民,民忘其劳,说以犯难,民忘其死,说之大,民劝矣哉。

"兑,说也。"确定兑的基本卦义是说话。"刚中而柔外,说以利贞。"兑卦

---

① "兑",有两义,一为说话的说,一为喜悦的悦,二义通训。

一阴居二阳。阳刚居中,故有中心诚实之象;又一阴在上(外),阴为柔,故又有和柔接于外物之象。说话要戒以利贞,不能违背天道,即要说真话、实话;也不能逆乎人心,即要说善话、美话。

关于说话的功能,《象传》特别重视它对人民的安慰和鼓舞作用。"说以先民",民心悦,则忘其劳;"说以犯难",民心服,则忘其死。

《象传》从另一个角度论说话:

> 象曰:丽泽,兑,君子以朋友讲习。

"丽泽",是因为兑为两泽附丽而成的,故为"丽泽"。君子学习上进,离不开听老师讲课,也离不开朋友讲习。《象传》将说话的功能引到君子成长上去了。

兑卦六爻讲了说话的六种方式。其中有四种方式是正面的,属于好的说话方式。这四种方式是:"和兑"、"孚兑"、"商兑"、"引兑":

第一,"和兑"。

这主要体现在初九爻中。爻辞云:

> 初九,和兑,吉。

"和兑",就是以温和的方式与人说话。从爻位来说,初九居兑体最下,也就是说,它最没有地位,故说话的态度总是和顺卑谦的。说话态度温和自然不会招致人家不满。《象传》说:"和兑之吉,行未疑也。""行未疑",行为没有什么要可疑的,意思是真诚,可信,可接受。

初九居下位,说话注意和气,其实,不管居何位,说话都要和气。而且越是地位高的人说话越是要和气。你地位高,说话越和气,人家就越服你,反过来,你地位高,说的也对,就是不和气,人家以为你仗势欺人,倒反而不服你了。

说话和气,首先体现在脸色和语气上。这个问题常为人所忽视。不少说话人自以为说的内容在理,就可以不注意说话的态度,疾言厉色,咄咄逼人。可谁知对方就是不买账,不是人家不服你所讲的那个理,而是不服你那个态度。古往今来,口角之争如渗进意气,体现为脸色、语气,常常无事弄成有事,小事弄成大事。古训:"伸手不打笑脸人。"态度好,和颜悦色,首先软化了人家的情感,减弱了对方的火气。这样,大事有可能化小,小事有可能化无。一场激烈的唇枪舌剑,也许就消灭在"和兑"之中。

说话和气是说话的技巧、方式问题,更是人的修养的体现。仅仅将它看成是说话的技巧,很可能玩不好这种技巧。通常是:开始还能说话和气,说着说着就不和气了,本质的一面露出来了。将和气看成一种修养,说到底就是对人的尊重,就是待人以诚。

第二,"孚兑"。

这主要体现在九二爻中。爻辞云:

> 九二,孚兑,吉,悔亡。

九二,中位。中位,意味着得中道,中道重在孚,故九二的说话,重在"孚"。"孚"是诚信的意思。"孚兑",就是以诚信的态度对人说话。

"孚兑"显然比"和兑"更高一层。"和兑"与"孚兑"都是讲说话的态度。但"和兑"主要表现在脸色上、说话的语气上,属表层次;"孚兑"则涉及说话人内心的真实想法、说话的内容以及说话的出发点,属深层次。"孚兑"有两个要点:首先,说的内容是真实的,不夸大,不缩小,让人感到可信。其次,还有一个诚意的问题。如果说话人抱着解决问题的态度说话,既不回避问题,又不故意刁难,节外生枝,就会让人感到说话人的心意是诚恳的,这就是"孚兑"。

九二的《象传》云:"孚兑之吉,信志也。""信志",就是说你的"志"(想法)能取信于人,这"志"又是要说出来的,那就不能不说真话。老子说:"美言不信,信言不美。"不是说,话不要说得美,而是说,不要过多的修饰。过多的修饰容易让人产生虚假的感觉。其实,朴素就是美,朴素的本质是真实。

第三,"商兑"。

这主要体现在九四爻中,爻辞云:

> 九四,商兑未宁,介疾有喜①。

九四居卦之上体,上比九五。但阳居阴位,不正。它存在一些与周围不和谐的因素,解决问题的方法是"商兑"。"商兑",商量着说即商谈。商谈是处理矛盾的有效方式。"商兑未宁",是说商量时双方心中均不宁静,也可能是说对于商量的问题双方尚未达成一致的意见。这个时候怎么办?九四爻辞提

---

① "介疾有喜",朱熹的《周易本义》解释是"介然守正,而疾恶柔邪",与《周易程传》的看法一致。李光地认为,"介疾","言介于邪害之间也,若安而溺焉,则其为鸩毒大矣,惟能商度所说而不以可说者为安,则虽'介疾'而有'有喜'矣。《论语》曰:'君子易事而难说也。说之不以道不说也',其'商兑'之谓乎?"(李光地:《周易折中》)

出四个字:"介疾有喜。"根据程颐和朱熹的理解,"介",为介然,"疾"为疾恨,认为君子在与小人口舌之争时,要介然守正,疾邪仇恶,这样就有喜了。

另外还有一种理解。"介疾"中的"介",高亨先生疑为疥,疥是一种顽固的皮肤病,"介疾有喜"就是说疥病治愈了①。这是比喻。整句的意思是:只要多方商谈,反复计议,就是麻烦的难以解决的事,也都可以解决。

不管哪种理解,商兑给我们的启示就是:在谈判的过程中,要有原则性,坚韧性。

兑卦的以上三爻都是从正面谈说话应采取的方式,另外两爻则是从反面谈说话不应采取的方式。

第一,"来兑"。

这主要体现在六三爻中,《爻辞》云:

　　　　六三,来兑,凶。

朱熹对六三的理解是:"阴柔不中正,为兑之主,上无所应,而反来就二阳以求说,凶之道也。"②这种说法与程颐一致,程也将六三比喻为"阴柔不中正之人","来兑"是"比于在下之阳,枉己非道,就以求说"。意思是,向下去与九二攀关系,委屈自己,不走正道,向人家取悦。

按爻位,六三阴居阳,是不正亦不中。它与上六也不应。三是下卦兑的卦主,唯一阴爻,既然上不得应,只能反求于下。这种状况,在《周易》看来是不利的。一是不中正,说话不以道为准则,违背卦辞"利贞"之戒。二是上取悦于下,不顾身份。这两点,第一点最重要,程朱的理解切合《象传》。《象传》云:"来兑之凶,位不当也。"

程朱的理解可以概括为:不合道的乱说话必然凶。《周易折中》也是这样认为的。此书中的《集说》云:"王氏宗传曰:六三居两兑之间,一兑既尽,一兑复来,故曰来兑。夫以不正之才,居两兑之间,左右逢迎,惟以容说为事,此小人之失正者,故于兑为凶。"

来兑也还有别的解释,高亨先生解释是:"言未及我,而我自来说也。"③这种不必说而硬要说甚至抢着说的态度,历来为人们所诟病。《论语·季氏篇》

---

①　参见高亨:《周易古经今往》,中华书局1984年版,第333页。

②　朱熹:《周易本义》。

③　高亨:《周易古经今注》,中华书局1984年版,第332页。

中说:"言未及之而言谓之躁。"《荀子·劝学篇》中说:"不问而告谓之傲。"
"躁",必然思虑不周,说些不该说的话,把事情弄糟;"傲",必然给人带来不快,尽管说的是正确的意见,人家也会因为你的傲而不乐接受。两者的结果均糟糕。

总之,不合道地乱说、不知礼地抢说,均是不吉的。

第二,"孚于剥"。

这来自九五,爻辞云:

　　九五,孚于剥,有厉。

九五为君位,又中又正,按说应无虞,然而有危险。这是为何呢? 程颐认为这是作《易》者有意设戒。提醒君子,"虽圣贤在上,天下未尝无小人。"①小人巧言佞色,即使是圣君,也要防止上当。尧在位时,就有"四凶"处朝。朱熹认为危险来自上六,他说:"剥,谓阴能剥阳者也。九五阳刚中正,然当说之时,而居尊位,密近上六;上六阴柔,为说之主,处说之极,能妄说以剥阳者也。故其占者俱戒以信于上六,则有危也。"②

虽然按爻位关系,是上六乘了九五这阳刚。如果我们不过于拘泥于爻位的关系,而重"孚于剥"这一命题的意义,我们就会发现,人的诚意剥蚀了,说话没有诚意,该有多危险!

第三,"引兑"。

这主要体现在上六爻,爻辞云:

　　上六,引兑。

上六处兑之极,说话就太多了。程颐说:"上六成说之主,居说之极,说不知己者,故说既极矣,又引而长之。"③人一高兴,话多,就不看对象了。不是知己,也一味倾诉。要么是言多生烦,要么是言多必失。

《象传》说:"上六引兑,未光也。"怎么能"光"呢? 只会是暗淡无光。

"引兑",几乎所有的人都须引以为戒。

打住,不然就是"引兑"了。

---

① 程颐:《周易程传》。
② 朱熹:《周易本义》。
③ 程颐:《周易程传》。

五十九、涣卦:风行水上

涣卦,坎下,巽上,坎为水,巽为风,为风行水上之象。顾名思义,说的是涣散。涣涉及太多的问题。首先,如何认识"涣"的性质? 什么该涣,什么不该涣? 其次,主体应持何种态度? 面对不该涣的涣,如何"拯"涣? 面对该涣的涣,如何去"济"涣? 最后,有涣就有聚,涣了以后,要不要再聚? 如何聚? 这些问题,涣卦基本上都涉及了。

涣卦卦辞云:

> 涣,亨。王假有庙,利涉大川,利贞。

"王假有庙",在萃卦中也有此词,"假",至也。王来到宗庙,是为了祭祀,祭祀须有孚。两个卦均用了"王假有庙"这一意象,令人思索。作《易》者似是想说:"萃",聚,需要神灵的祐助,需要王的真诚。"涣",散,也需要神灵的佑助,需要王的真诚。"萃",将人力、物力聚拢来,这是事业发展的需要;"涣",将人力、物力分散开来,也是事业发展的需要。当萃则萃,当涣则涣。萃涣随时。

"利涉大川。"一般总是认为,"萃"利涉大川,殊不知"涣"也利涉大川。但必须守正,即"利贞"。

《彖传》云:

> 涣,亨。刚来而不穷,柔得位乎外而上同。王假有庙,王乃在中也。利涉大川,乘木有功也。

"刚来而不穷",一句是说涣卦如何得来的:设想上卦是乾,三阳爻,下卦为坤,三阴爻。"刚来"指乾初爻下移,取代了坤的第二爻,坤的第二爻上移顶替了乾的初爻。"柔得位乎外"一句是说四爻位为阴爻,它得位。四爻位是上卦即外卦的初爻,所以叫做"柔得位乎外"。

"王假有庙,王乃在中也。"此卦中,九五爻为卦主,它又中又正,在保证涣卦基本上为吉卦上起着决定性的作用。

"利涉大川"虽然在《周易》中用得较多,但不是每卦都用的,一般是:有重大困难需要克服且能克服才用此语。涣卦虽然亨通,并不意味着它毫无困难。"乘木有功","木"指船,有船才可涉大川;另,"木"也指巽,巽者顺也。

《象传》云:

> 风行水上,涣。先王以享于帝立庙①。

"先王以享于帝立庙",先王立庙祭祀神灵,其意是克服涣散,团结人心,共创大业。

"涣"是有各种不同情况的,涣卦的六爻比较详尽地讨论了在涣的各种不同情况下,主体应如何对待涣:

> 初六,用拯马壮,吉。②

初六处于涣之始。涣之始即离散之始,此种局面需要拯救,用什么力量来拯救?按爻位关系,只能是邻近的九二了,九二阳刚,有马之象,所以说"马壮",此种情况是大吉的。

《象传》说:"初六之吉,顺也。"这个"顺",可以理解成顺乎时,即适时。涣之始就开始救,应该说是适时的。

> 九二,涣奔其机③,悔亡。

九二阶段,涣已有所发展。济涣需要多种力量的合作,就九二来说唯一可以用的力量只有初六,初六其实也需要它。如果说初六视九二为"马",那么九二视初六为"机"。"机"是可以用来俯凭的栏杆,它给人以安全感。九二急切地奔向初六以求"机",目的是求安。涣散之时人心浮动,安全是人们最企求的了。

九二爻本是有诸多缺陷的,上与九五不应,又为六三所乘,可以说悔恨事不少,现在有了初六的帮助,后悔的事也就没有了,所以说"悔亡"。《象传》说:"涣奔其机,得愿也。"这"得愿",可以理解为九二得遂心愿。

也许有人认为,初六就那么点力量,能给九二帮什么忙?关于这一点,程颐是这样说的:"初虽坎体,而不在险中也。或疑初之柔微,何足(依)赖?盖

---

① 《周易程传》:"收合人心,无如宗庙,祭祀之报,出于其心,故享帝立庙,人心之所归也。"

② 《周易折中》:"胡氏炳文曰:五爻皆言涣,初独不言者,救之尚早,可不至于涣也。"

③ "涣奔其机"中的"机"《周易程传》释为"俯凭以为安者也"。"机"用于求安,在此卦应为初六。

涣之时,合力为胜。"①"合力为胜"这话说得好! 不管在什么时候,都不要拒绝来参与合作的力量。

初六、九二给我们的启示是:当涣之时,拯救局面,收集人心,一是要早而顺时,二是要同心协力。

六三,涣其躬,无悔②。

"躬"是自身。六三阴居阳位,不得位,又下乘九二,不过它与上九相应。在这个卦中,唯有这一对相应,因而也就难能可贵,虽然六三既不中又不正,还能无悔。

具体到"涣其躬"是何意思,可以参考一下朱熹的看法。按朱熹的看法,六三阴柔,不中也不正,有"私于己"之象,但居于阳位,志向在外(它的上面就是外卦),意味着,它想服务社会,以济时艰,它原有的私心涣散了,所以后悔之事没有了。

《象传》释此爻:"涣其躬,志在外也。"六三是下卦坎卦的最上一爻,它有向外的意义,这向外也可以理解为服务社会。

此爻的核心是涣散私念,服务社会。

六四,涣其群,元吉。涣有丘③,匪夷所思。

"涣其群",这"群"指朋党。中国文化倡导大公,所以反对邀结朋党。《朱子语类》云:"盖当人心涣散之时,各相朋党,不能混一,惟六四能涣小人之私群,成天下之公道,此所以'元吉'也。"④李光地《周易折中》中引胡瑗的话说:"天下之涣,起于众心乖离,人自为群。六四上承九五,当济涣之任,而居阴得正,下无私应,是大臣秉大公之道,使天下之党尽散,则天下之心,不至于乖散,而兼得以萃聚,故得尽善,元大之吉也。"说得很透彻!

"涣有丘",朱熹的解释是"散其小丘以成大群,使所散者聚而若丘"⑤。朱熹的意思应是:将那些谋私利的朋党涣掉后,再将大家团结起来。这个新的

---

① 程颐:《周易程传》。
② 朱熹释此爻:"阴柔而不中正,有私于己之象也,然居得阳位,志在济时,能散其私,以得无悔。"(《周易本义》)
③ 程颐说:"丘,聚之大也。方涣散而能致其大聚,其功甚大,其事甚难,其用至妙。"(《周易程传》)
④ 转引自李光地:《周易折中·涣卦》。
⑤ 朱熹:《周易本义》。

团结,不以私利,而以公心为纽带。也就是说,大家团结起来,为国家为社会做贡献。

"匪夷所思",非常人思想之所及。细想想,这涣卦所说的涣散的道理,确实精彩,的确出乎常人的思想。人们一般只知散是散聚是聚,却不知这散中有聚,散后有聚。散是吉,聚也是吉。

《象传》说:"'涣其群',元吉。光大也。"《周易》中,只有不多的卦用到"光"这一概念,或为"光大"或为"光未大"。这"光"可能指一种影响力、一种荣耀。"涣其群"已判为"元吉",再加上"光大"这一赞语,足见作《易》者对"涣其群"的高度重视。

六三与六四爻,一是"涣其躬",将个人的私念涣散,一是"涣其群",将朋党私利涣掉。二爻结合在一起,则构成一个相当完整的理念——建设大同社会。

　　　九五,涣汗其大号,涣王居,无咎①。

"号"为号令,"大号",大的号令,结合这爻为九五爻来理解,这大号就是国家的政策法令了。不合民心的旧的国家政策法令革掉了,合乎民心的新的政策法令出来了。这真是大好事啊！社会由乱变治了,好比一个人出了一身大汗,透体舒坦。"涣王居",王宫也改造过了,它意味着王自身也有重大的改造。"无咎",肯定这种改造是成功的。

这一爻有诸多的理解,大体意思是差不多的,无妨引上几条。朱熹云:"九五巽体,有号令之象,汗,谓如汗之出而不反也。"②程颐云:"当使号令洽于民心,如人身之汗,浃于四体,则信服而从矣。"③何楷云:"王者以天下为一身,欲涣周身之汗,其必有大号以与天下更始而后可。"④

　　　上九,涣其血去,逖出,无咎。

"血"可以理解成流血,它指下卦的坎。坎为水,也为血。上九与六三相

---

①　"号",朱熹、程颐均理解成号令,李光地理解为"呼号"。他说:"凡《易》中'号'字皆当作竟平声,为呼号之号,在常人则是哀痛迫切,写情输心也。在王者,则是至诚恳恻,发号施令也。'涣王居'涣字,当一读,言其大号也,如涣汗然,足以通上下之壅塞,回周身之元气,则虽当涣之时,而以王者居之,必得'无咎'矣。"

②　朱熹:《周易本义》。

③　程颐:《周易程传》。

④　李光地:《周易折中》。

应,上九为阳,六三居坎之上爻,为险之极。"涣其血去",就是将"血"——危险涣散掉了。

"逖",远,"逖出",远远地离开了。危险远远地离开了,何尝不好呢? 所以说无咎。《象传》云:"涣其血,远害也。""远害",远远地离开祸害。

一个"涣"字,几多深刻! 从自我修养言之,私心是要涣的;从社会治理言之,朋党是要涣的;从做事言之,危险、困难是要涣的;从改革言之,旧的制度法令是要涣的。涣是解构,是改革,涣后则要建设,要前进。正是应了一句格言:不破不立,不塞不流,不止不行。涣是有前途的事业,是光明的事业,"风行水上——涣"!

六十、节卦:节以制度

涣卦之后为节卦,《序卦传》云:"涣者离也。物不可以终离,故受之以节物。"就是说,物离散之后,就应当有所收敛,有所节止,不能总是流散。好比洪水,泛滥之后,逐渐地总要退水,最后恢复到河道。

节卦,下为兑,上为坎,为泽上有水之象。泽,沼泽。这沼泽上有水,水也不多,故为"节"。

节卦的《卦辞》云:

> 节,亨。苦节,不可贞。

"节"为亨道,但节须恰当,适中,不可过,过则苦。"不可贞",是说苦节不可固守。卦辞讲了两个方面,首先是肯定节,然后讲不可苦节。

节卦《彖传》云:

> 彖曰:节,亨,刚柔分而刚得中。"苦节不可贞",其道穷也。说以行险,当位以节,中正以通。天地节而四时成。节以制度,不伤财,不害民。

"刚柔分而刚得中",这是说,节卦下卦为兑卦,兑为阴卦,为柔,上卦为坎卦,坎为阳卦,为刚。一为少女,一为中男,两者上下分开,是谓"刚柔分";九五爻为阳爻,得位居中,是谓"刚得中"。

"苦节不可贞,其道穷也。""苦节"是不可固守的,因为苦节之道不合常道,不是常道其道必然行不通,故为"道穷"。

"说以行险",是说节卦下卦为兑,兑德为"说";上卦为坎,坎为险。兑上行遇坎,即"说以行险"。

"当位以节,中正以通。天地节而四时成。""节"重在"当位",重在"中正",意思是节需要遵循一定的规则。天地运行是遵循一定之规的,因为循规,所以四时分明。万物有序,变化有时,均需要节。这是讲自然的运行守节。

"节以制度,不伤财,不害民。"这是讲社会的运行要守节。"节以制度"强调以"制度"来节。"制度"在中国古代,一为礼,一为法。"不伤财,不害民"是"节以制度"的指导思想。"财"首先是宇宙之财,是天地之财,其次才是人的劳动成果。浪费有两种:一种是对劳动成果的浪费;另一种是对自然资源的破坏,这两者均是不可以的。前者早已为人们所认识到,而后者我们的认识还远远不够。生态的严重破坏,实际上也是伤财,伤天财。不害民,强调民为邦本,这是中国文化的重要传统。作《易》者以之作为"节以制度"的最高指导思想之一,是十分深刻的。

《象传》云:

> 象曰:泽上有水,节。君子以制数度,议德行。

《象传》对"节"的阐述基本上同于《彖传》,也强调制度的重要性。但加上了"议德行"一条。"议",有审议、评议等意思,意味着君子对自己的德行要加以反省,以求中节合度。

下面,我们看节卦的六爻:

> 初九,不出户庭,无咎。

当"节"之初,谨慎为宜。不出户庭,就在室内。在室内,当然"无咎"。

《象传》说:"不出户庭,知通塞。""知",智慧。智慧的通道被堵塞了。这是《象传》对初九的一个补充,它的意思是,虽然不出户庭可保无咎,但听不到外边的事,知识的通道堵塞住了。

> 九二,不出门庭,凶。

"户",指窗户,"不出户庭",不出室。"不出门庭"则不离开家。这节肯定过头了,因此凶。家是社会的一个组织单位,离开社会,这家怎么能生活?

初九的"不出户庭"也有不离开家的意思,但为什么只是"无咎",而九二就凶了呢?其原因可能是:初九是初位,初本有当慎的意义,另,初九与六四相应,故能无咎。而九二上与九五不应,又有六三相乘,问题就相当严重。《象传》说:"不出门庭凶,失时极也。"失时,即失宜。

初九与九二两爻谈的节,均有些过头了,这过头的节可以称之为滥节。

这两爻,如果根据卦象,也有一番分析。李光地大体是这样分析的:节卦下卦为兑,兑为泽,泽为止;上卦为坎,坎为水,水当行。初六爻代表泽的底部,泽水增加,泽的底部刚刚潴住,不将水放走,无害。九二爻代表泽的中部,泽水继续增加,水多了,需要打开通道,放点水出去,现在不放水,那是凶的①。

六三,不节若,则嗟若,无咎②。

在六三这种处境,本是要"节"的,然而它"不节",现在面临困境,嗟叹不已。不过,既然知道了错误,那还是好事,王弼说"有补过之心"③,故"无咎"。

六四,安节,亨。

"安节",安心于节。这安是从理性上充分认识到"节"的重要性、必要性、合理性,自觉地遵循节道。六四为大臣位,它上承九五,深得九五的信任,因而它的行为为"亨"。

九五,甘节,吉。往有尚④。

"甘节",这是"节"的最高境界。它不仅以节为安,而且以节为"甘"、为乐。

以节为"安",是理性上认识到节的重要性必要性,自觉地接受节,以节为甘,则进一步从情感上接受节。节本外在约束,到这个时候已经转化成内在的需求。于是,不是因外在的约束而节,而是因内在的需求而节。内在需要因为有情感为动力,不仅不是苦,也不只是"安",而是"甘",是乐了。

"安节"于节道是一种很高的境界。

上六,苦节,贞凶,悔亡。

"苦节",过分的节,过分的节,是伤人性的,因而为苦。

① 李光地:《周易折中》。
② 李光地《周易折中》引丰寅初的阐释云:"处兑之极,水溢泽上,说于骄侈,不知谨节,以致穷困。然其心痛悔,形于悲欢,能悔则有改过之几,是犹可以'无咎'也。"
③ 王弼:《周易注》。
④ 李光地从卦象上阐释九五爻,他说:"水之止者苦,积泽为卤者是也。其流者甘,山下出泉是也。五为坎主,水之源也。"

《象传》云:"苦节贞凶,其道穷也。"节有道,将"苦节"归之于"道穷",是指它不合道。

节对于建设和谐的社会、和谐的国际秩序、和谐的人与自然关系,其意义极其巨大。在这个世界上,任何一个国家、一个民族、一个团体、一个个人、一个物种,都有自己的利益,也有追求自己利益的权利,但是,这种利益、这种权利是有限制的。过分地膨胀自己的利益和权利,就必然造成对相关方的利益和权利的伤害,因而均要有所"节"。只有"节",才有"和",只有"和",才有生态的动态平衡,才有社会的繁荣进步,才有个体的幸福安康。

"节",需要科学指导,这科学的指导要落实为制度,故要"节以制度"。

为了美好的世界,也为了美好的人生,我们都要懂得"节"。

节道永恒。

六十一、中孚卦:诚信是宝

中孚卦下卦为兑,上卦为巽,为泽上有风之象。中孚卦的《卦辞》云:

中孚,豚鱼吉,利涉大川,利贞。

"豚鱼吉",指孚可感致豚鱼,豚鱼,程颐说:"豚躁,鱼冥物之难感者也。孚信能感于豚鱼,则无不至也"。朱熹则认为:"豚鱼无知之物,又木在泽上,外实内虚,皆舟楫之象,至信可感豚鱼,涉险难,而不可以失其贞。故占者能致豚鱼之应,则吉而利涉大川,又必利于贞也。"[1]两说,似朱说更为妥切。

《象传》云:

彖曰:中孚,柔在内而刚得中,说而巽,孚乃化邦也。"豚鱼吉",信及豚鱼也。"利涉大川",乘木舟虚也。中孚以利贞,乃应乎天也。

"柔在内而刚得中",是说这个卦卦象有两个特色,一是中间的三四爻均为阴爻,给人一种中虚的感觉。中虚意味着心中谦虚。二是它的二爻与五爻均为阳,又给人中实的感觉,中实又意味着笃诚。"说而巽,孚乃化邦也",

---

① 以上程颐和朱熹的话分别见《周易程传》《周易本义》。

"说"指兑,"说而巽",既和悦又顺柔,这正是"孚"的品格,"孚乃化邦",是说诚信可以感化天下。由于中孚卦中有巽,故而有木之象,因兑泽有水,故又生舟之象,由舟之象生"利涉大川"之意。

中孚的实质为诚,诚为真。真,我们可以理解成三个层面:本真、实真、信真。本真和实真均为存在,只是本真侧重于说实质性的存在,实真侧重于说现象性的存在,本质与现象是不可分的,只是人们认识事物时有所侧重罢了。信真是主体对本真实真的肯定,侧重于说认识主体的心理品格。中孚说的虽是信真,但这信真达之于本真和实真。本真和实真是天的品格,所以,中孚"乃应乎天也"。

孔子说:"诚者天之道,诚之者人之道。"这"诚者"即本真与实真的统一,说的是天之道,"诚之者"就是信真,说的是人之道。

《象传》云:

泽上有风,中孚,君子以议狱缓死。

《象传》又联系到司法上去了,它认为中孚,有利于君子治狱。具体为二:一为"议狱",那就是说,在议论犯人该治何罪时,要秉以中孚:重事实之真,重援律之准,而出发点则为诚信;二为"缓死"。处以极刑要慎,因而定刑要"缓"。

程颐站在儒家的立场对"议狱缓死"给予高度评价,他认为"君子之于议狱,尽其忠而已;于决死极,其恻而已,故诚意常求于缓,缓,宽也,于天下之事,无所不尽其忠。而议狱缓死,最其大者也。"①程颐特别提出"于决死极,其恻而已"。"恻",怜悯之心。不是对罪过的怜悯,而是对生命的怜悯。这种怜悯之心,对于所有的人都重要。法官,更是需要此心。法官,面对诉讼双方,均是生命。对生命的尊重、珍惜,促使法官更为认真地、更为审慎地执法。一是以事实为依据;二是以法律为准绳;三是以人为本,这人也包括犯人。这中间给予我们的启示是一言难尽的。

下面,我们来看中孚卦的六爻:

初九,虞吉,有它不燕。②

---

① 程颐:《周易程传》。

② 程颐说:"初与四为正应,四爻体而居正,无不善也。爻以谋始之义大,故不取相应之义,若应则非虞也。"(《周易程传》)他的意思,按爻位关系,初九不应该产生"不燕",因为居于初位,初位谨慎为上,所以,"有它不燕"。

"虞",朱熹解释成"猜度"。他说:"当中孚之初,上应六四,能度其可信而信之,则吉。"①程颐的说法差不多。"有它不燕。"就是说,既然相信了,就要诚而专一,如果不是这样,三心二意,有其他的考虑,那就不得安宁了。"燕",安裕的意思。

"虞",还有一种解释,即"安"。"虞吉",就是安吉。自己安于吉。"有它",这"它"指六四,初九与六四相应,按说,有这个"它",不会"不燕",为何"不燕"呢?按荀爽的说法,"初应于四,宜自安虞,无意于四则吉,故曰'虞吉'也,有意于四则不安,故曰'有它不燕'。"李光地同意这种说法,他认为,这中孚卦卦义,"主于中有实德,不愿乎外,故六爻无应者吉,有应者凶。"②这一说法,让人感到骇异。原来,这《周易》的游戏法则,并不是金科玉律的,正如《系辞下传》所说的"不可为典要,唯变所适"。

《象传》云:"初九虞吉,志未变也。""志不变",是笃志,笃志在诚。

　　九二,鸣鹤在阴,其子和之。我有好爵,吾与尔靡之③。

这是一首美丽的短诗,意思是:一只雄鹤在树荫中鸣叫,它的女友在应和着。我有好酒,来吧,我与你一起喝掉它。"靡",散的意思,意思是,与人分散而共享之。

《象传》释此爻,说:"'其子和之',中心愿也。"从爻位关系来看,与九二相应的是初六。初六承阳,它就是那只雌鹤了。

　　六三,得敌,或鼓或罢,或泣或歌。

"敌",敌对,可以理解成阴阳对应,与六三成阴阳对应关系的是上九。这种对应关系当然也是不错的,但有缺点,主要是六三和上九均不得位,它们的应不是正应,故而说"得敌"。由于双方均不得位,它们的应就出现躁动而又胶着的现象,好像在战场上,有时击鼓进兵,有时鸣金罢兵,有时狂哭不已,有时引吭高歌。这种情况说明诚信还缺点什么,缺的是正位。《象传》云:"或鼓或罢,位不当也。"

下卦三爻,初六、九二强调的是中孚之中,而六三是强调中孚之正。孚以

---

① 朱熹:《周易本义》。
② 李光地:《周易折中》。
③ 靡,有多种解释,朱熹释成"縻",指"彼尔系恋";李光地释为"醉",不影响对爻辞基本意思的理解。

得中,得正为贵。

六四,月几望,马匹亡①,无咎。

"望",月正圆之时,"几望"接近月圆。就六四的地位来说,它近君位,上承九五,又自得其正,势头甚盛,"月几望"正是六四之象。

"马匹亡",指六四与初九的关系。六四与初九相应,这种关系,被比喻成马之匹对。古时驾车用四马,不能备纯色,两两为匹,大小相称。"马匹亡",意思是说六四现在不能去取信于初九了,它们的关系名存而实亡。其原因,是六四需要上承九五。四既从五,如果再去与初九攀关系,则就显得不专一,违背了诚信的原则。而如果不是这样,那就无咎。

《象传》解释六四爻,云:"马匹亡,绝类上也。""类"在这里谓应,即说六四坚决地去承应九五。

九五,有孚挛如,无咎。

九五刚健中正,为孚之卦主,它的诚信牵动天下之心,《象传》说:"有孚挛如,位正当也。"说它位正当,不只是因为它居中得位,而且因为它与九二也存在同德的关系②。

九五是君位,从这个角度去理解,它强调君王诚信的重要。正是因为重要,所以要牢牢地系住。九五爻辞与《象传》的"孚乃化邦"相呼应。

上九,翰音登于天③,贞凶。

"翰音"指鸡,鸡是巽之象。上九爻恰是巽的最上爻,因此可以说鸡飞到天上去了。"翰",鸟羽之高飞,鸡奋飞之时,声音飞到天上去了。然而众所周知,鸡不是登天之物,不为人所信,音与实不相符,故"贞之"为"凶"。

《象传》云:"'翰音登于天',何可长也!"何可长,这长可以理解成高,意思是鸡怎么能登天呢?

"中孚"讲孚,特别用了"中"这个字,这是值得深思的。"中"有多义,在这里,主要是指心中。按诚信的要求,这心中既要虚又要实。这看来是矛盾

---

① 关于"马匹亡,无咎",程颐的解释是:"四既从五,若复下系于初,则不一而害于孚,为有咎矣,故马匹亡,则无咎也。"

② 朱熹说:"九五刚健中正,中孚之实,而居尊位,为孚之主者也,下应九二,与之同德,故其象占如此。"(《周易本义》)

③ 程颐解释此句云:"翰音者,音飞而实不从。"

的，因此，朱熹在讲学时，有学生提了这个问题。朱熹回答说："中虚是无事时虚而无物，故曰中虚；自中虚中发出来皆是实理，所以曰中虚。"①所谓"无事时虚而无物"，是说胸襟宽阔，无私心，不滞于物，故而能海纳百川。这是最重要的，是根本。所谓"发出来的皆是实理"，是说有事时，能睿智地选择相应的道理来指导自己的行动。这两者，前者为前提，后者为结果。

中孚卦是集中讲诚信的卦，但诚信绝不只是体现在中孚一卦中，《周易》所有的卦都涉及诚信，而明确提出"孚"这一概念的卦有 16 个，为需、小畜、泰、同人、随、家人、睽、益、夬、萃、升、革、兑、中孚、未济。由此可见孚的重要性。

六十二、小过卦：飞鸟遗音

《周易》的思想是追求一种动态的平衡，主张居中，不同意"过"。过有大过，也有小过。大过卦的构成是兑下巽上，卦象为泽水灭木；卦形是中间四爻均为阳爻，阳有些过了。小过卦的构成是艮下震上，卦象是山上有雷；卦形上下各两爻为阴，阴有些过了。大过卦是说大事过了，小过卦是讲小事过了。大事过了，问题较大；小事过了，问题不是很大，但要防小事变成大事。

小过卦的《卦辞》云：

　　小过，亨，利贞。可小事，不可大事，飞鸟遗之音，不宜上，宜下，大吉。

《卦辞》突出两个重要的观点：

一是小过之时，只可做小事，不能做大事；或者说小事有过无妨，大事有过则不行；再或者说小过无妨，大过则不行。

二是小过之时，不宜向上发展，宜向下发展。这上下发展不仅涉及发展大小的问题，还涉及逆顺问题。上为逆，下为顺。宜下是说宜顺。

"飞鸟遗音"是这个卦最主要的意象。鸟是飞过去了，振翅的声音还在。显然，鸟才飞走，过之不远。

――――――――――

　① 朱熹:《朱子语类》。

《彖传》云：

　　小过,小者过而亨也。过以利贞,与时行也。柔得中,是以小事吉也。刚失位而不中,是以不可大事也,有飞鸟之象焉,"飞鸟遗之音,不宜上,宜下,大吉",上逆而下顺也。

《彖传》具体解释卦辞的含义,但它强调,小过之所以可以亨,是因为小过后能"利贞"——返回来坚守正道,是因为能"与时行",能"柔得中",能"下顺"。"贞"(正)、"时"、"中"、"顺"是《周易》几大法宝,在这里全体现出来了。

《象传》云：

　　象曰:山上有雷,小过,君子以行过乎恭,丧过乎哀,用过乎俭。

"山上有雷"为卦象,卦象在《周易》有比喻义,有引导义,比喻义重在比拟,两者取其似,由自然到人事。引导义则主要是启发,两者也许不太似,但可以让人生出一些想象来,从中悟出新义。我们不必太拘泥卦象,也不必太看重卦象。王弼说过"象者,存意者也,得意而忘象"。"山上有雷"这卦象喻"小过",它的比喻义与引导义均不是太明显。

《象传》最为重要的是"三过"说:一是"行过乎恭",二是"丧过乎哀",三是"用过乎俭"。这三过,均为小过,小过均无问题。"恭"必多礼,但足见心诚,人不为怪。"哀"必伤身,但足见情深,让人敬重。"俭"未免于吝,但足见惜物,仍为可佩。这三种为小过的典型。举一反三,让人联想生活中许多小过。小过可谅,可解,亦不失可敬,但仍须适当改进。这大概就是我们对待小过的态度吧。

下面,我们来看小过的六爻:

　　初六,飞鸟以凶。

飞鸟飞得太快了,似是过了,警以"凶"。小鸟飞何以会凶? 其一,在小过的情境下,宜下,不宜上,鸟飞是向上,所以以"凶"警示之。其二,小过卦下卦为艮,艮德为止,初六为艮之初,当止却反飞,也是不妥的。

初六爻的主旨,在行动之初就当防过,求顺。

　　六二,过其祖,遇其妣,不及其君,遇其臣,无咎。

"过其祖","祖",指九四爻。九四为何是六二的"祖"? 按《周易》的游戏法则,阳爻在上者,为父之象,在阳爻之上者,为祖之象。站在六二的位置上,在上者是九三,为父;九三之上为九四,对于六二来说,这九四就是"祖"。

"遇其妣","妣"指六五。六二与六五,处于对应的位置,但它们都是阴,不是正应,只是同德(同为阴),现在,六二企图在越过九四去与六五相应,这就叫做"过其祖,遇其妣"。"妣"本为去世的母亲,此用"妣",大概是为了与"祖"相配合,因而此处的"妣"实为祖妣。"不及其君",君指六五,这是说六二不能实现与六五的相应。

"遇其臣",程颐的解释是:"不及其君遇其臣,谓上进而不陵及于君。适当臣道,则无咎也。遇,当也。过臣之分,则其咎可知。"①意思是,既然不能直接与君沟通,就要安守本分,不可造次行动,越级相求。

李光地解此爻,说古时重昭穆,孙则附于祖,孙女则附于祖母。六二与六五均为阴爻,相当于孙妇附祖母。"有妣妇之配,无君臣之交,故取遇妣不及其君为义。孙行而附于祖列,疑其过矣。"②

这爻主旨似是在说,不可造次越级,有求于上,而应安守本分。

九三,弗过防之,从或戕之,凶。

"弗过防之","从或戕之",这是说九三的状况:

"弗过":不要过头;"防之":要有所防备;"从或戕之":跟随着,有可能受到伤害。这些话,在爻位上怎样落实呢? 程颐说:"小过阴过阳失位之时,三独居正,然在下无所能为,而为阴所忌恶。故有当过者,在过防于小人,若'弗过防之',则或从而戕害之矣,如是则'凶'也。……防小人之道,正己为先。三不失正,故无必凶之义,能防则免矣。"③程颐这段话值得重视。虽然小过卦整个的是讲防过,但是,在防小人这件事上,程颐认为,君子千万不要以为自己做得过了,因为小人防不胜防,而且小人手段极其狠毒。言之谆谆,如洪钟大吕,不由人不心惊肉跳。

九四,无咎,弗过,遇之;往厉必戒,勿用永贞。

九四,以刚处柔,不为过,既不为过则为宜,是得道的,然而不能前进,前进有危险,必须有所警戒。

"勿用永贞",程颐解释道:"方阴过之时,阳刚失位,则君子当随时顺处,

---

① 程颐:《周易程传》。
② 李光地:《周易折中》。
③ 程颐:《周易程传》。

不可固守其常也。"①九四的形势,有利又有不利。有利在于刚处柔位,得顺;不利在于九五不得位,又六五乘阳。

此爻是在说,在复杂的情势下,特别是阴盛之时,阳刚须随宜行事,不可固守其常,这又应了《系辞下传》说的那句话:"不可为典要,唯变所适。"

六五,密云不雨,自我西郊,公弋取彼在穴②。

"雨",在《周易》是看做阴阳和合的产物。"密云不雨",这里用来喻示阴过多阳不足。阳不足,阴阳就不能很好地结合,这"云"就成不了"雨"。六五是君位,联系到君,意思是君王的膏泽到不了百姓那里。

"弋",是射。"公弋取彼在穴"王公射取了猎物。不弋其在飞者,而弋其在穴者,这正符合《卦辞》"宜下"之义。

这爻再次说阴过了,需要增强阳的力量,以实现阴阳和合。

上六,弗遇,过之。飞鸟离之,凶。是谓灾眚。

"弗遇,过之。""遇",有宜的意思,"弗遇",就是不宜,"过之",指阴过了。"飞鸟离之",好像飞鸟离开,飞得太远了,凶。"是谓灾眚",这是天灾,也是人眚(过失)。

小过卦虽然以飞鸟为意象,直接谈到的只有初爻和上六爻,初爻的飞鸟,是才起飞,向高处飞,戒以凶;上的飞鸟,是飞得更高,要"离之,亦戒以凶。初,宜谨慎,不要躁进,"飞"有躁进意,故戒;上,宜收敛,不要过分,"离之"过而亢了,故戒。王弼说:"小人之过,遂至上极,过而不知限,至于亢也,过至于亢,将何所遇? 飞而不已,将何所托? 灾是己致,复何言哉?"是啊,飞得太高,太远,鸟儿,今夜你哪里栖宿?

《周易》谈"过"有两个卦,一为大过,一为小过。大过中间四爻为阳,阳过了。阳过内敛,故有"栋桡"之象。小过上下各两爻为阴,阴过了。阴过外去,故有"飞鸟"之象。一般来说,大过,是大事过了;小过,是小事过了。大事是指关系天下国家的事,小事是日常生活中的事。大过、小过,均是过了。当然,"过"不是好事,还是"中"好。《周易》一直强调中道的重要性。但是须知,

---

① 程颐:《周易程传》。
② "穴",《周易程传》云:"穴,山中之空,中虚乃空也。在穴,指六二也。五与二本非相应,乃弋而取之。五当位故云公。"

"中"是由"过"而达到的,无"过"哪有"中"？人们就是在不断地调整过与不过时达到中道的。另外,"过"也未必都是凶,要看情况,有些过是必要的,如小过九三爻说的防小人,就不为过;过不仅未必都是凶,而且过有时候还可以吉。大过的九四爻说,"栋隆,吉",小过的卦辞说"不宜上,宜下,大吉"。"中"有道,"过"也有道。人们知道"中道"之可贵,殊不知不懂"过道"哪懂"中道"？

六十三、既济卦：成功之后

　　成功是个美丽字眼,谁不喜欢成功？然而成功并不能让人高枕无忧。《周易》倒数第二卦"既济"就是讲成功的。"济"是渡河的意思,"既济"就是已经渡过了河,象征成功。不过,"既济"说的这个"成"就真的万事大吉了吗？不！

　　既济卦下卦为离,离为火,上卦为坎,坎为水,上水下火,水在火上。这就有两种可能:如果火太大,就会把水烧枯,盛水的容器说不定还会烧裂;如果水太多,水烧开后,向外喷溅,就有可能将火浇灭。因此,"水在火上",大意不得。

　　既济卦《卦辞》云:

　　　　既济,亨小,利贞。初吉,终乱。

　　《卦辞》的意思是:已经渡过河去了。可以说成功了,但此成功为小成功。需要坚守正道。初始是吉的,但最终会产生变乱。

　　《卦辞》的基本观点可以概括成十个字:功成而不大;初吉而终乱。总体态度是警戒,而不是祝贺。

　　《彖传》曰:

　　　　既济,亨,小者亨也,利贞。刚柔正而位当也。初吉,柔得中也。终止
　　　　则乱,其道穷也。

　　"既济",为什么只是"小者亨",没有"大者亨"？这与《周易》总的指导思想有关,《周易》承认事物的发展有其阶段性,就其中一个个阶段来说,它有完结之日,这就是"既济",但就事物的发展来说,它没有完结之日,山外有山,天

外有天,只能是"未济"。也就是说,成功均是有限的,有限的成功只能说是"亨小"或"小者亨"。"利贞"在这里实质是戒骄戒满。

"刚柔正而位当",是说既济卦的阴阳爻全部得位。"初吉,柔得中也。终止则乱,其道穷也","初吉"在于六二以柔居中,居中得吉,这是《周易》的常规。"终乱"并不是上六不得位,而是"其道穷也"。什么叫"道穷"?《系辞下传》有一段话,有助于我们理解。《系辞上传》云:

> 乾坤其《易》之缊邪,乾坤成列而《易》立乎其中矣,乾坤毁则无以见《易》。《易》不可见,则乾坤或几乎息矣。

这话是说,乾坤二卦是《周易》的意蕴所在。乾坤二卦按照一定的规律互相结合,排成队伍,《周易》的深奥哲理就在这队列之中。这个队列发展到最后,则是乾坤的毁灭,乾坤毁灭则无从见出易理了。易理不能见出,那么,乾坤化育天地万物的功能就差不多要止息了。既济卦《象传》说的"其道穷也"与这里的"乾坤几乎息矣"是差不多的。

《系辞》的这几句话说得很有分寸,特别是末句的"几乎息矣"。"息"了吗?没有完全息,只是"几乎息"。"几乎息",意味着事物完成了一个阶段,有个暂时的完结,犹如蚕吐完丝后产完了卵无声无息死了。但蚕的生命是不是就此完结了呢?就蚕的个体生命来讲是完结了,但就蚕的种族生命来讲,还在延续,在蚕卵中延续。

《象传》的"初吉终乱"说,告诉我们:成功永远只是对"初"而言的,它只能是代表过去,成功一旦获得,就同时意味着它的失去。因为面对着无限的未来,这已经的成功只能是尚未成功。

《象传》云:

> 水在火上,既济;君子以思患而豫防之。

从既济,君子应得到出什么样的启示呢?首先是"思患"。如果将既济理解成成功、太平,那么这成功、太平只是现在的,未来有可能是失败、灾难,失败、灾难就是患,而患是未来的。因此,君子必须将自己的思想由现在转向未来,以思患之心去避患,才有可能免患。因此,紧接而来的是防患。

《周易》充满着忧患意识,《系辞下传》云:"《易》之兴也,其于中古乎?作《易》者,其有忧患乎?"所以,即使是谈"既济",《周易》都没有成功者的高兴,而是充满着对未来的忧虑。居安思危啊!

下面我们看既济的六爻：

　　初九，曳其轮，濡其尾，无咎。

初九上应六四，又阳爻居初位，其进势较猛，"曳其轮"，向后拉轮子，让车行速度减缓。"濡其尾"，用小狐过河取象，小狐过河，不小心将尾巴打湿了，如果在河中，那是危险的，刚下水，濡其尾，没有事，停止过河就是了。

"曳其轮"是有心为之，"濡其尾"是无意得之。有心为之，当然值得肯定，但是切不可以认为，这样做就够了，最可怕的是一不小心"濡其尾"。此爻警戒之情何其深也！

　　六二，妇丧其茀，勿逐，七日得①。

"妇丧其茀"，"茀"是妇女车上用的帘帷，失去帘帷，这车没法上路了。六二又中又正，上应九五，按照《周易》的游戏法则，五为君位，二为臣位。六二是想求得九五信用的。一般的情况下，六二上应九五应是圆满的，但是在既济的情况下，九五"不能下贤以行其道，故二有妇丧其茀之象"②妇车丧失帘帷，这车没办法行了。

"勿逐，七日得，""逐"，是逐物，指寻找这丢失的"茀"，"勿逐"是说不要去寻找。不要去寻找意味着自守正道。"七日得"，是说七天后会得到的。为何需七日？因为卦有六位，一个来回，就可以变了。当然不能说得太死，这只是一个比喻，讲的是时变。它的意思是，在合道的情况下，由于某些原因，其行受阻，要自守不失，应时而变，只要时候到了，其阻就自然消失了。

《象传》说："七日得，以中道也。"六二居中位，意味着得中道。中道是拯困济危的良策。

　　九三，高宗伐鬼方，三年克之，小人勿用。③

"鬼方"是商代时西北地方一个小方国，商高宗曾发兵征伐过它。此事历史上有记载。这场战争打得有些艰苦，三年方将鬼方征服。《周易》中的数目字，最喜欢用"三"和"十"，均为概数。高宗伐鬼方，三年方克之，可见战争打

---

①　"七日得"，《周易程传》说："卦有六位，七则变矣，七日得，谓时变也。"

②　朱熹：《周易本义》。

③　程颐将"小人勿用"理解成"戒不可用小人，小人为之，则以贪忿私意也，非贪忿则莫肯为也。"（《周易程传》）意思是，高宗伐鬼方，是正义的事业，此事如换成小人为之，则为坏事，所以，小人不可用。

得很苦,此喻既济之难。

"小人勿用",这"小人"是谁? 不是很清楚。可能性大的,是说在伐鬼方这样的大事中,不能用错人。用错了人,事就不能既济了。

九三得位,与上六相应,又下得六二相承,是干一番事业的时候,但是,它上有六四乘之,还需加以小心。《象传》说:"三年克之,惫也。"说明其事艰辛,既济谈何容易!

六四,繻有衣袽,终日戒。

"繻"当作濡,这爻辞是说,发现船有缝隙,要准备衣袽来塞漏,整天都要戒备。

六四阴居阴位,得位,下与初九相应,位置是不错的,但是,在既济之时仍需存防危之心。《象传》说:"'终日戒',有所疑也。"疑出自慎。

九五,东邻杀牛,不如西邻之禴祭,实受其福。

"禴祭"是一种薄祭,"杀牛",意味着要厚祭了。按东为阳西为阴,厚祭的是阳,薄祭的是阴。在这个卦中,九五是阳,是厚祭者,六二是阴,是薄祭者。爻辞是说九五的厚祭不如六二的薄祭。这话怎么理解? 程颐说:"盛不如薄者,时不同也。二五皆有孚诚中正之德,二在济下,尚有进也,故受福。五处济极,无所进矣。"①朱熹的说法是:"九五居尊,而时已过,不如六二之在下,而始得时也。"有人将"东邻"理解成商纣王,"西邻"理解成周文王,认为商纣王的厚祭不如周文王的薄祭。

不管哪种理解,说明的道理是一样的,那就是:求得神灵的赐福,重要的不在祭品的丰富,而在别的方面,这别的方面可以是孚,可以是时,可以是道。在既济卦,主要是时。《象传》说:"'东邻杀牛',不如西邻之时也,'实受其福',吉大来也。"

上六,濡其首,厉。

"濡其首",狐过河,将头打湿了,很危险。《象传》云:"'濡其首,厉',何可久也。"何可久也,是说这狐眼看就要被淹没了。

既济卦六爻从不同的角度谈既济,从初九爻开始到上六爻结束,自始至终充满忧患意识,警钟声声。

---

① 程颐:《周易程传》。

反复地品味"既济"卦,对克服骄傲自满情绪振奋不断前进的精神是大有好处的。唐太宗曾经问魏征:"帝王之业,草创与守成孰难?"魏征答曰:"帝王之起,必承衰乱,复彼昏狡,百姓乐推,四海归命,天授人与,乃不为难。然既得之后,志趣骄逸,百姓欲静,而徭役不休;百姓凋残,而侈务不息。国之衰弊,恒由此起。以斯而言,守成更难。"①创业难,守成更难。这出自魏徵的千古名言与《周易》的精神完全相通。唐太宗不愧是伟大的帝王。他做皇帝,是兢兢业业励精图治的。唐玄宗就很不像话了! 唐玄宗骄奢淫逸,耽于声色犬马,结果几乎把大唐江山断送掉了。

人生考验多矣! 失败是考验,成功亦是考验,过得了失败关,不一定过得了成功关。

"水在火上,既济。君子以民患而豫防之。"这话对我们不啻一记响亮的警钟。

六十四、未济卦:小狐过河

《周易》最后一卦为未济。未济卦排在既济卦之后,《序卦传》说:"物不可终穷也,故受之以未济终焉。"未济卦下卦为坎,上卦为离,坎在下,火在上,水火不交,不相为用,故为未济。卦之六爻,皆失其位,与既济卦所有的爻都当位完全相反。

未济卦《卦辞》云:

未济,亨。小狐汔济②,濡其尾,无攸利。

未济是"亨"的,这与既济的"亨小"有区别。既济的"亨小",强调亨之小,而未济只说"亨",意味着亨大。未济取象小狐过河,这小狐过河在既济卦潜在地出现过,但未明言。狐能渡水,但小狐与老狐有别,老狐多疑,渡河自会多加小心,唯小狐不知利害,勇于渡水,只可惜在"汔济"即快要渡过去时濡湿

---

① 魏征:《贞观政要·论君道》。

② "汔济",朱熹释为"几济",快要渡过去了;而程颐释为"壮勇之状",分别见《周易本义》、《周易程传》,当以朱熹的解释为好。

了大尾巴,没能渡过河去,无所利。

小狐过河未能成功,究其原因,其实也很简单,掉以轻心。

掉以轻心! 掉以轻心! 古今多少大事失之掉以轻心! 功败垂成! 功败垂成! 它使多少英雄扼腕浩叹,甚至遗恨终生!

《彖传》云:

> 未济亨,柔得中也。小狐汔济,未出中也。濡其尾,无攸利,不续终也。虽不当位,刚柔应也。

一卦之中,以五爻与二爻最关键。未济卦的《彖传》主要论这个卦的五爻与二爻。"柔得中",这是说六五爻。五为阳位,六五不得位但居于中,算是有利的。"小狐汔济,未出中也。"这是说九二爻,它不得位但同样居于中。只是未济卦的下卦是坎,坎为险。这中称之为"险中"。九二上应六五,有"济"之象,可惜未能出于"险中"。这里用"小狐汔济"来比喻,小狐过河,尾巴濡湿了,不能游到终点,无所利。

整个未济卦,诸爻均不当位但又均刚柔相应。这就意味着它利中有不利,不利中有利。

《象传》云:

> 火在水上,未济。君子以慎辨物居方。

"慎辨物",谨慎地辨识事物,不要出错。联系"小狐汔济",小狐辨物有误,它以为就要到岸了,其实离岸还很远。"居方",居在合适的地方,意思是选择合适的生活方式。"慎辨物居方",可以概括为两个字:慎、正。慎是为了正。整个卦立足于避灾免祸,忧患意识非常突出。

下面,我们看未济卦的六爻:

> 初六,濡其尾,吝。

小狐过河,尾是不能濡湿的。濡湿了尾巴,那就不妙了。初六以阴居下,为济之初,小心为上,怎么能一开始就将尾巴弄湿呢?

《象传》云:"濡其尾,亦不知极也。""极",朱熹认为有可能是"敬"字之误。其实即算是"极",也还可以讲通。"极",是则的意思。意思是渡河是有规则的,不能濡湿尾巴就是重要的一条。

> 九二,曳其轮,贞吉。

"曳其轮",向后倒拉着轮子。为何小狐渡河"濡其尾"是"吝",而"曳其轮"倒是"吉"的呢? 因为向后拉轮子,含有不使车行迅猛的意思,其深层含义是求稳,求安,谨慎从事。

六三,未济,征凶,利涉大川①。

六三爻,柔居阳位,又下乘九二,形势不利,所以说"未济","征凶"。然而它与上九相应,所以利涉大川。

自初六到六三,都在度坎险。一路走来,十分坎坷,"濡其尾""曳其轮"都是说的其难。到六三,还是有凶,但终于走过来了。下面进入离,离是明,眼看前途就辉煌起来。

九四,贞吉,悔亡。震用伐鬼方,三年有赏于大国。

九以阳居阴位,不正,另,九四为六五所乘,故有悔。然而如果能守正,则可取吉。"震用伐鬼方",借商高宗伐鬼方这一历史事件,说明九四是大有作为的。"震",强调动作力度很大,使人敬畏。"三年有赏于大国",是说三年之内,君王不断地犒劳、奖赏师旅,

九四下与初六相应,所以,从总的来说,它还是吉利的。

六五,贞吉,无悔,君子之光,有孚,吉。

六五是离之中爻,离为明,这意味着,六五是光明之君。

离之中爻为阴爻,上下为阳爻,有中虚之象,中虚意味着"有孚"。六五既光明,又有孚,当然大吉了。

《象传》云:"君子之光,其晖吉也。"君子的光辉普照世人,众皆蒙吉。

上九,有孚于饮酒,无咎,濡其首,有孚失是。

"有孚于饮酒",大家围在一起喝酒。之所以能在一起,是因为有孚。大家的心都很诚,这意味着团结。

"濡其首",借用小狐过河的故事。小狐过河将头都打湿了,这比濡湿尾巴更严重。"有孚失是","孚"是诚信,大家在一起喝酒,彼此有诚信是显示出来了,故为"有孚",不过,大家很麻痹,将"是"失掉了。"是"是法则、规律。用小狐过河来做比喻,小狐无论如何不能将尾巴放下来,将它打湿,更不能让头没入水中。这是小狐过河的法则啊! 违背了这法则,即算有孚也救不了命。

---

① 朱熹怀疑"利涉大川"前掉了一个"不"字。按他的看法,处六三的状况,"可以水浮,不可以陆走"。详见《周易本义》。

　　我们知道,《周易》是非常看重"孚"的,孚在许多情况下,成为逢凶化吉的法宝。但是,孚的作用不是绝对的。"孚",只能起到团结更多的人一起努力的作用,它不能保证人努力的方向或方法是对的。如果方向不对或方法不对,再大的努力也是枉然。事情要成功,根本的还是要遵循客观规律,规律决定方向,决定方法。规律就是"是","有孚"也不能"失是"。《象传》云:"饮酒濡首,亦不知节也。"说得很对,"饮酒"可以,这中间有"孚",但不能"濡首",因为"濡首"意味着"失是"了。

　　主观能动性是"孚",是善,客观规律性是"是",是真。主观能动性与客观规律性要统一起来,这统一不是统一到主观能动性上,而是要统一到客观规律上,也就是说,"孚"要统一到"是"上,这是未济卦给予我们最大的启示。

　　《周易》六十四卦,以未济为最后一卦,含义极为深刻。以未济作为结局,实际上是想告诉你,这个世界没有结局。

　　放弃结局的概念,时刻准备进行新的出征。如果你是成功者,将你的成功作为新的起点;如果你是失败者,成功就在你的前面。

　　作为六十四卦的最后一卦,未济卦恰好照应着六十四卦的第一卦——乾卦,乾卦的《象传》说"天行健,君子以自强不息",未济卦正好提供自强不息的理由——未济。

　　清代诗人龚自珍曾有诗咏未济,诗云:

　　　　未济终焉心缥缈,

　　　　百事翻从阙陷好。

　　　　吟到夕阳山外山,

　　　　古今谁免余情绕。[①]

　　"夕阳山外山",悲情难免,但须知,明天,将是一个壮丽的艳阳天!

---

　　①　龚自珍:《己亥杂诗》之一。

第四部分　易理综说

一、天地皆变

《周易》是一部讲宇宙中万事万物发展变化规律的书,其书名充分说明了这一点。《说文》:"易,蜥易蝘蜓,守宫也,象形。"蜥蜴多变,"易"的"变化"义源于此。唐代经学家孔颖达说:"夫易者,变化之总名,改换之殊称。自天地开辟,阴阳运行、寒暑迭来,日月更出,孚萌庶类,亭毒群品,新新不停,生生相续,莫非资变化之力,换代之功。"①

《周易》是讲变化的书,《易传》也多处指出这一点。如《系辞上传》云:"易与天地准,故能弥纶天地之道。仰以观于天文,俯以察于地理,是故知幽明之故;原始反终,故知死生之说;精气为物,游魂为变,是故知鬼神之情状。"《系辞下传》云:"八卦成列,象在其中矣;因而重之,爻在其中矣;刚柔相推,变在其中矣;系辞焉而命之,动在其中矣。"可以说,整个《周易》都在讲"变通"的道理,而在《易传》看来,"变通,趋时者也"。也就是说,能够并善于变化会通,就是识时务者,也就是成功者。

《周易》所讲的"变易"之理概括起来,主要为如下几个方面。

第一,关于变易的原因。

《周易》认为,宇宙万物变化的原因不在什么外力(如上帝)的推动而在于事物内部具有两种互相矛盾的力,是它们之间的斗争造成了事物的运动,而在运动中又造成了事物的分化,导致了旧事物的解体、新事物的产生。这个分化的规律是一分为二,二分为四……

关于这个理论,《周易》是用它特有的一套概念来表述的:首先,它将对立

---

① 孔颖达:《周易正义·序》。

的两种力(也可以说是对立的两种功能、性质)叫做阴与阳,由阴阳又派生出刚柔、动静、上下、贵贱……正是阴阳的对立与斗争造成了事物的发展变化。按《周易》的理论,阴阳又生出"四象",即为太阴、少阳、少阴、太阳。这"四象"又被易学家称之为春夏秋冬、东南西北等。"四象"内部的阴阳又继续斗争,遂产生八卦,即为坤、艮、坎、巽、震、离、兑、乾,分别代表地、山、水、风、雷、火、泽、天八种物质。八卦的组合构成了六十四卦,代表宇宙万物。关于事物如此发生变化,《易传》多有表述:

　　天尊地卑,乾坤定矣。卑高以陈,贵贱位矣。动静有常,刚柔断矣。方以类聚,物以群分,吉凶生矣。在天成象,在地成形,变化见矣。是刚柔相摩,八卦相荡。鼓之以雷霆,润之以风雨;日月运行,一寒一暑……①

　　日往则月来,月往则日来,日月相推而明生焉。寒往则暑来,暑往则寒来,寒暑相推而岁成焉。②

　　天地定位,山泽通气,雷风相薄,水火不相射。八卦相错。③

　　《周易》将事物发展变化的原因定为事物内部两种力的矛盾,这在每一卦中都得到充分的体现。比如革卦上卦为兑,下卦为离,兑为泽,离为火,泽火相冲突,意味着"革"。《象传》说得很明白:"泽中有火,革,君子以治历明时。"《彖传》的解释:"革,水火相息,二女同居,其志不相得,曰革。"兑为泽为水,离为日为火;又兑为少女,离为中女,按《周易》的观点,阴阳相交、相应,事物就发展,就成功,同为阴或同为阳,就意味着冲突,不成功。革卦中,上下卦皆为女,可谓"二女同居"。这种局面必须打破,这就需要"革"。革卦的九五爻为阳爻,与六二位阴爻相应,意味着事情大为成功,故爻辞云:"大人虎变,未占有孚。""虎变"既说改革者威风凛凛,地位显赫;又说改革翻天覆地,变化巨大。

　　第二,关于变易的过程。

　　事物的变易是需要有一个过程的。《周易》注意到了这一点。用《周易》特有的逻辑来表述,那就是对立的阴阳双方,在其斗争的过程中表现为一方的力量逐渐增大,另一方的力量逐渐削弱,最后在决定事物性质的关键时刻,发

---

　　①　《周易·系辞上传》。
　　②　《周易·系辞下传》。
　　③　《周易·说卦》。

生根本性的变化,原属于阴的事物转变成属于阳的事物,或原属于阳的事物转变为属于阴的事物。这种变化的过程用今天的哲学术语来表达,就是从量变到质变。

这一点,《周易》伏羲六十四卦的次序表现得最为明显。从坤地大卦开始到天风姤卦,下卦的阴爻逐渐减少,但初爻仍然是阴爻,说明事物的性质还未发生根本性的变化。但到地雷复卦,则发生了质变,初爻不再是阴爻而是阳爻了。这可是一个了不得的变化。《说卦》的说法是:"天地定位,山泽通气,雷风相薄,水火相射。"①这是一个关键时刻。阴阳对立的双方斗争十分激烈,已达到风雷激荡、天翻地覆的程度。如果用二进制符号来表述,则更清楚。设阴爻为0,阳爻为1,将由下而上竖写的八卦符号破译成由左向右横写的数字,则天风姤卦为011111,地雷复卦为100001。姤卦前的诸卦第一个数均为0,复卦以后的诸卦第一个数均为1。坤地大卦全是阴爻,为000000;乾天大卦全是阳爻,为111111。这是两个极端。由坤地大卦到天风姤卦是一个渐变的过程,由地雷复卦到乾天大卦又是一个渐变的过程。突变就发生在姤卦与复卦之间。

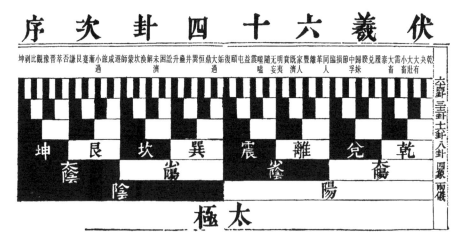

《周易参同契》上的太极图形象地再现了阴阳消长、由量变到质变的过程。太极图中的阴阳鱼,白鱼为阳,黑鱼为阴。纯阳为乾,图上那一块全是白

① 此据近年出土的汉代帛书《周易》原文,现流传的《周易》文本在"水火"与"相射"之间多了一个"不"字。

的;纯阴为坤,图上那一块全是黑的。由坤到巽,经艮和坎,表现为阴消阳长的过程;由乾到震,经兑和离,表现为阳消阴长的过程。坎、离分别居于阴阳交替的关键部位,故坎中有一黑点,为阳中之阴;离中有一白点,为阴中之阳。这两个点十分重要。它意味着过此,则阴阳的性质要发生重大变化了。

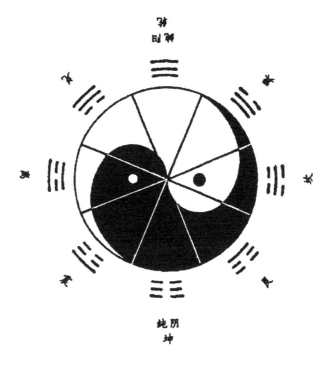

《周易参同契》阴阳鱼方位图

　　卦中每爻位置的变化,也能见出事物性质的变化。大体是:初爻位象征事物发端萌芽;二爻位象征事物初露头角;三爻位是关键,象征事物功业小成。就下卦来说已发展到了顶点,处于质变的关键时刻。四爻位象征事物新进高层,对下卦来说它是另一新事物了,但就上卦来说,它还处在新事物的萌芽阶段。五爻位处上卦中位,象征事物圆满成功。六爻位处于上卦也是整个卦的顶端,象征事物已经发展到了顶点,穷极必反了。乾卦体现这个过程最为典型。

　　第三,变易的条件。

　　变易是有条件的。《周易》十分重视这个条件。《周易》认为事物的发展变化有它自身的规律。根据阴阳对立互变的观点,矛盾发展到一定程度就会向反面转化。这个程度《周易》认为是"穷"。"穷"意味着事物发展达到极限,在原有的框架中无法前进了,因而只有冲破这个框架,才能有所前进。《系辞下传》说:"易,穷则变,变则通,通则久,是以自天佑之,吉无不利。"

《周易》中的泰卦与否卦最为典型地说明了这个道理。我们先看否卦,否卦下坤上乾,由于阴阳不交,故否闭不通。① 然而此卦也不是全然不吉的,"初六"爻位就说"贞吉,亨";"六二"爻位也说"小人吉";"九五"爻位更是说"休否,大人吉"。这说明整体不吉中,局部还是有吉的。其实,否卦压根儿就不能看成一个不吉利的卦。看问题要看实质,看力量要看潜力。否卦的"否闭不通"只是暂时的。否卦所蕴藏的阳刚之力,在其发展过程中,完全能够从根本上改变否卦"天地不交而万物不通"的局面,使"否"转化为"泰"。事实上,从"初六"到"九五"也一直积蓄着变革的力量。"九四"是打破"否闭"局面的关键。九四为阳爻,履群阴之上,又靠近九五,所以它毅然承担"休否"的使命。到九五,局势发生根本性的变化。爻辞云:"休否,大人吉。""休否"即停止否闭。到上九"否闭"彻底结束,"倾否,先否后喜",这就是"否极泰来"这一成语的来历。

"否"极可以"泰"来,"泰"极可以"否"来。这种对立面的转化,经历了一个由量变到质变的过程。它们的转化均有一个关键处,就是从这个关键处开始,事物的性质发生变化了。"否""泰"二卦的转折均开始于四爻位而完成于上爻位。转化是需要条件的。而促成这种条件的往往是事物内部对立力量的消长。否卦下卦均是阴爻,上卦则全是阳爻,自"九四"开始,阳爻就发挥决定性的作用了。泰卦下卦均是阳爻,上卦则全是阴爻,到"六四"爻位,阴爻"翩翩"而至,事物就开始质变了,到"上六",质变完成,"泰"变成了"否"。

泰卦九三爻辞,深刻地揭示了对立面相互转化的规律:"无平不陂,无往不复。"

根据这种变化的理论,所谓吉凶祸福都不是固定不变的,人的命运也不是不变的。泰可以变成否,否也可以变成泰。因此,你不必为自己目前淹蹇的处境而灰心,你可以创造条件,改变这种处境,争取光明的前途。同样,处于极为

---

① 《彖传》:"'否之匪人,不利,君子贞;大往小来。'则是天地不交而万物不通也,上下不交而天下无邦也。"

顺利处境,正在飞黄腾达的时候,也不要为幸运冲昏头脑,须知物极必反,要为事物的发展留下余地,否则就可能"亢龙有悔","泣血涟如",后悔莫及。

《周易》肯定宇宙万物是变的,人的富贵穷通也是可以变的,这就否定了一成不变的宿命论。《周易》之所以不是迷信,其重要原因就在这里。

《周易》关于转化的理论是一种环道思维。这种环道思维对中国文化产生了深远的影响。中国的传统文化认为不仅天道是循环的,人道也是循环的,所谓"分久必合,合久必分"的历史观就是其中之一。这种环道思维有其合理之处,它在一定程度上也反映客观世界运行的规律。但是,客观世界的运行绝不是重复性的循环。今天的太阳就不是昨天的太阳。由于环道思维实是一种内敛性的思维,追求的是自满自足的圆形整合,在一定程度上又影响了新生活的开拓,这是它的消极面。环道思维是中华民族传统思维方式之一,作为民族的集体无意识,它在我们身上自觉不自觉地发挥作用。科学地理性地对这种环道思维进行批判,克服它的消极方面,而让它好的方面发挥更大的作用,这是我们今天清理文化遗产的一项重要任务。

承认天地皆变,万物皆变,是《周易》立论的基础。在这个基础上,《周易》强调人要充分发挥主观能动性,一是"适变",二是"创变"。适变,表面上看是被动地,实际上它是主动的,是被动中的主动,它强调对客观现实的尊重,对客观规律的遵循。《周易》提出"时"的概念,强调"时行则行,时止则止,动静不失其时"是"适变"说最为具体最为生动的阐述。"创变",建立在"适变"的基础上,"适变"的基本思想在"顺",而"创变"的基本思想在"创"。所谓"创"就是依据事物发展的态势,充分利用各种有利的条件,改变旧的格局,创造新的世界。这种"创"也可以说是"革"。革卦是《周易》"创变"思想最为充分的显示。革卦的《彖传》云:"天地革而四时成",正是有所"革"才有所"成",革是破坏旧世界,成是创造新天地。

《周易》有"三才"说,是为"天"、"地"、"人",落实在一卦之中,初、二爻位为"地",五、上爻位为"天",三、四爻位为"人"。"人为中心"这一观点在《周易》是非常突出的。人为中心,意味着人是世界的主体。

所谓人是世界的主体,首先是价值主体。人的一切活动,不能没有价值的追求,这价值,只能是为了人。其次是创造的主体,人的一切活动均是自觉自由的活动,自觉显示出它有理性,它会充分依据主客观条件合理地计划自己的行动。《周易》大谈"中"、"位"、"贞固","有孚"等理念,这些全是人对自己主观条件的调整,全是自觉的行动。所有这些行动,所追求的是"与天地合其德,与日月合其明,与四时合其序,与鬼神合其吉凶,先天而天弗违,后天而奉天时",用今天的话来说,就是"自由"。

《周易》的变化哲学伟矣!

二、大地崇拜

《周易》以乾坤二卦为纲,乾为天,坤为地。地虽然与天共同创造了宇宙,却有着与天不同的独特性质,正是这种不同,显出它的独特价值。《周易》对于坤卦的阐述,鲜明而又集中展示了中华民族的大地崇拜以及与之相关的"恋地情结"。这种大地崇拜及与之相关的"恋地情结"是中华民族的环境意识包括环境审美意识的重要来源。

天与地两个概念具有相当大的伸缩性。从具象性一面理解,它指位于人上方的天空和位于人脚下的土地。《易》学中"天地人"三才说即据于此。但《周易》对于天地的理解并不囿于物质性的天与地。它将天归之于纯阳,地归之于纯阴,这样,天与地高度抽象化了,不只是代表物理性的天空和大地,还代表宇宙构成的两种基本元素——阳与阴。天——阳,地——阴。这种构架造就了中华民族天地文化的基本特色。

《周易·序卦传》说:"有天地,然后万物生焉。"《周易·系辞下传》又云"天地之大德为曰生。"这是《周易》对于天地价值的总体认识。

生,一是生人,另是生物。按《周易》的观点,这宇宙的一切无不是天地生成的。这一观点理所当然是唯物主义的。世界诸民族文化中,关于宇宙的生成不外乎神造论,人造论、物造论三种。在中华民族文化创造之初,这三种观点均是有的,盘古开天、女娲补天,既可以理解为神造论,也可以理解为人造论,因为盘古既是神又是人。这两种看法,一直被置于神话传说之类,真正严肃地讨论宇宙生成的是《周易》。《周易》持的是物造论——天地创造论。《周易·序卦传》云:"有天地,然后万物生焉,盈天地之间唯万物。"

天地如何创造宇宙?《周易》中有两种不同的表述:

第一,天"始"地"成"。

《周易·象传》云：

大哉乾元,万物资始……至哉坤元,万物资生。

对于天,周易强调它的"资始"的意义,而对于地,周易则强调它的"资生"的意义。这两者有很大的不同吗？有很大不同:(一)就时间论言之,"资始",只是开始;"资生",则意味着生命已经产生了。(二)就构成论言之,"资始",提供生命制作的元素;资生,则提供生命制作的成果。

正是因为天与地对于生命产生的作用不同,故对天评价为"大哉",而对地的评价为"至哉"。"至"既是最高,也是最后,还是最好。

虽然生命之始来自天,但生命的完成却在地,所以,人们更能感受到地对于生命产生的意义。生活大地上的人,不仅从人的生成还从动植物的生成,强烈地感受到大地是人类的母亲。《说卦传》说:"坤为地为母",是非常准确的。

第二,阴阳交感。

《周易》认为,阴阳是构成宇宙的两种基本元素和基本力量,宇宙一切事物均由阴阳构成。阴阳的关系为对立的统一:"一阴一阳之谓道。"(《周易·系辞上传》)

生命的产生,其构成元素不是派属为阴就是派属为阳,其构成力量不是外力,而是内力——阴阳两种元素的相互作用之力。《周易》中乾作为天的符号由三阳爻构成,为纯阳之卦;坤作为地的符号由三阴爻构成,为纯阴之卦。《周易》说"天地生万物",这"生"既是说阴阳两种元素的交融化合,又是说阴阳两种力量的相互作用。这种阴阳关系,《周易》称之为"交感"。

交感论贯穿于《周易》六十四卦,经典性地体现为咸卦。咸卦上卦为兑,下卦为艮,兑为少女,艮为少男。上卦与下卦各三爻,上下卦的关系表现为阴阳交感。天地交感也集中体现泰卦中,泰卦上卦为坤,下卦为乾,坤为地,乾为天,泰卦的阴阳交感实质为天地交感。按《周易》理论,天道下行,地道上行,在天道与地道的相对运行中,阴阳在相向运动中实现了交感。

交感的重要意义:(一)孕育生命。咸卦《象传》云:"柔上而刚下,二气感应以相与,止而说,男下女,是以亨利贞,取女吉也。"明确地说,咸卦管男女婚姻的事,婚姻是人类生命的开始。(二)化生万物。咸卦的《象传》说:"天地感而万物化生。""化生"之"化"强调阴阳交感不是凑合而是化合,化合的实质是创造。(三)通达万物。泰卦的《象传》亦云:"天地交而万物通也。""万物通"

的"通"为通达、顺利。(四)吉祥通泰。天地交感万物通达给人类带来的吉祥幸福。咸卦的《彖传》说"圣人感人心而天下和平",泰卦的《彖传》云"上下交而其志同也"。所有这些,均具有浓郁的生态平衡意味,有自然的生态平衡,也有社会的生态平衡,总起来就是宇宙的生态平衡。

《周易》将构造生命两大因素同时也是两大动力归结为天与地,认为天的作用是生命"资始",地的作用是生命"资生"。除此以外,它还说过"天施地生"(益卦《彖传》)这样的话。"天施","施"的是什么呢?大概就是生命的元素与力量吧,"地生"则坐定生命是在大地上产生的。所以,"天施地生"应与"乾元万物资始""坤元万物资生"的意思是一样的。

生命的产生,"天施"很重要,但基于天神秘性,在科学尚不发达的时候,人们是可以存而不问的;"地生"则不同了,它与"天施"同样重要,绝不可以存而不论。"地生"就在人的身边,是每天都在发生的事实。在生命的问题上,《周易》实际上是将更多的注意放在大地上。语及天与生的关系,多为大而化之的敬语;语及地与生的关系,则不仅有大而化之的敬语,还有诸多言之有物的论述。

一切生灵的生死之中,人类最为关心的当然是人自身的生死。但人的生死绝不是孤立的事,它与地球上其他事物有着密切的关系。古代人类虽然没有现代的生态学知识,但生产实践与生活实践仍然给了他们很多与生态相关的启示。这一点在《周易》中有着突出的反映。比如,在论述坤卦的功能时,《彖传》明确指出"坤厚载物,德合无疆,含弘光大,品物咸亨"。另,坤卦的《文言传》也说:"含万物而化光。"

为什么说的是"载物"而不是"载人"?为什么要说"品物咸亨"而不说"品人咸亨"?众所周知,人可以归为"物"中,而"物"不可以归入人中,言"物"可以涵盖人,而言人就将"物"排除开了。显然,《周易》已经感觉到了人与物不能分。这一认识,充分见出《周易》的生态意识,在距今三千多年的周代,有这样的生态意识非常难得。

"含弘光大,品物咸亨"是对大地功能生态功能的具体描述。《周易折中》引唐代易学家崔憬的话说:"含育万物为'弘',光华万物为'大',动植各遂其性,故曰'品物咸亨'也。"[1]这个解释是很到位的。从"含弘光大,品物咸亨"

────────────

[1]　李光地:《周易折中》。

八个字,可以看出,大地的"载物"有四个重要性质:

(一)承载生命。宇宙的生命大地分是依托在大地上,分为陆地与海洋,生命就生活这其中。

(二)培育生命。大地不仅是承载着生命,而且还滋生着生命,成就着生命。正是因为如此,大地"光华万物"。崔憬说"光华万物为大","光"且"大",说明生物欣欣向荣。它让我们想象鸟语花香、万紫千红的春天,想象林深树密、藏龙卧虎的荒野,想象生灵众多、无限神秘的海洋……

(三)致养生命。《说卦传》说:"坤也者,地也,万物皆致养焉。故曰致役乎坤……艮,东北之卦也。万物之所以成终而所成始也,故曰言乎艮。""致养"其实就是"育"。说大地"致养"万物像是"致役","致役"二字见出大地"致养"万物之辛苦。大地慷慨付出,万物欣欣向荣。

按《说卦传》,坤是西南之卦,处夏秋交替之时。这夏秋交替之时,正是作物成就之时。《周易折中》引元代易学家龚焕的看法:"土之养物,虽无时不然,然于西南夏秋之交,物将成就之时,土气之旺,致养之功,莫盛于此,故曰'致役乎坤'。"①至于为什么又扯到艮卦上去,因为艮也是土,按《易》理,坤为阴土,艮为阳土。大地育物的过程,坤为始,艮为终。终始之说的提出,充分显示《周易》对于大地培育生命的规律性有了相当深刻的认识。这让我们联想到,为什么坤卦的初爻要说"履霜坚冰至",原来养物就从这个时节(秋)开始。秋是收获的时节,可以说是物成,然而同时也是新的养物的开始,可以说是物生。

(四)咸亨生命。论及大地培育生命功能时,《周易·象传》没有单独提出人的生存与发展问题,只提"品物咸亨"。这说明至少在潜意识的层面上,《周易》承认存在一种今人称之为"生态公正"原则的。人不是大地上的主人,不拥有特别优待的资格,人与其他动植物物种一样,都只是生物链中的一环。对于生物链来说,哪一环都是重要的,所以,"品物咸亨"。

关于《象传》的"品物咸亨",唐代易学家崔憬说这是指"动植各遂其性"②。当然不可能只是动植物各遂其性,人也遂其性,因为人不可能脱离其

---

① 李光地:《周易折中》。

② 转引自李光地:《周易折中》。

本位立场。不说人遂其性,而说"动植各遂其性",正是重视生态的表现。

《周易·系辞上传》在说到乾坤于生命产生的意义时,意味深长地说乾的作用是"大生",坤的作用是"广生"。"广生"不就是"品物咸亨"的意义吗?

《周易》中的生态意味虽然相对比较集中地体现在坤卦之中,但不是说其他卦就没有体现。只要仔细地去品味,《周易》是存在着一种悲天悯人情怀的。它不只是关爱人的生命,也关爱动植物的生命,比如,比卦九五爻辞云:"王用三驱,失前禽,邑人不诫,吉。"爻辞说王打猎,不四面合围,而是留出一面,让猎物逃跑。这一段话有多种解读,也不妨做生态解读。

无妄卦的《象传》谈无妄的意义:"天下雷行,物与无妄,先生以茂对时育万物。""物与无妄",用朱熹的理解,则是"万物各正其性命"①,而"万物各正其性命"不就是生态良好?再如恒卦,此卦强调"天地之道"恒久的意义。天地之道的恒久建立在生态秩序良好的前提之下,恒卦《象传》说:"日月得天而能久照,四时变化而能久成。圣人久于其道,而能化成。观其所恒,而天地万物之情可见矣。"类似的话,在离卦的《象传》中也可见到:

> 日月丽乎天,百谷草木丽乎土,重明而丽乎正,乃化成天下。

这难道不就是理想的生态平衡环境吗?

三、人为中心

人在这个世界上占什么地位,是哲学最为关心的问题。不管是西方哲学还是东方哲学,对这个问题的探索都孜孜不绝,表现出浓厚的兴趣。18世纪德国著名浪漫派诗人诺瓦利斯说:"哲学原就是怀着一种乡愁冲动到处寻找家园。"《周易》正是这样寻找家园的哲学。

《周易》寻找的家园是什么?这牵涉另一个问题——《周易》为谁寻找家园?回答是明确的,为人寻找家园。那么人在这个世界上占什么地位?《周易》的回答亦是明确的:人是中心。

《周易》有一个理论——"三才"说。哪"三才"?天、地、人。《周易》每卦六爻,每两爻为一组,上两爻为天,下两爻为地,中两爻为人。从爻位的安排

---

① 朱熹注,李剑雄标点:《周易》,上海古籍出版社1995年版,第71页。

看,人为中心。关于此,《系辞下传》有论述:

> 《易》之为书也,广大悉备。有天道焉,有人道焉,有地道焉,兼三才而两之,故六。六者非他也,三才之道也。道有变动,故曰爻。爻有等,故曰物。物相杂,故曰文。文不当,故吉凶生焉。

又《说卦传》说:

> 昔者圣人之作《易》也,将以顺性命之理。是以立天之道,曰阴与阳;立地之道,曰柔与刚;立人之道,曰仁与义。兼三才而两之,故《易》六画而成卦。分阴分阳,迭用柔刚,故《易》六位而成章。

从这些论述和爻位的基本含义来看,《周易》强调人处世界中心的观点是显而易见的。

《周易》这一观点与古希腊智者普罗泰戈拉的"人是万物的尺度"有异曲同工之妙。不过,细细思量,则可发现,普氏的看法远不及《周易》"三才"说辩证。"人是万物的尺度"过于夸大了人的地位、作用,人虽然处处以自身的需要来看待事物,但万物实际上不可能完全听命于人。万物均有自身的性质,有独立的不以人的意志为转移的客观规律。说"人是万物的尺度",如果只取价值论的意义,则是一种可取的主体论哲学;如果取实践论意义,则是一种唯意志论。

"三才"说比"人是万物尺度"说辩证主要在于它不仅坚持人是价值关系的主体,而且坚持人只有在与宇宙天地的统一和谐之中才能获得肯定,赢得价值。

世界并不满足人,人要获得满足,就要发挥主观能动性去认识世界、改造世界。"三才"说以人为中心的观点,在某种意义上是主体论哲学的另一种表述。首先,它强调人是价值论的主体,天地万物存在的意义在于它对人的价值。人之所以最崇拜太阳,不就是因为太阳与人的生存、发展关系最大吗?《周易》八卦所象征的天、地、雷、风、水、火、山、泽都是与人的生存、发展有重大关系的事物。《周易·系辞下传》谈到八卦的创制经过时说:"古者包牺氏之王天下也,仰则观象于天,俯则观法于地,观鸟兽之文与地之宜,近取诸身,远取诸物,于是始作八卦,以通神明之德,以类万物之情。"这段话是人为中心说的一个很好的说明。伏羲制八卦的"三观"——观天、观地、观鸟兽和"两取"——"近取诸身""远取诸物",都是从人的立场、视点出发的。而其目的——"以通神明之德以类万物之情"都是人的需要。基于《周易》创制的时代正是农业、畜牧业开始发的时代,人们对与农业、畜牧业关系最大的气象、地理、植物十分关心,因此八卦的取象以及卦爻辞的取义都偏重于此。

"三才"说作为主体论哲学另一个含义则是十分强调人的主观能动性。《周易》不把吉凶祸福全然归之于天,归之于神,而在相当程度上归之于人。它强调人如能以正确的态度去对待困难,对待厄运,就有可能想出办法克服困难,化险为夷,化凶为吉。《周易》不少卦谈到了"孚"的作用,"孚"就是诚信。《周易》认为个人的力量是有限的。要想克服困难,要想办事成功,需要集体的努力。而一个人要想得到别人的帮助,关键是要赢得别人的信任。这里,待人以诚意、处事讲信用是至关重要的。比如睽卦,本来是不吉利的卦。"睽,乖也。"(《序卦传》)《说文解字》解释"睽"是"目不相听",指两目相背,即"乖违"之意,睽卦上为离卦,下为兑卦,离为中女,兑为少女。《象传》说:"二女同居,其志不同行"。两个女的住在一起,志向不同,经常吵架。看来,睽卦之不吉利是人为的,是不团结所至。那么,有什么办法解决困难,摆脱困境呢?有的,那就是"以同而异"(《象传》)。求大同存小异。睽卦九四爻曰:"睽孤,遇元夫,交孚,厉无咎。"意思是:虽然乖背孤违,处境艰难,但是如果能遇上阳刚大丈夫("元夫"),以诚信与之相交,那么就能免遭咎害。《象传》解释此爻曰:"交孚无咎,志行也。"进一步肯定了这个道理。除了"孚"以外,《周易》还提出了一系列处理人际关系的准则,诸如,和而不同、中而不偏、慎而不燥、藏而不用……

总的来讲,《周易》哲学是主张进取的。"天行健,君子以自强不息""地势坤,君子以厚德载物",这两句话是《周易》人生哲学的总纲。虽然《周易》是占筮之书,但《周易》中神学命定论很少。从实质来看,《周易》不把命运交给神,而是交给人自己。

《周易》虽然强调人的主观能动性,但不把人的主观能动性推到极端的程度。人的活动有自律,也有他律。自律是人的主观能动性,他律是物的客观规律性。人的主观能动性只有建立在对物的客观规律性的正确认识与充分把握的基础之上,才能得到有效的发挥。《周易》中主要用自然物构成的卦象实质是某一客观规律的符号。比如小畜卦上巽☴,下乾☰,卦象为风行天上。风行天上,意味着将云聚集在一起,故含义为"小畜"。泰卦,上坤☷,下乾☰,卦象为天地相交,阳气下降以成地道,阴气上升以成天道。这卦象就包含有对立统一的规律。《周易》中的道理,包括对吉凶祸福的认识都是从这些卦象得出来的,从某种意义上说,也都是根据客观规律做出的。

《周易》的"三才"说,尽管突出人为中心,但人也不能超出"天"与"地"所限定的范围,人只能在天地之间,遵循天地固有的客观规律,生存着,发展着。君子的活动的基本原则是效法天地的。"天行健",君子就应"自强不息;"地势坤",君子就应"厚德载物"。人不能将自己的意志强行加之于天地,而只能尊重天地,顺应天地,效法天地,在这种尊重、顺应、效法之中,与天地的活动取得和谐,以得到生存与发展。

天人关系是《周易》哲学的主题。整个《周易》就是通过探讨自然现象与社会现象的关系来揭示人事之吉凶祸福的。

关于这,《乾卦》的《文言传》有一段话说得极明白:

> 夫大人者与天地合其德,与日月合其明,与四时合其序,与鬼神合其吉凶。先天而天弗违,后天而奉天时。

这里提出的四"合",就是指人与自然的统一,人与神的统一。

《系辞下传》和《说卦传》有"天道"、"地道"、"人道"的说法,并提出"三才"说与之相应。这段话我们在上篇已经引用过了。整个《周易》阐述的就是"三道""三才"的统一。天道、地道都是自然之道,中国哲学常常用"天"这个概念概括天地两者,另外,"天"也兼有"神"的意思。中国哲学讲的"天人合一",不只是指人与自然的统一,有时候也包含人与神的统一。就《周易》来说,主要讲的是人与自然的统一。

统观《周易》中的"天人合一",主要有这样几个方面的意思:

第一,用自然现象类比社会现象,以论证某种社会法则的天然合理性。

《说卦传》说:"立天之道曰阴与阳,立地之道曰柔与刚,立人之道曰仁与义。"这"立天之道"的"阴与阳""立地之道"的"柔与刚成了"立人之道"的"仁与义"的根据。既然前两者是天经地义的,这后者也就是天经地义的了。

《系辞上传》也说:"天高地卑,乾坤定矣,卑高以陈,贵贱位焉。……乾道成男,坤道成女……"这是用天高地卑来比喻人类社会的尊卑贵贱。乾为天,坤为地,乾道成男,坤道成女,故男尊女卑。《坤卦·文言传》说:"地道也,妻道也,臣道也。"虽然没有说天道是什么,但可以想见的是:天道也,夫道也,君道也。

《周易》就是这样用自然界诸事物的关系来象征、比附社会界诸人物、诸事物的关系，为森严的等级制度、宗法制度提供理论依据。实际上，它是力图将社会人伦规范以及建立在此基础上的政治法令神圣化。

第二，用自然现象作为社会现象的象征，暗示社会生活中的吉凶祸福。

《周易》每一卦均有卦象，卦象均为自然形象。像需卦，上坎☵下乾☰，坎为水，乾为天，为天上有水即天上有云之象。它象征什么呢？它象征需待，意思是说天上已经聚集着云朵，眼看就要下雨了，你的期待是有希望的。《象传》云："云上于天，需；君子以饮食宴乐。"朱熹注此句云："云上于天，无所复为。待其阴阳之和而自雨尔。事之当需者，亦不容更有所为。但饮食宴乐，俟其自至而已。一有所为，则非需也。"①又如比卦，上为坎☵，为水，下为坤☷，为地。《象传》云："地上有水，比，先王以建万国，亲诸侯。"意思是说：地上布满了水，水与地亲密无间，象征亲密比辅。国王建立了诸多诸侯小国，这诸侯小国与国王的关系非常密切，就像地与水的关系一样。

第三，在自然规律与社会人事关系问题上，《周易》强调"顺天而动，不失其时"。

《革卦·彖传》在谈到商汤王、周武王的革命时说："天地革，而四时成。汤武革命，顺乎天而应乎人。革之时，大矣哉！"《彖传》作者说得何等明白：商汤周武的革命为什么能成功？就是因为他们"顺乎天而应乎人"。"顺乎天"者，遵循天意（包括自然规律社会规律）之谓也；"应乎人"者，合符民心之谓也。

"天"有它自己的运行规律，万物皆如此。《周易》在此基础上提出"顺动"的概念。"顺动"即遵循规律而动。

《贲卦·彖传》说："天地以顺动，故日月不过，而四时不忒。圣人以顺动，则刑罚清而民服。"天地是按着规律运动的，所以日月运行有则可循，不抢先争后。这样，春夏秋冬四时分明。圣人按照规律行事，必然是奖罚分明，如是，则百姓服从，天下太平。"顺动"可以说是人生总规律，它管一切。治国、治

---

①　朱熹：《周易本义》，见朱熹注，李剑雄标点：《周易》，上海古籍出版社 1995 年版，第39 页。

家、治身、治学,无不应如此。

天地万物都在变化之中,人要顺天,相应地也要根据天地万物的变化而有所变化,以变应变,以动应动。《周易》据此又提"时"的概念。"时"就是时机。《周易》认为,"时"是至关重要的。"日中则昃,日满则食,天地盈虚,与时消息,而况于人乎?况于鬼神乎?"(《丰卦·彖传》)"损刚益柔有时,损益盈虚,与时偕成"。(《损卦·彖传》)"时止则止,时行则行,动静不失其时,其道光明。"(《艮卦·彖传》)

这些都强调"时"的重要性。"消息"来自"时",成功赖于"时"。而其关键在于"不失其时"。俗话说,机不可失,时不再来,就看你能不能抓住时机了。

人生的道路是漫长的,但关键性的地方也就那么几步。有的人善于审时度势,关键性的地方抓住了,一步登天;有的人一念之差,一步之迟,竟一失足成千古恨。古往今来,多少成败荣枯竟在这一步之中。命乎?非也,乃时也!

四、唯变所适

《周易》六十四卦,每一卦都精妙至极,其六个爻位的吉凶变化多端,表示吉凶的词汇很丰富,而且措辞十分讲究,像遁卦,在卦辞中,它说:"亨,小利贞。"这"小"字用得极有分寸。离卦,按名是一个美好吉利的卦,然读下去,除六二还好以外,其他诸爻均充满凶险,让人惊心动魄。九三的"不鼓缶而歌",九四的"突如其来如",六五的"出涕沱若",让人历经了人世间的大悲大喜。可以说,《周易》的每一个卦都让人有神龙见首不见尾之感。

"变"是《周易》的主题。特别值得我们注意的是:《周易》不是一般地看待"变",而是将"变"视为人生活动的首要原则。

众所周知,《周易》是提出了一系列的为人处世原则的。这些原则,可以说是人道,但它上合天道,因而是神圣的,从一般情况来说,遵循它就会顺利,就会成功,就获吉;反之,就不顺利,就失败,就得凶。非常可贵的是,《周易》并不把这些原则固定化、僵化,而是将它们看成也是在变化的。天地在变,人事在变,道也在变,

《系辞下传》中有这样一段话:

易之为书也不可远，为道也屡迁，变动不居，周流六虚，上下无常，刚柔相易，不可为典要，唯变所适。

这"道"啊，不仅变而且屡变！

《周易》这一观点极其重要。中外哲学史上，有不少学说是将"道"看做宇宙本体的，这些学说均认为，天地可以变，万物可以变，道它不变。《周易》不这样看，《周易》并没有将道看做是宇宙本体，道是"时""位""正""中"这些客观规律的总称。道只能概括一般的事物变化的过程，道只具一般性。而实际上，事物均是个体的存在，特殊的存在，它们的变化只是大体上合于道，不可能完全地合乎道。特别是，道只能概括已经出现过的被人们认识了的事物的变化过程。新的事物有可能不同于旧的事物，因而从概括旧事物变化过程中提炼出来的道，就有可能不适用于新事物。变是客观世界的铁的规律，是第一性的，绝对的；道作为客观世界变化规律的概括，是第二性的，相对的，它必然随着客观世界的变化而变化。因此，不仅人要适变，道也要适变。

所以，如果要问君子是遵道还是适变，那回答只能是"唯变所适"。

如何理解《周易》的"不可为典要，唯变所适"呢？

第一，《易》道其真理性仍然需要现实生活的检验。《易》道虽经来自生活并经过生活的检验，但那是过去了的生活。它是不是"典要"——真理，需要在现实生活之中受到检验。这种检验是不断的，每次运用，就是一次检验。

第二，《易》道的价值在于运用。《系辞上传》有一句非常重要的话："精义入神，以致用也。"《易》道之所以是"精义"，是因为它管用；如果不用，就无所谓"精义"。

第三，《易》道的运用，在于注重每一卦所规定的具体情境。《易》道是管一般的，而每一卦都有它的主题。不同的主题，在很大程度上影响《易》道的运用。比如艮卦，它是讲止的，总体情境不允许进。这样，"九三"爻就遇到麻烦了，按《易》道，"九三"是阳在阳位，得位，"六二"对它也有承之功，它是可以前进的。但是，它不能前进，"九三"爻辞云："艮其限，列其夤，厉薰心。"意思是：腰胯动不了，手臂伸不了，心里害怕得不得了。怎么到这个程度呢？因为这个卦的主题是止。在止的情境下，不是阳，反而是阴得到肯定和赞许。

中孚卦的初九爻："初九，虞吉，有它不燕。""虞"即"安"。"虞吉"，就是安吉。自己安于吉。"有它"指初九与六四相应，按说，有这个"它"不会"不燕",为何"不燕"呢?李光地认为,这中孚卦卦义,"主于中有实德,不愿乎外,故六爻无应者吉,有应者凶。"①这一说法让人感到骇异,然仔细考察此卦,正是如此。中孚卦主旨为内心之诚,诚在自身,所以它就不看重外在的力量了。

第四,《易》道的运用,要看对于什么人。张载曾说过一句很有名的话:"《易》为君子谋,不为小人谋。"同样的道理,君子用是一种结果,小人用又是一种结果。

大壮卦的九三爻,爻辞是"小人用壮,君子用罔,贞厉,羝羊触藩,羸其角。"九三爻得位,又与上六相应,应是好的,为何竟成了"贞厉"了呢? 这缘于"大壮"的情况,"大壮",既大又壮,阳显然过盛了,在这种情况下,防的是冒进,要适当地抑阳。如果是君子,那没问题,因为君子用"罔","罔"是"无",是"道"。君子不是凭武力来解决问题的,而是用道义来解决问题的。而这爻的主体不是君子是小人。小人不用"罔",而用"壮",像好斗的公羊,到处抵触,结果将自己的角都碰伤了。

第五,《易》道的运用,要综合考虑。因为实际上所用的不只是一种法则,而是多种法则,这些法则在运用时,有个选择问题,有第一、第二之分。往往是第一法则用了,第二法则就不能用了。

大过卦九四爻云:"九四,栋隆,吉,有它吝。"按"典要",九四获吉是可以理解的。但九四爻强调不能"有它",有它则"吝"。这又为何呢? 从九四爻的情况来看,九四与初六存在一阴一阳的相应关系,而且是正应。它是可以去相应的,但是在大过的情况之下九四去应初六,就有些不妙了。《周易程传》说:"四与初为正应,志相系者也,九既居四,刚柔得宜矣,复牵系于阴,以害其刚,则可吝也。"这话的意思是,四为阴位,九居之,在一般情况下不得位,是不吉的。处大过的情势需要的是抑阳,这四正好起到了抑阳的作用,因而它刚柔得宜。如果九四分出力量去与初六相应,就不妥当了。这里显然有两条法则在用:一是刚柔得宜,二是阴阳相应。在大过的情势下九四只能选择第一法则。

第六,某些《易》道在某种特殊的情势下不必发挥作用。也就是说,可以将某些《易》道屏蔽掉,或者说束之高阁。

① 李光地:《周易折中》。

研读《周易》，发现最多"利贞"二字。"贞"含义虽然不是单一的，主要的含义是守正。一般情况"利贞"为吉，但处小过情境却有特例。小过卦九四爻辞云："无咎，弗过，遇之，往厉必戒，勿用永贞。"明确说"勿用永贞"，即不要守正。程颐解释此爻，说："九居四位，不当也，居柔，乃遇其宜也。当阴过之进，阳退缩自保，足矣。"①九四居阴位，明明是"乃遇其宜"，却又不让进，要退缩自保。显然，"贞"这条法则在这里用不上了。原因何在？还是情势所致，用《周易》的概念来说，是"时"所致。

《周易》很难懂，其中重要原因之一，就在于它的那一套游戏法则即《易》道不是贯穿始终的，几乎在每一个卦、每一爻都有它的变数。

《周易》的"不可为典要，唯变所适"实际包含两条当今社会非常重视的哲理：

其一，实事求是。实事求是，是直接反对教条主义的，它强调客观世界本身是人们行事的根据，我们不是从原则出发，而是从实际情况出发。我们不是从原则中求是，而是从实事中求是。原则来自现实，也服务于现实，同时，也可以在现实中根据情况加以改变。这些现在人们非常熟悉的哲理，不就是《周易》说的"不可为典要，唯变所适"吗？

其二，主观能动性。在《周易》看来，宇宙万物的变化是有规律的，这些规律是客观的，不以人的意志为转移，人不能改变它，只能遵循它。用《周易》的理论来说，就是顺天、合天、"与时偕行"。但《周易》并不认为人在规律面前是完全被动的。它强调人对规律的认识和掌握，在人认识、掌握规律之后，人成了规律的主人，规律为人所用。人在运用规律的过程中有相当大的主观触动性。在必要的情况下，它甚至可以突破或改变某些已知的规律。

客观实际是变的，规律也是变的，"为道也屡迁"；人也是变的，"时行则行，时止则止""与时偕行"。总之，一切均在变中，唯变适变，这就是《周易》的结论。

"唯变所适"，无异于说，人是可以掌握自己命运的。实际上，整个《周易》讲的就是人如何掌握自己的命运。也许这是《周易》最为可贵的地方。

---

① 程颐：《周易程传》。

五、顺天而动

《系辞下传》云："易之兴也，其于中古乎？作《易》者，其有忧患乎？"

读《周易》，的确感到有一种深沉博大的忧患意识贯穿于全篇，仿佛一个饱经沧桑的老人，用占卜的方式，结合自己的人生体验，在给人们指引着人生的道路。

《周易》与一般的占筮之作的根本不同在于，它不认为人的命运是先天铸就的，人在铁定的命运面前只能束手就擒，无能为力。它总是跷着大拇指，用充满着期待的眼光看着你，说：你行！

不仅如此，《周易》总是耐心地细致地分析你目前的处境，帮助你选择最适当的行动。它总是想告诉你，如何扼住命运的咽喉，如何握住幸福之门的金钥匙。

按《周易》的观点，人要成功，最根本的是要处理好两类关系，一类是人与天的关系，一类是人与人之间的关系。人的主体性，首先表现在正确处理人天关系上，因而，人天关系是《周易》哲学的主题。

《周易》的基本观点是人要"合"天。关于这一点，乾卦的《文言传》说得极明白：

> 夫大人者，与天地合其德，与日月合其明，与四时合其序，与鬼神合其吉凶，先天而天弗违，后天而奉天时。

这段话，最重要的是"先天而天弗违，后天而奉天时"二句，尤其是"先天而天弗违"一句。《周易》虽然强调的是人去"合"天，"合"鬼神，但这种"合"不是被动的、消极的，因为它说了"先天而天弗违，后天而奉天时"的话。所谓"先天而天弗违"是说先于天象而行动，而天象竟然能印证人的行动。可见人在掌握天地运行规律之后，人的活动已经具有相当的主动性和自由性了。

"先天而天弗违"，表面上看是天不违人，其实是人不违天。因为只有在大量的"后天而奉天时"的基础上才能争得这份主动性，坤卦的初六爻辞云："履霜，坚冰至。"为何刚踩上微霜就知道坚冰将至呢？显然是对"霜"与"坚冰"的内在联系有深刻把握了。人在地上刚有微霜之时就开始了对付严寒的准备,坚冰真来之时,这准备就恰好发挥作用。这是"先天而天弗违"吗? 是,但它也是"后天而奉天时"。

《周易》有一个基本观点,社会规律与自然规律基本上是一致的。因此,它总是用自然现象来类比社会现象,用自然现象的已然性来论证社会现象的应然性。

《说卦传》就明确地说:"立天之道曰阴与阳,立地之道曰柔与刚,立人之道曰仁与义。"这"立天之道"的"阴与阳"、"立地之道"的"柔与刚",成了"立人之道"的"仁与义"的根据。既然前两者是天经地义的,这后者也就是天经地义的了。

《系辞上传》也说:"天高地卑,乾坤定矣,卑高以陈,贵贱位焉。……乾道成男,坤道成女……"这是用天高地卑来比喻人类社会的尊卑贵贱。乾为天,坤为地,乾道成男,坤道成女,故男尊女卑。《坤卦·文言传》说:"地道也,妻道也,臣道也。"虽然它没有说"天道"是什么,但完全可以想见的话应是:"天道也,夫道也,君道也。"《周易》就是这样,用自然界诸事物的关系来象征、比附社会界诸人物、诸事物的关系,为森严的等级制度、宗法制度提供理论依据。

不仅如此,《周易》还用自然现象作为社会现象的象征,暗示社会生活中的吉凶祸福。

《周易》每一卦均有卦象,卦象均为自然形象。像需卦,上坎下乾,坎为水,乾为天,为天上有水即天上有云之象。其卦辞是:"云止于天,须时而降也。"它象征什么呢? 它象征需待,意思是说天上已经聚集着云朵,眼看就要下雨了,你的期待是有希望的。又如比卦,上为坎,为水,下为坤,为地。《象传》云:"地上有水,比,先王以建万国,亲诸侯。"意思是说:地上布满了水,水与地亲密无间,象征先王与诸侯的关系亲密无间。

《周易》首先强调的是知天,即认识、掌握自然界变化的规律。

《周易》用一整套特有的卦象系统,把自然界复杂的变化概括地予以表现,然后让人根据自然界变化的规律去认识自己目前的处境,设计自己应该采取的行动。比如蒙卦,上艮下坎,从卦象上看,是一座山把泉水蒙盖住了。这喻示着目前的局面较为蒙昧,但很有希望。好比这山中的泉水,只要将这山打出一个孔来,让清泉流出就大吉了。再如晋卦,上离下坤,离为日,坤为大地,太阳露出于地平线,象征事业兴旺发达。也许在有些人看来,这些类比失之牵强,但只要深入去读卦,就会发现其中的哲理是很深刻的。

更为深刻的是六十四卦的整体排列所体现出的宇宙变化,特别是伏羲六十四卦的排列。这个排列可以用来表示一年三百六十五天的阴阳递转,显示春夏秋冬、二十四个节气,也可以用来描述天象的变化,将斗转星移囊括其中。更奇妙的是,这种排列不仅概括了中国特有的太极思维的规律,而且符合二进位制。因而,发明了二进位制的莱布尼兹不能不承认,早在他之前数千年的中国古人已经知道了二进位制。

知天并不是目的。知天的目的是顺天。

《周易》提出"顺动"的概念。"顺动"即顺天而动。贲卦的《象传》说:"天地以顺动,故日月不过,而四时不忒,圣人以顺动,则刑罚清而民服。""顺动","顺"的是客观规律,客观规律可以概括成"天",所以"顺动"的实质是"顺天"。天地是顺动的,故而有了一个朗朗乾坤;圣人是顺动的,故而有了一个太平世界。

《革卦·象传》在谈到商汤王、周武王的革命时,明确地说:"天地革而四时成。汤武革命,顺乎天而应乎人。革之时,大矣哉!"这里说得很明白:商汤、周武王的革命为什么能成功? 原因就在于他们领导的革命"顺乎天而应乎人"。"顺乎天"遵循天意之谓也,引申也可以理解成遵循自然规律,"应乎人",合乎民心之谓也。

普通百姓不是圣人,当然没有商汤、周武这样的"顺天"之举,但普通百姓也不是没有自己的追求。普通百姓都希望身体健康,事业有成,家庭幸福,趋吉避凶……所有这些,均有规律存在,有"天"在,因此,要想实现自己愿望,也必须要"顺天而动"。

借助自然现象来喻示人的行动,这是《周易》中比较普遍的一种"顺天而动"。

屯卦,这是讲创业之初的卦。创业之初,总是有些艰难的。屯卦取象于雷与云。雷声隆隆,乌云滚滚。这是一个什么时刻? 要下雨的时刻,然而雨还没有下下来,如果将雨比喻着希望的话,那这就是一个极有希望,但希望还未成为现实的时刻。企盼,焦急是难免的,还有担忧。因为虽然云在聚集,但是如果一阵狂风,云散了,雨没了,那就前功尽弃。所以,屯卦的卦辞就具有两个方面的意思:一是"元亨,利贞"肯定前景是好的;二是"勿用有攸往,利建侯",强调要耐心等待,不要轻举妄动,这是利于建侯的。

值得指出的是,《周易》说的"天",不只是自然现象,而是天道。这天道概括的也不只是自然现象的规律,还包括社会现象的规律。《周易》中说的"位"、"时",可以视为天道的两个重要方面。"位",侧重的是天道的空间意义,"时"侧重的是天道的时间意义。它们的含义都极丰富。所以《周易》中,凡强调"位"与"时"的地方,我们都可以理解成它在强调"顺天"。

家人卦,这是一个谈如何处理好夫妻关系的卦。按《周易》的理论,夫为阳妻为阴。要正确处理好夫妻关系,根本的是夫妻各在其位。这位又是如何的呢? 家人卦《彖传》云:"家人,女正位乎内,男正位乎外,男女正天地之大义也。"女主内,男主外。这种关系也类似于天与地的关系,天至高向外拓展,地至深向内开发。天地的地位、职责很分明,因而天地有序。同样,家要治理得好,也要有序,这有序首先就在"女正位乎内,男正位乎外"。

"顺天",于人来说,有两种情况,一种是"天行"于人有利,这当然没有问题,赶紧行动就是。乾卦特别强调"天行健,君子以自强不息",可以说这是《周易》的主旋律。另一种情况则是"天行"于人不利,那就要暂时停下来,等待机会。《周易》也很重视这种暂时的停止,等待。《周易》的需卦就是一个讲等待的卦。人生在很多时候是需要等待的。等待不全都是消极的,有一种等待它是一种积极。耐心等待而且善于等待,在等待中寻找机会,这是君子睿智的体现。

《周易》中有个剥卦,也讲到君子停止前进的事。剥卦的总体情势不利于君子,这是一个小人得势,君子挨整的时代。处于这个时代君子该怎么办? 剥卦的《彖传》说:"剥,剥也,柔变刚也。不利有攸往,小人长也。顺而止之,观象也,君子尚消息盈虚,天行也。"这段话中,最为重要的是"顺而止之"一句,强调君子要顺应时势,将自己的斗争适当地收敛起来,等待时机。

不仅是等待,必要时君子也不是不可以逃遁的。《周易》有一个遁卦,将君子在不利的情况下如何逃遁的道理说得十分透辟。

进退行止,贯穿于《周易》始终,而全部的进退行止,体现的是一个共同的主旨:"顺天而动。"

顺天而动,无往而不胜!

六、与时偕行

《周易》关于"时"的思想最为丰富。"时"这一概念,内涵丰富,它至少有八义:一是时间义,二是信息义,三是条件义,四是现状义,五是趋向义,六是机会义,七是规律义,八是天道义。一切决定事情成败的客观因素均可纳入"时"这一概念。

《周易》有关"时"的命题很多,最为重要的有:

第一,"与时消息"说。

丰卦的《象传》说:

> 日中则昃,月盈则食,天地盈虚,与时消息,而况于人乎? 况于鬼神乎?

这里说的"消息"即我们今天说的信息。信息先行或者说信息第一,做任何事情均应如此。

信息是有很强的时间性的。不同的时间,宇宙透出不同的信息。日中则昃,月盈则食,只是举例而已。中国是一个农业古国,对于天气时令的变化非常敏感,"二十四节气"就是根据"天地盈虚,与时消息"总结出来的。农民们按照节气种田,就少了盲目性,多了主动性,农业的收成相对就有保障了。做农业如此,做别的事也如此,只是不同的事情,看重不同的信息。打仗,重要的是敌我两方的军事力量的配备及作战计划;而做股票交易,当然最重要的股市行情的涨跌态势。

信息在任何时候都十分重要,在现代社会更显得重要。众所周知,现代社会是一个信息社会。信息掌握得是不是准确,是不是及时,往往决定事业的成败。现代社会种种竞争,其关键往往是信息的竞争。

第二,"待时而动"说。

天有它的运行规律,不以人的意志为转移。人要顺天,关键要抓住时机。时机抓住了,一帆风顺;时机失去了,后悔莫及。于是,《周易》提出"待时而动"的概念。《系辞下传》云:

> 易曰:公用射隼于高墉之上,获之,无不利。子曰:隼者,禽也;弓矢者,器也;射之者,人也。君子藏器于身,待时而动,何不利之有? 动而不

括,是以出而有获,语成器而动者也。

这里提出"待时而动"的思想,十分重要。

《周易》第一卦乾卦最典型地说明了"待时而动"的观点。为何处第一爻位置,"潜龙勿用"? 时机未到也;为何处第二爻位置,"见龙在田,利见大人"? 因为时机到了;为何处第三爻位置,要"终日乾乾,夕惕若"? 因为此为初战,关系重大,要胜而不能败……

屯卦(上坎下震)六二爻与六四爻都有婚姻之象(六二与九五相应,六四与初九相应),爻辞中均有"乘马班如""求婚媾"的话。为何六二爻所说的婚姻暂时不能成功("女子贞不字,十年乃字"),而六四爻说的婚姻"往吉,无不利"呢? 原因在于时机。六二爻所说的婚姻有初九阳刚的牵掣,一时不能成功,需要"待时";六四爻所说的婚姻,万事俱备,因而求婚者一去就会成功。

"待时而动"重要的是"待"。《周易》中有个需卦,专讲待的道理。此卦上卦为坎,坎为水,下卦为乾,乾为健。健者动也,然坎水在前,需要小心,不能轻进,而需有所待。

人生的许多时候是需要待的。不管是困难时还是有很大希望时。待是难熬的,但成功往往就在待之中。

第三,"与时偕行"说。

信息是重要的。但信息的重要必须体现在行动上,这里有两点至为重要,一是行动,光掌握信息,就是不用,这信息等于无用;二是及时,用信息,还需及时,过早用,过后用,要么无用,要么削弱了信息的价值。这些观点,均浓缩在《周易》的"与时偕行"说之中。

乾卦的《文言》,在分别阐释乾卦的六爻后又综合六爻说:

> 潜龙勿用,阳气潜藏。见龙在田,天下文明。终日乾乾,与时偕行。或跃在渊,乾道乃革。飞龙在天,乃位乎天德。亢龙有悔,与时偕极。乾元用九,乃见天则。

这段话中最为重要的一句是"与时偕行"。《文言》虽然将这句话用在阐释乾卦的第三爻,其实,它是乾卦的总纲。"潜"、"见"、"乾乾"、"惕"、"跃"、"飞"、"悔","用",均是"行",不同的爻位象征不同的时,不同的时就要有不同的行。

由此,我们联想到一句名言:"识时务者为俊杰",如果除去见风使舵、不

要原则等不好的含义,实在是至理。《周易》十分重视"与时偕行"这一思想,不少卦的《象传》谈到这一命题。如

　　　　时止则止,时行则行,动静不失其时,其道光明。(《艮卦·象传》)

　　　　凡益之道,与时偕行。(《益卦·象传》)

　　"时"与"行"两者,"时"——客观条件和客观规律是决定性的。关键是"行"能不能做到与之"偕"。"偕",有一个谁偕谁的问题,不是时偕行,而是行偕时,也就是说,是主观遵循客观,而不是客观遵循主观。

　　"偕"的含义很丰富,就其最低层次而言,是依据、遵循意,这里尚见出主观与客观的差别,其最高义则是"和谐",主客合一。用在人的行动中,则是说,客观条件及客观规律完全被人掌握并创造性地运用,客观性彻底转化成主观性,主观性完全体现为客观性,主客对立消融了,实现了主客合一。如果将客观性理解成真,主观性理解成善,那么到"偕"这层次,真转化成善,善体现为真,真与善合而为一,这就是自由,这就是美。《庄子》中的庖丁解牛的故事恰到好处地说明了这个道理。庖丁是解牛的高手,他对牛身上结构熟透了,他用刀的技艺更是达到出神入化的地步,因此,解牛时,他任凭手的自由运转,那刀也只在骨头缝隙中运行,真可谓"从心所欲不逾矩"。解毕,牛肉轰然坠地。这哪里是艰苦的劳动,分明是精美绝伦的艺术表演。

　　第四,"天下随时"说。

　　这是《周易》随卦《象传》提出的重要命题。《象传》云:

　　　　随,刚来而下柔,动而说,随。大亨贞,无咎,而天下随时。

　　我们有必要解释一下随卦。随,震为下卦,兑为上卦。震是长男,兑是少女,按卦象有少女随长男之意。下卦震,初爻为阳,二、三爻为阴。这卦它是怎么来的呢? 设想,原来是坤卦,三阴爻。有一阳爻来取代最下的一阴爻,于是坤卦就变在震卦了。上卦兑,初、二为阳爻,上为阴爻。它又是怎么来的呢? 设想,它原是乾卦,一阴爻飞到这乾卦之上,取代最上那阳爻,于是乾卦就变成兑卦了。这个变化的过程叫做"刚来而下柔"。震为动,兑为说(悦),震为阳卦,兑为阴卦,兑卦随震卦,阴随阳,这就叫做"随"。"随"非常重要,《周易程传》云:"随得其道,则可以致大亨也。凡人君之从善,臣下之奉命,学者之从义,临事而从长,皆随也。"看,这"从善"、这"奉命"、这"从义"、这"从长",均是"随"!

随虽然吉,但有个前提,就是随卦《卦辞》说的"利贞"即"利于守正"或"守正则利",就是说要守正,具体到随,即要随正。正,为道,道是动态的,道的动态表现为"时"。故"随道"体现为"随时"。普天之下,谁个不需要"随时"? 故"天下随时"。

"天下随时"说,其意义可谓大矣!

第五,"据时而用"说。

《周易》六十四个卦实际上讲了六十四种现实生活中的情境,《周易》的基本道理就用在这具体情境中。由于情境各一,《周易》的基本道理就须据时而用,同一原理在不同的情境下,就有不同的用法。睽卦的九二爻,上应六五,阴阳相应,按《周易》的基本原理应为吉,然而,此爻辞说"遇主于巷,无咎",打了很大的折扣。这是为什么呢? 程颐说:"二与五正应,相与者也,然在睽乖之时,阴阳相应之道衰,而刚柔相戾之意胜,学易者识此,则知变通矣。"[1]程颐强调"睽乖之时"的重要性,顾名思义,"睽乖"是不和谐,在不和谐之时求和谐,其难度当然是大多了。故二与五哪怕是阴阳正应,在睽乖之时也达不到吉,只能是无咎了。

正是基于《周易》的基本道理都需要在具体情境下灵活地运用,所以,《周易》提出"时用"概念,绝大部分的《彖传》都用到这个概念,说是某卦的"时用大矣哉"。

第六,"与时偕成"说。

损卦的《彖传》说:

> 损刚益柔有时,损益盈虚,与时偕成。

"与时偕成"实际上是"与时偕行"的结果,既然时行我行,时止我止,那么,时成我也就成。我们平时说的"水到渠成",其实质也就是"与时偕成"。

"时"是个动态的概念,其重要性主要在其未充分显现时,此时的"时"为"势","势"是时的先兆,"势"因其隐,难以为人所发现,若能察觉,早做准备,就占了上风了。军事、政治、商业等活动,审时度势显得特别重要。《周易》没有提出"势"这一概念,但提出了"势"的思想,最为突出的是坤卦的初六爻"履霜,坚冰至。"小畜卦的卦辞"密云不雨,自我西郊"也有"势"的意味。

---

① 程颐:《周易程传》。

审时度势,太重要了! 它几乎囊括了人生成败的全部要义!

人生的道路是漫长的,但关键性的地方也就那么几步。有的人善于审时度势,关键性的地方抓住了,一步登天;有的人或一念之差,或一步之迟,竟一失足成千古恨。古往今来,多少成败荣枯竟在这一步之中。命乎? 非也,乃"时"也!

七、祸福无常

自然规律(天道、地道)是神圣的,不以人的意志为转移。不管科学技术发展到什么程度,人永远无法穷尽自然的奥秘,也永远无法完全操纵自然的运动。相对于伟大的大自然,人永远只能是弱者,顶多只能在极有限的领域中做极有限度的强者。因此,有些自然灾祸,人是无法避免的,也是无法预知的。这就是所谓天外飞来之横祸,姤卦的九五爻辞说:"以杞包瓜,含章,有陨自天。"用杞条编的篮子盛了一个美好的瓜,这叫做"含章"("章",美丽的花纹)。可谁想到忽然从天上飞下一块陨石,将篮子打翻,瓜摔破,美好的东西毁了。这种灾祸是偶然的,无法预测。

生活中经常发生偶然性的灾祸,这叫祸福无常。无常的原因在于自然、社会的运行是不以人的意志为转移的,同时也在于自然、社会的运动既是必然的,又是偶然的。在大量的偶然性中,必然性开辟着自己道路。严格地说,不论自然界,还是社会,没有重复的物件,也没有重复的事件。正如赫拉克利特所说,人不能两次涉足于同一河流。万物在变,万物皆流。这变、这流之中就包含大量的偶然性东西存在。谁都不能确有把握地预测未来,世界上的任何事件,哪怕是吃饭、穿衣这样的小事都是由许多因素构成的。只要一个因素发生变化,超出常规,这事就不能依如往常了。比如说,本来每天七点钟吃早餐,如若有一天厨房大师傅因故起床晚了或是煤气炉出了点小故障,那就不能保证七点钟吃早餐了。俗话说,天有不测之风云,人有旦夕之祸福,道理就出在这难以把握的偶然性上。

不过,祸福也"有常"。有常的原因在于两点:第一,自然界与社会界的发展变化大体上还是有规律的。拿时令来说,冬去春来,春去夏来,夏去秋来,秋去冬来。一般来说,如果某几日天气格外地燠热,很可能就有一场暴雨袭来。

俗话说,久晴必雨,久雨必晴,这是规律。生活中也有许多规律存在。比如,友好的微笑是人都欢迎的。与人打交道,要想获得别人的第一好印象,友好的微笑大概是重要的。又比如,虚伪是人人都厌恶的,对待朋友、亲人和善良的人们,是不能耍虚伪的。如若虚伪的面纱一旦被人揭开,那就很难再在熟知的人中混了。凡此种种,皆是规律。第二,人是能够认识、掌握规律的。当然,人认识、掌握规律要付出代价,其间也可能有流血牺牲。比如,雷是能打死人的。过去人们没有认识到雷打死人的奥秘,无法躲避。后来人逐渐知道雷是怎么回事,就能采取办法避免雷击。

《周易》既承认祸福无常,又承认祸福有常,而且更多地讲祸福有常。《周易》不把祸福神秘化,而是尽可能地从纷繁复杂、变化万端的自然运动和社会变迁中去寻找它的简单性的规律,让人们能动地去避凶趋吉,把吉凶祸福的钥匙交给人自己,这是《周易》与其他占筮之书显著不同的地方。

《周易》教导人们趋福避祸的根本办法就是守正。"正",有时又用"贞"来表示(《周易》中的"贞"有时也作"占问"解释),它的意思是正道,亦即天道、地道、人道。用今天的话来说,就是客观规律。守正就是按规律办事。

《周易》讲"正",首先是强调阴阳各有其位,阳爻居阳位,阴爻居阴位。每卦之中,初、三、五等奇数位为阳位,二、四、六等偶数位为阴位。阳爻居阳位,阴爻居阴位叫得位,得位为正,不得位为失正。得位为吉,失位为凶。千万不要以为"得位""失位"只是说阴阳爻符号位置的问题,它其实包含有一个大道理。在《周易》作者看来,世界运动有"正"与"失正",即"得位"与"失位"两种形式。"正"为有序,失正为失序。有序为吉,失序为凶。有序的关键在于天地万物包括各色人等都按自己的本性、功能、地位各在应处的位置上发挥作用。如果不安其份、不尽其责,则势必造成祸乱。拿季节来说,春天本应温馨略多雨,如果不是这样,或严寒或酷热,或淫雨或无雨,自然就失序了,人要遭殃了。拿社会来说,如果一个国家,君不安君位,民不安民位,都不能尽责于自己的岗位,这个社会必定大乱。

当然,守正不等同于安于现状。《周易》是主张变易的哲学,强调自强不息,崇尚阳刚之气。它认为天地万物都是变的,命运也可以变。没有绝对的万古千秋的吉,也没有绝对的万古千秋的凶。吉凶祸福在一定条件下可以相互转化。这也是规律,是正道。人如果能够很好地认识并掌握这个规律,就能自觉地去创造条件,防止凶、祸的出现;即使凶、祸出现了,也能努力地促使凶向吉的转化、祸向福的转化。这就是人的主观能动性在发挥作用。《周易》中有不少卦谈这个道理。如大畜卦,其九三爻辞云:"良马逐,利艰贞,日闲舆卫,利有攸往。""利艰贞"的"贞"为"正"。此句意思是:良马奔逐,难免有所闪失,只要在艰难之中坚守正道,就可化险为夷。每日里操练兵马,居安思危,警戒不懈,这有利于前进发展。

人生在世,谁都希望平平安安、顺顺利利,然而哪能这样如愿以偿?因此,人一定要有警诫之心。一是"利艰贞",虽然艰苦但必须坚决地按规律、规则办事,不胡来,不乱来,守住正道;二是"日闲舆卫",每天都在努力,都在修炼,一点也不松懈,时刻准备着,防患于未然。

尽管如此,偶然的事情总是无法预测也无法避免的。那只能以最好的心态对待之了。《周易》有一个无妄卦,讲的就是这个道理。六三爻辞云:"无妄之灾,或系之牛,行人之得,邑人之灾。"路边拴头牛,给行人牵走了,对于邑人来说,当然是个损失,但对于行人来说,那是一个收获啊!就只能这样宽慰自己了。当然,"无妄之疾,勿药有喜"(《无妄卦·九五爻辞》)是可以高兴的。

《周易》观察世界包括观察人事命运的一个其基本观点,就是变。变的奥秘何在?在一个字——"反"。

《周易》认为世界万事万物都可以归纳成相对的两方面。《周易》把它们名之为阴阳,引申为刚柔。这对立的两方面,各自向着它们的对立的方向转化。于是,就产生变化,就产生新事物。

《系辞上传》多处表述了变的原因、变的性质和结果,如:

是故刚柔相摩,八卦相荡,鼓之以雷霆,润之以风雨;日月运行,一寒一暑。乾道成男,坤道成女。乾知大始,坤作成物。……刚柔相推,而生变化……是故阖户谓之坤,辟户谓之乾,一辟一阖谓之变,往来不穷谓之通。

《系辞下传》亦云:"刚柔相推,变在其中……男女构精,万物化生……上下无常,刚柔相易。"这些论述中,突出一个"反",即事物的对立性、矛盾性。"反"不仅是事物发展的根本原因,还是事物发展的必然趋向。它的逻辑是这样的:对立着的两种力量其斗争过程可以分为两个段是:第一个阶段是量变,斗争中一方的力量逐渐壮大,待到事物发展到了顶点,无可再发展了,就向它的反面转化,于是进入第二个阶段。第二个阶段是质变,它很短。待质变完成,新的量变开始,进入了新的第一阶段。

这种量变到质变的过程,在《周易》每一卦中都有表现,我们在"卦与时间"中已经做了阐述。就整个六十四卦来看,这个规律也表现得很鲜明。从坤地大卦开始到天风垢卦,下卦的阳爻逐渐减少,但初爻仍然是阴爻,说明它们的基本性质——阴性未变,其变只是量变,不是质变。与天风垢卦临近的是地雷复卦,地雷复卦的初爻是阳爻,从地雷复卦开始直到乾天大卦,作为一卦基础的初爻均是阳爻。由此可见,天风垢卦与地雷复卦是六十四卦中阴阳转变的关键部位。在这个地方,阴阳两种力量斗争十分激烈,真个是"风雷激荡,天翻地覆"(参见《伏羲六十四卦次序图》)。

如果用二进制符号来表述,则可看得更清楚。设阴爻为 0,阳爻为 1,将由下而上竖写的八卦符号译成由左向右横写的数字,则天风姤卦为 011,111,地雷复卦为 100,000,姤卦之前的诸卦第一个数均为 0,复卦以后的诸卦第一个数均为 1。坤地大卦全是阴爻,为 000,000,乾天大卦全是阳爻,为 111,111。从坤地大卦到天风姤卦是一个渐变过程,由地雷复卦到乾天大卦又是一个渐变过程,渐变为量变;质变就发生在姤卦与复卦之间。

《周易参同契》太极图形象地再现了阴阳消长,由量变到质变的过程。太极图中的阴阳鱼,黑鱼为阴,白鱼为阳。把太极图分成八等分,全白的那部分为乾,为纯阳;全黑的那部分为坤,为纯阴。由坤到巽,经艮、坎,表现为阴消阳长的过程;由乾到震,经兑、离,表现为阳消阴长的过程。坎、离分别居于阴阳交替的关键部位,故坎中有一黑点,为阳中之阴;离中有一白点,为阴中之阳。这两个点十分重要,它意味着,过此,阴阳的性质就要发生重大变化了。

事物从正向反转化,是要有条件的。这个条件就是"穷",所谓"穷"就是"极",亦即顶点。事物在它所允许的限度里发展,虽然有量的变化,但性质不变。如果发展到了顶点,超过了限度,就要走向反面,开辟一个新局面。《系辞下传》说:"《易》穷则变,变则通,通则久。"这里说的"变"是质变。陆游诗句"山重水复疑无路,柳暗花明又一村",形象地表现了《周易》的这一理论。

"穷"这个条件特别重要,它指事物发展的最高限度。每一种事物都有它的最高限度。水加热,到了 100℃,水就沸腾了。100℃是水变成气的必要条件,是水作为液体存在的最高限度。如果把水温降低,到 0℃,水就变成冰了。

0℃是水由液体变成固体的条件。0℃是水作为液体存在的最低限度。

《周易》中泰卦与否卦排在一起。泰卦表示吉,否卦表示凶。但泰也能转化成否,否也能转化成泰。泰卦的九三爻辞就这样谆谆告诫人们:"无平不陂,无往不复,艰贞无咎。"意思是说,没有绝对的平地,地总是有些不平的;没有只有去没有回的,总有回复。只有牢记艰难,守持正固,才可免遭咎害。同样,否卦也这样鼓励人们:"休否,大人吉","倾否,先否后喜"。"休"停也;"倾"倒也。停止、倾倒之后,吉祥、喜庆就会到来。

泰卦、否卦对三种人有着不同的启示:

对成功者,提醒他不要骄傲,不要自负。警示这成功是有可能转化为失败的。对失败者,安慰他不要灰心,不要放弃,晓示这失败是有可能转化为成功的。对既不成功也不失败的人,一是鼓励:努力一下就可能成功;二是警诫:如果不努力,这种中等状态也保不住,因为不进则退。

泰否互化的观点在中国传统文化中影响很大。老子讲"祸兮福之所倚,福兮祸之所伏"[①]与之一脉相承。老子讲福祸互潜可以看作是福祸互化观点的有力补充。正是福中潜伏有祸的因素,祸中潜伏有福的因素,才有可能实现福祸互化。

历代的学者对《周易》否泰互化的观点都很欣赏。程颐说:"否终则必倾,岂有常否之理? 极而必反,理之常也。"[②]

让我们记住:"泰极则否","否极则泰",不管在什么环境都保持清醒的头脑,明智地面对现实,乐观地展望未来。

八、乐天知命

《周易》除提出知天、顺天等处理人天关系的重要原则外,还提出"乐天"的思想。《系辞上传》云:

> 易与天地准,故能弥纶天地之道。仰以观于天文,俯以察于地理,是故知幽明之故。原始反终,故知死生之说。精气为物,游魂为变,是故知

---

① 陈鼓应:《老子注译及评介》,中华书局1984年版,第465页。
② 黄寿祺、张善文译注:《周易译注》,上海古籍出版社1989年版,第120页。

鬼神之情状。

与天地相似,故不违。知周乎万物,而道济天下,故不过。旁行而不流,乐天知命,故不忧。安土敦乎仁,故能爱。范围天地之化而不过,曲成万物而不遗,通乎昼夜之道而知,故神无方而易无体。

这两段话,前一段话是说《易》神奇的功能。它"弥纶天地之道","三知":知幽明之故,知死生之说,知鬼神之情状。

第二段虽也是说《易》的神奇功能,但侧重于讲用《易》者的人生境界了。这人生境界总体是:"与天地相似",即与天地运行同一节拍("不违","不过")。具体分为两个侧面:一是对个体价值的体认,为"乐天知命",无忧无虑地尽自己天命,这主要是讲乾即天的品德;二是对社会价值的体认,为"安土敦乎仁",能爱,这主要是讲坤即地的品德。两个侧面:一是对己,二是对他(社会)。

两个方面,人们通常比较重视的是第二个方面:"安土敦乎仁",相对地比较忽视第一个方面:"乐天知命。"其实,这第一个方面,也许更重要。因为这第一个方面,实际上谈的是自我意识的觉醒。

"乐天知命",首要的是知命,知命是乐天的前提。所谓知命,是知自己的生命。知自己的生命就是自我意识。自我意识对于人来说十分重要,从某种意义上讲,人之所以不是动物是人,就在于人有自我意识,它清醒地知道个体生命的存在及其价值。

生命有两种形态,一是个体的生命,一是物种的生命。个体的生命,又可以分为自然的生命和社会的生命。作为自然的生命,人的生命与自然界的任何生命无异,同样有生老病死,体现为一个过程,就是乾卦所描绘的"潜龙勿用"到"群龙无首"的一个过程,先是生,后是长,再是死,再是变——新的生。《周易》强调的"知命",首先知的就是这样一个自然的生命。在《周易》看来,如果能以这样的观点看待个体的生命,在实践中就能做到顺天。即使遇到困难,碰到危险,也能以平常心对待之。因为天就是这样,正如一年三百六十五天,不可能天天是晴天一样,人的一生也不可能总是一帆风顺飞黄腾达的,总是有顺的时候,也有不顺的时候。天既如此,人还有什么忧的呢,故"不忧",不忧,那就是"乐"了。为何乐?为自己与天共同着生命而乐。——这就是《周易》文本中"乐天知命"的基本意思。

"乐天知命"是中华民族传统文化的精华,如果我们将"乐天"这一思想稍微展开一下,发现它可以分为若干层次。

第一,乐天然。天然,在这里可理解成自然界。中华民族向来视山水之乐为人生最大的快乐之一。《论语·先进》中记孔子与学生言志,子路、冉有、公西华等都表达了自己事功的志向,孔子不是"哂之",就是不表态,最后,孔子点名让曾点说,曾点说他的人生理想是:"莫春者,春服既成,冠者五六人,童子六七人,浴乎沂,风乎舞雩,咏而归。"孔子听了以后,喟然叹曰:"吾与点也!"明确表示赞成曾点的人生理想。这段文字向来为人津津乐道,后世儒家在"吾与点也"上也做足了文章,其实,孔子在这里不过表达了人性之常:对自然山水的热爱。尽管子路他们所说的事功也是人性之常,但子路他们说的人性是人的社会性,人的社会性固然重要,但人的自然性是更为基础的。热爱自然,视自然为人的生命之本,并不是一定要去游山玩水。其实,人的生命每时每刻都在与自然进行着能量的交流。不是吗? 人哪一刻停得了呼吸? 停得了饮水? 人的眼睛总是在观看着自然界色彩光影的变化,人的耳朵总是在倾听着自然界的声音。人的情感最容易受到自然界的影响,而人的智慧总来自大自然的启示。只是因为大自然太慷慨了,我们并不觉得它的赐予有多么可贵,可是只要稍许理性地反躬自问:几乎所有的人都能得出同一个结论:大自然不仅是我们的生命之源,也是我们的快乐之源。

第二,乐天道。天然是感性地呈现在我们面前的自然界,天道则是潜在于自然界中的客观规律。人们兴味盎然地欣赏着花开花落,为它喜,为它悲,可是,如果能进一步深究这花为什么开为什么落什么时候开什么时候落,也许这快乐就提升到一个更高的境界了。《周易》说的"乐天",也许更多地讲这种乐,我们可以将它概括为"天道之乐"。

乾卦《文言》说:"夫大人者,与天地合其德,与日月合其明,与四时合其序,与鬼神合其吉凶。"这人与天合,合的是"德",是"明",是"序",是"吉凶",一句话,合的是天道。人与天道合,那种快乐就不是一般感性的快乐,而是一种理性的快乐了。战国时的《乐记》也谈到过这种快乐,它说:"与天和者,谓之天乐"。所谓"与天和",实质只能是与天道和。

当然,任何人都希望自己的行动能顺天,也都希望自己的实践能取得理想的成就,但因为种种原因,没有能够做到"顺天",因而也就没有做到与天合,实践失败了。在这种情况下,是不是就要悲伤呢?《周易》当然没有否定这种悲伤,但是,它认为没有必要绝望。因为还有希望。否卦不是糟糕透顶了吗?但是,否极而泰来。未济卦,以失败告终,但此卦卦主六五爻辞是"贞吉,无悔,君子之光,有孚,吉"。所以,在《周易》,胜利了固然乐天,失败了,也可以乐天。

第三,乐天性。天性,即本性,凡物均有自己本性,人也是一样。人的本性是什么?首先是自然本性。后世儒家将它说成是"欲",程颐还提出"存天理,灭人欲",其实,欲可以分成两个部分:一是合乎本性的;二是超出本性的。凡是合乎本性的欲,不仅不能灭,还要肯定,事实上,合乎本性的欲不仅是人的生命之所在,也是人的快乐之所在。"食色,性也",食色,亦乐也。

人的天性当然也不只是欲,还有别的,比如事功、社会责任等。这些也都存在合乎本性与超出本性两种情况。凡是合乎人本性的事功、社会责任,都是人快乐之源,但是,超出人本性的事功、社会责任,那就不仅不是快乐之源,反而是苦恼之源了。

所以,"乐天知命"对于人的天性的肯定与满足,还存在一个度的问题,既不能不及,也不能过及。在实际生活中,不及很容易为人们认为是问题,而过则往往遭到忽视,所以,《周易》有两个卦专门来谈过的问题,一卦为大过,一卦为小过。大过是阳过,小过是阴过。虽然这两个卦不只是谈人性的问题,但显然是将人性的问题包括在内的。

中国传统文化对"乐天知命"的讨论,一般集中在两个问题上:

第一,对功名利禄的看法。

功名利禄立足于人的社会本性,本也是值得肯定的。《周易》也肯定这种为国为民的事功,师卦上六爻辞就说:"大君有命,开国承家,小人勿用。"但是,《周易》也认为君子要善于识时务,当形势不利之时要隐,要遁,离功名利禄远远的。另外它认为"天地之大德曰生",不能为了功名利禄伤生残性。

中国传统文化对功名利禄的看法,基本上沿袭《周易》的立场,儒家主张有道则仕,无道则隐,对功名利禄持一定的超越立场。当然,道家是彻底否定功名利禄的,它认为功名利禄从根本上伤害人性。道家的观点有片面性,它理解的人性,实际上只是人的自然性。功名利禄属于事功,它也植根于人性,只是这人性是人的社会性。自然性是人性,社会性也是人性。因而,事功是不能否定的。

理论上当然应该这样看,但实际情况要复杂得多,功名利禄与真正的事功并不完全一致,它常常成为一种超级的物欲,从精神上彻底毒害了上进的知识分子,明代的著名小说《儒林外史》就揭露了不少这方面的事实,既可悲,也可笑。人性遭受如此严重的摧残,哪还有快乐可言?正是在这种背景下,一批明智的知识分子主动地跳出官场,期望在与大自然的相与之中寻回失去的人性,获得精神上的快乐。这方面最为突出的代表无疑是陶渊明。陶渊明曾经是一名小县令,黑暗的官场让他憋闷,终于认识到不能"为五斗米折腰",从而毅然决然辞官回乡。为这件事,他专写了一篇文章,题为《归去来兮辞》,其中说:"已矣夫!寓形宇内复几时,曷不委心任去留。胡为乎遑遑欲何之,富贵非吾愿,帝乡不可期。怀良辰以孤往,或植杖而耘耔。登东皋以舒啸,临清流而赋诗。聊乘化以归尽,乐夫天命复奚疑。"这篇文章结尾,明确地说"乐夫天命复奚疑",他追求的就是这种与天命同在的快乐。

第二,对生死的看法。

乐天知命思想最为突出的表现莫过于对生死的达观态度了。

《周易》的离卦九三爻云:"日昃之离,不鼓缶而歌,则大耋之嗟,凶。"离卦的三爻位,属下卦的最上一位,意味着下卦快要结束,其比喻则是日昃——太阳快要下山了。按爻辞的意义,面对这夕阳,如果"不鼓缶而歌",有嗟老伤逝之感,那是凶的。言下之意,面对夕阳,不仅不应该伤感,还应该高歌,快乐。朱熹解释这种"乐"为"安常以自乐"。的确是"常",太阳每天都会降落,每天也都会升起,这就是"常"——天道之常。既然是"常",的确是没有什么必要为夕阳而悲的了。联系到生命,生命是一个过程,有生就会有死,有死也会有生,正如太阳有升有落,春天有去有回。《周易》的"乐天知命"思想,正是筑基于这天道之常。

对生命持达观的态度,不只是能正确地认识到生命是一个过程,还能将个体的小生命与宇宙的大生命联系在一起,也就是说,从天人合一这一角度来理解人的生命。这又是一个生命的境界了。按《周易》的观点,天是永恒的,恒卦的《象传》云:"日月得天而能久照,四时变化而能久成。"如果将自己的生命看成是天的一部分,那么,天永恒,你的生命也永恒。苏轼正是这样看的。一天,他与朋友在江上赏景,朋友发出感叹,认为江山是永恒的,自己的生命是短

暂的,悲伤起来。苏轼劝慰朋友道:

> 客亦知夫水与月乎? 逝者如斯,而未尝往也;盈虚者如彼,而卒莫消
> 长也。盖将自其变者而观之,则天地曾不能一瞬;自其不变者而观之,则
> 物与我皆无尽也。而又何羡乎? 且夫天地之间,物各有主,苟非吾之所
> 有,虽一毫而莫取。惟江上之清风,与山间之明月,耳得之而为声,目遇之
> 而成色;取之无禁,用之不竭。是造物者之无尽藏也,而吾与子之所
> 共适。①

苏轼的观点很鲜明,他不认为人与天是对立的,天与人是可以统一的。如
果持变化的观点看万物,那万物与我都在不停地变化;如果持不变的观点看万
物,那万物与人也都是永恒的。既然如此,有什么必要自寻烦恼,为个体生命
短暂而悲伤呢? 最好的态度就是与大自然共同着生命。这江上的清风不是很
爽吗? 那就痛快地沐浴清风吧;这山间的明月不是美丽的吗? 那就尽情地欣
赏吧。这就是苏轼的人生态度,这不就是《周易》所倡导的"乐天知命"吗?

苏轼这里表现的思想类似于庄子,然而没有庄子的虚幻缥缈,它是一种很
现实的人生态度:徜徉于自然山水中,在精神上实现人与自然的统一。这里没
有丝毫的悲观,也不见什么消极。相反,倒凸显出一种审美的快乐来。

欧阳修提出"山林者之乐"与"富贵者之乐",因两者不可兼得而困惑苦
恼,苏轼则没有这种心理矛盾。

人生总是有许多追求的,这牵涉人与物(包括功名利禄)的关系。如何看
待并处理这种关系,是各种不同人生观的出发点。苏轼提出"寓意于物"而不
"留意于物"的人生态度。他说:

> 君子可以寓意于物,而不可以留意于物。寓意于物,虽微物足以为
> 乐,虽尤物不足以为病;留意于物,虽微物足以为病,虽尤物不足以为乐。
> 老子曰:"五色令人目盲,五音令人耳聋,五味令人口爽,驰骋田猎令人心
> 发狂。"然圣人未尝废此四者,亦聊以寓意焉耳。刘备之雄才也,而好结
> 髦;嵇康之达也,而好锻炼;阮孚之放也,而好蜡屐。此岂有声色臭味也
> 哉? 而乐之终身不厌。②

---

① 苏轼:《前赤壁赋》。
② 苏轼:《宝绘堂记》。

这里,提出两种对待物的态度,一种是"寓意于物",另一种是"留意于物"。"寓意于物"是一种审美的态度,寄情于物而不为物执:既非仙佛那样视物如无,一味超脱,也非俗众那样视物如命,执著不舍,而能以主体的地位、欣赏的态度去看待它,以随遇、随缘的立场去处理它。这种态度显然带有审美的色彩了。难怪苏轼认为这种态度给主体带来的是"乐"了。

"留意于物"的态度则与之相反,这是一种狭隘的功利的态度,自私的占有的态度,执著的顽固的态度。自然,这种对待物的态度给主体带来的就只能是"病"了。

苏轼在《超然台记》中对"寓意于物"与"留意于物"两种不同的人生态度做了更富有哲学化的剖析:

> 凡物皆有可观。苟有可观,皆有可乐,非必怪奇玮丽者也。餔糟啜醨皆可以醉,果蔬草木皆可以饱。推此类也,吾安往而不乐? 夫所为求福而辞祸者,以福可喜而祸可悲也。人之所欲无穷,而物之可以足吾欲者有尽,美恶之辨战乎中,而去取之择交乎前,则可乐者常少,而可悲者常多,是谓求祸而辞福。夫求祸而辞福,岂人之情也哉? 物有以盖之矣。彼游于物之内,而不游于物之外。物非有大小也,自其内而观之,未有不高且大者也。彼挟其高大以临我,则我常眩乱反复,如隙中之观斗,又乌知胜负之所在? 是以美恶横生,而忧乐出焉,可不大哀乎?①

苏轼并不反对人欲,相反,他给予人欲以充分的肯定,认为这是人的快乐所在,这是他与道学家根本不同的地方。但苏轼反对纵欲、贪欲,因为欲总是表现为对物的追求,"人之所欲无穷,而物之可以足吾欲者有尽"。这样,苏轼一下子就将欲的问题提到物我关系的高度,由此提出两种物我关系:其一是"游于物之内",即沉溺于物,结果是物"挟其高大以临我,则我常眩乱反复,如隙中之观斗"。人为物役,心为形役,人的主体性、能动性消失了,实际上是人的异化。其二是"游于物之外",即物为我用,不是物临我,而是我临物,人的主体性、能动性突出了。前一种关系,物我的和谐破坏了,它给人带来的必然是悲,是祸,后一种关系,物我和谐,它给人带来是乐,是福。

"游于物之外",即"寓意于物";"游于物之内"即"留意于物"。

---

① 苏轼:《超然台记》。

苏轼这种"游于物之外而不游于物之内"的人生态度虽然来自庄子的"物物而不物于物",但二者又有所不同。庄子的"物物而不物于物"比较多地呈现为一种消极的出世的人生态度,一种哲学的思辨,而苏轼的"游于物之外而不游于物之内"则更多地呈现为现实的人生态度。它不表现为纯粹的出世,而是入世与出世相结合,在入世中去出世,或者说在现实人生中实现超越。他没有看破红尘,这与道、禅明显区别;也未厌倦官场,这与真正归耕田园的陶渊明亦有所不同。相反,他认为红尘中仍有许多乐趣,即使是贬官至当时生活条件极差的海南,他亦能以达观的态度对待这生活中的极大不幸。他在海南写的杂记中有这样一则:

> 己卯上元,余在儋耳,有老书生数人来。过曰:"良月佳夜,先生能一出乎?"予欣然从之,步城西,入僧舍,历小巷。民夷杂揉,屠酤纷然,归舍已三鼓矣。舍中掩关熟寝,已再鼾矣。放杖而笑,孰为得失? 过问:"先生何笑?""盖自笑也,然亦笑韩退之钓鱼无得,便欲远去,不知走海者未必得大鱼矣。"①

仅看这则杂记,你根本不能推断这是一位历经坎坷人之语。当然,不能说苏轼身处蛮荒边远之地就没有一点悲伤,悲伤是有的,但他善于化解。且看他初到海南写的一则日记:

> 吾始至南海,环视天水无际,凄然伤之曰:"何时得出此岛也?"已而思之:天地在积水中,九州在大瀛海中,中国在少海中。有生孰不在岛者? 譬如注水于地,小草浮其上,一蚁抱草叶求活。已而水干,遇他蚁而泣曰:"不意尚能相见尔!"小蚁岂知瞬间竟得全哉? 思及此事甚妙。与诸友人小饮后记之。②

他在海南时,僧人参寥派小沙弥来看他,苏轼回信说:"某到贬所半年,凡百粗遣,更不能细说。大略似灵隐天竺和尚退院后,却在一个小村院子,折足铛中罨糙米饭吃,便过一生也得。其余瘴疠病人,北方何尝不病? 是病皆死得人,何必瘴气? 但苦无医药,京师国医手里,死汉尤多。参寥闻此一笑,当不复忧我也。故人相知者即以此语之,余人不足与道也。"③

---

① 转引自林语堂:《苏东坡传》,时代文艺出版社1988年版,第326页。
② 转引自林语堂:《苏东坡传》,时代文艺出版社1988年版,第325页。
③ 转引自林语莹:《苏东坡传》,时代文艺出版社1988年版,第325—326页。

这些事迹也证明了他所说的"凡物皆有可观。苟有可观,皆有可乐","餔糟啜醨皆可以醉,果蔬草木皆可以饱"。苏轼就是以这样一种审美的态度对待生活的,也正是这样一种审美观使他在最艰难的生活中不颓废,不消极,不绝望,总是能从生活中找出美与快乐来。

一谈到"乐天知命",人们对"知命"二字特别挑剔,特别反感,以为一出现"命"就是命定论,就是迷信。其实"命"不能只理解成命运,还应理解成"天命"和"性命"。所谓"知",既是"认定",更是"掌握"。所谓"知命"就是说要尊重自然规律和人的本性,按照自然规律和人的本性去行事,既不要执意与自然对抗,违背自然规律;又不要伤生残性,与自己过不去。"知命",既反对主观独断,盲目莽撞;又反对异化自我,轻掷生命。

"知命"既是"顺天"的基础,又是"乐天"的基础。"顺天"虽然也能体现出人的主体性,但主体性层次不是很高,因为人与天的关系中,人还是处于被动的、服从的地位的,尽管被动中有主动,服从中也有反服从。"乐天"就不同了,人天关系中,人完全居于主动的、居高临下的地位。人在"知命"的基础上,调整了自己的心态,以一种达观自持的态度笑看大自然的变化,任凭云飞雾走,花开花落……

好个"乐天知命故不忧"!

九、崇阳恋阴

中华文化讲阴阳,阴一般表示母性的、柔性的、退让的、宽容的方向;阳一般表示父性的、刚性的、进取的、坚定的方向。从美学角度看阴阳,阴为秀美,阳为壮美。

阴阳所代表的两种方向在中华文化中是统一的,这集中体现在《周易》之中。《周易》作为中华哲学的总源头,其基本点是讲阴阳,从总体倾向来说,《周易》崇阳,阳总是打破固有格局的刚健力量,是将事物推向新阶段的积极因素。《周易》的第一卦乾卦是阳刚的颂歌。《象传》赞美乾:"大哉乾元,万物资始,乃统天。"值得我们注意的是,《周易》崇阳,但是并不贬阴。《周易》的第二卦为坤,坤是纯阴的卦,对于坤卦,《象传》同样取赞美的态度:"至哉坤元,万物资生,乃顺承天。"

这里,《易经》与《易传》有所区别。仅从《易经》来看,阳与阴的地位无所谓尊卑。《易传》则有所不同,《系辞上传》说:"天尊地卑,乾坤定矣,卑高以陈,贵贱位矣。"——多少含有尊阳卑阴的意思,但这种意思并不是很强的,《易传》的主导思想,是阴阳和谐,两者缺一不可,所谓"一阴一阳之谓道"①。当然,应该看到,中国传统文化在其发展过程中,的确存在着尊阳卑阴的观念,它主要表现为重男轻女的传统观念。但是,如果不只是看文献资料,也能结合中国社会生活的实际去考察这一问题,则能发现,中华传统文化其实不是尊阳卑阴,而是崇阳恋阴。崇阳,更多地体现为一种理性的精神,而恋阴更多地体现为一种情感的意味。这种崇阳恋阴的情结最早在《周易》中体现出来,因而可以说,《周易》是中华文化中崇阳恋阴情结之源。

《周易》的崇阳恋阴情结,集中体现在乾坤两卦之中。乾卦的基本精神是《象传》所说的"天行健,君子以自强不息"。乾在人类社会生活中,象征父、君、男性。中华文化是一种父权崇拜、君权崇拜、男性崇拜的文化,这种文化在封建宗法社会得到强调。在中国美学上它体现为刚健,这种刚健之美在西方美学体系中称为"崇高"。《周易》将乾卦置于第一的地位,说明阳的地位是至高无上的。

坤卦是纯阴之卦,集中体现中华民族积极的阴柔精神。在人类社会生活中,坤象征母、后、女性。中国社会与人类其他民族一样,经历过母系氏族社会,虽然后来进入了父系氏族社会,但母系社会的遗存比较多,加上儒家的孝道观念的影响,在一个家庭中,有背景的、娘家有势力的或者特别能干的女性家长往往有很高的威望与实际的权力。坤卦在美学上体现为阴柔。"其静也翕,其动也辟。"比较乾坤两卦,在情感意味上,对乾更多的是崇,是敬;对坤更多的是恋,是爱。从《文言传》可以看得很清楚:

乾始能以美利利天下,不言所利,大哉哉!大哉乾乎!刚健中正,纯粹精也。——《乾·文言传》

君子黄中通理,正位居体,美在其中,而畅于四支,发于事业,美之至也!——《坤·文言传》

中华文化崇阳恋阴的精神在许多方面以不同的形式体现出来。就做人来

---

① 《系辞上传》。

说,中华文化十分重视节操。节操关系国家、民族的根本利益,也关系个人的人格尊严,在这样的大事上,中国人不容有些许含糊。孔子说:"三军可夺帅也,匹夫不可夺志也。"①"志士仁人,无求生以害仁,有杀身以成仁。"②在孔子看来,"志"比"帅"重要,"仁"比"生"重要。这方面的事例极多,最著名的有文天祥。文天祥抗元失败被俘,忽必烈劝降长达两年,他决计不从,留下"人生自古谁无死,留取丹心照汗青"一语,从容就义。

在原则问题上,在大是大非的问题上,中华传统文化是非常看重基本立场的,是非分明,正邪分明。现代著名作家周作人,就因为在日伪占领北京期间有过变节行为,此后再也无法抬起头来,尽管后来有人怜才,为他辩护,也有人在吹捧他的文章如何如何的好,终究不成气候,因为中国文化传统不允许,中国绝大多数人也不允许。这可以说是"崇阳"。

这是一方面,另一方面,我们也要看到,中华文化又是最讲"和道"的,孔子说:"礼之用,和为贵,先王之道斯为美。"③以"和"为美,是中华民族最为重要的传统。《周易》"中孚"生动地描绘"和道"之美:"鸣鹤在阴,其子和之。我有好爵,吾与尔靡之。"讲"和"必然讲"恕","和道"是与"恕道"联系在一起的。中华文化中有关"和道"、"恕道"以及与之相类似的思想如"谦道"非常丰富,而且特别富有人情味,这方面的思想可以说是"恋阴"。

中华文化总的倾向是崇阳恋阴,但由于多种原因,这种崇阳恋阴是不均衡的,其中,崇阳的一面不及恋阴的一面,上面我们列举的阴阳文化,就其在现实生活的实际影响来说,霸道不敌王道,尚武不敌尚文,健道不敌顺道。因而,中华文化在总体上又偏于阴柔。这是一种更多地偏向阴性的文化。

说中华文化更多的是偏向阴性的文化,主要从中华文化的两大主流学派儒家与道家的倾向体现出来。儒,作为中国最早的知识分子,其主要工作一是祭祀,另是卜筮。从孔子开始,则又从事教育、国家行政管理等工作。儒家作为一个学派,是由孔子创立的,孔子创立的儒家学派,其基本纲领是以爱待人,以德治国。这种思想后来发展为王道,与霸道相对立。王道尚文,霸道尚武。这是两种不同的治国方略,在先秦,两者的斗争十分激烈,最后还是霸道取得

① 《论语·子罕》。
② 《论语·卫灵公》。
③ 《论语·学而》。

胜利,秦就是凭借武力统一了中国的,但是,暴秦将夺取天下的手段用来统治天下,以至于很快失去天下。汉代统治者吸取了暴秦教训,与民休息,开初采用黄老之术治国,后来独尊儒术,此后的中国社会基本上都以儒家为正统,重伦理道德,不主张动辄诉诸武力,仍然是王道取得了胜利,且一直继承下来,成为中华文化的重要传统。到今天,中国对待国际上的纷争,也反对轻易动用武力,主张谈判解决。

中国文化偏向阴性,与儒家文化以伦理为本位有重要关系。伦理,从总体上来讲,关注社会的和谐发展远超过关注个人的自由发展。既然将社会和谐放在首要地位,必然要强调友爱、谦让、宽厚。孔子概括自己的学说,认为"恕道"最为重要。所谓恕道,就是"己所不欲,勿施于人"。对于个人品德来说,谦虚特别重要,《周易》不仅有谦卦专门讲谦,其他各卦也都程度不一地体现出谦让的意味。

中国的另一主流文化——道家,更是偏于阴性的文化。道家崇尚自然的思想,没有能够向着征服自然的方向发展,而是向着顺应自然方向发展,它不是引导人们去与自然抗争,而是引导人们去顺应自然,效法自然,在与自然求得合一的过程中,获得精神上的自由与舒畅。道家主柔,主让,主退,在人生哲学上主张超脱功利,同于大通,在治国问题上,则主张无为而治。道家认为兵者为凶器,与儒家一样,也反对用战争解决社会问题。

中国人对待诗词的态度也能说明问题。中国来有"诗庄词媚"一说,诗,按照儒家的传统,是崇言志的,要求有寄托,诗如果一味地风花雪月就比较问题,特别是当这种绮靡之风成为时尚就成大问题了。初唐的陈子昂,不就是感于六朝的诗"彩丽竞繁,而兴寄都绝"才振臂高呼的吗?他称赞东方左史虬的诗"骨气端翔,音情顿挫,光英朗练,有金石声"①,认为这样的诗才是好诗,是真正的诗。词号称"诗余",对于它则从来没有强调过言志、兴寄,它的主要功能是"曲尽人情"、"聊佐清欢"。实际上,词的题材也多为风花雪月,儿女情怀。北宋的苏轼一改词的传统做法,以诗为词,创豪放词派,陈师道批评他"要非本色"②,李清照坚持词"别是一家",与诗不同。那么,词的本色是什么

---

① 陈子昂:《与东方左史虬咏修竹篇序》。
② 陈师道:《后村诗话》。

呢? 是婉约。这点,明代的张綖说:"词体大略有二:一体婉约,一体豪放。婉约者欲其词调蕴藉,豪放者欲其气象恢弘,然亦存乎其人,如秦少游之作多是婉约,苏子瞻之作多是豪放。大约词体以婉约为宗。"①

这种文化对中华民族的审美方式的影响更是深层次的、全局性的:我们可以举出诸多的审美现象来,比如,对待壮美、优美两种不同风格的美,中国人更倾心于优美这种美,尽管也赞赏壮美这种美。在美学理论上,中华美学经常将"力"与"韵"两个概念排成对子,在理论上,在更具社会性的审美品评中,中国人无疑是尚"力"的。但是,在更为生活化的个人的审美生活中,中国人对于"韵"似是更为欣赏。中华美学中,含蓄这种美,在相当程度上体现尚韵的审美理想,它无疑是偏于阴柔的,然而这种美,在中国人的审美生活中占有很高的地位。中国美学的最高范畴——境界,究其实质也很多地偏向于阴柔,因为它讲究象外之象,味外之味,通向含蓄,通向空灵,通向无。中华古典美学,是一种相当女性化的美学。

不管你怎么评价崇阳恋阴这种文化品格,是好还是不好,或是既好又不好,它在中国传统文化中实实在在地存在着,虽然不是那样清晰,却是在深层次地影响着中国几千年的文化,而且也在一定程度上影响着当今中国人的生活方式。

十、阴阳之和

尚和是《周易》的重要思想之一。《周易》尚的"和",实际上有两种不同的层次,一是阴阳之和,另是执中而和。前一种和是基础,后一种和是提高。也就是说,首先尚的是阴阳之和,在这个基础上,再尚执中而和。从阴阳相应、相交的"交和"再到执中而和的"中和",是《周易》关于"和"的全部理论。

阴阳之和有一个条件,两个层次。一个条件是:必须是一阴一阳。《系辞上传》云:"一阴一阳之谓道。"孤阳不成道。孤阴也不成道。《周易》的损卦六三爻辞云:"三人行,则损一人;一人行,则得其友。"这话的意思是,三人行,构不成阴阳相对,需损去一人,一人行,也构不成阴阳相对,需加一人。《周易》

---

① 张綖:《诗余图谱》。

的睽卦,由兑、离构成,兑为少女,离为二女。《象传》云:"二女同居,其志不同行。"这说明,二阴不成道;同样,二阳也不成道。

阴阳之和的两个层次是"应"与"交"。"应"是基础层次,它具体指一卦之中相应爻位取一阴一阳的关系。按《周易》的游戏法则,这相应爻位为:初与四、二与五、三与上。它全面地反映上卦与下卦阴阳互动关系。这种阴阳相应关系中,以二爻与五爻的关系最为重要。因为二爻和五爻分别为下卦与上卦的中爻。这两爻在相当程度上决定这个卦的命运,是决定此卦情状包括吉凶的关键。二爻与五爻相对应,有两种情况:一种是二爻为阴,五爻为阳。这种情况,二爻最得利;另一种是二爻为阳,五爻为阴,这种情况,五爻最得利。初与四、二与五、三与上的阴阳相应,都是正应。相邻的爻,如是一阴一阳,也有可能构成一种关系,这种关系,以阴在下阳在上比邻为好,如不是这样,而是阳在下阴在上,通常不太好,但在特殊情况下,也有积极的作用。

阴阳相和,以阴阳相交为最好。这种关系,要求下卦的相应爻位为阳,上卦的相应爻位为阴。按《周易》的理论,阳气上升,阴气下降,这样一升一降,阴阳就相交了,阴阳相交更能见出阴阳化合的作用。。

最能说明阴阳相交关系的,《周易》中有两对卦,一对是泰卦和否卦,另一对是咸卦和恒卦。

泰卦上卦为坤,下卦为乾。坤所代表的阴气下降,乾所代表的阳气上升,就在这一上一下之中,阴阳全相交了,交则通,通则泰,故此卦公认为最为吉利的卦。

否卦,上卦为乾,下卦为坤,上下卦的爻位也相应。但是,阴阳不相交,原因是乾所代表的阳气上升,坤所代表的阴气下降,阴阳运动的方向相背,故而为否闭,否闭当然是不吉的。不过,《周易》中没有一个卦是完全不好的卦,因为一切均会变,否卦也是如此,当否闭在下卦六三爻完成之后,从上卦九四爻开始,就要调动阳刚的力量,以改变这种局面。九五爻"休否",上九爻"倾否"。"休否"、"倾否"的目的是改变阴阳不交的状况。所以,从九四爻起,否卦实际上都是吉。

咸卦在周易六十四卦中处三十一的位置,居中略靠前。这一卦的阴阳交感情况颇耐人寻味。

咸卦,下为艮,艮为少男,上为兑,兑为少女。上下卦阴阳相应且相交。此卦取名为"咸","咸"者,"感"也,此卦象征"交感"。

细细地品味此卦,让人兴味盎然。兑为少女,为阴柔,处上位;艮为少男,为阳刚,处下位。于是,这阴柔之气往下,阳刚之气上升,二气感应交合,两相亲和。交感之时,阴阳两者既稳重自制又欢快喜悦,就像男子向少女下聘礼求婚。所以大为亨通,此卦明确说:"取女吉。"

少男少女相爱只是咸卦的取象,咸卦表达的内涵远比这广大得大,咸卦《彖传》云:"咸,感也;柔上而刚下,二气感应以相与。止而说,男下女。是以亨,利贞,取女吉也。天地感而万物化生。圣人感人心而天下和平:观其所感,而天地万物之情可见矣。"

说得多好!"天地交感而万物化生"。自然界的一切现象均可以推源到交感。地球为何会转?白天与黑夜为何会交替?风为何会动?雷为何会鸣?电为何会发亮?云为何会化为雨?自然科学家们的分析,虽然很专业,但提升到哲学层面,均是从不同的角度、不同的层面说明了宇宙间的矛盾统一的现象,这矛盾统一的现象,《周易》叫做"交感"。

"圣人感人心而天下太平。"自然现象产生于交感,社会现象也产生于交感。情为何产生?理为何产生?诗为何产生?乐为何产生?都可以归结到不同情状的主观与客观的交感。圣人为何为圣人?因为圣人(君王)与百姓的心是相交相通的。

与咸卦相对且相邻的卦是恒卦。恒卦在周易六十四卦中排三十二位,是最中间的位置。

恒卦下为巽,巽为长女;上为震,震为长男。长女、长男的交感、结合,其含义不同于少女、少男的交感、结合。少女少男的交感只是意味着爱情、婚姻和新生命的孕育;而长女长男的交感则进一步意味着家族的繁衍,事业的扩大,生命的永恒。

《彖传》的解说非常精彩:

恒,久也,刚上而柔下,雷风相与,巽而动,刚柔皆应,恒……日月得天而能久照,四时变化而能久成,圣人久于其道而天下化成;观其所恒,而天地万物之情可见矣。

日月久照,四时久成。这"久照"、"久成"的根本原因在于这阴阳交感的和合,具有永恒的价值,人类及其事业得以永恒,其不竭的力量源泉亦来自于此。

咸卦是说交感之初,它的价值是生命的新生;恒卦是说交感的大成,它的价值是生命的永恒。

《周易》所有的卦都讨论到了阴阳之和。绝大多数卦正面讲,只有一个卦从反面讲。那就是睽卦。睽卦上离下兑,离为火又为中女,兑为泽又为少女。《象传》阐说此卦:"睽,火动而上,泽动而下。二女同居,其志不同行。"火向上动,泽而下动,方向相反,象征不同心同德;又,离为中女,兑为少女,两位女人在一起,全是阴,缺阳。六三与上九相应,但六三阴居阳位,有所睽违,上九处睽违之极,也不得位,能够有六三来相应,不失为一种安慰。上九爻辞是:"睽孤,见豕负涂,载鬼一车,先张之弧,后说之弧,匪寇,婚媾,往遇雨则吉。"意思是:上九处睽违的极端,孤独烦躁,恍惚中见一头猪背负污泥,拉着一车鬼跑来,惊慌之中举弓射击,可仔细一看,不是强盗,而是来求婚的,如果能遇上一阵雨则可获得吉祥。为什么说是求婚的?因为有六三来与之相应。为什么说遇雨则吉?因为雨在古人看来是阴阳二气交和的产物,遇雨则吉,暗喻和合。睽卦,它的价值是强调非一阴一阳不和。

阴阳和合是《周易》最基本的思想。我们前面说过,《周易》尚变,它的书名"易"就含有变的意思,那么,这变与和是什么关系呢?我们首先要明白,变,其实并不是《周易》所认定的人生的意义所在,人生的意义不是在变,而是在和。和才是幸福,和才是快乐,但是,和的到来,却是离不开变的,和来自于变。正是因为有各种力量的相互运动即变,才促使和的实现。和是变的产物,同时又是变的起点。如果说和相对于变来说是静止的,那么,这种静止也只是相对的,这种相对静止的和,在其实现的同时就开始着新的变了。

《系辞上传》说:

> 一阴一阳之谓道,继之者善也,成之者性也。仁者见之谓之仁,知者见之谓之知,百姓日用而不知,故君子之道鲜矣。显诸仁,藏诸用,鼓万物而不与圣人同忧。盛德大业,至矣哉!富有之谓大业,日新之谓盛德。生生之谓易,成象之谓乾,效法之谓坤,极数知来之谓占,通变之谓神,阴阳不测之谓神。

这段话将阴阳相互关系的作用说得非常透辟,它实际上是强调了阴阳关系的四个要点:第一,肯定道的精髓就在这一阴一阳的相互关系之中,只有一阴一阳才成其为道,强调的是"对";第二,指出一阴一阳的关系变化无穷,而且是不测的,强调的是"变";第三,指出一阴一阳的和合,是"盛德"、"大业",强调的是"和";第四,指出这阴阳关系的道理就在"百姓日用"之中,一点也不神秘,强调的是"常"。

十一、执中而和

除了阴阳之和,在《周易》中还有另一种"和"——"执中而和"。实际上,执中之和不是独立于阴阳之外的另一种和,只是阴阳之和的一种重要品格,那就是"中"。

"中",在《周易》中有很多意义,其基本的意义是中位。中位是指《周易》一卦中的第二爻位和第五爻位,这两爻位分居下卦与上卦的中间位置,这两个位置通常是吉位。

"中"从理论上引申,则为恰当。这样,"中"就包含有:看问题全面、注意分寸、掌握火候、量力而行、适可而止等许多意思。《周易》也常用恰当去阐释中位的好处。如蒙卦九二爻,爻辞云:"包蒙,吉;纳妇,吉;子克家。"《象传》评论此卦:"蒙,亨,以亨行时中也。"所谓"行时中"就是把握最佳时机。

《周易》中,"中"也有训为"心中"的。如履卦九二爻爻辞云:"履道坦坦,幽人贞吉。"《象传》就解释为:"'幽人贞吉',中不自乱也。""中"这里指的是"心中"。"中"的以上这些意思与"孚"亦相关,因为"孚"不仅重在"中"("中孚"),而且也建立在执守中道、公正无私、不偏不倚的基础上。

正是因为"中"有心中义,它就与《周易》中另一重要概念——"孚"联系起来了。孚为诚信,诚信应是真的,在心中的,这心又应是虚的,没有杂念的,所以,在《周易》中谈到"孚"时往往涉及"虚",涉及"中"。《周易》中集中谈孚的卦为中孚卦,就很说明问题。

"中道"又叫"中行",这就与伦理学上的"公正"相关联了。泰卦九二爻爻辞云:"包荒,用冯河,不遐遗;朋亡,得尚于中行。"《象传》解释此爻说:"'包荒''得尚于中行',以光大也。"意思是:有包举洪荒的广阔胸怀,能坚守正确的道德原则,这很值得发扬光大。坤卦六二爻爻辞"直方大,不习无不利",也有赞颂端方正直、坚守"中行"的意思。

《周易》还有一个"正"的概念。"正"本义是说得位。周易的卦,爻位分阴阳,初、三、五爻位为阳位,二、四、上爻位为阴位。阳爻居阳位或阴爻居阴位,均为得位,得位为"正"。"正"的意义引申为"正确",由"正确"再进一步引申为"正道"。

《周易》中"贞"这一概念来表示。"贞"有"守正"的意思。《周易》中凡出现"君子贞"一般为君子守正的意义。

《周易》中这些用来规范阴阳之和的概念:中、正、孚,在内在意义上是相通的,它都会归结为"道"。这"道"既是天地之本,也是人伦之本。基于中、正、孚内在意义的相通性,我们将它们统在"中"这一概念之下,这是因为儒家谈和,喜欢用"中和"这一概念。

《周易》几乎所有的卦不同情况地涉及执中而和。家人卦,上巽下离。巽为风,离为火。《象传》云:"风自火出,家人。"显然这是讲家庭之和,以风助火势来比喻家庭之和是非常恰当的。夫妻是家庭的基本元素,夫妻之和为阴阳之和,这没有问题。问题是,是不是只要有一阴一阳,就必然地能实现和?这不一定,它还有个位的问题。

家人卦的《象传》对此做了说明:

> 家人,女正位于内,男正位于外;男女正,天地之大义也。家人有严君焉,父母之谓焉。父父、子子、兄兄、弟弟、夫夫、妇妇,而家道正。正家而天下定矣。

这就说得很清楚,家庭要能像"风自火出"这样的兴旺发达,只是有了一对男女,这男女也名义上称为夫妻,还不行。它需要这一对男女真正履行夫妻的职责,也就是"正位"。家庭成员各有其位,夫有夫位,妻有妻位。这种位是天地之大义,是道的具体体现,是不能违背的。只有位正,家道才正;家道正,才有家和。俗话说:"家和万事兴。""风自火出"的兴旺局面是从这来的。

家人卦中,二、五爻是最重要的,它们是卦主。二爻为阴,五爻为阳;二爻为离卦的中爻,五爻为震卦的中爻;离为火,震为风。这"风火家人"的关键就在这二、五爻的相应。二、五爻既是得位的,又都是中位,它们的相应完全体现了"中和"原则。

儒家非常看重家庭的这种得位的阴阳之和,将它的基本思想推之于治国。家要和,国家也要和。家之和,关键在夫妻之和;国家之和,关键在君臣之和。

君臣之和犹如夫妻之和,也可以理解成阴阳之和。在《周易》中这种关系一般主要由二爻与五爻体现出来,二爻为臣位,五爻为君位。这二爻均为中位,所以,这种和具有先天得中的优势,但是,它们不一定得位。在许多卦中,五爻位为阴居之,二爻位为阳居之。按《周易》的说法,这是弱君强臣。这种局势,江山社稷是存在一定的风险的,但是,如果君臣彼此有孚,就没有问题。比如,大有卦,六五为君位,阴爻居之,二爻为臣位,阳爻居之,均不得位。六五爻辞云:"厥孚交如,威如,吉。"这君虽然弱一些,但"厥孚交如",所以深得大臣拥戴,威望很高,吉。九二爻爻辞云:"大车以载,有攸往,无咎。"九二虽不得位,但得到六五的信任,担当大任,且有所作为,这也全靠有孚。大有卦九二与六五这种和,不仅是阴阳之和,而且也是有孚之和,这有孚之和,即为"中和"。

《周易》有个同人卦,上为乾下为离,它是讲朋友之间和同的。这个卦提出了一系列很宝贵的关于和同的思想。其中最重要的是"同人于野"。这"野"可以理解成原野,也可引申为宽广。朱熹将它解释成"无私"? 无私是什么概念? 无私是人道中最高的原则,也是天道、地道的原则,天道无私,地道无私。乾卦的《象传》云:"乾道变化,各正性命,保合太和,乃利贞。"能"各正性命",这天道有私吗? 当然没有。坤卦的《象传》云:"含弘光大,品物咸亨。"能"品物咸亨",这地道有私吗? 当然没有。同人卦就是以这样的原则来谈同人的。同人是和,实现同人的原则既然是"无私",那也就是"中"了,所以,同人之和也是"中和"。

同人卦还提出"和同于人"要"利君子贞"。唐代孔颖达解释:"与人同心,足以涉难,故曰'利涉大川';与人和同,易涉邪僻,故'利君子贞也'。"孔颖达的意思:与人同心,本是好事,人多力量大,可以克服大困难,但是与人和同,如果动机不正,心术不好,也可能弄在一起干坏事,所以同人卦说的"利涉大川"只是对君子而言的。以上,足以说明《周易》是非常看重"中"在"和"中的作用的。

中孚卦九二爻辞云:"鸣鹤在阴,其子和之。我有好爵,吾与尔靡之!"头一句说雌雄二鹤唱和,这和,属于阴阳相和。值得我们注意的是后面的一句话:"我有好爵,吾与尔靡之。"爵是酒杯,意思是我有好酒,我们一起来痛饮吧。这里分明见出一种大公无私的思想,这才是孚的主旨,也是和的主旨。

执中而和,不是一味地讲亲,讲友好,必要时需要运用法律的手段去求得和合。《周易》有个噬嗑卦,此卦卦形特别,它的初爻与上爻均为阳爻,连着初爻和上爻的各是两阴爻,就像嘴中的上下牙齿。按说,这嘴是可以合起来的,然而它没有合起来,原因是居于中间位置的九四爻是阳爻,好像嘴中夹了一块东西。这个形象取喻非常深刻。试想,不管是一个家,还是一个社团,如果和合不起来,肯定有一种力量在障碍着,这种力量或来自外界,或来自内部,或即在自身。要想实现和合,就必须下决心清除这障碍。障碍有大有小,障碍如若很大,清除它就不容易,有时,还需要动用武力。《周易》十分清醒地看到了清除障碍的艰难性,它提出"利用狱",即用刑法,强制性地清除障碍。噬嗑卦充满了血腥气,从初九的"屦校灭趾"到上九的"何校灭耳",每爻都在用刑。这是不是在滥用刑律?不是。《象传》说得很清楚:"雷电,噬嗑,先王以明罚敕法。""明罚敕法"就是"正",也是"中"。

噬嗑卦给我们的启示是极为深刻的。和合诚然是美丽的,但是,实现和合的过程却未必那样美丽。和合是需要付出代价的,有时还可能是血的代价。清晨,当我们在欣赏雨过天晴之时,可曾想到昨夜那一场狂风暴雨?天空是留不下一丝痕迹的,但大地还有狂风吹落的残枝。

十二、诚者至贵

作为主体论哲学,《周易》非常看重人的主观能动性,它谈了两种主观能动性,一种是个体的主观能动性,强调"自强不息","厚德载物","刚健、笃实、辉光"等;另一个是群体的主观能动性,强调要"和同"于人,要"富以其邻",等等。这样,就有一个问题提出来了:靠什么去联系群体的心志,靠什么去争取他人的理解、支持和帮助呢?《周易》明确地回答:靠"有孚"。

什么是"孚"?孚是诚,是信。诚在己,信在他,只有自己内心有诚,才能为他人所信。而诚,究其根本是真。真有两种形态,一种是指内心情感与态度的真,一种是指外在事实的真。对于这两种真,《周易》都谈到了,但谈及前一种真时,用的概念是"有孚";谈及后一种真时,用的概念是"顺天"。

《周易》中不少地方谈到了"孚"。据笔者统计,"孚"出现在二十几个卦中,次数多达二十几次。这些出现"孚"字的地方,阐明这样几个道理:

第一,如果"孚"没有了,就会产生纷争、祸乱。

讼卦《卦辞》说:"讼,有孚窒惕。"意思是说,为什么打官司?不就因为诚信被滞塞了吗?这话说得很对。人与人之间难免不发生利害冲突,但如果彼此能开诚布公,相互谦让,至少不会发展到必须对簿公堂的地步。

第二,如果"有孚",可以逢凶化吉,或好上加好。

小畜卦的六四爻辞说:"有孚,血去惕出,无咎。"意思是:有了诚信,就可离去血腥或忧恤,脱出惕惧,也就是说,可以逢凶化吉,履险如夷。随卦九四爻云:"随有获,贞凶,有孚在道以明,何咎?"关于此爻,程颐有个很有趣的解释,它的意思是,九四象征宰相,它位置很高,接近于皇帝了,而且他大得人心,臣下均跟随他。九四这种状况好不好呢?又好又不好。好不言自明,不好就是功高震主,唯一的办法就是"有孚在道",让皇帝知道你没有异心。程颐还举了例子,说是伊尹、周公、孔明、郭子仪都是这样的大臣。

大有卦也谈到孚,大有卦顾名思义是讲大有,不管是财富还是权力,反正是巨大的,且集于一身。显然,这世上能真正做到大有的,只能是皇帝了。"普天之下,莫非王土,率土之滨,莫非王臣。"那么,大有的皇帝就没有什么忧虑了吗?有的!正因为你大有,你这地位就为许多人觊觎着,这就非常危险。怎么办?大有卦六五爻辞提供的忠告是:"厥孚交如,威如,吉。"——诚信。用诚信交接上下,就会赢得大家的拥护。威信不仅没有受到损害,反而会得到提高,当然,也就没有了危险。

六十四卦最后一卦"未济"卦,其最末两爻的爻辞也谈到了"有孚",其爻辞是:

　　　六五　贞吉,无悔,君子之光,有孚吉。

　　　上九　有孚于饮酒,无咎;濡其首,有孚失是。

这两句的意思是:君子的光辉,在于心怀诚信,有诚信必然大吉。就是饮酒,也无害处。饮酒有那么可怕吗?有的。周代吸取商代亡国的教训,禁酒很严。据《尚书·酒诰》:"祀兹酒,无彝酒。"就是说,只有在祭祀时才能饮酒,平时不能随便喝酒。在周代统治者看来,喝酒既耗费大量的粮食,又易误事,甚至造成亡国。未济卦云"有孚于饮酒,无咎",可见"孚"何等重要了。

第三,"有孚"应表现在具体行动上,而且要出自内心。

《周易》有"中孚"一卦,在"孚"前加"中",强调孚的出自内心,《周易正义》云:"信发于中,谓之中孚。"在《周易》中,有几处将"孚"与"富以其邻"联系起来,"富以其邻"就是让邻居也富起来。小畜卦九五辞说:"有孚挛如,富以其邻。"《象传》解释此句云:"有孚挛如,不独富也。"很清楚,以诚信待人不能光停留在口头上,而应该实践在行动上。真诚有效地帮助别人,就是有孚的表现。

第四,"孚"重于物资。

在《周易》中有好几个地方提到"孚乃利有禴"(如萃卦、升卦),这是什么意思呢?"禴",是古时的祭祀之一,殷称为春祭。这种祭祀是薄祭,比较简单。按《周易》的看法,只要心怀诚信,哪怕是薄祭鬼神,也能得到鬼神的赐福。"既济"卦九五爻辞说得更明白:"东邻杀牛,不如西邻之禴祭,实受其福。"这话是说:东邻杀牛,搞盛大的祭祀,不见得比得过西邻的薄祭更能得到神灵的赐福。其原因就在于西邻敬神是出自内心的,是"有孚"。由这里可以推出,《周易》认为,诚信重于物资。俗话说:"礼轻情义重"。礼是物资,情义是诚信,是孚。

第五,"有孚"在心,不必去问吉凶,相信好人必有好报。

益卦九五爻辞说:"有孚惠心,勿问元吉。有孚惠我德。"这话的意思是:只要有诚信惠施于心,不必占问就可获得大吉。这话隐含一个推断:我以诚信待人,人也会以诚信待我。虽然现实生活未必是如此,但作为君子,在现实生活中,他应该这样考虑问题,也应该这样去做,总不能初次打交道,就怀疑对方是好人吧。道德观念的建立,有一个预设,这个预设只能是共同人性论,而共同人性论又不能不以人性向善为基础。向善不等于善,人先天只有动物性,来到社会,既可以向善,也可以向恶。但首先要肯定人有向善的本性,这道德才有建立的必要,也才能建立,否则,道德还有什么意义?

《周易》的"有孚"这一概念,为儒家所继承,发展成"诚"的学说,原概念遂淡出人们的生活。儒家确定诚为天之本,《中庸》说:"诚者,天之道也,诚之者,人之道也。"天是最真实的,上天无欺,所以说诚是天之道;人应效法天,做一个至诚之人,所以,诚之者,是人之道。至诚,是儒家最高的人格理想,也是道家的最高的人格理想。道家讲"道法自然",自然,也崇尚真诚。《庄子》就说过:"不精不诚,不足以动人。"

值得说明的是,诚虽然是真实的人性,却不能说,凡是真实的人性均是诚。人性是分善恶的。纯然为善性的人性是理想的人性,然一般人不具有,在儒家看来,只有圣人才是至善之人。纯然为恶性的人性,儒家不认为它是人性,将它看做兽性。儒家论人很重视人与禽兽的区别。实际上绝大多数的人,百分之九十九点九九九的人,是既有善性又有恶性的人。儒家的修身学说,强调的是人性的修炼与改造。这修炼、改造的理论武器是仁和礼。仁侧重于内心修炼,礼是行为指南,而诚,则是这两者共同的调控,立仁,需要诚,行礼也需要诚。因此,我们可以说,仁和礼均建立在诚的基础之上,诚为仁之本,也为礼之本。

仁者无敌,礼者无畏,而诚者至贵!

人们通常是用语言来表达自己的思想与情感的,因此,诚也通向语言。《乾·文言》说"修辞立其诚",意思是说真话。说真话这么重要吗?是的,非常重要。因为人主要是借助语言来沟通的,语言不真,只能传达错误的信息,让人上当受骗。如果传播的范围小,事情本身不太重要,那危害还不算大,如果传播的范围大,事情本身又非常严重,那对社会打击之惨无法估计。事实也早已证明,谎言对社会危害不下于任何天灾。

谁都会说话,但现实生活中有几个人没有说过谎话?当然,宽容一点,某些善意的谎话说说也无妨,但在绝大多数情况下,谎话总是有害的。大的谎话,祸国殃民;小的谎话,也伤人伤己。中国人吃谎话的苦还少吗?当今社会,衡量一个人的品德,衡量一个单位的品德,大概没有比不说假话更重要的了!

诚信是宝,让我们千百倍地珍惜它。"君子之光,有孚吉。"让我们牢牢记住这句话。

十三、大同社会

《周易》很重视同。《周易》要的是哪一种同?

从哲学上讲,《周易》要的是阴阳相应的同。按《易》理,初爻与四爻、二爻与五爻、三爻与上爻有一种对应关系,若是一阴一阳的关系,就是相应。这种相应,也可以表现为下卦与上卦相应。卦分阴卦与阳卦。乾、震、坎、艮为阳卦,坤、巽、离、兑为阴卦。若上下卦分别为阴阳,则也是相应。同人卦,离下乾上,一阴卦一阳卦,恰好相应。

阴阳相应的最高层次是阴阳相交,这在泰卦中充分体现出来了。泰卦上卦为坤,下卦为乾,坤为阴,乾为阳。阴气下降,阳气上升,阴阳交合,于是通泰大吉。这种团结的好处,是阴阳互补,阴阳相生,是一种具有生命创造力的团结。在自然界,阴阳相应、相交,就有新的生命产生;而在社会界,两种性质相异的力量如果能够相应、相交,这个社会就具有蓬勃的活力,就具有广阔的发展前景。

我们有些人总是希望自己所在的单位全是自己的人,或出自同一家族,或出自同一师门,或出自同一地方,以为这样就团结,就好办事,殊不知,这种所谓的团结是最没有生命力的团结。在中国,不少一个家庭办的企业,办到一定时候就办不下去了,其重要原因之一,就是少了推动事物发展的相异的元素。

同人卦讲同,不仅看重阴阳两种相异力量的同,而且看重同心同德的同。众所周知,同有两种:一种是形式上的同,表面看这是一个集体,一个单位,但实质上人心各异,这不是真正的同;另一种是实质上的同,实质上的同是心同。同人卦要的不是形同而是心同。

同人卦九五爻说"同人先号咷而后笑,大师克相遇"。关于这一爻,朱熹的解释是"五刚中正,二以柔中正,相应于下,同心者也"。这里,朱熹强调的是二与五的"同心",正因为二五同心,才克服了三四爻处于中间的障碍,实现了两支大军的会师。朱熹的解释来自《系辞上传》中的一段话:

> 同人先号咷而后笑,子曰:君子之道,或出或处,或默或语。二人同心,其利断金,同心之言,其臭如兰。

这话说得再好不过了。我们讲臭味相投,其实这臭不是难闻的臭,而是指气味,气味相投,这气味不香也香了。个人的力量总是有限的,两个人的力量就大了,但两个人要真能做到劲往一处使,首先就得心往一处使。"二人同心,其利断金。"还有什么比它更准确生动更形象地说明团结力量的呢?

同心的团结是要建立在正确的基础上的,这基础,按《周易》的说法,就是"正"或者"贞"。"正",表现在爻位上,是阳爻在阳位,阴爻在阴位。引申到社会上,则是各安其位,各行其事,各得其利。这就是礼。中国封建社会讲礼制,礼制可溯源于中国夏商周,甚至还早一些。礼制讲等级,讲社会秩序。在今天看,当然就有许多不公平之处,但是在当时,它是必要的,是有道理的。如果撇开具体的正即礼或理,从抽象意义来讲,它就是规律。合乎规律就是正。

《周易》讲同人,同在正上,也就是同在理上,同在规律上。

同心的同,也需要以正为基础。何以见得是同在正上而不是同在不正上?同人卦从反面批评了一种同,从这可以见出同的真谛。

同人卦反对的同是"同人于宗"。何谓同人于宗?就是小圈子的团结,就是宗派内的团结。同人卦六爻云:"六二,同人于宗,吝。"按说,六二上应九刚,这是阴阳相应的团结,为何又吝呢?朱熹解释说:"宗,党也。六二虽中正,然有应于上,不能大同而系于私,吝之道也。"小圈子的团结出于私利,我们将这种团结称之为勾结。中国历史几乎每一个朝廷都出现过私党,尤以明代为烈。著名的私党有严嵩的私党、魏宗贤的私党,给社会造成极大的危害,相当程度上削弱了明代的国势,加速了明朝的灭亡。

同人卦反对系于私的同,提倡的是一种系于公的同——大同。

同人卦,从卦面上看,是讲个人与个人之间的同,而从内在精髓来看,这种个人与个人的同是通向天下大同的。何以见得?有同人卦的《象传》为证。《象传》云:"同人于野,亨,利涉大川。乾行也。文明以健,中正而应,君子正也。唯君子能通天下之志。""同人于野"如何理解?朱熹说:"于野,谓旷远而无私也,有亨通矣。"无私是同人的关键,以无私之心去同人,何人不能同?这样,就可以由同于个别的人发展到同于整个社会。这就是君子的"天下之志"。

虽然社会上人物不都是君子,但君子是社会的主体、领导者,当君子之德影响了整个社会,这个社会的风气就会发生根本的改变,大同的社会就可望实现。中国的古老的典籍之一《礼记》描绘过这种"天下为公"的大同世界。孟子无限缅怀《礼记》中的那个大同世界,为他所在的社会失去古风而痛心疾首,不断地宣传"老吾老以及人之老,幼吾幼以及人之幼"这种具有原始共产主义性质的大同理想。

《周易》的大同思想从不少卦中宣传的"富以其邻"也可以见出。《周易》小畜卦九五爻云:"有孚挛如,富以其邻。"朱熹在《周易本义》解释此爻:

> 巽体三爻,同力畜乾,"邻"之象也。而九五居中处尊,势能有为,以兼乎上下,故为"有孚挛如",用富厚之力而以其邻之象。"以",犹《春秋》"以某师"之"以",言能左右之也,占者有孚,则能如是也。

九五为君,又中又正,统治稳固,势力强盛,足以号令天下,左右民众,无人敢与之争锋,可谓至尊至威。尽管如此,也不能恃强欺人,更不能依势虐民,反过来,倒要以"孚"治天下,以"孚"得人心。《周易》强调,这"孚"还不能是一种暂时性的施政策略,一种邀结民心的手段,而应该"挛如"。《说文》云:"挛者,系也。"就是说,这"孚"即诚信,应该系得紧紧的,牢牢的,让它真正地成为心之本体。

"孚",首先是诚,诚,真也,现代汉语说"真诚",实际上诚即是真。真,有多种表现:就实体义,为真实;就道理义,为真理;就情感义,为真情。

真,不管是真实、真理、真情,均能取信于人,故"孚"又为信。明真实、晓真理、有真情的人为真人,唯真人最能取信于人,也最能获得天下人的拥护。这与同人卦中讲的"同心"完全是一个意思。

能获得天下人拥护的真人在其成为统治者之后,仅只以真诚奉献给他的子民是不够的,他还应该让他的子民富裕起来,这就是"富以其邻"。"富以其邻"中"以",为"使",全句意:使邻居们富裕起来。《象》曰:"有孚挛如,不独富也。"不独富,就是不只是让自己富,而是让天下人都富。这是一种何等伟大的胸怀!

"富以其邻"思想其前提是"天下为公",然"天下为公"只是一种原始的平等的概念,具体到财富上只是均贫富而已。而"富以其邻",除有均贫富的意义外,还有升富去贫的意义。这正是《周易》乾卦所倡导的"自强不息"精神的具体体现,它充分反映了中华民族世世代代对富裕、幸福生活的向往和追求。

"富以其邻"首先是领导者的职业品德,《周易》小畜卦明确地将这一品格赋予"居中处尊"的九五。"富以其邻"这一思想,与升官发财的观念格格不入,它的基本点一是讲奉献,将自己无私地奉献给子民;二是讲贡献,通过自己的努力让子民过上富裕的生活。讲奉献,是道德意义上的,强调做一个好人、无私的人;而讲贡献,则不只是涉及主体的道德,还涉及主体的能力。对领导者,人们要求他不只是一个好人、无私的人,还应是一个能人、强者,能带领广大子民脱贫致富。

"富以其邻"也是一种社会公德。不只是领导者要树立"富以其邻"的思想,普通人也要能树立"富以其邻"的思想。中华民族对邻居这一人际关系十分重视,民俗中就有"远亲不如近邻"的说法,历代流传的人际佳话,不少属于邻里关系的。"富以其邻"还可以推而广之,就是说,"邻",不限于真实的邻,它可以泛指整个社会。"富以其邻"可以理解成让整个社会富裕起来。这样，"富以其邻"就不只是一个道德命题，还是一个理想社会的概念。

在今天，"富以其邻"的思想，多么值得提倡！

《周易》"大有"思想，也含有大同的意义。大有卦，离在上乾在下，是同人卦的错卦。离上乾下，其象为太阳普照。《象传》解释大有的卦象说："火在天上，大有；君子以遏恶扬善，顺天休命。"这话说得非常之好！大有，并不是说不要分是非，不要分善恶。实现大有的前提不仅是分清是非、善恶，而且要惩恶扬善，抑邪扶正。只有这样，大有的社会——大同的社会才能建立起来。

无论仅仅是二人的同，还是天下人的同，《周易》强调的都是心同、义同、理同。这与我们要建立的和谐社会的宗旨是一致的。和谐社会的和谐当然是心同，但心要同，必须义同、理同，这义就是道德，这理就是法制。一个道德完善的社会、一个法制健全的社会，才是一个真正同心的社会、和谐的社会、大有的社会。

十四、自强不息

读《周易》，人们最为看重的是乾卦《象传》说的"天行健，君子以自强不息"。

"自强不息"本是天德。乾卦《象传》云：

大哉乾元，万物资始，乃统天。云行雨施，品物流形，大明终始，六位时成，时乘六龙以御天。乾道变化，各正性命，保合太和，乃利贞。

这是一首天德的赞歌。具体歌颂六个方面：一是天为万物之始；二是天为万物之统；三是天为万物驱动；四是天为万物定序；五是天为万物定性；六是天为万物之和。所有这一切，充分体现天的活力，故天德为健。

从天德为健我们得到启示：人应效法天德，自强不息。自强不息，贵在"自"。"自"与"他"相对而存在，提出"自"，就含有将自己与他人区别开来反观自身的意思。自强，首先明确到这是自身的强，这里的"自"主要是指人类，也指个体自身。就指人类来说，它与自然相对立，含有"欲与天公试比高"的意味；就指个体来说，它与他人相对立，含有"天下英雄，舍我其谁"的意味。前一种自强体现出人类的觉醒；后一种自强体现出英雄（在中国古代称之为君子,其杰出者则为贤人,最杰出者为圣人)意识的觉醒。这两种意识的觉醒,在中华民族的发展史上均具有极其重要的意义,就《周易》来说,也许侧重于谈后一种意识——君子意识的觉醒。整个《周易》谈的均是君子意识,它可以视为一本君子手册。

君子的自强不息,落实则为"进德修业"①,它可以分为两个方面:一是对内,求诸己;二是对外,显诸世。对于求诸己来说,为"进德";对于显诸世来说,是"修业"。

"进德",首先要有强烈的反省意识:不仅充分认识到自身的责任,而且充分认识到,自己在品德和能力上所存在的差距。对于"进德",《周易》的要求是极为严格的,进德的内容,它概括成两个字"忠信":②"忠",尽于职守,"信",诚信待人。忠于职守为善,诚信待人为真。有了这两个方面,内在的品德算是修炼好了,但是,还不够,还需要在外在的行为举止形貌上有所修炼,这种外在的修炼,叫做"饰"。《周易》的贲卦就是讲君子之饰的。如果将真与善看做是"质",那么这饰就是"文"。孔子总结《易经》的君子"进德"观,提出"文质彬彬然后君子"。后世儒家再进一步丰富,于是,有关君子修养的理论就建构起一个庞大的体系。

自强不息的第二个方面为"修业",《周易》用"建侯"、"正邦"、"大业"、"振民育德"、"化成天下"、""开国成家"等概念来表示,这些均是关系百姓、国家的伟大事业。

进德与修业不可分。进德是"体",修业是"用"。后世儒家说"正心"、"修身"、"齐家","治国"、"平天下"。大体上,"正心"、"修身"为"进德",而"齐家"、"治国"、"平天下"为"修业"。宋明理学喜欢讲"内圣外王","内圣"即为"进德","外王"即为"修业"。

不管是"进德"还是"修业",都需要自强不息的精神。

"自强不息"精神,具体又是如何体现的呢? 择其要者主要有如下方面。

第一,既具"终日乾乾"的奋发精神,又具"夕惕若"的谨慎态度。

乾卦九三爻辞云:"君子终日乾乾,夕惕若。""乾"是奋发,"惕"是谨慎,

---

① 《乾·文言》。
② 《乾·文言》:"忠信,所以进德也。"

两种品德缺一不可,不能认为只有"乾乾"才是自强不息,"惕"不是,其实,要从早到晚都做到谨慎小心更为不易。总之,既要号角长鸣,又要警钟长鸣,

以"君子终日乾乾,夕惕若"来说明自强不息的精神,也许跟周文王相关。周文王创业维艰。在强大的中央政权——商的严密监视之下,他不得不加倍小心。尽管如此,他还一度还被商纣王囚禁在羑里城达十年之久。周文王在羑里城整理《周易》的卦爻辞,自然会将自己的亲身感受糅合进去。只有明白了这一点,才能理解为什么《周易》那么多卦都要强调"贞","贞"含义甚多,其中含义之一是戒。戒什么? 戒急,戒躁,戒贪,戒不正。

在中国历史上,凡成大事者,莫不奉"终日乾乾夕惕若"为圭臬。这方面的杰出代表,除了周文王,还有周公、诸葛亮。

第二,既具"用冯河"的英雄气概,又具"包荒"的团队意识。

在远古,君子不只是个人道德上的表率,他还是广大百姓的领导者,他的最高使命,不是将个人修养成道德高尚者,而是带领大家战胜困难,创造美好的生活①。《周易》所处的时代人类的生活状态十分艰险:一方面,与大自然的较量人类经常处于弱势,各种天灾还有野兽的侵犯,让人常感到生存的艰难;另一方面,人类各个部落之间也常发生战争,每战总有不少人死亡或做了俘虏沦为奴隶。因而,君子的"自强不息"精神在更多情况下表现为他对群众的所起到的作用。这种作用,一是英雄气概,这种英雄气概对于百姓来说,是榜样,是力量的源泉之一;二是团队精神,不管在何种情况下都要能与大家同甘共苦,一道前进。泰卦的六二爻说:"包荒,用冯河,不遐遗,朋亡,得尚于中行。"这句爻辞中,"用冯河"是指英雄气概。"包荒""不遐遗""朋亡",是讲团队意识。这两者,也许更为重要的是团队意识,故而泰卦,用了三个概念来表述这一意识:"包荒",说的是胸怀;"不遐遗"说是是人道主义;"朋亡"说的是不搞宗派,不立私党。

第三,平常时"曰闲舆卫",遇险则"习坎"不惧。

人的处境不外乎平常时与非常时。常时,君子要做的主要是修养,这种修养是不能懈怠的。大畜卦九三爻说:"良马逐,利艰贞,曰闲舆卫,利有攸往。"大畜是讲君子平时畜德的,这种畜德需要付出巨大的努力,像是"良马逐",而

---

① 《周易》中的"君子"有时也包括君主。

且需要坚持。"曰闲舆卫"是接着马的意象说的,但不只是说马,还说君子每天里练习驾车,练习兵器,锻炼各种御敌的本领。

平常时的努力是为了用。用有顺也有不顺。顺不消说,那是吉利的。不顺,问题就大了。不顺莫过于险,因而度险、克险受到高度重视。《周易》六十四卦,有三个卦专谈险,这就是坎卦、蹇卦和困卦。三个卦均有坎,坎为水,为陷,为险。坎卦由两个坎的经卦组成,险上加险;蹇卦上坎下艮,山高水深,险象重重;困卦上兑下坎,泽上无水,自然是草木枯萎,生命困顿。

统看三卦,提出一套完整的困难哲学。首先是正确地认识困难,坚信困难可以克服,因为一切均在变,重要的是创造条件促其变。三个卦均讲到"勿用"。"勿用"是不要乱动,表面上看是示弱,实质是准备力量,是等待时机,是畜强。当然,困难的克服,全靠耐心地等待是不够的,《周易》主张充分发挥阳刚的力量,抓住合适的机会去克服困难。

《周易》讲的阳刚与后来孔子讲的"志"、孟子讲的"浩然之气"在精神实质上是相通的,都是指人的一种正面积极的本质力量。困卦的《象传》说:"泽无水,困,君子以致命遂志。"这种"致命遂志",正是"自强不息"精神的体现。从某种意义上讲,不是顺境倒是逆境,更能磨炼人的意志,更能显示人的积极的本质力量。"沧海横流,方显出英雄本色。"严格说来,《周易》没有绝对坏的卦,也没有绝对好的卦。《周易》的伟大之处,就是它从来不让你绝望。希望是一面旗帜,总是飘扬在你的前头,而你必须有一种精神支撑着,这精神就是"自强不息"。

第四,既"耿介于石",又"日新其德"。

"介于石",出现在豫卦。意思是讲君子应该像石头一样耿介坚定。我们一般总是认为,"涉大川"才是自强不息,这"介于石"怎么也是自强不息呢?须知自强不息是一种精神,它不一定是实际的行动,这种精神的实质是进取性。进取是基本原则,不是一概地进,不停地进,而是当进则进,当退则退,总体为进。进取需要一定的理念作指导,这理念首先体现为立场,立场从大的方面讲是道,它关涉进取的方向和重要的价值取舍。理念也体现为各种重要的战役判断。在前进的过程中,会遇到各种不同的情况,需要审时度势,决定动静进退,这些均需要"介如石"的精神。

众所周知,《周易》尚变,《周易》的尚变最为可贵的是尚新,《系辞上传》

云："富有之谓大业,日新之谓盛德。""富有"与"日新"并列,其实,"富有"正是"日新"的成果。虽然《周易》重视"大业"的"富有",但它显然更重视"盛德"的"日新"。大畜卦《象传》中说"大畜,刚健笃实辉光,日新其德。"又云:"苟日新,日日新。"

太阳每天都是新的,君子每天也是新的,同样,我们的事业每天都也是新的。

十五、厚德载物

"厚德载物"出自坤卦《象传》。它的本义是歌颂坤卦的。

坤为大地,大地多么伟大!高山峻岭在它的肩上立着,江河湖海在它胸脯上流着,不可计数的万千生灵包括人在它身上生活着,一切生物的发生发展史在它身上展示着,一切人类的悲欢喜乐、爱恨情仇、兴衰荣辱,均在它这舞台上演出着。

《象传》是这样歌颂大地的伟大与仁慈:"坤厚载物,德合无疆,含弘光大,品物咸亨。"

大地的品德首先是属于母亲的。母亲最伟大的功能是生育,她是生命之本;母亲最崇高的品德是奉献,她是牺牲楷模。大地的品德也不只属于母亲,它还属于一切正直的人类、善良的人类,——用《周易》的话来说,属于君子。

《周易》是一本君子教科书,它的第一个卦乾卦为教科书的第一章,这一章的标题可名为"自强不息"。自强不息重在精神——奋斗的精神、开辟的精神、不畏艰险的精神、顽强不屈的精神。人类凭着这种精神,辟荆斩棘,开拓进取,成为这个地球上最聪明的灵长。自强不息的精神诚然可贵,但只有自强不息的精神是不够的。须知,自强不息的不能只属于某一个人,而应属于人这个群体。个人再聪明、再伟大,也无力与自然抗争,人的伟大在于它是一个严密组织起来的智慧的群体。那么,靠什么将人组织成一个群体——不是动物那样仅凭血缘关系结合的群体,而是超出血缘关系组合的群体?靠德。《周易》第二卦坤卦讲的就是道德培育的问题。

《周易》这本书,从开头的第一卦乾到最后一卦的未济,自始至终讨论的是两个东西:人类如何自强,人类如何厚德。

《周易》中的德不只是道德,它比道德丰富,大凡人有关做人、做事的基本原则以及意志力均属于德,因此,德含有真、善、美三个要素。

《周易》对德的要求,概括起来为五个字:正、中、孚、谦、和。

"正"是德的首位。按《周易》的"游戏法则","正"指得位,《周易》每卦中,有阳位与阴位两种位置。阳爻在阳位、阴爻在阴位为得位,反之为不得位。得位为正,不得位为失正。这种理论,用在占筮中,是一种游戏法则,用在生活中,却是人类正确行事的基本原则。它的基本点,要求每个人找准自己在社会生活中所处的位置,根据这种位置合理地安排自己的行动方式。虽然这种理论在封建社会里,为统治者用作统治的手段,但它的合理因素仍然是存在的。一个国家、一个社会,要实现和谐,不能不有序,而有序又决定于社会上的各色人等能否找准自己的位置,即得位。

"中",也是《周易》的游戏法则,《周易》每一卦中,第二位与第五位是中位,这中位是非常重要的,一般来说,居中位,即算不得位,也可保无咎。

众所周知,儒家的道德体系中,中庸是重要的一项。中庸的解释很多,朱熹征引程颐的观点:"不偏之谓中,不易之谓庸。"①这个理解当然是不错的,它一是强调凡事不要过头,处中间状态;另是强调凡事不要违规,守住常理。在笔者看来,"中"(名词)即"中"(动词),也就是恰当,从这个意义上讲,"中"包括了"正",但它比"正"更丰富,更灵动。儒家谈和,强调"中和"——这是一种以"中"为有原则的和。《周易》谈"中",虽然不离卦的中位,但总是引申为中道。中道至少有三种内涵:正——是正道;和——是和道;常——是常道。坤卦讲的"厚德"这"德"就是中道。

"孚"在《周易》中地位仅次于中、正。中、正具有全局性,《周易》每个卦均要讲中、正,"孚"没有这样高的地位,但《周易》六十四卦中,二十几个卦谈到"孚",没有明确谈到孚的,也暗含"孚",所以"孚"有准全局性。

"孚"有哲理的意义,但主要是伦理学的概念。"孚",有内在本体义,有外在显现义。内在本体义是诚,外在显现义是信。诚是真,真实地存在。信也是真,也是真实地存在。只是诚之真,是自我感受;信之真,是他人的感受。《周易》将"孚"看做人之为人的根本,反映《周易》一个潜在的观点:人是社会的

①　朱熹:《四书集注·中庸》。

人。人之所以为人,是因为人是社会的。而人之所以能组成一个社会,是因为人有"孚","孚"是维系社会的精神纽带。

"谦"是坤卦的品德,坤为大地,大地是最为谦虚的,大地的谦,体现为二:其一,有功不居,或是"含章",或是"括囊";其二,虚怀若谷,大地的心是虚的,虚者空也。空不是没有,而是有容,而且是无限地有容,所以大地是无限地大。

《周易》希望君子效法大地,将自己胸怀拓展得像大地那样宽阔,为此专设谦卦,论述谦虚。此卦《彖传》云:"天道下济而光明,地道卑而上行。天道亏盈而益谦,地道变盈而流谦,鬼神害盈而福谦,人道恶盈而好谦,谦尊而光,卑而不可逾,君子之终也。"这是对"谦"这种品德最为深刻的论述。首先,天道是"谦"的,它虽高却下济,将光明施向大地;其次,地道是"谦"的,它虽卑而上行,主动地迎接天道的施与。天道因谦而亏空,地道却因之而变盈。最后,人道也是"谦"的,君子因谦而尊,因谦而光。

与"谦"相关的重要品德为"卑",卑与尊相对,一般贬卑,其实卑有两种,一种是卑之的卑,一种是自卑的卑。卑之的卑为贬,而自卑之卑实质为谦。湖南岳麓书院前有自卑亭,过去殊不解为何立此亭,其实,自卑是做人之始,懂得自卑,必然懂得自强;同时,懂得自卑,也必然懂得自尊;再同时,懂得自卑,也必然懂得如何待人。自卑之道实乃真正的谦道,为何名"真正"?因为不懂得自卑,其谦也许故作姿态,是为矫情;而懂得自卑,这谦就出自至诚,故为真谦。自卑之道,也实乃真正的地道。坤卦六二爻辞云:"直方大,不习无不利。"坤之所以能做到直方大,就是因为它自卑,正如《坤·文言》所说:"阴虽有美,含之类以其从王事,弗敢成也。"这"弗敢成"不就是自卑吗?自卑之道,也实乃真正的天道。孔子说过"天何言哉,四时行焉,万物兴焉";庄子也说过"天地有大美而不言,四时有成法而不议"。这不言不议,不是谦卑吗?

人之自傲,经常不为人看成一种恶德而看成一种美德,误以为自信;与之相应,人之自卑,经常不为人看成一种美德,却视为懦弱,惜乎哉,亦悲乎哉!

"和"是《周易》最高也最大的品德。《周易》各卦,卦卦言和。整个《周易》可归之为论和。"和",首先是阴阳之和,其次是执中而和。阴阳之和,其和是生命之和,执中而和是具有持久生命力之和。前者是后者的基础,后者是前者的提高。对和的理解,可大可小,可内可外。就"小"或"内"而言,是"各正性命,保合太和",是人内在生命诸要素之和;就"大"或"外"而言,有人与人之和,部落与部落之和,国与国之和,人与鬼神之和,人与天地自然之和。

和重在"合",合是物内在需要上的合,是化合,不是混合。这种合是创造,是发展,是新物的产生。只有建立在"合"的基础上,其和才是真正的和。《乾·文言》云:"夫大人者,与天地合其德,与日月合其明,与四时合其序,与鬼神合其吉凶。""合",不是叠合,而是交感,是你中有我、我中有你的"合"。这种"合",《周易》称为"交",称为"感"。泰卦《彖传》云:"天地交而万物通也,上下交而其交同也。"不"交"岂能"通"? 不"交"岂能"同"? "交"必然会"感","感"指内在的交融——具有生命意义的交融,人的生命不就是精子与卵子交感的产物吗? 一切生命如此,一切美好亦如此。咸卦《彖传》说得好:"天地感而万物化生,圣人感人心而天下和平。"

"厚德"才能"载物",载物才能使这个世界丰富多极,充满着生命,充满着美妙,充满着乐趣。地球是太阳的几大行星之一,它不算最大,它也不算最小,它本身不发光,但是,它吸收到了于生命恰到好处的太阳的光,它又拥有生命所需要的全部物质。在目前人类的探测到的太空之中,就它有生命,不仅有生命,而且生命品种极为丰富,极多变化。这是一个多么伟大的星球,一个多么奇妙的世界! 当然,《周易》说的"地",还不能简单地等同于地球,但它包括地球,"地"在《周易》中已经成为宇宙本体。本体之所以为本体,在于它有创生性。《周易》将宇宙的创生性表述为"厚德载物",这样,人也就有了效法的可能性。人当然不能做到如大地那样创生,但是,人作为万物之灵,亦应像"地"那要"厚德载物"。

在作《易》者的心目中,这个世界主要由三种材料实组成,天地人,名之为"三才"。人虽忝列为三才之一,实是不能与天地并列的,天地最为伟大,人要想也伟大,必须效法天地,效法天者为"健",那就是"天行健,君子以自强不息";效法地者为"顺",那就是"地势坤,君子以厚德载物"。人能效法天地,取得天地的品德,那人就能与天地并列为"三才"了。

十六、山水情怀

自然为本,社会为用,是《周易》总体的思维方式。自然为本,首先见于向自然取象。乾卦取象天,坤卦取象地,震卦取象雷,巽卦取象风,坎卦取象水,离卦取象火,艮卦取象泽。不止这些,但这是主要的。从八卦取自然之象来看,《周易》几乎将整个自然纳入视野,它的哲理就来自于对自然的观察与思考。自然界之物是极为丰富的,八卦取的八种象实际上是八种概括或者是八种代表。它们的关系比较复杂。天地为总概念,其下可分天与地。其下的六种象,从某种意义上讲,分别属于天与地(日雷风属天,水艮兑属地),但实际上,它们与天与地又是并列的。从环境美学的维度来看八卦所取的八种象来看,体现浓郁的自然情怀,由于八种象在人们的心目中所处的地位不同,这情怀的审美意味就不同,如果说对于天地、太阳更多地见出一种崇拜敬仰的话,那么,对于山水则更多地见出一种更具人性的依恋。

(一)"润万物者莫润乎水"

远古时代,至少在中国,可以说不缺水。不仅不缺水,而且水多得成灾,关于水的记载,在中国古代负面的居多。中国古代圣王中与尧舜并列的大禹,一生的事业几乎就在治水。《周易》虽然不乏上面所述的水环境的正面阐述,但负面的阐述也不少。水环境的负面阐述主要就是险,水成为险的代名词,这集中体现在坎卦中。坎究竟险在什么地方? 在陷,坎是一个低洼的方在,当水积聚在其中时,因为水下的情况看不清楚,不知到底有多深,也不知有没有危险,所以,它险。如此说来,险的其实并不是水,而是积了水的坎,是这样一种水环境。苏轼说得明白:"坎,险也,水之所行,而非水也。"①

如何克险? 是坎卦主题所在。按坎卦的卦爻辞,克险的办法主要有三:

第一,"习坎"。坎卦的卦辞云:"习坎,有孚,维心亨,行有尚。"在坎前加一"习"字,耐人寻味。孔颖达认为,"坎是险陷之名,习者便习之义。险难之事,非经便习,不可以行。故须便习于坎,事乃得用,故云'习坎'也。"②"习"按朱熹的说法是"重习"的意思。"重习"在重,多次学习,演习,方得知坎。"便习"在"便",便,方便、安行的意思。当在水中作业达到习以为常不觉得有什么不便的时候,这坎也就不成为险了。

---

① 转引自李光地:《周易折中》。
② 转引自李光地:《周易折中》。

第二,"有孚",这是坎卦卦辞提出来的。孚为诚信。《周易》特别看重诚信,诚信本是对人的,这对水也需要诚信吗? 明代的易学家吴慎说:"阳陷阴中(坎上下两爻为阴爻,中一爻为阳爻),所以为坎。心之体,静而常明,如一阳藏于二阴之中也。心之用动而不息,如二阴中一阳之流行也。一阳者流行之本体,二阴者所在之分限。流而不逾限,动而静也。"[1]这种解释是别致的,但它成立。在险面前,心静则沉着,沉着则能仔细观察,也能深入思考。遇到坎险时,需要别人的帮助,求助时,心要诚。坎卦的六四爻辞云:"樽酒簋二,用缶,纳约自牖,终无咎。"这话的意思,宋代易学家郭雍说得很到位。他说:"一樽之酒,二簋之食,瓦缶之器,至微物也。苟能虚中尽诚,以通交际之道,君子不以为失礼,所谓能用孚之道者也。"[2]

第三,"水盈"。坎九五爻辞云:"坎不盈,祗既平,无咎。"坎之所以成险,是因为它不盈,水不盈则不能流出。必须待水盈及平才能将水导出。"祗",在这里同"抵",是到、至的意思。这就是说,必须力到了,让水盈到平的高度,才能让人流出。如能这样做,就无咎。这种克险的办法实际上用智,智来自知。因为对水的规律有一定的了解,所以能够想出这样的办法。

有坎参与组合而成的蹇卦、困卦均存在着危险的水环境,克险的办法基本上同于坎卦。

尽管有坎、蹇、困等卦比较多地谈恶劣的水环境,但是,也有不少卦比较多地谈良性的水环境。在良性的水环境中,水的正面价值得到充分的具定。《说卦传》云:"润万物者莫润乎水。"这"润"强调的是水滋养生命的意义。

水的正面价值远不止此。在诸多的卦中,水不是单一的形象而是与别的事物组合成一种水环境,这种水环境既是某种自然环境,又是某种哲理的比喻。试举数例:

蒙卦:艮为上卦坎为下卦,为山中有水之象。这藏在山中的水是希望,是财富,是智慧,是吉祥,是幸福。需要做的事只有一件:发蒙。将蒙住水的山启开了,这幸福的水就出来了。

需卦:坎为上卦乾为下卦,为水在天上的形象,水在天上即云在天上。程

---

① 转引自李光地:《周易折中》。
② 转引自李光地:《周易折中》。

颐说此卦"云上于天,有蒸润之象"。①《象传》阐述此卦意义,云:"云上于天,需,君子以饮食宴乐。"需卦的卦辞:"有孚,光亨,贞吉,利涉大川。"可见此卦是对于云的最为美好的歌颂,而云就是水啊!

师卦:上为坤卦下为坎卦,为地中有水之象。卦辞云:"贞,丈人吉,无咎。"《象传》评价此卦卦象,曰:"地中有水,师。君子以容民畜众。"《彖传》结合卦辞,说:"师,众也。贞,正也。能以众正,可以王矣。"师在这里指军队,水在此代表兵多而且团结,引申为"容民畜众"。水是民啊!

比卦:坎为上卦坤为下卦,为地上有水之象。这水与地是什么关系?程颐说:"水在地上,物之相切比无间,莫如水之在地上,故为比也。"②地上有水是吉祥的。象传云:"地上有水,比,先王以建万国,亲诸侯。"水代表人民群众,有大众的拥护,先王才建立起国家的。

值得注意是在这个卦中,第五爻爻辞是"显比,王用三驱失前禽,邑人不诫,吉"。程颐解释此爻:"天子之畋围,合其三面,前开一面,使之可去,不忍尽物,好生之仁。……禽之去者,从而不追,来者则取之也。"③此话明显地具有生态意识,说明人与动物的关系是亲密的。

水的正面价值,《周易》最重视的是雨水的价值。

屯卦是雨水的赞歌。

屯卦:屯卦坎上震下,即水上雷下。雷上的水可理解为云,所以,此卦的卦象为云在雷上。天空乌云滚滚,雷声隆隆,豪雨就要降下来了。《象传》说:"雷雨之动满盈,天造草昧,宜建侯而不宁。"在不少卦中有"往遇雨吉"的卦爻辞。为什么雨水这么被看重呢?因为在《周易》看来,雨是阴阳交合的产物。程颐就从阴阳相交的角度看屯卦,他说"云雷之兴,阴阳始交也"④。李光地在谈小畜卦时也这样说:"阴阳交则雨泽乃施"⑤。

阴阳交合得益的岂只是雨水?往往是吉祥,成功,胜利,幸福。这样,雨就成为吉利的象征。

---

① 程颐:《周易程传》。
② 程颐:《周易程传》。
③ 程颐:《周易程传》。
④ 程颐:《周易程传》。
⑤ 李光地:《周易折中》。

(二)"井养无穷"

关于水的卦中,井卦比较特殊,因为井是人做的,所以,井这种环境不是自然环境,而是人工环境,但这人工环境并没有离开自然,它以自然为基础。如果井中没有水,那么,这井真就成了人工环境,无效的人工环境,如果这井有水,那么这井就是有效的人工环境,这有效来自水——自然提供的水。

井卦,提供了一些可贵的环境意识,反映出早期人类对于人造环境的重要意识。

井卦卦辞云:"改邑不改井。无丧无得,往来井井,汔至,亦未繘井,羸其瓶,凶。"

这句话有如下三层意思。

第一层意思是"改邑不改井"。程颐说:"井之为物,常而不可改也,邑可改而为之它,井不可迁也。"①这一观点反映了如下三个思想:

其一,反映在居住环境的问题上,人类对水资源的高度重视。

游牧生活的人们是不会去掘井的,逐水草而居,是游牧人群基本的生活原则,也是它们选取环境的基本原则。生活资源与生产资源是统一的。但农业生产不能这样,农业生产要定居,定居要考虑两点:生活资源获得是否方便,生产资源是否充足。水,既是重要的生活资源,又是重要的生产资源。因此,必须择有水的地方居住。值得说明的是,生活用水特别是饮用水,与生产用水在质量上和取用方便上是有特殊要求的。人们取用生活用水的方式,绝大多数的情况是直接取用地表水,只有在直接取用达不到需要的情况下才掘井。一是地表水不够,二是地表水质量不优,三是地表水取用不便。总之,或是为了生存,或是为了追求更高的生活质量,人们才去掘井。自古以来,人们都非常重视井。如果不是临河或临湖而居,一般在两三里地以内,必有一口井。井实际上成了居住的核心。

其二,反映古时掘井在古代是一项最为重要的民生工程。

掘井工程不下于建房,也许在技术上难度更大,要求更高。不然,怎么会宁改邑不改井?

其三,可能反映了当时的一项国家的户籍制度或社会的居住习俗。

---

① 程颐:《周易程传》。

第二层意思是"无丧无得"。这话是对井的质量要求。好的井,水量是有保证的,不管什么季节,也不管取水量多大,它总维持在"无丧无得",既不溢出也不下降的水平上。打出这样的井,需要很高的科学技术水平,当然,也不排除运气。不管是靠技术打出的,还是凭运气碰上的,均是老百姓之福。

第三层意思是"汔至,亦未繘井,羸其瓶,凶"。关于这句话,朱熹解释说:"汲井几至,未尽绠而败其瓶,则凶也。"①这话说的是人事。好井还要有好技术才能打上来水,井绳长度合适是关键,另,盛水的瓶,也重要。如不小心打破,就前功尽弃。这话联系到环境上来,它包含有合理地运用好环境、珍惜环境的意义。

关于井卦的思想,《象传》用"井养而不穷"来概括,非常深刻。一是养民,二是不穷。养民是井的基本功能,一语中的。"不穷",是对井的品位的评价,只有好井才能做到井水不穷。养,生命得以生存,不穷,生命得以发展而且是可持续的永远发展。抽象来看,优秀的环境应在于对生命的持续支持。

卦辞是一卦的总纲。就井卦来说卦辞已包含了一些与井相关的环境思想,在爻辞中,这些思想得以进一步展开,其中主要的有:

第一,去污。井打好了,如果不加以保护,它会遭遇污染的。井卦初六爻辞云:"井泥不食,旧井无禽。"井中淤泥太多,影响到井水质量。怎么办?当然是淘井。井经过淘洗,水清了。九五爻云"井冽寒泉食"。九五是此卦的卦主,又中又正。"井冽寒泉"从其本义看,它是对井质的最高评价,同时也是对井美的最佳描绘。

第二,置栏。六四爻辞云:"井甃,无咎。"井甃就是井栏,筑井栏的目的是保护井。

第三,公用。井是大家的,应该让大家都能喝到井水。九三爻辞云:"井渫不食,为我心恻。可用汲,王明并受其福。""渫",清洁。这么清洁的井水,为什么还让君子心里不安呢?原因还有很多人食不到这样的井水。《象传》云:"井渫不食,行恻也,求王明,受福也。"之所以要"求王明"是因为王掌握着天下全部资源,希望王能够让百姓共享资源。这句爻辞体现出博大的天下情怀。环境是大家的环境,天下百姓共享其福,不仅如此,环境也是天下包括人

———————
① 朱熹:《周易本义》。

在内的全部生灵的环境,不仅让人也应让全部生灵共享其福。上六爻辞云:"井收勿幕,有孚元吉。""收",汲取;"幕",覆盖;"孚",诚信。此句的意思是:大家都来汲水吧,这井不加盖,任凭汲取。但大家都要有诚信(具体在对待井上,不要污染井水,保护一切设施,让大家汲水),如能这样,就大吉了。很显然,上六爻是全民共享美井的恳切呼吁。

井有德,井德在养民无穷。爱惜井,就是爱惜生命。井卦中的养民思想得到后世儒家发挥,成为儒家仁德思想的另一种表述。井卦的《象传》云:"木上有水,井,君子以劳民劝相。""木上有水",井卦上卦为巽,巽为木,下卦为坎,坎为水,故有"木上有水"之象。关于"劳民劝相",朱熹说:"劳民者,以君养民;劝相者,使民相养,皆取井养之义。"①

(三)"丽泽兑"

《周易》中的八卦各象征着一批自然事物,其中兑象征的一批自然事物,首为泽。作为别卦的兑卦是两个作为经卦的兑叠合而成。兑卦《象传》释象:"丽泽兑",程颐释《象传》中的"丽泽兑,云:"丽泽,二泽相附丽也。两泽相丽,交相浸润,互有滋益之象。"②这种阐释建筑在泽的自然形象的基础之上。泽即沼泽,是水与地亲密结合组成的地理形象。

兑卦的卦辞云:"兑,亨,利贞。"仅三个词,简洁明确地肯定兑卦是一个吉利的卦,寓含着兑卦所代表的自然形象——泽是美丽的很有价值的地理环境。这里,四个字都值得分析。

"兑",它文字学上的意义,为"说"。"说"通"悦"。沼泽之地有喜悦吗?李光地说:"地有积湿,春气至则润升于上。人身有血,阳气盛则腴敷于色,此兑为泽为说之义。"③这一分析是准确的。沼泽的特点是水与地的亲密结合,有水而不多,有地地不干。这样的环境特别适合于喜湿爱阳的动植物生长,相比于干燥的陆地和水深的江湖,沼泽的生物种类多得多。悦实为生命之喜悦。

"亨",通义,常与通字连在一起,称为亨通。亨通之道是发展顺利之道。亨通在泽上突出体现为生物的繁盛、欣欣向荣。

---

① 朱熹:《周易本义》。
② 程颐:《周易程传》。
③ 李光地:《周易折中》。

"利贞"。作为占筮之书,《周易》常用到这个词,表示吉利。兑卦卦辞也用到这个词,说明兑意味着幸福吉祥。

兑、卦的爻辞主要围绕着"兑"展开,有"和兑"、"孚兑"、"来兑"、"商兑"、"引兑"等,从多个角度阐述沼泽作为地球的肺所具有的生态平衡功能。

"和兑",重在和,这种"和"是杂多的统一,是具有生态平衡意义的和谐。沼泽上的生物品类繁多,形成良好的生物链。这种良好的生物链,实现着物种之间相生相克,保证着沼泽的个体生物按着其自然本性与具体处境生死存亡。

"孚兑",重在"孚"。孚为诚信。孚用在处理人与人之间的关系上,用来说人与自然关系,它含有生态公正的意味,即人对于动植物也应有必要的尊重与爱心。泽的生态环境之所以很美,与人对泽的珍惜、保护很有关系。

"来兑"与"引兑"可以联系在一起。来兑是六三爻的爻辞,引兑是上六爻的爻辞,三与上本有一种呼应关系。这种来引是耐人寻味的。李光地说:"三与上,皆以阴柔为主,'来兑'者,物感我而来,《孟子》所谓蔽于物,《乐记》所谓感于物而动者也,'引兑'者,物引我而去,《孟子》所谓物交物则引之而已矣,《乐记》所谓物至而人化物者也。"①一是"物感我而来",二是"物引我而去",人与物存在着一中交感关系,就在这交感之中实现了人与物的和谐。这种和谐的特点是人对物共同利益的得到尊重。人为利会伤物,但物的类得以保全;物为利会伤人,但人的类也同样得以保全。

"商兑",重在"商"。这充满喜悦的生命境界需要"商"吗?"商",朱熹解释为"商兑"为"商度而说"。"商"即商度。为什么需要商度? 因为有矛盾,有冲突,涉及利害。经过商量之后再权度,求取最佳的处理方式。商兑是九四的爻辞,九四爻辞两句:"商兑未宁,介疾有喜。""未宁"说明此商度不很容易,有动荡,但最终结果是好的——"介疾有喜"。"介"解释很多,取程颐的解释:"人有节度谓之介,若介然守正而疾远邪恶,则'有喜'也。"②以上解释着眼于人事,其实它也可以用来解释自然现象。自然界同样存在着矛盾冲突,尤其是泽这样的环境,生物品种繁多,各物种与人的矛盾、物种与物种之间的矛盾非常复杂,诸多矛盾涉及诸多利害,这的确要好好处理了。说是处理,是对人而

① 李光地:《周易折中》。
② 程颐:《周易程传》。

言的;在物种之间则是一种出自本性的利害调节。有"商"来说明这种处理的特色,意思是要兼顾各种利益,要权衡轻重,应该说,没有比这一概念更恰当的了,它充分体现出人对自然的尊重。

兑卦作为全面地阐述沼泽生态环境的卦,它为人们提供了最为重要的两个理念:"和兑"与"商兑"。以"商兑"去实现"和兑"。"商兑"的实质是以生态平衡,"和兑"的实质是生物界的和谐与繁荣。

兑卦与别的卦构成的卦,也具有一定的环境意识,如:

萃卦,下卦为地,上卦为兑,为地上有泽之象。它意味着众多的生物在此汇聚,这是一个熙熙攘攘的生命世界。《象传》说:"萃,聚也。……观其所聚,而天地万物之情可见矣。"为什么观察一个沼泽的生物聚集的情形就可以见出天地万物之情呢? 原因是,一个小小的沼泽是天地生态系统的一个浓缩。

临卦,下卦为兑,上卦为坤,为泽上有地之象。这泽与地构成的卦,从环境学的意义去考察,给予我们什么启示呢? 程颐说:"天下之物,密近相临者,莫若地与水,故地上有水则为比,泽上有地则为临。临者,临民临事,凡所临皆是。"①地上有水,强调的是水对地的依附性,泽上有地,强调的是泽与地的交互性。泽不完全是水,它有一块块地,正是因为有地,人才能进入泽中,即所谓"临"。临,后来引申为一个社会概念:君王深入百姓中去,称之为临。

咸卦,下卦为艮,上卦为兑,为山上有泽之象。这山与泽的关系既是对立的,又是互补的,更是相互作用的。从视觉上看,山高泽低,山静泽动;从质量上看,山刚泽柔,山阳兑阴;从心理感受来说,山峻泽悦,山猛兑媚。正是因为如此,它们的关系被提升为阴阳刚柔交感的关系。而一旦提升到这样的关系,这咸卦就具有非凡的意义,咸卦的《象传》云:"咸,感也。柔上而刚下,二气感应以相与。止而说。男下女,是以亨利贞,取女吉也。天地感而万物化生,圣人感人心而天下和平,观其所感,而天地万物之情可见矣。"从象传看,咸卦揭示竟然是天地生物包括男女生人的规律,由生万物到管万物推出圣人治理天下的规律。地与泽的关系中竟藏有如此大秘密,真是非同小可!

损卦,下卦为泽,上卦为艮,为泽上有山之象。山与泽的关系是互损的。或损泽以益山。泽越下陷,山就越高;或损山以益泽,泽越抬高,山就越低。关

---

① 程颐:《周易程传》。

于这种情状,《象传》提出"损刚益柔有时,损益盈虚,与时偕时"。"有时",有规律。人对于环境的变化,要识时并能"与时偕行"即遵循规律行动。

困卦,下卦为坎,上卦为兑,为泽下有水之象。这泽下有水,淤泥很深,人或大型动物陷进去,就有灭顶之灾。这是一个非常危险的环境,难怪称之为困。

节卦,下卦为兑,上卦为坎,为泽上有水之象。泽上有水,本为好事,但《周易》却没有鼓励任意用水,而提出"节"水的观点。虽然提出要节,但不能苦节。卦辞云:"节,亨,苦节,不可贞。"《象传》阐释卦义,提出"节以制度,不伤财,不害民"。这种提法,用之于处理与资源的关系,那就是既要考虑到人的需要,又要考虑到自然的可承受性。"不伤财",即不浪费资源;"不害民",即不损害人民生活。要做到两者兼顾,除了应具有正确的资源观外,还需要"制度"。节卦,在环境保护问题上所提出的"节以制度"的观点于今天具有很大的参考价值。

(四)"敦艮吉"

《周易》中,山是用艮卦来表示的。山与地的区别,在形象上仅在于山是地上隆出的部分。虽然如此,山与地的阴阳属性是不一样的,按《周易》的游戏法则,艮为阳卦,而代表地的坤卦为阴卦。

艮卦既为阳卦,它的性质是刚的。刚有两种存在方式,一为动,如震卦,它为一阳爻居下,二阴爻居上,品德为动;艮卦,它为一阳爻居上,二阴爻居下,品德为静。

《周易》将艮卦最主要的象定为山。那么,它是从哪些方面阐述山的自然属性与社会属性呢? 主要从两个方面:

第一,突出山的本性为"止"。止不只是静,它还包含有稳定、坚定的意思。

艮卦的《象传》云:

> 艮,止也。时止则止,时行则行。动静不失其时,其道光明。艮其止,止其所也。上下敌应,不相与也。是"不获其身,行其庭,不见其人,无咎"也。

这段话由"止"导出"时"的概念。原来,这"止"以及与之相对的"动"都是有时的。于是,得出"动静不失其时"的哲学观点。显然,《象传》关注的是

"止"的哲学。

回复到事物本身,山作为环境的重要一部分,其重要性质是"止",对于人们的生活具有重要意义。山在地上,山的稳定,实际上联系着大地的稳定,只有稳定,大地才能成为人们的家园。既然大地也是稳定的,为什么不将止这一性质给予大地,而只给予山呢? 因为大地上有水包括江河湖海,它们是流动的。山作为大地的一部分,它的对立面是大地另一部分——水。水的动与山之止共同结构了大地的性质:动与静的统一,刚与柔的统一,阴与阳的统一。这种性质,不仅让人能够在大地上生活、劳作,而且塑造了一种予人极为有用的哲学观念——"时止则止,时行则行。动静不失其时,其道光明"。

孔子从山的止,联系到做人,提出"仁者乐山"的思想。在孔子看来,仁者最为重要的性质就是对于原则的坚定性,这种坚定性类同于山。仁者从山的"止"受到启发,加强培植自己的高尚品德。

第二,强调"敦艮"是止的最高品位。

艮卦的上九爻辞云:"敦艮吉。"敦的意义有厚重、谦和,友爱的性质。山有这样的性质吗? 在《周易》艮卦的作者看来,山是具有这样的品德的。它厚重,正是因为厚重,它才能"止"。至于谦和友爱,在《周易》看来,地具有这样的性质,坤的六三爻辞云:"含章可贞,或从王事,无成有终。"山也具有这样的品德,它无言地矗立着,顶着蓝天,护着生灵,无私奉献,同样是"或从王事,无成有终"。

"敦"是儒家非常重视的一种品德,不知是从山受到启发从而建构着敦的品德,还是已先有了敦的观念然后再将敦赋予大山? 这就无从得知了。

艮卦与其他的卦组合时,将山的性质带了进去,从而创造出与山相关的一些环境观念,比如:

蒙卦:上卦为艮,下卦为坎,为山下有水之象。优秀环境一般为有山有水。在这个卦中,水实际是在山之中,它需要启开蒙盖在水上的山,方能得到水。虽然从总体上来说,环境拥有人所需要的一切,但并不等于说人不需要做出任何努力。蒙卦包含有改造自然建设美好环境的思想。

蹇卦,上卦为坎,下卦为艮,为山上有水之象。这种情状是危险的。也许远古时代,水患很多之故,《周易》中的水常常作为危险的符号而出现。坎卦由两坎组成,称之为"习坎",是险的象征。这蹇卦艮上坎上,意味着洪水从山上冲刷而下为高山阻住,形成可怕的堰塞湖。

剥卦,上卦为艮,下卦为坤,为地上有山之象。这种自然形象是正常的,剥卦的《象传》云:"山附于地,剥,上以厚下安宅。"剥,剥蚀。这个卦主要是讲时令变化是如何造成自然界剥蚀现象的。"上以厚下安宅"之"上"是指上卦艮所代表的山,山要以它的"厚"加固大地。"宅"指大地,大地是我们的家,安宅,就是安家。"上以厚下安宅",也就是说,山以其厚重挺拔护卫着加固着大地和我们的家。

谦卦,上卦为坤,下卦为艮,为山在地下之象。朱熹说:"山至高而地至卑乃屈止于其下,谦之象也。"①山只能在地上,不会在地面下,这里说的山在地下,主要是为了说明谦这个道理。不过,山能屈尊,也足见出山敦厚谦和的品德。

贲卦,上卦为艮,下卦为离,为山下有火之象。这火可能是篝火,先民们围着篝火享受着美食,载歌载舞,是何等美好的场面!《象传》将这种景象称之为"文明",并且说:"观乎天文以察时变,观乎人文以化成天下"。人类是从山里走出来的,人类最初的文明的确是山里创造的。山,完全有资格称之为文明的摇篮。

十七、占筮理论

在运用《周易》占筮预测未来时,经常遇到的问题是:《周易》真的能预测未来么?《周易》那神秘的符号真的能解答我们心中的疑问么?

这个问题的回答不能太简单。

有些学者根本否认《周易》的预测功能,甚至否认《周易》原本是一部占筮的书,这是不符合实际的。《周易》原本是占筮之作,只是它不是一般的占筮之作,而是一部具有相当理论深度的哲学著作。《周易》将占筮建立在哲学基础之上,因而使得它的占筮,从本质上来看是一种哲学预测。

《周易》预测是有哲学理论为指导的,这理论大致可以归纳为这样几条。

第一,天人合一论。《周易》主要用自然与人的和谐与否来解释人的吉凶

---

① 朱熹:《周易本义》。

祸福,强调"顺天"、"合天"。《乾·文言》说:"夫大人者,与天地合其德,与日月合其明,与四时合其序,与鬼神合其吉凶;先天而天弗违,后天而奉天时。""天",在《周易》中也表述为"时",《周易》强调"与时偕行","时行则行,时止则止,动静不失其时"。"天"用今天的概念来表述,即为客观规律,因此顺天,合天,均可以理解成按客观规律办事。

第二,主体能动论。《周易》在强调客观规律的决定作用的同时,又强调人在一定程度上可以把握住自己的命运,认为人应该发愤图强,厚德载物。《周易》重视人际关系,它强调"和同",而要做到与他人"和同",根本的是自己要"中孚"即"诚"。《周易》谈天,比较地虚,而谈人的自主性则比较地实。从理论上,《周易》重天道;从实践上,《周易》重人道。

《周易》承认神,但语焉不详,实际上是虚晃一枪,神到底如何主宰人的命运,《周易》没有说,人如何克服困难赢得胜利获得吉祥,倒是说得很透彻。

第三,乐天知命论。虽然每人都希望自己的人生道路顺利,事业成功,但实际上人不可能事事顺利,也不能事事成功。在这种情况下,特别需要有一种超越功利的审美态度。某种具体的功利固然是人生的意义之一,但不是全部,也不是最高的。也许生活、工作、奋斗这本身更为重要,更为根本,它才是人真正的"命"。承认天的自然性、必然性、绝对性,自觉地与天共同着"命",这才是最大的快乐。《周易》说:"乐天知命故不忧"。

第四,阴阳和谐论。《周易》看世界的基本立场是一分为二又合二为一。一是太极,二是阴阳。《系辞上传》云:"是故易有太极,是生两仪,两仪生四象,四象生八卦。"这个生成系列中,最为重要的是两仪,两仪为阴阳。阴阳关系极为复杂,究其要,不外乎对立与统一。对立不只是相克,还有相应、相感、相交,而其产物则为和合,和合则是吉祥。预测吉凶,最为重要的莫过于明白阴阳关系的变化规律了。

《周易》中有两个卦,讨论"过"的问题,有大过,有小过。大过卦讨论的是阳过,小过卦讨论的是阴过。《周易》看重的是阴阳平衡,刚柔相济。

第五,唯变所适论。《周易》尚变,《系辞下传》云:"《易》之为书也,不可远,为道也,屡迁。变动不居,周流六虚,上下无常,刚柔相易,不可为典要,唯变所适。"这就是说,哪怕是《周易》这样的书,它论述的道,也不可看做经典,一切要根据不断变化的现实来做判断。只有客观现实,才是决定自己行动的依据。

第六,渐变突变论。《周易》认为事物是发展变化的。变化的规律之一是由渐变到突变。渐变在于过程。处不同的过程,要有不同的办事态度。突变在时机。要准确地把握好时机,有力地推动着事物朝着对自己有利的方向演变。

第七,执守中道论。《周易》反对走极端,认为执守中位最安全、最吉祥。《周易》的执中说是儒家中庸论的滥觞。《周易》说的"中"含义丰富,它可以理解成恰到好处。

第八,循环往复论。《周易》认为,"无平不陂,无往不复。"旧阶段的结束意味着新阶段的开始,物极必反,否极泰来。千里搭长棚,没有不散的宴席。居安思危,也居危思安。

第九,警惕审慎论。《周易》充满着忧患意识。《系辞下传》说:"《易》之兴也,其于中古乎? 作《易》者,其有忧患乎?"《周易》认为基于客观世界变化万端而人的能力有限,处理各种问题时都应取警惕审慎的态度,麻痹大意掉以轻心和急躁粗疏的作风都可能招致祸端。《周易》乾卦第三爻"君子终日乾乾,夕惕若"包含有两种声音:号角声,警钟声。两种声音贯穿《周易》始终,号角长鸣,警钟长鸣!

第十,生命不息论。《系辞下传》云:"天地之大德曰生。"整个《周易》哲学可以视为生命哲学。《周易》谈到的生命,有两种形态,一是个体的生命,一是人类的生命。个体的生命是有限的,故而谈到个体生命,《周易》充满着进取的精神与忧患的意识;人类的生命是无限的,故而谈到人类的生命时,《周易》又高扬着乐天的精神与恢弘的气概。

以上就是《周易》占筮的基本理论依据。不错,《周易》是占筮之书,但《周易》却是不赞成人们事事去占筮的。蒙卦说:"初筮告,再三渎,渎则不告。"益卦卦辞云:"有孚惠心,勿问元吉。"从根本上说,《周易》是反对占卦的,因为它认为你的命运其实并不掌握在神灵手里,而是掌握在你自己手里。

十八、占筮方法

《周易》筮法,在《系辞上传》有所介绍,但不够详备,只有成卦法,而无变卦法。当代学者高亨先生根据《系辞上传》所载筮法及《左传》、《国语》中所

载筮事,作变卦法①。现将《系辞上传》所载成卦法及高先生所作变卦法简略介绍如下:

古人占筮的工具最初用蓍草,共四十九策。

第一,成卦法。

四十九策蓍草按如下程序演变之:

一变:

一演:将四十九策任意分成两部分,不拘等分。二演:将其一部分,拿出一策,搁在一旁。余下的,每四策为一组,数之。数至最后,或余一策,或余二策,或余三策,或余四策。将所余的或一策或二策或三策或四策,搁在一旁。三演:取另一部分,按每四策为一组,数之。数至最后,或余一策,或余二策,或余三策,或余四策。将所余的或一策或二策或三策或四策搁在一旁。四演:将两部分(除去搁在一旁的)的蓍草合拢来,所得结果有二:或四十四策或四十策。

二变:

将一变所得结果(四十四策或四十策)按上述一演至四演的程序演之,可得的结果有三:或四十策或三十六策或三十二策。

三变:

将第二变所得的结果(四十策、三十六策、三十二策)按一变一演至四演的程序演之,所得的结果有四:

①三十六策。

②三十二策。

③二十八策。

④二十四策。

将其分别除以四,得:

九——老阳,为可变阳爻。

八——少阴,为不变阴爻。

七——少阳,为不变阳爻。

六——老阴,为可变阴爻。

---

① 参见高亨:《周易古经今注·周易筮法新考》,中华书局 1984 年版,第 139—160 页。

通过以上三变可得出一爻:九写作—9,八写作--8,七写作—7,六写作--6。共通过十八变,得出六爻,成为一卦。

按《周易》筮法,以"七"、"八"为不变之爻,"九"、"六"为宜变之爻。"七"、"八""九"、"六"谓之"四营"。这四个数称"营数"。

第二,变卦法。

求宜变之爻法:

用"大衍之数"五十五减去六爻营数的总和,以其余数自初爻向上数,数至上爻,再往下数,数至初爻,更自初爻折回上数,直至余数数尽为止,余数所止那一爻即为宜变之爻。

按《周易》占筮法,筮时所得的卦为"本卦",所变的卦为"之卦"。之卦是本卦变来的,变的原则是—9 变成--6,--6 变成—9,—7、--8 不变。

求宜变之爻方法表

天地之数	减号	卦之营数	等号	余数	数法及其所止						宜变之爻
					初爻	二爻	三爻	四爻	五爻	六爻	
55	–	54	=	1	1						初
55	–	53	=	2	1	2					二
55	–	52	=	3	1	2	3				三
55	–	51	=	4	1	2	3	4			四
55	–	50	=	5	1	2	3	4	5		五
55	–	49	=	6	1	2	3	4	5	6	上
55	–	48	=	7	1	2	3	4	5	6 7	上
55	–	47	=	8	1	2	3	4	5 8	6 7	五
55	–	46	=	9	1	2	3	4 9	5 8	6 7	四
55	–	45	=	10	1	2	3 10	4 9	5 8	6 7	三
55	–	44	=	11	1	2 11	3 10	4 9	5 8	6 7	二
55	–	43	=	12	1 12	2 11	3 10	4 9	5 8	6 7	初

天地之数	减号	卦之营数	等号	余数	数法及其所止						宜变之爻
					初爻	二爻	三爻	四爻	五爻	六爻	
55	－	42	＝	13	1 12 13	2 11	3 10	4 9	5 8	6 7	初
55	－	41	＝	14	1 12 13	2 11 14	3 10	4 9	5 8	6 7	二
55	－	40	＝	15	1 12 13	2 11 14	3 10 15	4 9	5 8	6 7	三
55	－	39	＝	16	1 12 13	2 11 14	3 10 15	4 9 16	5 8	6 7	四
55	－	38	＝	17	1 12 13	2 11 14	3 10 15	4 9 16	5 8 17	6 7	五
55	－	37	＝	18	1 12 13	2 11 14	3 10 15	4 9 16	5 8 17	6 7 18	上
55	－	36	＝	19	1 12 13	2 11 14	3 10 15	4 9 16	5 8 17	6 7 18 19	上

第三,占法。

(一)六爻皆七、八:是为不变之卦,不需求其宜变之爻,以本卦卦辞占之。

(二)六爻皆九六:是为全变之卦,不需求其宜变之爻,变"九"为"六",变"六"为"九"而得之卦。

1.如本卦是乾卦,主要用乾卦"用九"爻辞占之。

2.如本卦是坤,主要用坤卦"用六"爻辞占之。

3.如不是乾卦、坤卦,主要用"之卦"卦辞占之。

(三)若宜变之爻为可变之爻(九、六),则主要用"本卦"宜变之爻爻辞占之。

(四)若宜变之爻不是可变之爻(九、六),可变之爻(九、六)又少于不变之爻(七、八),则主要以"本卦"卦辞占之。

（五）可变之爻（九、六）多于不变之爻（七、八），则以之卦卦辞占之。

（六）可变之爻（九、六）与不变之爻（七、八）均为三爻，则主要以"本卦"、"之卦"卦辞合占之。

附：查卦表

上　卦　→	乾 ☰	震 ☳	坎 ☵	艮 ☶	坤 ☷	巽 ☴	离 ☲	兑 ☱	注：数目为现通行的《周易》六十四卦排列的顺序（此顺序即为文王六十四卦卦序）
下卦↓　乾 ☰	1	34	5	26	11	9	14	43	
震 ☳	25	51	3	27	24	42	21	17	
坎 ☵	6	40	29	4	7	59	64	47	
艮 ☶	33	62	39	52	15	53	56	31	
坤 ☷	12	16	8	23	2	20	35	45	
巽 ☴	44	32	48	18	46	57	50	58	
离 ☲	13	55	63	22	36	37	39	49	
兑 ☱	10	54	60	41	19	61	38	58	

附录一　朱熹：《筮仪》①

择地洁处为蓍室，南户，置床于室中央。床大约长五尺，广三尺，毋太近壁。蓍五十茎，韬以纁帛，贮以皂囊，纳之椟中，置于床北。椟以竹筒或坚木，或布漆为之，圆径三寸，且其长如蓍草之长。半为底，半为盖，下别为台函之，使不偃仆。

设木格于椟南，居床二分之北。格，以横木板为之，高一尺，长竟床。当中为两大刻，相距一尺。大刻之西为三小刻，相距各五寸许。下施横足，侧立案上。

置香炉一于格南，香合一于炉南。日炷香致敬。

将筮，则洒扫拂拭，涤砚一，注水，及笔一、墨一、黄漆板一，于炉东，东上。

筮者斋洁衣冠，北面，盥手焚香致敬。筮者北面，见《仪礼》。若使人筮，则主人焚香毕，少退，北面立。筮者进立于床前少西，南向受命，主人直述所占

---

① 录自朱熹注，李剑雄标点：《周易》，上海古籍出版社1995年版，第3—6页。

之事,筮者许诺。主人右还,西向立,筮者右还,北向立。两手奉椟盖,置于格南炉北。出蓍于椟,去囊解韬,置于椟东,合五十策,两手执之,熏于炉上。此后所用蓍策之数,其说并见《启蒙》。

命之曰:"假尔泰筮有常,假尔泰筮有常(两句重复,原文如此——引者)。某官姓名,今以某事云云,未知可否。爰质所疑,于神于灵。吉凶得失,悔吝忧虞,惟尔有神,尚明告之。"乃以右手取其一策,反于椟中,而以左在手中分四十九策,置格之左右两大刻。此第一营,所谓"分而为二以象两"者也。

次以左手取左大刻之策执之,而以右手取右大刻之一策,挂于左手之小指间。此第二营,所谓"挂一以象三"者也。次以右手四揲左手之策。此第三营之半,所谓"揲之以四以象四时"者也。次归其所余之策,或一,或二,或三,或四,而扐之左手无名指间。此第四营之半,所谓"归奇于扐以象闰"者也。次以右手反过揲之策于左大刻,遂取右大刻之策执之,而以左手四揲之。此第三营之半。次归其所余之策,如前,而扐之左手中指之间。此第四营之半,所谓"再扐以象再闰"者也。

一变所余之策,左一则右必三,左二则右亦二,左三则右必一,左四则右亦四。通挂一之策,不五则九,五以一其四而为奇,九以两其四而为耦。奇者三而耦者一也。

次以右手反过揲之策于右大刻,而合左手一挂二扐之策,置于格上第一小刻。以东为上,后放此。是为一变。再以两手取左右大刻之蓍合之,或四十四策,或四十策。复四营,如第一变之仪,而置其挂扐之策于格上第二小刻,是为二变。

二变所余之策,左一则右必二,左二则右必一,左三则右必四,左四则右必三。通挂一之策,不四则八。四以一其四而为奇,八以两其四而为耦。奇耦各得四之二焉。又再取左右大刻之蓍合之。或四十策,或三十六策,或三十二策。复四营,如第二变之仪,而置其挂扐之策于格上第三小刻。是为三变。三变余策,与二变同。

三变既毕,乃视其三变所得挂扐过揲之策,而画其爻于版。挂扐之数,五、四为奇,九、八为耦。挂扐三奇,合十三策,则过揲三十六策,而为老阳。其画为"囗",所谓重也。挂扐两奇一耦,合十七策,则过揲三十二策,而为少阴,其画为"--",所谓拆也。挂扐两耦一奇,合二十一策,则过揲二十八策,而为少阳。其画为"—",所谓单也。挂扐三耦,合二十五策,则过揲二十四策,而为老阴,其画为"×",所谓交也。

如是每三变而成爻。第一、第四、第七、第十三、第十六,凡六变并同。但第三变以下不命,而但用四十九蓍耳。第二、第五、第八、第十一、第十四、第十七,凡六变亦同。第三、第六、第九、第十二、第十五、第十八,凡六变亦同。

凡十有八变而成卦,乃考其卦之变,而占其事之吉凶。卦变则有图,说见《启蒙》。

礼毕,韬蓍袭之以囊,入椟加盖。收笔砚墨版,再焚香致敬而退。

如使人筮,则主人焚香,揖筮者而退。

附录二　筮例:晋文公能返国否

《国语·晋语》载晋文公的筮例可以视做运用《周易》占筮的典范。

晋文公重耳还在做公子时因国内动乱,流亡在秦国多年,在充分获得秦国的信任之后,想依仗秦的力量,返回晋国,夺取江山。因事关重大,未敢贸然行事。占了一卦,得屯卦。之卦为豫卦。筮史根据屯卦上坎下震,说是"不吉,闭而不通,爻无为也"。所谓"闭而不通",是因为上坎为水,下震为车,车临水边,无路可走。晋文公身边的司空季子不同意这个看法。他分析了屯卦、豫卦的多种因素,予以综合,说是"吉"。司空季子的分析是怎样的呢? 我们试做解释:

首先,根据卦名,"屯",有艰难的意义。但这艰难是创业之初的艰难,它不是不可克服的,而是可以克服的。"豫",有欢悦的意义。将两卦卦名联系起来,意思非常之好:艰难变成顺利,痛苦变成欢乐。正好符合晋文公当时的处境和希望。

从卦辞看,屯卦的卦辞和豫卦的卦辞中都有"利建侯"。说明这正是建功立业的大好时机。

再看卦象:

屯卦,上坎下震。坎为水,震为车;豫卦,上震下坤。震为车、坤为土。合起来,有三样东西:水、车、地。将屯卦上卦的坎(水)与下卦的坤(土)合起来,则意味着水土肥美,财力雄厚。这两个卦都有震,震为车,屯卦的车在下,豫卦的车在上,将二者联系起来,则意味着震车遍内外,说明兵力雄壮。

屯卦的三、四、五爻构成一个互卦,此互卦为艮,艮为山。屯卦的外卦为坎,坎为水,将这二者联系起来考虑,则为山上有水之象。山上有水,是好事。这水不仅滋润着山上的树木花草,而且还可浇灌山下的良田。

豫卦的二、三、四爻构成一个互卦,此互卦亦为艮,艮为山;三、四、五爻也可以构成一个互卦,此互卦为坎,坎为水,合起来又是山上有水之象。

屯卦的二、三、四爻构成的互卦为坤,坤为土,又屯卦的上卦为坎,坎为水,合起来象征水土肥美;豫卦的三、四、五爻互卦为坎,坎为水。它的下卦本是坤,坤为土,合起来也是水土肥美之象。

两个山上有水之象,两个地上有水之象,意味着晋文公返国有充足的财力做后盾。

屯卦下卦为震车,代表军队;上卦为坎,坎为水为陷,亦为众。它既说明晋文公返国尚有一定阻力(车临水,前进受阻),卦辞中也有"勿用有攸往"的句子;又说明晋文公的军队深得民众拥护。论卦以内卦(下卦)为主,屯卦内为震,震为雷,为长男,可以称之为"元"。"元,体之长也"。民众顺从会合,义师浩荡,定可获胜,所以称为"亨"。

豫卦内卦(下卦)为坤。坤为母,震为长男。母亲虽然老了,但孩子长大成人能干大事了,所以有欢悦之象。

综合起来,晋文公占的卦是吉的,完全可以返国。

附:《国语·晋语》原文

公子亲筮之,曰:"尚有晋国!"得贞屯悔豫,皆八也。筮史占之,皆曰:"不吉,闭而不通,爻无为也。"司空季子曰:"吉,是在《周易》,皆利建侯。不有晋国,以辅王室,安能建侯?我命筮曰:'尚有晋国!'筮告我曰:'利建侯。'得国之务也。吉孰大焉!震,车也;坎,水也;坤,土也;屯,厚也;豫,乐也。车班外内,顺以训之,泉原以资之,土厚而乐其实。不有晋国,何以当之!震,雷也,车也;坎,劳也,水也,众也。主雷与车而尚水与众。车有震,武也;众而顺,文也;文武具,厚之至也。故曰:'屯'。其繇曰:'元亨,利贞,勿用有攸往,利建侯。'主震雷,长也,故曰'元';众而顺,嘉也,故曰'亨';内有震雷,故曰'利贞'。

车上水下,必伯。小事不济,甕也。故曰'勿用有攸往',一夫之行也。众顺而有武威,故曰'利建侯'。坤,母也;震,长男也;母老子强,故曰'豫'。其繇曰:'利建侯行师',居乐出威之谓也。是二者,得国之卦也。"

附录三　筮例:棠姜可娶否

由于《周易》的卦象含义极为丰富,同一卦可以代表很多事物,加之卦、爻辞艰晦简约,同一卦可以作出多种不同的解释。有些人或根据自己的需要,或凭着自己的希望,或凭着直觉对《周易》占筮作出自己的分析。

《左传·襄公二十五年》记有这样一个故事:

> 齐棠公之妻。东郭偃之姊也。东郭偃臣崔武子。棠公死,偃御武子以吊焉。见棠姜而美之,使偃取之。偃曰:"男女辨姓。今君出自丁,臣出自桓,不可。"武子筮之,遇困三之大过三。史皆曰:"吉"。示陈文子,文子曰:"夫从风,风陨妻,不可娶也。且其繇曰:'困于石,据于蒺藜,入于其宫,不见其妻,凶。'困于石,往不济也,据于蒺藜,所恃伤也;入于其宫,不见其妻,凶,无所归也。"崔子曰:"嫠也,何害! 先夫当之矣。"遂取之。

这个故事是说,齐棠公死了,崔武子前去吊丧,见齐棠公的遗孀棠姜很漂亮,想娶她。他令东郭偃去办这件事,东郭偃认为此事不妥。崔武子就用《周易》占了一卦,本卦为困卦,六三爻变,之卦为大过卦。史官们为讨好崔武子,都说"吉"。只有陈文子认为此卦是凶卦。他根据易象,认为困卦的下卦为坎卦,坎为中男,为夫,一变为巽卦,巽为风,为长女,所以说,"夫从风,风陨妻。"又根据六三爻辞;"困于石据于蒺藜,入于其宫,不见其妻,凶",明确地说:"往不济","所恃伤","无所归"。一句话,此女娶不得。可是崔武子色迷心窍,说:"一个寡妇,有何害处? 如果真有什么祸害,她的先夫早就担当了。"于是执意娶了棠姜。

史书没有记载崔武子娶了棠姜后,是否遇祸,大概是没有。那么,到底是陈文子的分析对,还是崔武子的分析对? 就看怎么说了。从易象、易理来看,陈文子的分析是对的。崔武子其实并没有否定陈说,只是补充或修正了陈说。不过,这个补充、修正是关键性的。

　　无独有偶,据说,清代大学者纪晓岚也曾碰到这个困卦。事情是因纪晓岚参加乡试引起。纪的老师出于对学生的关心,为之占了一卦,筮遇困卦,也是六三爻变。一查爻辞,是:"困于石,据于蒺藜,入于其宫,不见其妻,凶。"大家都认为此是凶卦,劝纪晓岚放弃此届乡试。纪晓岚却振振有词地说,此爻辞中"入于其宫,不见其妻",不适合于他,因为他还未成婚。至于"困于石,据于蒺藜",可能是暗示此次乡试要屈居一位姓石的考生之下而据于一位姓米的考生之上。蒺藜呈米字之形,故可联想到米姓。纪晓岚这番话说得太离奇了,众皆不信;可是更离奇的是,考试的结果亦如纪晓岚所说。

　　从这两个筮例,我们可以看出,运用《周易》占筮不可太拘泥,而应从实际出发,实事求是。要敢于否定与事实明显不合的地方(如纪晓岚),另外,还要根据实际情况,结合自己对问题的看法,作出自认为合理的解释(如崔武子)。这正是《系辞下传》所说的:即使对待《周易》这样的书,也"不可为典要,唯变所适"。

主要参考文献

1.王弼、韩伯康注:《周易注疏》,中华书局 1988 年版。

2.李鼎祚编纂:《周易集解》,上海古籍出版社 1988 年版。

3.孔颖达著:《周易正义》,中国致公出版社 2009 年版。

4.程颐撰:《易程传》,商务印书馆 1936 年版。

5.朱熹著:《周易本义》,中华书局 2009 年版。

6.王夫之著:《周易外传》,中华书局 1977 年版。

7.李光地编纂,刘大钧整理:《周易折中》,巴蜀书社 2006 年版。

8.朱骏声著:《六十四卦经解》,北京图书馆出版社 2008 年版。

9.高亨著:《周易古经今注》,中华书局 1984 年版。

10.高亨著:《周易大传今注》,齐鲁书社 1979 年版。

11.高亨著:《周易杂论》,齐鲁书社 1979 年版。

12.尚秉和著:《周易尚氏学》,中华书局 1980 年版。

13.李镜池著:《周易通义》,中华书局 1981 年版。

14.刘大钧著:《周易概论》,齐鲁书社 1988 年版。

15.黎凯旋著:《易数浅说》,(台北)易学出版社 1975 年版。

16.王章陵著:《周易思辨哲学》,齐鲁书社 2007 年版。

17.唐力权著:《周易与怀德海》,辽海出版社 1997 年版。

18.金景芳著:《周易讲座》,吉林大学出版社 1996 年版。

19.顾明编注:《周易象数图说》,中国社会科学出版社 1990 年版。

20.李树菁著,商宏宽整理:《周易象数通论》,光明日报出版社 2004 年版。

21.黄寿祺、张善文撰:《周易译注》,上海古籍出版社 1989 年版。

22.徐志锐注:《周易大传新注》,齐鲁书社 1989 年版。

23.周振甫译注:《周易译注》,中华书局 1991 年版。

后　记

最早接触《周易》是 20 世纪 80 年代末,那时我已写完《狞厉之美——中国青铜艺术》,在这本书的"自序"中,我说:"中国进入文明时代有两大标志,在物质方面是青铜器,在精神方面是《易经》。青铜器与《易经》基本精神是相通的,它们作为华夏文明诞生的两面旗帜,高高飘扬在古老的神州大地上,昭示中华民族文化的基本品位和风貌。"这些年来,我在大学的讲台上,也在国内外的各种面向社会的讲坛上,多次讲《周易》,每次讲,都有新的体会。我很兴奋,问过一些学者,是不是也有这样的体会,他们说也有。这说明不是我多么地了不得,而是《周易》这部书确实了不得。

世界上有两类书:一类属于知识,你将这些知识掌握了,这书就不需要去翻它了;另一类属于智慧,它是一口永不枯竭的井,只要你去淘它,总是会源源不绝地冒出清泉来,《周易》就属于这类书。

不错,《周易》再怎么神奇,也只是一部书,就它所涉及的知识来说还是有限的,但它的智慧无限。说智慧无限,不是说这智慧现存在那儿,你去取就是了。《周易》的智慧仍然需要人去开启。《周易》有个蒙卦,卦象是"山下出泉"。说"出"并不是自动地"出",它需要"发",需要"击",叫做"发蒙"、"击蒙"。同样,智慧也是需要"发"、"击"的。不同的人有不同的"发"、"击",因而从《周易》中所获得的智慧也就不同。

当年读《张子正蒙》中的《大易篇》,其中一句话一直像警钟在我心中响着。此句话是:"《易》为君子谋,不为小人谋。"

千百年来,曾有多少小人试图从《周易》中寻找邪恶的狡诈,但还没有听说有过成功的经验。但无数善良的人们,特别是经国安邦之人,从中获得无尽的智慧,这是不争的事实。难怪朱熹特意为用《易》者制《筮仪》,筮仪中有焚香、整衣、盥手等诸项,原来为的是整肃心志。所有喜欢《周易》的人们不能不警醒:自己读《周易》的目的是什么,到底想从《周易》中学得什么。

阳春三月,春光明媚。正是早晨,窗外小鸟啁啾,一唱一和,圆润清脆,这让我想起《周易》中孚卦的九二爻辞:"鸣鹤在阴,其子和之;我有好爵,吾与尔靡之。"又,《诗经》有句云:"嘤其鸣兮,求其友声。"我的这本书,就是这样的"鸣",我希望通过这本书,求得更多的"友声",有更多的朋友"和之"。

是为跋。

陈望衡

2010 年 4 月 20 日于武大珞珈山天籁书屋

修订后记

《周易》原本是占筮之书，但它不是一般的占筮之书，而是一本哲学著作。

《周易》的基本观点是"唯变所适"。"适"不是消极的适，而是积极的适，在适应中，让事物朝着于自己有利的方向变化。面对任何占筮者，《周易》都不会简单地告诉你问题的答案——吉还是凶，而是按照它的游戏法则，详尽地分析于你有利与不利的各种因素，让你清楚地认识自己的处境，明白可能会出现的前景，并知道应该如何作为。

《周易》从不把命运简单地归之于天，而是更多地将命运交给人自己。

正是因为如此，历史上崇尚变革的人士，都从《周易》中寻找理论上的指导与精神力量的支持。《周易》有一个革卦。其卦《彖传》曰："天地革而四时成，汤武革命，顺乎天而应乎人。革之时大矣哉。"

"顺乎天而应乎人"。"天"，即自然规律包括生态规律，它是要"顺"的；"人"——民心。民心何来，从利益上来。符合人民利益，就得人心；不符合人民利益，就不得人心是要"应"的。

一是客观规律，二是人民利益，这是事成的两条基本原则。

《周易》不仅是"主体论"哲学，而且也是"道德论"哲学。所谓"道德论"哲学，就是说，哲学的运用，其道德立场是至关重要的。

北宋大儒张载说："易为君子谋，不为小人谋。"明末清初学者王夫之为这段话加注："若《火珠林》之类，有吉凶而无善恶，小人资之谋利，君子取之，窃所未安。"《火珠林》是市面上流行的一本算命的书，王夫之说此书是"有吉凶而无善恶"的，它是没有道德立场的。这样的书不可取。这就在提醒人们，市面上流行的各种算命占卦的书，并不都是符合《周易》精神的。即便是用《周易》原本提供的筮法去占卦，也需要有一颗良善的心，万不能利用《周易》去做坏事。

　　《周易》之本《易经》孕育于史前,成形于夏商,定稿于西周早期。阐释《易经》的《易传》完成于东周晚期。大体上,这两书汉初就成形,没有谁敢去动它了。南宋时,《易经》《易传》合为一本书,流行于今。由于可以理解的历史原因,《周易》也许并不那么完美。对于这样一部集中华民族古老智慧的经典,不管在今天看来,有多少不完美,我们都需要对它有最大的宽容,最大的尊重,而且,还要有最大的敬畏。

　　《周易玄机》自2011年由东方出版社初版以来,受到读者欢迎。此次修订,增加了部分内容,如"第四部分 易理综说"中的"二、大地崇拜"、"三、人为中心"、"七、祸福无常"、"十六、山水情怀"等;又,《系辞上传》曰:"精义入神,以致用也",故更名为《周易精解》。

　　开卷有《易》——开卷有益!

作者 2019 年 7 月于武汉大学天籁书屋

责任编辑:洪　琼

图书在版编目(CIP)数据

周易精解/陈望衡 著. —北京:人民出版社,2019.12
ISBN 978－7－01－021508－2

Ⅰ.①周…　Ⅱ.①陈…　Ⅲ.①《周易》-研究　Ⅳ.①B221.5

中国版本图书馆 CIP 数据核字(2019)第 242611 号

周 易 精 解
ZHOUYI JINGJIE

陈望衡　著

人民出版社 出版发行
(100706　北京市东城区隆福寺街 99 号)

北京汇林印务有限公司印刷　新华书店经销

2019 年 12 月第 1 版　2019 年 12 月北京第 1 次印刷
开本:710 毫米×1000 毫米 1/16　印张:22.75
字数:350 千字

ISBN 978－7－01－021508－2　定价:69.80 元

邮购地址 100706　北京市东城区隆福寺街 99 号
人民东方图书销售中心　电话 (010)65250042　65289539